民国时期留美博士生中国教育研究的历史考察

A Historical Investigation of the Research on Chinese Education by Doctoral Students Studying in the United States during the Republic of China Period

吕光斌 著

图书在版编目（CIP）数据

民国时期留美博士生中国教育研究的历史考察 / 吕光斌著. -- 武汉：湖北人民出版社, 2025. 1. -- ISBN 978-7-216-10937-6

Ⅰ. G649.296

中国国家版本馆CIP数据核字第2024ZZ6002号

责任编辑：胡　涛
封面制作：董　昀
责任校对：范承勇
责任印制：蔡　琦

民国时期留美博士生中国教育研究的历史考察
MINGUOSHIQI LIUMEI BOSHISHENG ZHONGGUO JIAOYU YANJIU DE LISHI KAOCHA

出版发行：湖北人民出版社	地址：武汉市雄楚大道268号
印刷：武汉市籍缘印刷厂	邮编：430070
开本：787毫米×1092毫米　1/16	印张：21
字数：364千字	插页：3
版次：2025年1月第1版	印次：2025年1月第1次印刷
书号：ISBN 978-7-216-10937-6	定价：88.00元

本社网址：http://www.hbpp.com.cn
本社旗舰店：http://hbrmcbs.tmall.com
读者服务部电话：027-87679656
投诉举报电话：027-87679757
（图书如出现印装质量问题，由本社负责调换）

国家社科基金后期资助项目
出版说明

　　后期资助项目是国家社科基金设立的一类重要项目，旨在鼓励广大社科研究者潜心治学，支持基础研究多出优秀成果。它是经过严格评审，从接近完成的科研成果中遴选立项的。为扩大后期资助项目的影响，更好地推动学术发展，促进成果转化，全国哲学社会科学工作办公室按照"统一设计、统一标识、统一版式、形成系列"的总体要求，组织出版国家社科基金后期资助项目成果。

全国哲学社会科学工作办公室

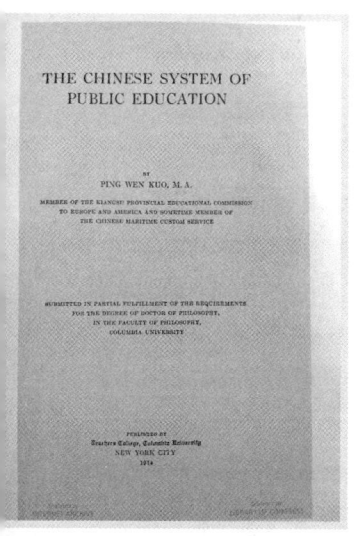

东南大学校长郭秉文的博士论文（哥伦比亚大学师范学院1914年）

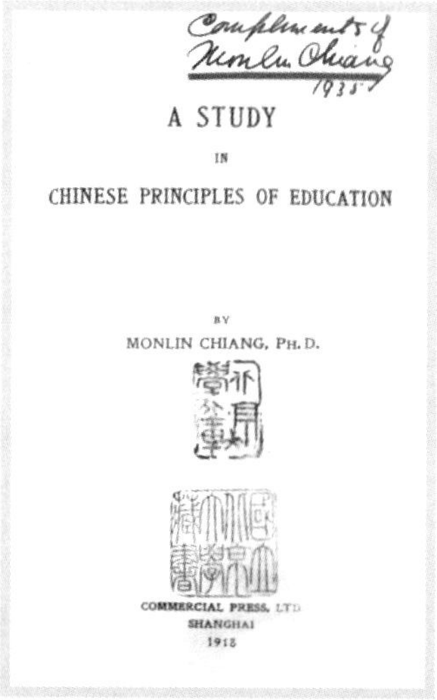

北京大学校长蒋梦麟最早版的博士论文（英文签名）（商务印书馆1918年）

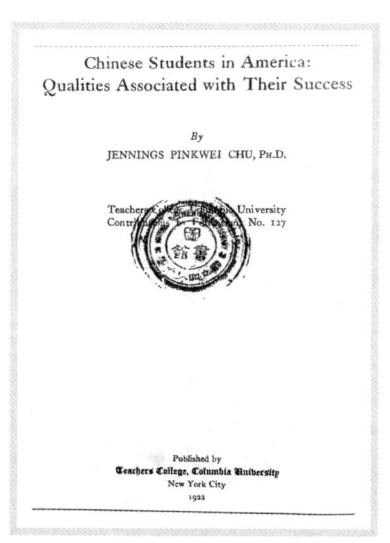

教育测量统计学家朱君毅的博士论文（哥伦比亚大学1922年）

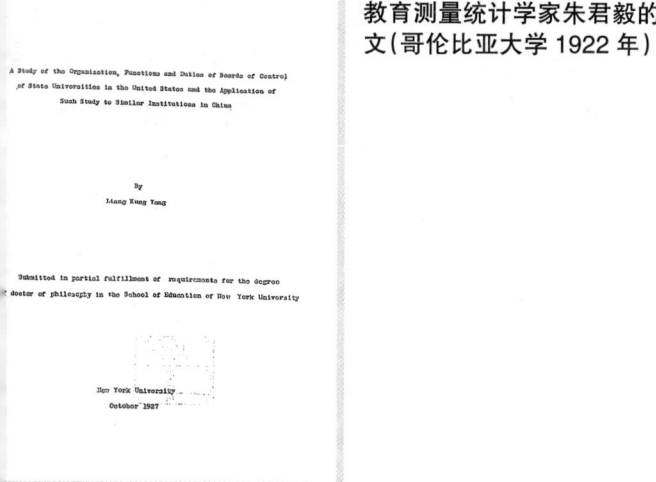

教育家杨亮功的博士论文（纽约大学1927年）

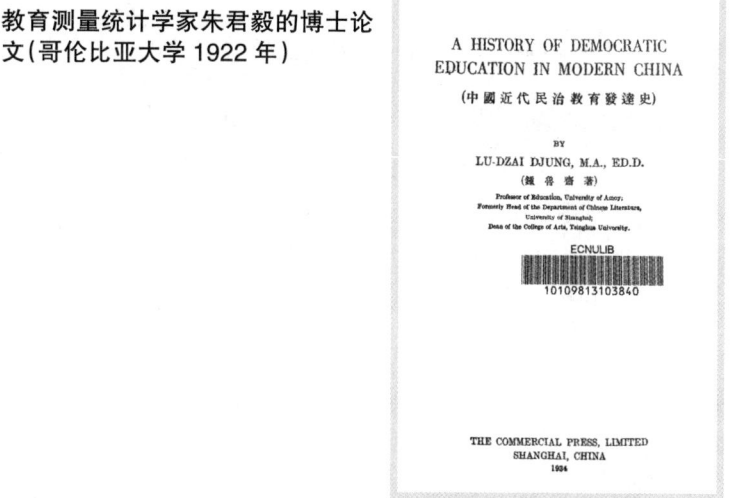

教育家钟鲁斋的博士论文（改编）（商务印书馆1934年）

教育家庄泽宣的博士论文（商务印书馆 1922 年）

民众教育家赵冕的博士论文（哥伦比亚大学 1946 年）

体育教育家张汇兰的博士论文（爱荷华大学 1944 年）

乡村教育家傅葆琛的博士论文摘要（康奈尔大学 1924 年，哈佛大学图书馆馆藏）

乡村教育家魏永清的博士论文（哥伦比亚大学师范学院 1943 年）

目 录

绪 论 ······1

第一章 留美教育的勃兴与教育学留美生 ······16
第一节 留美教育勃兴的多重面相 ······16
第二节 留美生学科分布与教育学留美生 ······20
第三节 研习中国教育的留美博士生 ······25
本章小结 ······47

第二章 关于中国教育研究的博士论文概貌 ······48
第一节 留美学业与论文撰写 ······48
第二节 博士论文的构成分析 ······53
第三节 学术特点与研究理路 ······69
本章小结 ······79

第三章 关于中国教育研究的选题分析 ······81
第一节 中国教育的一般性研究 ······82
第二节 中国教育的组织管理与过程研究 ······98
第三节 中国教育的专题研究 ······111
本章小结 ······138

第四章 教育理论类博士论文的个案考察 ······141
第一节 郭秉文的教育制度史研究 ······141
第二节 蒋梦麟的教育理论求索 ······155
第三节 钟鲁斋的民主教育理念探讨 ······167
第四节 朱有光的教育行政管理思想创见 ······175

本章小结 ………………………………………………………………193

第五章　教育实践类博士论文的个案考察………………………………195
　　第一节　傅葆琛的乡村教育重建方案…………………………………195
　　第二节　朱君毅的留美教育测量调查研究……………………………214
　　第三节　庄泽宣的中国现代教育改革设计……………………………222
　　第四节　陈友松的中国教育财政整顿构想……………………………233
　　本章小结 ………………………………………………………………242

第六章　研究中国教育的博士论文评价…………………………………244
　　第一节　留美生博士论文的社会价值…………………………………244
　　第二节　留美生博士论文的学术意义…………………………………250
　　第三节　与近代中美学人中国教育研究的比较分析…………………261
　　本章小结 ………………………………………………………………266

第七章　留美博士归国后的学术移植与实践播演………………………268
　　第一节　留美博士的中国教育思想演变与学术移植…………………268
　　第二节　留美博士与中国教育制度建设………………………………280
　　第三节　留美博士中国教育研究的实践播演…………………………286
　　本章小结 ………………………………………………………………297

结　论………………………………………………………………………299

附录　民国时期教育学留美博士小传……………………………………305

参考文献……………………………………………………………………310

绪 论

一、选题缘起

近代以降,中国社会发生着"莽莽欧风卷亚雨"[1]的深刻变革。在"中西对视,隔雾看花"[2]的情形下,出国留学成为救国求新知的重要途径。其中,留美教育成为近代留学教育最重要的一支。1872年幼童赴美,此为近代官费留美的滥觞。1909年开始的庚款留美,更掀起了留美的大潮。作为知识精英群体的留美生,在归国以后,积极地播新知、创新制,其活动内容包含了器物、制度和文化三个层面。

民国时期的留美生,在中国现代社会转型中扮演着重要角色,发挥着不可低估的作用。作为精英群体,他们不仅"取经"而且"传道"。这批留美生归国后,投身于军政、教育、文化领域,推动了中国的现代化进程,"尤其是在20世纪最初的30多年中,留美生成了我国高等教育的主力,为确立我国的大学教育体系以及相关的数学、物理、化学、生物、天文、建筑、矿产和法学、经济学、社会学、考古学等现代新型学科做出了巨大贡献"[3],他们还创办研究所、组织学会、发行杂志、举办学术活动,形成了一套研究机制,建立了新型学术,提升了中国学术文化的现代化水平。"而在中国现代学科的构建当中,日益突起的留学生新知识群体发挥了核心作用,尤其是留美生,和中国新型学科的创建有着这样和那样不可分割的密切联系。"[4]这些归国留美生在推动中国现代学科创建中,一方面借鉴吸收新知和新的教育模式,另一方面则摸索中国传统文化现代转型的新路径。"他们在带着传统文化走向世界的过程中完成了中西文化的融合与创新,实现了传统文化的现代转换……

---

[1] 梁启超:《奉酬星洲寓公见怀一首次原韵》,梁启超《饮冰室合集》(文集第四十五下),中华书局1989年版,第9页。

[2] 陈旭麓著,熊月之、周武编:《陈旭麓文集》(第一卷),华东师范大学出版社1996年版,第158页。

[3] 李喜所:《留美生在近代中国的文化定位》,《天津社会科学》2003年第3期。

[4] 李喜所:《留学生与中国现代学科群的构建》,《河北学刊》2003年第6期。

现代新学科的创建与发展,正好需要留学生这样学贯中西的复合人才,所以留学生无可推脱地占据了中国现代学科发展的核心地位。"①

诚如研究者所论,"中国现代学科乃'援西入中'的产物"②,它是在继承中国原有知识积淀的前提下从西方移植而创生起来的。同时,"中国传统知识系统在晚清面临着重大转轨:从以'四部之学'为框架的知识系统,转向近代西方以学科为框架之新知识系统,简单地说就是从'四部之学'转向'七科之学'"。③现代学科的建设和发展是一项系统的工作,它包含着一些基本的要素,如师资队伍、学科带头人、课程设置、图书资料、实验室以及学科管理等,还包括制度建设以及与之相关的公共活动领域建设,如管理制度、学术会议、学术团体、学术杂志、学术交流等,学科的本土化探索也是其主要内容。

教育学科是中国现代学科群里重要的人文社会学科之一,在民国时期具有极其重要的地位,而它的发展演变与留美生又有着千丝万缕的关系。20世纪二三十年代留美生大批回国,他们翻译、编订教材,出版学术期刊,创建系科,设置课程,审定名词,完善管理制度,成立学术团体,进行教育实验,推动中国现代教育学科开枝散叶。中国现代教育学科的发展,离不开留美生对教育新知的引介与对教育学术的研究。

留美生学术新域的开拓,是一个值得关注的学术现象,他们用外文撰写了大量的中国教育研究的学位论文,彰显着学术功力、问题关怀和中国化的学术研究倾向,而留美生的博士论文尤为引人注目,"丰富的题材,翔实的内容与材料,科学新颖的研究理念与方法,使其成为民国时期域外中国研究的重要文本,也构成中国现代学术史的奠基之作"④。在中国现代教育学科发展过程中,同样活跃着一批研究教育的留美博士,他们将救国与学业结合起来,以学术研究的形式来探讨中国教育,或进行顶层设计,或进行教育基础实践,不遗余力地推动中国教育发展。

以往的留美生研究大约有以下几个视角:一为考察留美生与中国社会变迁的关系;二为考察留美生与中国现代化及现代性的关联;三为采用留美

---

① 陈志科:《留美生与中国教育学》,南开大学出版社2009年版,导言第3页。
② 章清:《"采西学":学科次第之论辩及其意义——略论晚清对"西学门径"的探讨》,《历史研究》2007年第3期。
③ 左玉河:《从四部之学到七科之学——学术分科与近代中国知识系统之创建》,上海书店出版社2004年版,导论第5页。
④ 元青:《民国时期留美生中国问题研究缘起——以博士论文选题为中心的考察》,《南开学报(哲学社会科学版)》2015年第5期。

生与中国文化转型、学科转型的视角;四为切入西学东渐或中学西传文化交流的视角,也有从政策层面就留学问题研究留美生。但整体上侧重留美生国内生活状况、思想变迁、职业选择以及实践的考察,而对于留美生海外生活、学业情况的考察,要么空疏宽泛,要么囿于资料限制而无从深入。近年来已有部分研究成果从日常生活史、宗教信仰、现代性以及身份认同的角度来考察留美生,但对留美生海外知识容受与国内教育实践关系的探讨还有待进一步拓展深化。

站在中美文化交流的高度,运用知识考古学知识,从学术思想变迁的视角,探讨留美生归国后的教育思想变迁与治学理念、学派传承以及文化传播行为,有必要追本溯源,考察其海外生活与学业,而他们的学位论文成为吸收西方思想最原初的体现,是解读留美生教育思想的最好文本,也在一定程度上影响了他们的归国教育实践。然而,由于各种内外因素,这些最能反映留美博士思想动态和学业水平的一手资料,却被不少研究者忽视了。另一方面,教育学科是中国现代学科群里最重要的人文社会学科之一,"别看一个小小的学科,其思想文化的辐射功能,却是全方位、全社会的"[1]。专题考察民国留美博士生中国教育研究的博士论文,有利于窥探留美博士生教育思想与教育实践之间的内在联系,梳理受他们影响的中国现代教育学科发展路径与结构,更有助于深度解读民国社会发展的历史变迁。有鉴于此,有必要将民国时期留美生的博士论文、归国后的相关论著及教育实践纳入中国教育研究的整体考察范围,深化文本解读和实践探讨,以期构建对留美生的丰富认识。

据旅美学人袁同礼统计,1905—1960年间留美、留加学生共提交了2789篇博士论文,留美生提交了2757篇[2],而20世纪上半叶留美博士(不包括名誉博士)提交的论文则有1323篇。其中,20世纪上半叶中国题材研究的博士论文有314篇,教育类博士论文有102篇,中国教育研究的论文有63篇,体量丰富。留美博士生归国后又发表了1070余篇相关讨论文章、近百余部论著,辅之以相关档案资料。这些资料,能够充分支撑起本选题的研究。

---

[1] 陈志科:《留美生与中国教育学》,南开大学出版社2009年版,导言第2页。
[2] Tung-li Yuan, *A Guide to Doctoral Dissertations by Chinese Students in America 1905—1960*, Published Under the Auspices of the Sino-American Culture Society, Inc. Washington, D.C. 1961.袁书统计共有2751篇,但经核查,存在漏编情况,缺失656、2215,未编267a、390a、1485a、1485b、1485c、1485d,此外864、2730后各有未排序的无名氏论文一篇,实际有2757篇。

二、研究范围与相关概念界定

本研究选题为《民国时期留美博士生中国教育研究的历史考察》,为规范研究,需要对本课题的研究时间范围、研究对象和概念进行界定、厘清。

(一) 时间范围限定

本研究的时间限定依据为留美博士提交博士论文的时间。据已有相关资料统计,留美生中研究中国教育的博士论文有63篇左右,提交论文的时间范围为1910年至1949年。其中,仅有陈维城的《在中国的传教士的教育工作》(The educational work of missionaries in China)一篇论文提交于1912年之前。为本研究的分析和行文方便起见,将其统归于民国时期。时间选定的原因,基本符合中国近代社会发展阶段分期与中国教育学发展特征。

(二) 概念对象界定

1. 教育学

在词源学上,"教育学这个词源于希腊语中的(pedagogue)一词"①,意为照看、管理和教育儿童的方法。在欧洲则是用pedagogy来指称,德语为pädagogik,法语为pédagogie,其职业训练的语义要远远大于学术训练,一开始就没有"深奥的科学"的含义。教育学原本就是属于师范学校培养教师的一门学科,作为一门应用的艺术,它更多的是指教学法,其关注的对象也主要是基础教育。此种教育学的含义,指称传统意义上的概念。作为一门学科,直到从夸美纽斯正式提倡班级授课制和教育的系统性,教育学才逐渐形成理论体系。不过也有人认为真正的教育科学始于提倡联想主义思想并将统觉论用于教育研究的赫尔巴特,而其主要贡献是倡导教育的科学化。

英语国家则是另外一种情况,"在19世纪末,人们就用'education'来取代'pedagogy'"②,并由此引申出"教育""训导""教授""培养"等多种含义。随着社会的发展,"'教育学'作为一种理论突破这种限制并最终在大学取得学术地位,是在美国"③,并在学术领域取得一定程度的合法性。人们是从教育科学的角度来看待教育学,且单一的教育科学逐渐向复杂的教育科学演变。就美国教育学来说,它的发展与欧洲有着千丝万缕的关联,19世纪后半

---

① 瞿葆奎主编,瞿葆奎、沈剑平选编:《教育学文集第1卷·教育与教育学》,人民教育出版社1993年版,第295页。

② 石中英:《教育学的文化性格》,山西教育出版社2001年版,导论。

③ 陈志科:《留美生与中国教育学》,南开大学出版社2009年版,第13页。

叶大批美国留德生返国后将吸取的欧洲教育学思想用于建构自己本国的教育理论和教育学科体系,而赫尔巴特、斯宾塞的思想在美国早期教育学的发展中影响尤为突出。随着赫尔巴特学说在美国的传播、教育科学思潮的兴起以及高等教育的蓬勃发展和现代大学学科体系的建立,传统教育学受到冲击,教育学作为原属于师范学校培养教师带有职业训练意味的一门学科开始出现在大学学术讲坛中,一些高校学者却并不承认其地位。"哈佛大学和哥伦比亚大学的老教授难以接受一个像教学这样的女性行业会需要像医学、法律和工程这样的男性职业所需要的高等研究和职业培训。"[1]而从事教育研究的学者们,则借用心理学、统计学、社会学以及历史学来推动教育研究的发展,力图证明教育学的科学属性和学术地位。这样,"为了确保教育学持久的立足之地,为了使教育学获得平等的学科地位……出现了用education一词代替pedagogy的倾向,并用education作为系科和教授职位的名称"[2],其将science of education译为教育科学,简称education。新的教育学(education)比旧的教育学(pedagogy)涵盖范围更广,也更具科学意味。教育学也逐渐突破法、德等欧洲国家传统意义上的限制,并在大学积极争取学术地位。但至今,美国对"教育学"的学科地位和学术研究地位仍旧存在争论。

在中国古代,"'教育'为汉籍古典词,意为教诲、培育,最早见于《孟子·尽心上》:'得天下英才而教育之,三乐也。'"[3]教育更多意指"教化"。在《教育大辞书》中,教育学被定义为"乃系研究教育之原理与方法之学问"[4]。顾明远主编的《教育大辞典》则将教育(education)定义为"传递社会生活经验并培养人的社会活动"[5],相对于前者的界定,其范围是比较宽泛的,是一般意义上的解释。

中国教育学和现代教育制度的建立是近代中西文化交流的产物,本质上采用的是"援西入中"的形式。就学制变迁来看,从清末师法日本的壬寅学制、癸卯学制到民初对壬子学制、癸丑学制的德国模式的多重效仿,从

---

[1] 〔美〕埃伦·康德利夫·拉格曼著,花海燕等译:《一门捉摸不定的科学:困扰不断的教育研究的历史》,教育科学出版社2006年版,第62页。
[2] 瞿葆奎主编,瞿葆奎、沈剑平选编:《教育学文集第1卷·教育与教育学》,人民教育出版社1993年版,第297页。
[3] 聂长顺:《Education汉译名厘定与中、西、日文化互动》,《中国地质大学学报(社会科学版)》2008年第4期。
[4] 唐钺、朱经农、高觉敷主编:《教育大辞书》,商务印书馆1930年版,第1018页。
[5] 《教育大辞典》编纂委员会编:《教育大辞典》(第1卷),上海教育出版社1990年版,第3页。

1922年"六三三"学制的美式痕迹的借鉴吸收到1927年大学区制的法式模式的运用,体现了中国现代教育制度发展过程中"借来西风催新生"的时代主色调。"现代教育制度在1903年仿自日本,它延续至民国之初而少有改变。"①其教育学也多信奉日式的赫尔巴特学说。1922年壬戌学制颁行,中国现代教育制度仿行的主要对象由日转美,而美式教育学说也随之在中国大行其道,如杜威的实用主义教育哲学、帕克赫斯特的道尔顿制、克伯屈的设计教学法、麦柯尔的实验测量学等。随着西学东渐的继续深入、现代学校制度的建立以及大批留美生归国,美国的现代学科制度和分类观念传入中国,新式学校开始设置相关的教育课程和教育专业,中国的教育学科逐步建立起来。据《高等教育季刊》的统计,1941年公私立大学及独立学院设有师范科研究所,其下设有教育学部的大学有中山大学、西北师范学院,设有教育学系的大学有中山大学和中央大学。②1941年全国高级师范学院共设有公民训育学系5个,教育学系共有7个。③在中国现代教育学肇建过程中,归国留美生发挥着突出作用。他们将借来的美式新知融会贯通,促进了中国新教育的新生,逐渐在20世纪二三十年代崭露头角,涌现出蒋梦麟、郭秉文、傅葆琛、陈友松、杨亮功、庄泽宣等教育家。

根据上述分析,本研究行文中的"教育学"主要是指作为一门社会科学门类的教育学科,它是基于同社会学、政治学、法学、历史学等学科相对应学术分类中的称谓。同时,在广义的语境下,"教育学"表示一种复数的教育科学,指称教育科学门类领域的总称。"教育"一词更多的是指教导、培养人的一种实践活动,侧重于一种社会现象的称谓。因此,在留美生中,凡是涉及中国教育的实践活动、社会现象、社会问题以及相关理论研究的博士论文,都将被纳入本研究的考察范畴。

2. 教育学博士学位

博士学位来源于欧洲的中世纪大学,在传统上,欧洲的博士学位只授予神学、法学、医学科。19世纪初,德国的洪堡德对大学进行了改革,"改革后,传授自然科学与社会科学知识的哲学科也设立了博士学位,取名为哲学博士(Doctor of Philosophy,即Ph.D.)"④,随后被欧洲其他国家效仿。研究教

---

① Lu-Dzai Djung, *A History of Democratic Education in Modern China*, Shanghai: Commercial Press, 1934, P.46.
② 《公私立大学及独立学院各科研究所及学部一览表》,《高等教育季刊》1941年第3期。
③ 《高级师范教育的学系统计》,《高等教育季刊》1941年第1期。
④ 郭玉贵:《美国和苏联学位制度比较研究——兼论中国学位制度》,复旦大学出版社1991年版,第7页。

育的博士,一般会被授予哲学博士学位(Ph. D.)称号,蒙上了哲学赋予的思想性和学术性色彩,但也有被冠以"pedagogy"意义的教育学博士学位。

美国教育学位制度的建立是教育学科和教育学系发展的产物。早期美国的教育学科多从属于文理学院、艺术与科学学院的哲学系,19世纪后期、20世纪初期教育学院逐渐独立。教育学院主要通过三种途径建立,"一是综合大学中从教育学讲席、教育系再发展到教育学院;二是大学直接建立教育学院;三是由州立师范学校到教师学院,然后再发展为州立大学的教育学院"[①]。19世纪后期许多大学设立了教学法讲席或教授法课程,建立了教育学系。早在1832年纽约市立大学(University of the City of New York,1896年更名为纽约大学)就开设了教育学方面的课程,并于1890年设立了教育学院(School of Pedagogy),可授予教育学硕士、教育学博士学位(Doctor of Pedagogy),纽约州立师范学院(New York State Normal College)能授予教育学学士学位。[②]爱荷华大学于1873年正式建立了美国历史上第一个永久性的教学法讲座(Chairs of Didactics),后改成教育学系。1879年密歇根大学建立了美国第一个教育全职"教学的艺术和科学席位"(Chairs of the Science and art of Teaching),并把教育学讲座改造为教育系,威廉姆·佩恩(William H. Payne)成为美国历史上首位全职教育学教授。[③]部分师范学校也升格为学院或大学,其设立的教师教育机构有称"教学法讲座"(Chairs of Pedagogy),有称"教育学讲座"(Chairs of Education),有称"教学系"(Department of Didactics),以满足社会对中学师资的需要。哈佛大学和斯坦福大学也建立了教育学讲席或教育学系,康奈尔大学则于1886年建立了教育学系。在大学建立的教育学系中,以芝加哥大学、哥伦比亚大学师范学院最有代表性,其教育学科也最发达。芝加哥大学于1893年开设了"教育学"课程,1894年芝加哥大学校长哈珀聘请杜威来校主讲教育学,担任哲学和教育学首席教授,并于1895年正式成立教育系[④],1901年将教育系扩大为独立的教育学院(School of Education)。

到1892年,美国至少有31所综合性大学设立教学法讲座席位(Chairs of Didactics),有114所综合性大学设置了师范教育课程[⑤],"时至1900年,美

---

① 陈瑶:《美国教育研究学科化的开端》,《教育研究》2015年第5期。
② 李福春:《美国教育学发展探析》,《大学教育科学》2010年第6期。
③ 陈瑶:《美国教育研究学科化的开端》,《教育研究》2015年第5期。
④ 肖朗、孙岩:《20世纪美国综合性大学教育学科的发展——以哥伦比亚大学和芝加哥大学为考察中心》,《现代大学教育》2015年第1期。
⑤ 李福春:《美国教育学演进史(1832—1957)》,华东师范大学2011年博士论文,第72页。

国已有四分之一的高等学校设立了正式的教育专业"[1]。"1920年,美国共有四百余所高等师范或师范学院,设有系统的教育学程,如教育史,教育方法,教育行政等类"[2],"根据布恩的统计,1940年全国共有大学和学院480所,其中开设教育学科的共250所,占52%"[3]。足见20世纪上半叶美国教育学科的繁荣发展。这种局面,与19世纪上半叶美国高校普遍拒绝承认教育是高校课程的轻视态度形成天壤之别。

美国高校教育学系的发展和对欧洲式讲座制的改造,形成了以教育哲学博士学位和教育专业博士学位为主的具有自己的特色的研究生学位制度。哥伦比亚大学师范学院于1893年在美国率先设立了教育领域的哲学博士学位或教育学博士学位(Ph.D. in Education),"在20世纪20年代之前,教育学科的学生通常只能获得文理学院授予的哲学博士学位"[4]。在20世纪前半叶,美国还存在授予另一种形式的教育学博士学位,如"1891年,纽约大学授予了教育博士学位(Doctor of Pedagogy)……1920年,哈佛大学开始授予教育博士(Ed. D.)学位"[5],哈佛大学教育学院首创了专业教育学博士学位。随后斯坦福大学、伯克利大学以及哥伦比亚大学师范学院也加入到授予Ed. D.的行列。从此美国形成了两种教育类博士学位并存的局面,推动了教育学学术专业化与学科化的发展。在美国教育学术繁荣的带动下,美国高校教育院系建设不断发展,研究生培养制度不断完善,吸引着越来越多的海外留学生赴美深造,攻读博士学位,尤其是处于知识饥渴时代的中国留美生。

基于对美国教育学博士学位的历史考察,本书所论的教育学博士论文,既包括被授予Ph. D.学位(哲学博士学位)的博士论文,也包括被授予Ped. D.学位(教育学博士学位)和Ed. D.学位(专业教育学博士论文)的博士论文。学科研究的交叉性和研究方法的借鉴,也使得其他人文社会学科涉及相关教育议题的研究,如心理学中研究教育心理、宗教学中研究基督教教育史、语言学中研究英文教育以及社会学中研究民众教育。故出于20世纪美国教育学历史发展现状、现代学术传统学科分类形式,以及借鉴袁同礼分类方法和研究便利的综合考虑,本书将考察的博士论文统一为教育学类博士

---

[1] 李福春:《美国教育学发展考析》,《大学教育科学》2010年第6期。
[2] 罗廷光:《教育科学研究大纲》,中华书局1932年版,第29页。
[3] 滕大春:《美国教育史》,人民教育出版社1994年版,第637页。
[4] 马爱民:《国际比较视野下的教育博士发展研究》,华东师范大学2013年博士论文,第66页。
[5] 徐铁英:《美国专业博士教育:问题、论争与改革》,《教育学术月刊》2010年第7期。

论文。

三、研究现状

留美教育研究历来是学界关注的重点,诞生了一大批颇有影响的研究成果,如舒新城的《近代中国留学史》(中华书局1927年)、林子勋的《中国留学教育史(1847—1975)》(华冈出版有限公司1976年)、李喜所的《近代中国的留学生》(人民出版社1987年)及其主编的《中国学科现代转型丛书》(南开大学出版社2009年)、王奇生的《中国留学生的历史轨迹1872—1949》(湖北教育出版社1992年)、田正平的《留学生与中国教育近代化》(广东教育出版社1996年)、李又宁主编的《华族留美史:150年的学习与成就》(纽约天外出版社1999年)、谢长法的《借鉴与融合:留美学生抗战前教育活动研究》(河北教育出版社2001年)、叶维丽的《为中国寻找现代之路:在美国的中国留学生:1900—1927》(斯坦福大学出版社2001年)、史黛西·比勒的《中国留美学生史》(生活·读书·新知三联书店2010年)、章开沅与余子侠编的《中国人留学史》(社会科学文献出版社2013年)、周棉的《留学生群体与民国的社会发展》(中国社会科学出版社2017年)。在留美教育研究的带动下,教育学留美生的研究不断深入,相关研究专著有陈志科的《留美生与民国时期教育学》(天津人民出版社2008年)、周洪宇的《文化与教育的双重历史变奏——周洪宇文化教育史论》(华中科技大学出版社2011年)、陈竞蓉的《教育交流与社会变迁——哥伦比亚大学与现代中国教育》(华中科技大学出版社2011)、余子侠主编的《中国研究生教育史》(福建人民出版社2021年)。论文方面则有郑刚的《留学生与20世纪二三十年代中国比较教育学科的发展》(《比较教育研究》2013年第11期)、沈岚霞的《20世纪上半叶美国对华教育传播研究——以哥伦比亚大学师范学院为例》(华东师范大学博士论文2010年)、刘红的《近代中国留学生教育翻译研究(1895—1937)》(华中师范大学博士论文2014年)等,均对留美生学位论文有所提及。

近年来,一些研究者开始关注近代留学生的学位论文。如王小丁的《中美教育关系研究:1840—1927》(四川大学出版社2009年)、彭小舟的《近代留美学生与中美教育交流研究》(人民出版社2010年),设有相关章节对留美生的教育学博士论文进行了概貌梳理,但对具体内容的研究依旧语焉不详。王伟的《中国近代留洋法学博士考(1905—1950)》(上海人民出版社2011年)是一部考证精详的研究留学生学位论文的专著,主要考察了近代留洋各国法学博士的群体、博士论文等内容。在研究论文方面,研究者则聚焦于考察留学生学位论文选题与学术贡献,如邹进文的《近代中国经济学的发展——来自留学生博士论文的考察》(《中国社会科学》2010年第5期)、林晓雯的《1902—1928年中国留美学生学位论文选题分析》(《江苏社会科学》2013年第3期)。前者以近代中国经济学的发展为脉络,分析了留学生博士论文与中国经济学发展之间的关系,评估其贡献;后者则对20世纪前半叶留美生硕博论文的数量、选题和特点进行了考察,但仅仅依据学位论文目录,很难全面评估其价值。丁钢的《20世纪上半叶哥伦比亚大学师范学院的中国留学生——一份博士名单的见证》(《高等教育研究》2013年第5期),则以哥伦比亚大学师范学院49篇博士论文为依据,初步讨论了这批博士论文的选题和研究取向。吴原元的《民国时期中国留学生对美国汉学的贡献述论》,特别提及了留学生的中国研究选题博士论文。国立台湾师范大学刘蔚之的《美国哥伦比亚大学师范学院中国留学生博士论文之初步分析(1914—1959)》[1]、《哥伦比亚大学师范学院中国博士生"教育基础理论"领域论文的历史意义分析》(《教育学报》2014年第5期),集中考察了哥伦比亚大学师范学院中国留学生博士论文的内容、特点、选题分布及导师,解析了论文研究范式、知识理论和师承关系,对本研究颇有启发。熊春文的《过渡时代的思想与教育——蒋梦麟早期教育思想的社会学解读》(《北京大学教育评论》2012年第2期)、周洪宇和李艳莉的《郭秉文与现代中国实用主义教育学术范式的建立——基于〈中国教育制度沿革史〉及相关论著的研究》(《教育学报》2014年第5期)、吕光斌的《蒋梦麟教育思想的学术谱系与内在理路:以其博士论文为中心的考察》(《高等教育研究》2015年第2期)等文,则从学术贡献的视角聚焦对教育学留美生博士论文的个案解读。元青对民国人文学科留美生博士论文进行了专题研究,探讨了论文的研究缘起、旨趣、学术影响以及与美国汉学的关系,相继发表了《民国时期留美生中国问题研究缘起——以博士论文选题为中心的考察》(《南开学报(哲学社会科学版)》2015年第5期)、《民国时期留美生的中国历史研究与美国汉学——以博士论文为中心的考察》(《广东社会科学》2015年第6期)、《民国时期留美生中国社会问题研究旨趣与影响——来自留美生社会学、人类学博士论文的考察》(《天津师范大学学报(社会科学版)》2015年第6期)等系列论文,引起了学界广泛讨论。

当前对留学生学位论文的研究,已经引起了学者的关注,并为今后进一步探讨打下了基础。但这些研究,多集中于对留学生博士学位论文题目的

---

[1] 收入田正平、程斯辉主编《辛亥革命与中国近代教育——"第五届海峡两岸教育史论坛"论文集》,浙江大学出版社2012年版。

概貌分析,虽有一些个案解读,但或囿于资料限制,或因研究视角的原因,对教育学留美生的博士论文尚缺乏专题研究,对中国教育研究方面博士论文文本解读和留美生海外学术生成之路的探究也有意无意地缺失了,对留美生所作中国教育研究的历史考察更缺乏整体关注。关于中国教育研究的留美生博士论文,能够反映出他们早期的教育思想脉络和容受的治学理念,而留美博士归国后从事的教育实践活动又深受其留学时所学教育理论的影响。同时,中国教育是反映近代中国社会的一面镜子,将中国教育与学术研究结合起来考察,为透视中国近代社会提供一个观察视角,也为拓展留美教育研究提供了一种思路。因此,对民国时期留美生对中国教育的研究进行专题考察尤为必要。

四、本研究的主要内容与观点

(一) 本研究的主要内容

本书以民国时期留美生的中国教育研究为关注中心,以教育学留美生的博士论文、时评文章和海外档案资料为依据,试图解决四个方面的问题。第一,民国时期教育学留美生的群体概貌是怎样的?他们的学术之路如何生成?第二,民国时期关于中国教育研究的留美生博士论文的主要关注内容是什么?他们究竟探讨了哪些具体问题,体现了怎样的学术特点、研究理路和历时性规律?第三,留美博士生的中国教育研究,是将研究的现实关怀与学术探讨结合起来的典范,他们归国后积极地参加国内教育改革和建设,其研究呈现出怎样的历史演变趋势,又与中国教育发展之间有着怎样的关联?第四,如何评价这批留美生博士论文及其中国教育研究的学术意义和社会价值?他们留下了哪些启示和借鉴?针对上述问题,本书尝试运用知识考古学的方法探讨留美生博士论文的知识视域和学术理路。从文化交流和知识生成的视角,剖析近代留美博士生的学习生活与教育思想之间的关系,以及博士论文文本、话语和教育实践三个向度的种种勾连,进而整体考察民国时期留美生关于中国教育研究的历史演变和贡献。

通过这些问题的提出与解决,以期推动对留美日常生活史、教育学术史以及民国社会的研究,进一步拓展留美教育研究与中外文化交流研究的新领域。本课题的主要研究内容有以下几个部分:

首先,对近代教育学留美生的群体分析,着重考察留美生的教育专业选择、留美博士生群体的各元素构成。依据教育年鉴、汇编史料、近代报刊、档案资料,从留美教育勃兴的多重面相和留美生的学科分布两个方面,对留美教育的社会历史背景、留美生的学科取向进行分析，探讨教育学留美生的概貌和专业选择动机。以档案、回忆录、自传、时人文集等史料为依据，围绕着留美博士生的群体构成、学术与生活两个方面，梳理留美博士生的群体概貌，探讨他们的基本阵容与知识谱系，分析其学术成长环境，追寻他们的学术生成之路与中国教育研究之间的关系。

其次，对中国教育研究的博士论文的内容分析，是本课题研究的重心。该部分聚焦于博士论文的知识生产和文本表达，按照论文的内容特点，对论文进行分类探讨和个案考察，着重分析中国教育研究方面的博士论文概貌、选题内容和问题关怀。根据博士论文文稿、缩微胶卷、民国报刊等资料，对中国教育研究的博士论文概貌进行钩稽爬梳，分析论文构成、学术特点和研究理路，涉及论文的分布与出版、选题特点、学派传承、选题缘起、学术要旨、研究取向以及研究范式等。可以发现，民国时期中国教育研究的留美生博士论文多出自名校名师，选题涵盖范围广，涉及学科门类多。论文以教育史、教育行政、教育重建方案研究为重点，时段上集中分布于20世纪三四十年代，采用"援西入中"的形式探讨中国教育现代化发展问题，具有鲜明的问题意识。

在对中国教育研究的选题类型分析上，将研究中国教育的博士论文分为一般性研究、组织管理和过程研究、专题性研究进行考察，探讨其历时性与共时性特点、知识脉络、学缘派分、理论特色、关注问题和构建的改革方案。一般性研究类的博士论文特点是：理论研究薄弱，侧重教育重建方案研究、教育史研究；在时间分布上，重建方案研究集中于20世纪二三十年代，教育史研究则集中于20世纪40年代。组织管理与过程研究类的博士论文，则以教育行政制度研究、课程教学研究为主，在时间分布上，皆集中分布于20世纪40年代，其关注的主要议题是教育的效率和科学性。在各阶段学制专题类博士论文中，高等教育研究、中等教育研究和乡村教育研究是留美博士生热衷的选题，其中高等教育研究的时间分布均衡，后两者则集中分布于20世纪三四十年代。在对西方教育理论的容受上，实用主义教育哲学、社会改造主义和进步主义教育思想是主要借鉴的理论。

在对中国教育研究方面博士论文的典型个案考察上，主要分为教育理论与教育实践两大类。以研究的开拓性、重要性为依据，主要选取了教育制度史、教育原理、民主教育思想、行政管理思想四个教育理论类典型博士论文进行个案解读和文本分析，探讨了郭秉文、蒋梦麟、钟鲁斋、朱有光等人博士论文的内容、特点、师承和学术思想。以研究的热门性、重要性为依据，主要选取了乡村教育重建、教育测量统计、教育改革方案、教育财政规划四个教育实践类典型博士论文,进行个案解读,分析了傅葆琛、朱君毅、庄泽宣、陈友松等人博士论文的内容、特点、师承以及教育改革创见。

最后,整体评估留美博士生中国教育研究的影响,并探讨留美博士的知识播演。这一部分是从博士论文的国内外反响入手,考察留美生中国教育研究的思想变迁和意义,进一步分析留美博士归国后的学术移植和播演活动。依据论文文稿、国内外时评及档案资料,分析博士论文的社会价值和学术意义,并与近代中美教育学者的相关研究进行对比分析。留美生博士论文的社会价值,主要包括促进中美文化交流的双重面相、学术研究的社会关怀两个方面。而学术新域的开拓与深化、中国教育研究话语的构建、海外理论的容受与本土化意识的萌生等方面,则是留美生博士论文的学术意义。与近代中美教育学者的研究相比,留美生博士论文主要侧重教育史、教育重建方案、中等教育和高等教育研究,教育的效率和科学性是其主要价值取向。

留美博士归国后用容受的教育理论探索中国教育实践和学术发展的活动,也被纳入本书的研究范围。留美博士归国后,积极地参加国内教育建设,并成为中坚力量,他们创办教育系科、教育刊物、社团,开设教育课程,编撰辞典并审定教育名词,加强学术规范建设,推动了中国式教育现代化进程。

(二) 本研究的主要观点

本项研究在继承前人研究成果的基础上,通过对大量历史文献资料的钩稽爬梳、分析解读,提出以下几个观点:

1. 留美博士生研究中国教育的博士论文,在研究路径上深受美国各时期教育研究理论取向变化的影响,其学术总体呈现出历史取向、实用主义教育哲学取向、教育测验实证化研究的发展路径以及"西式理论—中国主题—中国材料—解决中国问题"的研究范式,并表现出突出的问题意识和社会关怀。在内容上,教育效率、科学性和教育公平是其关注的主要价值取向。在时间分布上,早期以教育史研究为主要选题,20世纪40年代侧重教育重建方案和中等教育研究,而高等教育研究一直备受关注。论文的选题缘起主要有四种类型,包括导师启发型、现实服务型、与西方学人一争高下型,以及宣传中国型。

2. 通过研究发现,留美博士生讨论的中国普遍性教育是教育需求与环境适应问题、教育效率与科学性问题,并围绕着这两大系列问题展开了对教育社会需求与个体需求、教育环境适应、教育行政整顿、教育财政整理、课程编制、学校与社会关系、教育公平、传统教育资源评估、卫生教育诸问题的探讨,并提出了具有较高学术水准和现实价值的建议及方案。如蒋梦麟的研究对重估中国古代教育资源具有现实意义;陈友松的教育财政改革方案,对整顿中国教育财政、提高现有条件下教育经费利用率具有借鉴意义;傅葆琛设计的乡村小学课程,对促进教育公平和强化卫生教育具有参考价值。

3. 博士论文是留美生容受西方教育理论后进行的学术实践,他们已经有了初步的开辟学术新域、构建中国教育研究话语的学术自觉意识,彰显了学术功力。留美生的博士论文成果,一方面是中国学术研究和海外中国学的一部分,成为推动中国学术建设和促进海外中国学发展的重要力量。另一方面,论文研究与社会问题联系起来,成为透视中国近代社会的一面镜子。论文成果对重新审视民国社会问题,推动中国教育现代化和社会改革发挥着重要作用。

五、本研究的主要方法

(一) 文本分析法与知识考古学的研究方法

"'文本'(text)被看作是话语的一个向度:是文本生产过程中的书写的或口头的'产品'。"[1]广义上讲,文本指任何口头的、书写的和音影的表达的产物。狭义来看,文本指涉书写的表达产物。近年来,文本分析的方法已成为文学理论界和文学批评领域里流行的形式之一,并被其他学科研究所借鉴,"在中国近代思想史研究领域,运用此类文本研究的方法已经取得了若干具有典范性意义的研究成果"[2]。从历史学科属性来看,史学研究领域早已注重文本分析,不过史学研究有强调历时性规律的自身特点,而文学理论界侧重横向解构。从文本与社会的关系来看,文本分析的方法,关注三个向度及其相互间的关系。一为关注文本的语言分析,此为文本向度;一为对文本生产过程和解释过程的性质的分析,此为话语实践向度;一为倾向于关注社会分析方面的问题,话语如何构成话语实践的本质,如何构成话语的建设性或建构性效果,此为"社会实践"向度。[3]文本、话语和社会实践三个向度以及相互关系,是本课题分析中国教育研究留美生博士论文的新切入视角。

---

[1] 〔英〕诺曼·费尔克拉夫著,殷晓蓉译:《话语与社会变迁》,华夏出版社2003年版,第3页。
[2] 叶志坚:《中国近代教育学原理的知识演进——以文本为线索》,浙江大学出版社2012年版,第17页。书中指出中国近代思想史研究的文本分析典范有:〔美〕本杰明·史华兹的《寻求富强:严复与西方》,黄克武的《自由的所以然——严复对约翰弥尔自由思想的认识与批判》,郑匡民的《梁启超启蒙思想的东学背景》。
[3] 〔英〕诺曼·费尔克拉夫著,殷晓蓉译:《话语与社会变迁》,华夏出版社2003年版,第4页。

本研究尝试运用文本分析法和知识考古学的方法,以民国时期中国教育研究的留美生博士论文、时评文章的文本为考察依据,进行专题研究,探讨他们的知识谱系、治学思想、研究范式、话语特色、话语建构以及论文思想同教育实践的关系,同时分析博士论文与美国学术场域里教育思想的关联,兼及现代教育学知识在民国时期传播、发展和生根的历史。

在研究思路方面,本研究以民国留美生的博士论文为分析中心,结合国内外学界对他们的评价,采用从群体、文本和实践三方面考察的策略,探讨这些留美生博士论文的学术内涵与研究理路、理论价值与实践意义,进而探求他们之间的互动关系,深挖学术研究与现实观照的内在逻辑。

(二) 横向与纵向分析、整体与个案分析相结合的研究方法

史学研究的魅力在于向人们呈现一个立体、鲜活、饱满的多种面相,探求社会发展的深层因素、内在逻辑以及事物之间的相互关系。如果仅将文本分析作为对事物横向分析的话,是不足以展现事物的复杂面相和本质。为此,尚需将横向文本分析同纵向历时性分析相结合,深入探讨民国留美生博士论文的时代特征和思想特色,而这也是体现史学学科研究特色的内在要求。

本研究的另一主要研究方法是整体与个案分析相结合的方法。首先,对留美博士生中国教育研究切入历时性的考察视角,并将其纳入中国当时整个历史大哲学和中国教育现代化的整体历史进程中来探究他们的选题意识、内容、特点和价值。同时,主要采用三原则选择典型个案文本,一是具有代表性、学科开创性的文本,二是涉及教育学科主要研究领域的文本,三是中国教育界重要影响人物的文本,进行个案剖析解读和评判,力求从文本表层深入内核深层,探究中国教育研究的深层意义。

此外,除上述研究方法外,本书还借鉴了比较史学、统计学的研究方法,设置若干参照系,制作图表,进行了数据统计和分析。在翔实资料的基础上,挖掘中国教育研究学位论文的深层价值。同时,对教育学留美博士进行群体分析,考察他们的群体特征、内部结构以及日常学业生活。

第一章　留美教育的勃兴与教育学留美生

在近代民族生存危机和"欧风美雨驰而东"①的情势之下,兴起了留美教育。它的兴起源自教育救国思潮、政府推动、社会心态等多种因素的综合影响,也得益于美国高等教育的繁荣与教育学科发展的吸引。在留美生中,有一大批人选学教育学,凸显了教育学的重要地位。他们归国以后,成为宣介新式教育和进行教育学科建设的生力军。

第一节　留美教育勃兴的多重面相

近代留美教育勃兴于教育救国的社会大潮。中国留美学生联合会主席朱庭祺指出,留美生成立中国学会留美支会,定宗旨为:"一输进学识于中国,二研究学问发达学问,三联络学习专门之人",而美国留学界有"好学之风""团结力之坚固""实学""进取活泼之气"等优良精神,"美国留学生回国而多入政界者,因注重建设主义致之"②,其原因自是肩负的救亡图存的民族责任感,也影响了中国留美生。梁启超在《卜技利大学之中国留学生》一文中,曾对留美生的"好学之风"和"爱国大义"尤为赞赏,"美洲游学界,大率刻苦沉实,孜孜务学,无虚嚣气,而爱国大义,日相切磋,良学风也"③。个体始终摆脱不了时代赋予的社会角色,留美生亦是如此,尤其受近邻日本的刺激,"昔日本维新致强,游学生勋节卓著。吾国派学生数十年,而获效至微","迄于今日,举国朝野,如梦初觉,营营然共谋所以自强图存之道。……而需才孔亟,游学生乃渐握事权","今日举国人士,殷殷属望,无愈于留学生",正

---

① 陈旭麓著,熊月之、周武编:《陈旭麓文集》(第一卷),华东师范大学出版社1996年版,第367页。
② 朱庭祺:《美国留学界》,《留美学生年报》1911年第1期。
③ 梁启超:《新大陆游记及其他》,钟叔河编《走向世界丛书》(第1辑),岳麓书社2008年版,第565页。

是这种民族责任感,使得"则吾侪之为留学生者,有存亡之责,亦尝一思将来对于国家之义务而一为之备耶"①。

民国肇建,承继于晚清留学政策的基本精神,教育救国依然是留学教育的重任,并在新的环境助推下得以加强。"国家之强盛,全赖教育之发达","以教育为主,事业武备等为附,同时进行,而互相联络,则救国之道,庶几得矣。"②此时期的留美教育延续了"育才救国"的主体任务,"是以国家之所期望于留学生者为科学家,经济家,工程家,制造家,与政治家,欲其归国后实施所学为宗国教育上实业上社会上政治上之建设改革"③。尤其四周列强环伺,欧美日诸国现代化进程日新月异,民族生存环境的紧迫感强化了留学的内驱力,"始见欧美诸国开化虽缓,而三四百年内文化骤进。今远超乎我。于是我国有志士女,愤文化之停滞,欲得他国之学以为补救之策。由是留学兴焉"④,中国广遣留学,以收其效。留美生亦将留学与救国图强结合起来,中国作为东亚文明领袖的荣耀已不复存在,"而留学生也是国耻的一种表号,并不是代表国家的光荣……我们来留学的目的,就是要除去这国耻"⑤,"殊不知中国之所以要有'洋学堂'、新教育,便是为的要救国"⑥,教育救国的呼声在"'九一八'以后,此种意识更形浓厚"⑦。抗战军兴后,受战争环境的影响,留美教育大受影响。抗战胜利后,人们对和平的期望和出于战后重建的需要,留美教育再度高涨。

民国政府对留学教育也因势利导,于1915年举行了一次留学回国考试,根据留学生在国外所得学位、学校等次和考试成绩分成三等,"与试者一百九十二人,一百五十一人及格,一律授职"⑧,政府介入下的分等授职等同于晚清时期的"给出身制",虽只举行一次却极具号召力。而清华学校则在1915年出台了《清华学校津贴在美自费生章程》,旨在"使在美自费生之有志上进而无力卒学者,得以学以致用"⑨,津贴名额暂70名,每名每年津贴480

---

① 裘昌运:《美国留学界情形:论留美学生对于家国义务之预备》,《留美学生年报》1911年第1期。
② 笪耀先:《余日章之教育救国说》,《环球》1917年第1期。
③ 胡明复:《论近年派送留学政策——为一般国民与有志留学者告》,《科学》1915年第9期。
④ 侯德榜:《策励中国留学生》,《留美学生季报》1918年第2期。
⑤ 李儆汉:《留学生的天职》,《学生杂志》1921年第12期。
⑥ 高践四:《中国教育救国的变迁》,《公教学校》1935年第1期。
⑦ 蒋建白:《教育救国论与国难教育论》,《文化建设》1936年第9期。
⑧ 汪一驹著,梅寅生译:《中国知识分子与西方》,台湾久大文化股份有限公司1991年版,第68页。
⑨ 清华大学校史研究室编:《清华大学史料选稿》(第1卷),清华大学出版社1991年版,第229页。

美金,至1929年共津贴留美自费生476人,特别官费生10人,转入清华官费生60人①,这种资助奖励也助推了留美教育的发展。

就社会心态来说,民国社会"知识饥荒"引起的教育需求与国内高等教育发展相对滞后的内在张力,在潜移默化中营造了一种留学的社会氛围。经历五四新文化运动洗礼之后,民主与科学精神大行其道,"三十年间,潮流虽有变迁,而大家始终看得留学是国内知识饥荒的救急法,是向他国寻求学术,供给自己需要的一种教育企图"②,"国内提倡自然科学之声浪日高,政府感觉国内自然科学人才缺乏,屡次选送学生,出国留学。于是上行下效,举国风从"③。留美生正是被赋予此等学术使命和民族重任,"将来的留学生,一定能建设学术独立的中国"④。社会也着实看重留学生,留美教育广受追捧。

社会民众还有出于功利主义的考虑,如胡适考取庚款留美时致信母亲道:"而现在时势,科举既停,上进之阶惟有出洋留学一途……闻官费甚宽,每年可节省二三百金。则出洋一事,于学问既有益,于家用又可无忧,岂非一举两得乎?"⑤足以反映出当时社会上的心态。还有将留美教育作为一种"镀金"的教育,一种升阶的教育,一种资格的教育,以镀金作为择业的招牌,"既入学校,其心理上总以未留学或不得留学认为未能登峰造极为憾;做父兄的不培植子弟则已,既培植子弟,其心理上总以未使或不能使子弟留学认为未能登峰造极为憾"⑥。直到20世纪40年代,留学给人以"洋科举"的印象并未减弱,诚如时人所论,"一切机关事业优待留学生,科举制度的余毒潜存未去,秀才举人减绝了,代之而兴的竟是一批洋贡生洋翰林",对于那些自费留美的家庭来说,"有钱的人还是不少,用几千万法币替儿女换一个'功名',当然比把钱存银行里合算"⑦,更有理由的是:"当前的政府要人、大学教授,有几个没有镀过金的呢?"⑧虽是批评的话,但反映出普通民众追捧留美教育的功利主义动机和心态。在择业上,社会对学历出身区别待之,"一等一级

---

① 清华大学校史编写组编著:《清华大学校史稿》,中华书局1981年版,第68—69页。
② 孟宪承:《今后留学的目标》,《清华周刊》1926年第16期。
③ 吴亮夫:《留学制度之商榷》,《教育杂志》1935年第10期。
④ 李达:《留学生与科学前途》,《妙中月刊》1933年第2期。
⑤ 胡适:《致母亲信一二三通》,耿云志主编《胡适遗稿及秘藏书信》(第21册),黄山书社1994年版,第105—106页。
⑥ 韬奋:《留学热中的冷静观》,《生活》1930年第34期。
⑦ 许君远:《留学制度·留学生》,《观察》1946年第5期。
⑧ 季羡林:《论现行的留学政策》,《观察》1947年第7期。

的教授必须欧美大学出身而曾得博士学位者。甚而至于教国文的先生,也以留学生为上选"[1],其工资待遇亦不同,大凡留欧美者最好,留日生次之,本土者最差,对青年学生来说,赴美留学能更令其心动。因此,留美教育的兴起也受到留美生"稻粱谋"因素的影响。

西方人士也广为留美生摇旗呐喊并寄予厚望,"外国人多宽其辞,谓留学生之影响及于国家不可限量,建设之事,惟此辈是赖"[2]。此种溢美之词一是源自西方人文化的优越感,另一方面也有其扩展文化影响的目的。庚款留美早在发轫之初就是美国对华政策的组成部分,时任美国驻华大使的柔克义就指出"尤其是一旦留美学生成为北京领袖时,美国对中国将有很大的影响力"[3],美国政府热心推动庚款留美教育,可谓意义深远。

要言之,除却外部因素,就民国政府自身来说,推动留美教育的主要目的有二:一为培养专门技术人才,为救国图强计;二为受文化现代转型的驱动,引进移植西方文化,以实现文化的现代转型和独立,为文化计,"为互输文化,求专门技术,造学者人格"。而就个人旨趣来说,"学生之目的有三:图谋好出身,发展新事业,开拓新见识"[4]。潘光旦曾指出留学的目的并不是使中国在思想上依赖西方,而是要与西方比肩而立,"进而与世界各国营平等而异趣的文化的共同生活"[5],留美生还有与西方学术一争高低的文化竞存意识。

与之相应的是,留美教育在整个民国时期随着政局和社会变化而潮起潮涌,教育部在1929—1946年发给出国留学证书的留美人数为3257人[6],而根据梅贻琦、程其保的统计,1928年至1949年赴美(大学、学院)总人数为8416人[7],考虑到还有未入大学的预备生、特别生和自费生,"整个民国时期,留美生当在15000人上下,仅次于留日生"[8]。洋洋大观的留美大军多数学业精进,教育程度较高。在1948年统计的2710名留美生中,研究生有1680

---

[1] 秉祥:《从留学讲到救国》,《再生》1932年第9期。
[2] 易鼎新:《与友人论留学生之成效书》,《留美学生季报》1914年第1期。
[3] 苏云峰:《从清华学堂到清华大学1911—1929:近代中国高等教育研究》,生活·读书·新知三联书店2001年版,第7页。
[4] 万兆芝:《解决留学问题之方法》,《教育丛刊》1920年第1卷。
[5] 潘光旦:《今后之季报与留美学生》,《留美学生季报》1926年第1期。
[6] 李喜所、刘集林等:《近代中国的留美教育》,天津古籍出版社2000年版,第116页。
[7] Yi-Chi Mei & Chi-Pao Cheng, *A Survey of Chinese Students in American Universities and Colleges in the Past One Hundred Years(1845—1953)*, New York: China Institute in America, 1954, pp.26—27.
[8] 李喜所:《中国留学史论稿》,中华书局2007年版,第23页。

人,占总数的62%[1],人数最多。留美生中还有一大批人取得了博士学位,在袁同礼统计的1905年至1960年间留美、加学生提交的2789篇博士论文中,有2757篇是留美生提交,成绩突出。

第二节　留美生学科分布与教育学留美生

近代救亡图存意识的裹挟和对知识的渴求,催生了教育救国的呼声,也影响了留美生学业方向的择取,有大批人志学于教育学。据梅贻琦、程其保 A Survey of Chinese Students in American Universities and College in the Past One Hundred Years (1845—1953)的统计,在1854年至1953年间的20906名中国留美生中[2],除去小部分专业不详者外,共有943名留美生主修教育学,其人数在文理学科所有的50个主修专业中位居第三(商学第一,经济学第二),约占总人数的4.5%,占人文社会学科人数的12.2%,比例极高,成为热门专业。就性别来看,在主修教育学的943名留美生中,除去性别不详者91人外,男女比例约为3∶2,女生所占比重也相当大,体现了教育学科对女性的吸引力,也说明了女子教育的进步。

兴起于清末的庚款留美教育,以其经费充足、持续时间长和考选严格而成为带动留美教育的中坚力量,1909年至1929年间清华学校留美生有1289人,选习教育学科者有60人,占总人数的4.7%,比例虽小,但也取得了相当的成绩。除去1909年的1人外,其他各年具体分布情况可见表1.1。

表1.1　清华学校选修教育学留美生统计表(1910—1929年)

时间(年)	1910	1911	1912	1913	1914	1915	1916	1917	1918	1919
人数	3	1	—	2	3	2	3	3	7	4
时间(年)	1920	1921	1922	1923	1924	1925	1926	1927	1928	1929
人数	2	3	3	5	5	1	4	3	6	1

资料来源:据《历年留美学生分科统计表》整理,清华大学校史研究室编《清华大学史料选编》(第1卷),清华大学出版社1991年版,第56—71页。

就表1.1的统计来看,1910年、1918年、1923年和1928年是重要的节

---

[1] 王奇生:《中国留学生的历史轨迹(1872—1949)》,湖北教育出版社1992年版,第32页。
[2] 据 A Survey of Chinese Students in American Universities and College in the Past One Hundred Years (1845—1953)(pp.34—35)统计,并作分类整理。

点,在此前后清华学校选学教育学的留美生人数呈现出大幅增长的转折趋势。综合梅贻琦、程其保的统计和清华学校的统计,选学教育学的留美生的比例基本保持在4%左右,相差不大。虽然教育学科不及工科、商科和经济等实科专业热门,但在人文社会学科内部处于第一梯队,平均比例为10%左右,是留美生志学的重要专业。思及原因,除了近代救亡图存动机的带动和社会知识饥渴状态的影响外,中国迅猛发展的新式教育也为学习教育学的留美生提供了良好的出路和广阔的发展舞台,是他们学习教育专业的外部动力。1909年全国有高等学堂24所,拥有学生4127人,至1929年发展到50所公私立大学,拥有学生34938人[1],20年间学校数量增长了2倍多,人数增长了8.5倍。1947年全国专科以上学校(大学、独立学院及专科学校)更是达到了207所,拥有学生155036人。[2]中等教育发展更为迅猛,1912年全国中等学校(中学、师范、职业学校)有832所,学生97965人,至1929年发展到2111所,拥有学生341022人,1946年猛增到5892所,拥有学生1878523人。[3]中国高等教育与中等教育的迅猛发展急需大量的师资,而这又为留美生归国后解决了生计问题,为他们将来大显身手提供了舞台。

具体来看,晚清政府历来重视培养师资,清末新政的最后三年也急需培养人才,出台了导向性的政策,引导学生学习师范科,而师范科与此后的教育系科又有着不可分割的密切关系。1909年的《师范生之奖励办法》规定"凡出洋学习寻常师范"以及"入专为中国学生设立之长期师范班肄业者","毕业回国拟令尽义务五年,俟五年期满后,均按照初级师范毕业优等奖给出身官阶外,仍照教员五年期满之例,准保升阶"[4]。1909年清政府还指出庚款留美应"以十分之八习农、工、商、矿等科,以十分之二习法政、理财、师范诸学"[5],在1909年至1911年间的三批共40人中,主修或兼修教育学的有8人。这种事关生计和身份地位的奖励,对留学生选习师范科(教育)极具吸引力。对于脱胎于师范科的教育学科来说,这种环境是极其有利的。民国政府的建立,为留美教育的发展提供了稳定的政治环境。五四运动时期"民主"与"科学"精神的提倡,更

---

[1] 教育部编:《第一次中国教育年鉴》(丙编),开明书店1934年版,第13、23页。
[2] 《教育年鉴》编纂委员会:《第二次中国教育年鉴》(第14编),文海出版社1986年版,第1400—1402页。
[3] 《教育年鉴》编纂委员会:《第二次中国教育年鉴》(第14编),文海出版社1986年版,第1428页。
[4] 刘真主编,王焕琛编著:《留学教育——中国留学教育史料》(第2册),国立编译馆1980年版,第709页。
[5] 外务部、学部:《会奏为收还美国赔款遣派学生赴美留学办法折》,陈学恂、田正平编《中国近代教育史资料汇编·留学教育》,上海教育出版社2007年版,第180页。

是营造了有利的文化环境和社会氛围,而要达到"民主"和"科学"的境地,必须通过教育,这为教育救国思潮的进一步发展提供了土壤。因而,1919年前后选学教育学的留美生不在少数,并呈增长趋势。1922年壬戌学制的颁行,使得中国新式教育的发展由师学日本、德国转而仿行美国,教育模式的转向和改革为留美生归国后的发展提供了专业出路,吸引了他们选学教育学。南京国民政府建立后,政治环境趋于稳定,1927年又推行大学区制,至1929年,全国拥有50所公私立大学、近35万名学生,这一时期教育改革的推进和国内高等教育的迅猛发展,客观上刺激了留美生选学教育学。

除庚款留美生和官费生外,还有大批的自费留美生,其所学专业学科分布虽与官费生大体一致,但也呈现出些微差异。以1918年至1921年《教育公报》统计的213名自费留美生为例,教育科专业的留美生有14人,占总数的6.6%,位列第4,相比梅贻琦、程其保的统计以及清华学校统计的1911年至1929年间的庚款留美生,比例略高。概因自费生选科较为自由,而教育科相对理工科较为容易之故。其修习学科分布比例见表1.2。

表1.2　自费留美生学科统计表(1918—1921年)

科别	文科	理科	工科	医科	法科	商科	农科	教育	普通	预备	不明	总计
人数	11	18	57	7	62	14	8	14	4	1	17	213
比例	5.1	8.5	26.8	3.2	29	6.6	3.8	6.6	1.9	0.5	8	100

资料来源:据刘真主编、王焕琛编著《留学教育——中国留学教育史料》(第5册)整理而成,国立编译馆1980年版,第2627页。

就留美生所选高校来看,以哥伦比亚大学为著。哥伦比亚大学是美国名校,其师范学院更是教育学重镇,且与中国教育学的发展关系密切,在中国留美生中具有特殊的地位。20世纪二三十年代从事教育的归国留美生大批来自哥伦比亚大学,甚至形成了哥伦比亚派,舒新城在1923年发表署名怡怡的文章就指出:"故近来教育界有所谓美国的T.C.派(即哥伦比亚大学师范院派),教授遍布各大学。"[①]我们可从1927—1928年的哥伦比亚大学同学录略窥一二,其修习学科人数分布见表1.3。

表1.3　哥伦比亚大学中国学生学习学科分配表(1927—1929年)

学科	人数(人)	学科	人数(人)	学科	人数(人)
经济	33	动物	3	制药	1

---

① 怡怡:《留学生问题》,《中华教育界》1923年第10期。

续表

学科	人数(人)	学科	人数(人)	学科	人数(人)
哲学	6	卫生教育	1	植物	1
法律	4	教育音乐	1	工程	17
法政	2	物理	1	心理	5
美术	1	银行	20	音乐	2
教育心理	1	公法	5	外科	1
教育	31	教育社会学	2	实业	1
化学	6	矿学	1	戏技	1
体育	3	公共卫生	1	历史	17
生物	1	新闻	1	财政	4
职业教育	1	商科	18	图书市政	2
政治历史	1	文学	5	市政	1
政治	24	数学	2	家政学	1
社会学	6	会计	1	家属教育	1

资料来源：转引自陈志科《留美生与中国教育学》，南开大学出版社2009年版，第49—50页。

从表1.3可以看出，在哥伦比亚大学统计的200多名留美生中，学习经济的学生位居榜首，其次为教育、政治、银行、商科、工程和历史。修习教育学专业（狭义）的有31人，占总数的14%，如果将教育心理、职业教育、教育社会学、卫生教育、教育音乐、家属教育、家政学等教育分支学科算入的话（以大教育学的学科划分体系，体育也可算入），比例更高，远高于清华学校以及梅贻琦、程其保的统计比例。陈鹤琴指出"哥伦比亚师范学院是世界上研究教育最著名的地方。教授学问之渊博，教育学科之丰富，学生人数之众是世界上任何大学都找不出来的"[①]。后来成为教育家的留美生很多都曾在哥伦比亚大学求学过，如郭秉文、蒋梦麟、陈鹤琴、朱君毅、庄泽宣、张彭春、陈友松、沈亦珍，哥伦比亚大学成为留美生研习教育学的一个重镇。

关于南京国民政府建立后至1949年间留美生的学科选习状况和特点，可以据1929—1946年国外留学生统计表整理而成的教育学科留学生统计表，佐以分析，具体情况见表1.4。

表1.4 修习教育学科留学生统计表（1929—1946年）

时间(年)	1929	1930	1931	1932	1933	1934	1935	1936	1937
总数	1657	1030	450	576	621	859	1033	1002	366
文类	971	572	221	342	301	428	506	463	138

---

① 陈鹤琴：《我的半生》，北京市教育科学研究所编《陈鹤琴全集》（第6卷），江苏教育出版社2008年版，第537—538页。

续表

时间(年)	1929	1930	1931	1932	1933	1934	1935	1936	1937
教育科	75	56	45	40	45	52	73	64	24
文类百分比	7.7	9.8	20.4	11.7	15	12.1	14.4	13.8	17.4
总数百分比	4.5	5.4	10	6.9	7.2	6.1	7.1	6.4	6.6
时间(年)	1938	1939	1940	1941	1942	1943	1944	1945	1946
总数	92	65	86	57	228	359	305	8	730
文类	13	20	32	20	73	181	34	—	321
教育科	3	9	7	2	6	7	5	—	25
文类百分比	23.1	45	21.9	10	8.2	3.9	14.7	—	7.8
总数百分比	3.3	13.8	8.1	3.5	2.6	1.9	1.6	—	3.4

资料来源:据刘真主编,王焕琛编著《留学教育——中国留学教育史料》(第5册)整理而成,国立编译馆1980年版,第2633—2634页。

从留学教育史来看,整个南京国民政府时期的留美教育占据绝对主导地位。表1.4虽是对1929年至1946年间修习教育学科留学生分布状况的整体统计,尚未细化到留学国别统计,但我们从此表可以大概推测这一阶段修习教育学科留美生的状况。从表1.4得知,1929年至1946年间共有538名留学生修习教育学科,占总体的5.6%,比清华学校1910年至1929年间4.7%的统计比例和梅贻琦、程其保统计的1854年至1953年间4.5%的比例略高1个百分点,而在文类中所占比例为11.6%,相差不大。此时期修习教育科的留学生表现突出,在战争爆发或局势紧张之时,选学的绝对人数虽不多,但其所占比重大,尤其在文类中所占的比例增长快,如发生"九一八"事变的1931年、全面抗战的后三年,都表现出在战事比较紧张之际修习教育学的比例却大增的特点,这是教育救国思想的具体体现。而在1932年至1936年间每年所占比例比较平稳,文类的比例每年基本保持在13%左右,占总数的比例基本保持在6%上下,表现出阶段性的特点,1935年"国民经济建设运动"的开展和《学位授予法》的颁布提供了一个良好的环境和政策,《学位授予法》对博士学位授予人员资格、考核程序等进行了详细的规定。就修习教育学留学生的绝对数量来看,1929年、1931年、1935年和1946年是转折点。1929年人数最多为75人,此后逐年下降,至1931年下降为45人,随后稳定地维持在每年四五十人,1935年又突增至73人。全面抗战爆发后,局势的紧张和国民政府实行节省外汇限制留学政策,导致选学人数急剧下降为24人,抗战胜利后至1946年才恢复到25人。

整个民国时期,研习教育学的留美生总体所占比例平均维持在4%左右,在文类中的比例大概占10%,囿于资料零散、统计标准不一和交叉重复统计的原因,其绝对数量虽无精确数字,但应不下700人。研习教育学的留美生的年度分布状况还表现出与国内局势紧密的关联性,并表现出在重要节点波动性大的特点,其人数主要集中在20世纪二三十年代,这也是中国现代教育学科建立完善时期。

第三节　研习中国教育的留美博士生

民国时期的教育学留美生有不少人选择继续深造,以教育学作为研究方向并取得了博士学位,撰写了一批数量可观的高质量学位论文。据统计,1905年至1960年间留美学生提交的教育类博士论文有151篇,其中民国时期教育类留美生博士论文就有102篇,而有关中国教育议题研究的留美生博士论文有63篇。[①]

撰写这63篇论文的留美博士生,被授予的学位有 Ph. D.、Ped. D. 或 Ed. D.,其中 Ph. D. 为教育学上的哲学博士,Ped. D. 或 Ed. D. 为教育专业博士。这些留美生回国后积极推动中国教育学科的发展,以"教育救国"为己任,并成长为学有专长的教育家,如郭秉文、蒋梦麟、杨亮功、刘湛恩、陈友松、沈亦珍、庄泽宣、朱君毅、傅葆琛、张敷荣等。他们在教育领域大展身手,对教育学科的发展厥功至伟,如陈友松对教育财政学的倡导,庄泽宣对比较教育学的发展,朱君毅对教育统计学的规划,傅葆琛对乡村教育的求索,张敷荣对教学论的研究,沈亦珍对天才儿童特殊教育的贡献,而郭秉文、蒋梦麟、杨亮功、刘湛恩则在高等教育和教育行政领域独树一帜。这批从事中国教育研究的留美博士,其知识谱系来源于系统完善的学校教育和日常生活的熏陶,而留美时的学业训练与日常生活则构成了他们的学术成长环境,塑造了他们的思想雏形。

一、留美博士生的基本阵容

留美生的籍贯地域分布、家庭背景、性别构成、留学学校、留学年龄、留美时间、职业经历等基本要素,能折射出他们的群体特征以及与社会经济文化之间的联系。对留美生基本阵容的解析,有助于我们进一步探究其学术走向以及学科转型的影响因素,尤其对留美时间、职业经历的分析,更有助于我们把握和评估留美生在中国现代化进程中的地位和作用。而对中国教

[①] 据袁同礼的《中国留美同学博士论文目录》统计,有147篇教育类博士论文,但经核实其中有2篇非教育类论文、1篇重复统计、2篇留加博士论文。另外,尚有其他专业涉及教育的9篇论文未在统计之列。综上有教育类留美生博士论文151篇。

育议题研究的留美博士生群体基本阵容的分析,自然也不例外,其实质即是对中国教育学术研究形成要素与发展过程的探究。

根据相关资料整理的民国时期从事中国教育研究的留美博士生简况表,可以作为分析此群体的基本依据。其具体情况见表1.5。

表1.5 民国时期从事中国教育研究的留美博士生简况表

姓名	籍贯	生卒	留美简况	职业简况
陈维城	直隶北京宛平	1882—1955	1907年留美,1913年前后归国。中华基督教留美青年会会长,1910年密歇根大学Ph.D.	汇文大学教授,英国伦敦大学教授,孙中山秘书,民国政府外交官
罗运炎	江西九江	1889—?①	1909年留美,1914年归国。1911年入锡拉丘兹大学(雪城大学)习经济及政治科,1914年Ph.D.,同年回国	南伟烈大学、东吴大学教员,国民政府禁烟委员会主席、拒毒会会长,国民政府立法委员
郭秉文	江苏江浦	1880—1969	1906年赴美,1914年归国。留美学生会会长,1914年哥伦比亚大学Ph.D.,同年回国	商务印书馆编辑,国立南京高等师范学校教务长及校长,东南大学校长,中华教育促进会、华美协进社会长
胡昌鹤	江西九江	1883—1962	1911年留美,1917年归国。留美学生会会员,1917年纽约大学Ped.D.	南伟烈大学教员及副校长、九江省立第三中学校长、之江大学教授,国立社会教育学院教务主任
蒋梦麟	浙江余姚	1886—1964	1908年留美,1917年归国。1917年哥伦比亚大学Ph.D.	商务印书馆编辑,江苏省教育会理事,北京大学校长及教授,西南联合大学校务委员会委员,中国红十字会会长,国民政府行政院秘书长、农复会主委
刘湛恩	湖北阳新	1896—1938②	1918年留美,1922年归国。弃医从教,先入芝加哥大学教育系,1922年哥伦比亚大学Ph.D.	东南大学、大夏大学、光华大学教授,沪江大学校长,上海中华基督教青年会干事,中华职教社职业指导所所长,上海参议员
陆麟书	—	1896—?	1917年留美,1922年归国。1922年芝加哥大学Ph.D.	沪江大学教育系副教授

---

① 生平取罗运炎自述《一个苦儿的奋斗》(华美书局出版,年代不详)。
② 生年取《刘湛恩纪念集》的1896年,有作1895年。

续表

姓名	籍贯	生卒	留美简况	职业简况
朱君毅	浙江江山	1895—1962	1916年赴美，1923年归国。于霍布金斯大学教育系学习，1922年哥伦比亚大学Ph.D.，任纽约大学商学院中国语言课讲师，清华留美同学会会长，美国全国教育荣誉学会会员	东南大学教育科副主任，南京女师教务主任，清华大学教育心理系主任，北京师范大学教授，厦门大学教育心理系主任，国民政府立法院编译处处长、统计局长
庄泽宣	浙江嘉兴	1895—1976	1917年留美，1922年归国。1922年哥伦比亚大学Ph.D.	清华大学、厦门大学、中山大学教授，创办中山大学教育研究所并任主任，浙江大学教育系主任，岭南大学文学院长，广西大学法商学院院长等，联合国教科文组织复兴部研究组主任
程其保	江西南昌	1895—1975[①]	1918年留美，1923年归国。芝加哥大学硕士学位，1923年哥伦比亚大学Ph.D.，中华基督教留美青年会会长	东南大学秘书兼教育系教授，大夏大学教授，上海商科大学校长，齐鲁大学教务长及教育系主任，中央大学教授，济南市政府秘书长，湖北省教育厅厅长
缪秋笙[①]	浙江	1894—？	1919年留美，1923年归国。1922年芝加哥大学Ph.D.	沪江大学副教授，宗教主任，中华基督教教育会代理干事
殷芝龄	江苏南通如东	1897—？	1923年归国。1923年纽约大学Ph.D.	上宝平民教育促进会干事，私立匡村中学校长，上海商科大学、东南大学教授，世界教育联合会亚洲部行政秘书，全国教育促进会国际教育委员会副主席，上海英文学院院长
傅葆琛	四川华阳	1893—1984	1916年留美，1924年归国。1924年康奈尔大学Ph.D.	中华平教促进会乡村教育部主任，燕京大学、齐鲁大学、江苏省立教育学院、清华大学、燕京大学教授，华西大学文学院院长，创办乐育中学并任校长

---

① 生年取《东南大学校友业绩丛书》的1895年，有作1896年、1897年。

② 袁著（即 Tung-Li Yuan, *A Guide Doctoral Dissertations by Chinese Students in America 1905—1960*）误为缪秋生，实为缪秋笙。

续表

姓名	籍贯	生卒	留美简况	职业简况
张彭春	直隶天津	1892—1957	1919年赴美读博,1923年归国。先入读克拉科大学教育学,1924年哥伦比亚大学Ph.D.①	筹设中华教育改进社,南开大学教授,清华学校教授兼教务长,西南联大教授,国民参政会参政员
萧恩承	江西永新	1898—?	1925年归国。1925年纽约大学Ed.D.	国民政府外交部官员,北平绥靖公署主任,北大外文系系主任兼教育学教授,抗战后失节,汪伪立法院立法委员
瞿世英	江苏武进	1901—1976	1924年留美,1926年归国。1926年哈佛大学Ed.D.	北京平教会工作,北京大学、北京师范大学、燕京大学、清华大学教授,湖南大学文学院院长
刘宝庆	江西	—	1927年纽约大学Ph.D.	—
司徒丘	—	—	1927年纽约大学Ph.D.	—
胡毅	湖南长沙	1904—1994	1926年留美,1929年归国。1928年芝加哥大学Ph.D.	湖南大学、中山大学教育系主任,武昌华中大学心理系主任,西南联大师范学院教授,河北大学副校长,河北省教育厅副厅长
李树棠	辽宁沈阳	1897—?	1923年留美,1928年归国。1928年纽约大学Ph.D.	东北大学教育系主任,教育学院院长
杨亮功	安徽巢县	1895—1992	1922年留美,1928年归国。1928年纽约大学Ph.D.	国立第五中山大学文科主任,吴淞公学副校长,暨南大学及北大教授,安徽大学文学院院长及校长,发起中国教育学会,民国政府监察委员,闽浙监察使,宪国大代表
钟鲁斋	广东梅县	1899—1956	1928年留美,1930年归国。1930年斯坦福大学Ed.D.	沪江大学国文系主任,清华大学文学院院长,厦门大学、勷勤大学、中山大学教授,香港南华学院院长
王凤岗②	河南西平	1901—1977	1921年留菲,后转赴美国,1931年归国。1931年斯坦福大学Ed.D.	河南大学教育系主任及教授、文学院院长,武汉大学、西北师范学院教授,创办东湖中学并任校长

① 张彭春1922年完成博士论文,1923年由哥伦比亚大学出版,1924年1月获得博士学位。
② 袁著误作黄方刚。

续表

姓名	籍贯	生卒	留美简况	职业简况
许桂英	—	1904—?	20年代留美,1931年归国。1931年哥伦比亚大学Ph.D.	河南大学教育系主任,安徽大学教授,中国教育学会会员
曾作忠	广西桂林	1895—1977	1929年留美,1932年归国。1932年华盛顿大学Ph.D.	暨南大学、大夏大学、复旦大学、圣约翰大学任教,云南大学、西南联大教授,广西桂林师院院长,筹建广西教育研究所
曾昭森	广东	1901—1974	1934年归国。1933年哥伦比亚大学Ph.D.	岭南大学教授,美华中学校长,中国教育学会会员,崇基学院教务长
邵镜三	江苏南京	1902—1958	1930年留美,1934年归国。1934年耶鲁大学Ph.D.	中华进步教育宗教促进会干事,中华基督会总干事,金陵神学院董事
叶崇高	—	1906—?	1935年归国。1934年芝加哥大学Ph.D.	任教武昌华中大学,私立求精商学院副院长,中国教育学会会员
陈友松	湖北京山	1899—1992	1929年留美,1935年归国1935年哥伦比亚Ph.D.,全美教育学会名誉联谊会会员、世界教育联合会扫盲干事	大夏大学社会教育系主任,厦门大学、勷勤大学、西南联合大学、北京大学教授,湖北教育学院院长,北京师范大学教育系副主任
陈维纶	—	1897—?	20世纪30年代归国。1935年纽约大学Ed.D.	—
卫士生	浙江衢州	1899—1990	1926年留美,1935年归国。1935年纽约大学Ph.D.	清华大学、浙江大学、中央大学、河南大学、重庆大学教授,武汉市人民政府参事
莫泮芹	广东台山	1906—?	1928年留美,1935年归国。1936年哥伦比亚大学Ph.D.	北平师范大学、北京大学、西南联合大学外语系教授兼外语系主任,后居美
朱有光	广东	1902—1975	1928年留美,1930年归国。1935年哥伦比亚大学Ph.D.	岭南大学教育系主任兼副教授及教务长,河南大学教授,中国教育学会会员
张伯谨	直隶河北行唐	1899—1988	20世纪30年代再次赴美,1936年归国。1935年康奈尔大学Ph.D.	任教燕京大学,湖北省教育厅厅长,湖北省立农学院院长,国民参政会参政员,河北省教育厅厅长,国民政府教育部次长
欧阳湘	安徽天长	1898—1988	1929年留美,1935年归国。1935年俄亥俄州立大学Ph.D.	北平师范大学、燕京大学、辅仁大学教育系主任,北京师范大学教育学教研室主任

续表

姓名	籍贯	生卒	留美简况	职业简况
沈亦珍	江苏高邮	1900—1993	1933年留美,1936年归国。先入密歇根大学攻读中国教育,1936年哥伦比亚大学Ed.D.	镇江中学校长、勷勤大学、中山大学、复旦大学教授,西北师范学院英语系主任,中央大学副教授,教育部督学、普通教育司司长,甘肃教育厅秘书
张敷荣	贵州普安	1904—1998①	1928年留美,1936年归国。1936年斯坦福大学D.Ed.,办斯坦福大学中文系	四川大学教育系主任,女子师范学院教育系主任,华西大学、重庆大学、西南师院教授,西南师范学院教育科学研究所所长,国务院学位委员会评议组成员
黄国安	祖籍广东,新加坡华侨	1897—1987	20世纪30年代留美,1937年归国。1937年哥伦比亚大学Ph.D.	燕京大学体育部教师,筹建体育系,1941年居美
石宪儒	—	1903—?	1937年加利福尼亚大学Ed.D.	—
袁伯樵	浙江嵊州	1900—1996②	1934年留美,1936年归国。1939年科罗拉多州立学院Ph.D.	四川大学教务长,金陵大学教育系主任兼训导长,河北大学教授
陈继平	—	1907—?	1940年哥伦比亚大学Ed.D.	—
陈矜赐	—	1907—?	1940年爱荷华大学Ph.D.	居菲律宾
戴伟金	—	1898—?	1940年得纽约大学Ph.D.	
高俞秀文	上海	1908—?	1936年留美。1940年哥伦比亚大学Ed.D.	定居美国,从事教育
刘桂灼③	广东新会	1911—1976	20世纪30年代赴美,1940年归国。1940年哥伦比亚大学Ed.D.	广东省教育厅督学,贵阳师范学院、浙江大学、私立乡村建设学院、华南师范学院教育系和外语系教授,岭南大学教育系代理主任

① 生年取《张敷荣教育文集》"张敷荣生平大事记"的1904年。
② 生年取《嵊州市志(1986—2002)》的1900年。
③ 袁著误为刘桂焯,经查应为刘桂灼。

续表

姓名	籍贯	生卒	留美简况	职业简况
阮康成	—	1911—？	20世纪30年代留美，1940年归国。1940年哥伦比亚大学Ed.D.	国民政府教育部督学，香港岭南书院院长
宋恪	甘肃甘谷	1905—1951①	1937年留美，1940年归国。1940年康奈尔大学Ph.D.	甘肃学院院长，甘肃教育厅厅长，三青团甘肃支团干事长，制宪国大代表，国民政府中央监察委员
檀仁梅	福建永泰	1908—1993	1936年留美，1940年归国。1940年宾夕法尼亚大学Ph.D.	协和大学教务长及教育系主任，福州大学教务长及文学院院长，福建师大教科所所长
程锡康	江苏南京	1907—？	1942年归国。1942年哥伦比亚大学Ph.D.	国立教育学院社会教育行政系主任兼教授
韩庆濂	—	1905—？	20世纪30年代留美，1941年归国。1942年明尼苏达大学Ph.D.	燕京大学代教务主任，成都燕京大学代教务长，国际文化教育事业处处长
魏永清	直隶	1906—1991	1940年留美，1944年归国。1943年哥伦比亚大学Ed.D.，纽约援华总会中文部主任，北美基督教中国学生会总干事	燕京大学训导长，重庆实验救济院院长，中国乡村建设研究院院长，山西师大校务委员会委员
方同源	浙江吴兴	1899—1999	1941年留美，1945年归国。1945年宾夕法尼亚大学Ph.D.	舟山中学校长，沪江大学教育系主任兼教授，华东师大教育系教授
葛王如珍	—	1917—？	1945年密歇根大学Ph.D.	—
李美筠	上海	1901—2001	1940年留美，1946年归国。1945年康奈尔大学Ph.D.，1946年密歇根大学公共卫生博士学位	东北大学、金陵大学、金陵女子文理学院、南京师范学院教授，教育部顾问
马仪英	广东台山	1909—1974	1945年归国。1945年加利福尼亚大学Ed.D.	任教岭南大学，广州真光中学校长，香港九龙真光中学校长兼校董，香港教育委员会委员
慎微之	浙江吴兴	1896—1976	1940年再赴美读博，1945年归国。1945年宾夕法尼亚大学Ph.D.	沪江大学夜商学院教务长，之江大学教育系主任兼教授，吴兴县政协委员

---

① 一说生于1894年。

续表

姓名	籍贯	生卒	留美简况	职业简况
张汇兰	江苏南京	1898—1996	20世纪40年代再度赴美，1946年归国。1945年爱荷华大学Ph.D.	金陵女子文理学院体育系主任，河北女子师范学校体育系主任，中央大学女子体育部主任，上海体育学院教务长，全国人大代表，上海妇联执委
郭锡恩	—	1916—？	1941年留美，1947年归国。1946年哥伦比亚大学Ed.D.，北美基督教中国学生会总干事	之江大学助理教务长
赵冕	浙江嘉兴	1903—1965	1941年留美，1946年归国。1946年哥伦比亚大学Ed.D.	中央大学教育研究所主任兼教授，浙江师院、杭州大学教授，教育部参事
朱炳乾	—	1915—？	1947年归国。1947年哥伦比亚大学Ed.D.	重庆大学、四川师范学院教授
范崇德	—	1913—？	1948年哥伦比亚大学Ed.D.	—
孙怀瑾	江苏松江	1904—？	1949年科罗拉多大学Ed.D.	—
李抱忱[①]	原籍北京，生于保定基督徒	1907—1979	1935、1944年入欧柏林大学修音乐教育，1948年哥伦比亚大学Ed.D.	北平育英中学音乐主任，教育部音乐教育委员会委员，国家音乐院主任、代院长。居美后任美国陆军语言学校中文系主任

资料来源：Tung-Li Yuan, *A Guide to Doctoral Dissertations by Chinese Students in America 1905—1960*, Washington: the Sino-American Cultural Society, 1961; *Who's who in China*, Shanghai: The Chinese Weekly Review, 1925、1936;以及《游美同学录》《中国国民党百年人物全书》《留学生大辞典》《中华民国史大辞典》《当代中国名人录》《清末民初中国官绅人名录》等。

据表1.5统计，63人中籍贯可考者有48人，其分布情况为浙江9名，苏沪10名，广东7名，江西5名，直隶地区4名，安徽、湖北各2名，其余共7名，来自江浙沪、广东、江西、直隶地区的生源占据多数。这种分布状况与中国各地的经济文化发展状况密切相关，同各地的开放程度有高度的重合。江浙沪、广东位属沿海地区，对外开放较早，同时广东又是著名的侨乡，便利了其子弟出国留学。江西则地处沿江地区，自古人文环境优越。这些地区经济富庶，教育发达，近代开放通商较早，并设有各种教会学校，无疑为留美教育创造了良好的条件。很多留美博士生来自教会学校，如金陵大学、沪江大学、燕京大学、南伟烈大学、岭南大学。需要指出的是,这些留美生当中有17人是基督徒身份,代表人物有郭秉文、刘湛恩、程其保、罗运炎、邵镜三、萧恩承、袁伯樵、缪秋笙、马仪英、胡昌鹤、曾昭森等。其中,陈维城为中华基督教留美青年会会长,刘湛恩是上海中华基督教青年会干事,程其保为中华基督教留美青年会会长。这种基督徒的特殊身份,一则方便了他们的留美教育,便于较早地接触西方文化;二则利于他们利用基督徒身份同国际友人建立联系,也为日后对外文化交流打下人脉基础。一些出身教会学校的基督徒学生,还受到了教会学校资助,20世纪20年代圣约翰、东吴、金陵和沪江大学为保持一定比例的基督徒学生,"学校对预备做牧师的学生,对基督教牧师或其他宗教工作者的子弟提供贷款和奖学金"[1]。而直隶(京津冀)紧靠权力中心,北京又是政治文化中心,留学资源得天独厚,清华学堂庚款留美也扮演着重要角色。

就出身而言,留美博士生的家庭条件多数比较优渥,或商或学,既有经济基础又有良好的家庭文化氛围,其父祖辈有知识水平较高者,甚至有的取得贡生、举人、秀才功名,从小重视子女的教育,为商者则大力支持子女接受新式教育。如蒋梦麟本身就考中过秀才,陈维城、朱君毅、杨亮功的父亲皆为秀才,张敷荣的父亲为贡生,胡毅的父亲曾留学日本并创办明德学校,高俞秀文则为俞庆棠的侄女,郭秉文与其侄子郭锡恩皆考取了教育学博士学位。留美教育所需费用相对较高,若没有坚实的经济基础,普通人家是难以支撑其完成博士学业的。以1917年教育部规定的留美费用为例,其服装费200元国币、出国路费500国币、每月学费80美元、回国路费250美元。[2]若考虑到汇率问题,"曩者美金一元可换银币二元二三角,自有欧战,每元美金只换银币一元零一二角"[3],以1:2汇率计算,其所需费用换算成国币约合3120元。留美生读博所用时间为1~5年不等,取2年计算,合计所需国币不下5040元,尚不算论文打印费、生活费等开支,平均每月费用210元。另据统计,1927年至1937年间部分省份官费留美生的费用情况,河南省留美生的治装费、每月学费、出国川资、回国川资分别为国币200元、250元、1000元、1000元,江苏省分别为自理、100美元、400美元、400美元,山东省分别为国币200元、90美元、视路途远近而定、视路途远近而定(一般为国币800

---

[1] 〔美〕杰西·格·卢茨著,曾钜生译:《中国教会大学史(1850—1950)》,浙江教育出版社1987年版,第157页。
[2] 周棉主编:《中国留学生大辞典》,南京大学出版社1999年版,第604页。
[3] 侯德榜:《民国七年留美中国学生季报干事部报告》,《留美学生季报》1919年第3期。

元）。①为作直观的比较考察，我们以1917年《教育部公布国立大学职员任用及薪俸规程》作对比，其大教授月薪400～140元，助教120～50元，事务员100～30元②，他们的收入处于社会中上等。而民国时期皖北"三农"户均年收入"一般当在220元"③，平均每月18.3元维持一家人的生活。据1919年北京农商部调查，纺织工、铁工及机械工、矿场工以及制丝工（男工）平均月工资为11.625元。④1928年上海市行业工人每月实际收入，男工20.65元，女工13.92元。⑤通过对比，可以看出1917年留美博士的每月教育开支，就足抵皖北"三农"户均年收入，同1928年上海行业工人年收入也相差无几，其所需费用开支巨大，非一般家庭所能支撑。诚然，他们当中也有部分像罗运炎、刘湛恩、邵镜三、陈友松、曾作忠等家境贫寒者，或通过教会资助，或通过个人努力而获得庚款留美、省费留美等机会，并完成博士学业。若没有坚实的经费支持，则难以顺利完成留美学业。

在性别比例上，这批留美博士有6人为女性，所占比例为9.5%。与之相较的是清华学校（包括后来改名为清华大学时期）派遣留美生的男女比例，从清华学堂建立至1929年止，清华学校共派遣1279人留美生，女生占4%。据统计，1900年至1929年留美男生有4574人，女生553人，性别不详者519人，其女生所占比例为9.8%。⑥可以得出，这批留美女博士所占比例远远高于清华学校派遣留美女生的比例，而与20世纪前三十年的留美女生比例基本持平。这表明，虽然近代女子教育在发展中受制于重男轻女等一些传统因素的制约，但还是成长起来。女子留学已经发展到能够出国接受高等教育和学术研究训练的地位，反映出女子教育的进步和社会平等思想的成长。其中，许桂英成为南开大学首位入学的女大学生，开南开大学女学风气之先。在取得文学学位后，她继续赴美深造取得博士学位，归国后曾任河南大学教育系主任。从事教育研究的留美女博士日后也多数成长为学有

---

① 杨木庆、罗斌：《南京国民政府前期官费留学经费考察(1927—1937)》，《安徽史学》2010年第4期。
② 潘懋元、刘海峰编：《中国近代教育史资料汇编·高等教育》，上海教育出版社2007年版，第801页。
③ 陈业新：《民国时期民生状况研究——以皖北地区为对象》，《上海交通大学学报(哲学社会科学版)》2008年第1期。
④ 北京大学国际政治系编：《中国现代史统计资料选编》，河南人民出版社1985年版，第14页。
⑤ 陈育红：《战前中国教师、公务员、工人工资薪俸之比较》，《民国档案》2010年第4期。
⑥ 梅贻琦、程其保：《百年来中国留美学生调查路(1854—1953)》，陈学恂、田正平编《中国近代教育史资料汇编·留学教育》，上海教育出版社2007年版，第713—714页。

专长的教育家,如体育教育家张汇兰、卫生学家李美筠、中等教育家马仪英,在教育领域播布所学新知,推动中国教育的转型与进步。

研习教育的留美博士生还表现出择名校而聚团的现象,毕业于哥伦比亚大学的留美生最多,达到24人,占同期中国教育议题研究留美博士生总数的38.1%,其次为纽约大学10人,芝加哥大学、康奈尔大学各占4人。哥伦比亚大学集中培养了为数众多的从事教育研究的留美生,1948年的哥伦比亚大学师范学院中国同学名单可反映一二。[①]名单统计了119名哥伦比亚大学师范学院中国学生,包括日后成为著名教育学家的张伯苓、陈鹤琴、俞庆棠、姜琦、郑宗海、罗廷光、常道直、查良钊、陈东原、汪懋祖、李建勋、朱经农、欧元怀、程时煃、艾伟、郑西谷、陈雪屏、邱椿、陈选善等人,其中蒋梦麟、郭秉文、张彭春、曾昭森、赵冕、陈友松、阮康成、朱有光、程其保、庄泽宣、程锡康、朱炳乾、朱君毅、杨亮功、张伯谨、沈亦珍、刘桂灼17位即从事中国教育研究。这份名单几乎囊括了民国时期中国教育学界的大部分名流,可以说,哥伦比亚大学在留美教育中地位突出,无出其右。

这批人聚集于哥伦比亚大学、芝加哥大学、纽约大学等美国教育研究的学术重镇,方便了留美生之间的学术联系和美国教育研究的学术传承,并为他们此后建立人脉关系打下了基础,发挥教育学术研究的聚团作用。留美博士郭秉文在归国后主政南京高等师范学校和东南大学时,就大力延揽具有留美背景的教育学科人才,诸如孟宪承、廖世承、徐则陵、艾伟,尤其利用哥伦比亚大学校友的关系,聘请了陶行知、陈鹤琴、朱君毅、程其保、郑晓沧、赵书愚等哥伦比亚大学校友,其中朱君毅取得了博士学位,其他多取得了硕士学位。这些延聘的毕业于哥伦比亚大学的高才生,在推动东南大学教育学科的发展上,充分发挥自身的教育科研优势,使得东南大学成为学术重镇,多数人也成长为学科带头人。时人北大教授梁和钧在《记北大(东大附)》一文中说:"东大所延教授,皆一时英秀,故校誉鹊起……北大以文史哲著称,东大以科学名世。然东大的文史哲教授,实不亚于北大。"[②] 同样,留美博士庄泽宣在任教国立中山大学时,创办了国立中山大学教育学研究所,据1937年的统计,该所聘任教授近20人,其中就有胡毅、陈礼江、邰爽秋、黄敬思、钟鲁斋、雷通群等留美生[③],而胡毅、钟鲁斋的博士论文正是主攻中国

---

① 教育与文化:《筹备T.C.同学会近讯》,《教育通讯》(汉口)1948年复刊第3期。
② 转引自朱斐主编《东南大学史》(第1卷),东南大学出版社2012年版,第97页。
③ 周兴樑、胡耿:《中国教育科学研究与人才培养的开拓者——国立中山大学教育研究所(1927—1949)探析》,《中山大学学报(社会科学版)》2009年第2期。

教育研究,可谓学有所用。庄泽宣在任私立岭南大学文学院院长时,聘请的教育系教授有刘桂灼、马仪英等,刘桂灼还曾代理教育系主任[①],他们皆是从事于中国教育研究的留美博士,学识丰富。

教育学留美博士回国以后,积极地参与中国的现代化进程。据表1.5统计,除去8人不详和3人定居国外,这批留美博士共有49人回国报效国家,占总人数的77.8%。在职业经历上,他们大多数人在政治、文教领域担任重要职位,除去9人职业不详外,据统计有27人为政府官员或教育官员,约占总数的42.9%;有40人担任过高校系主任、教务长或副院长,占总数的63.5%;有17人担任过高校校长或副校长,占总数的27%,如东南大学校长郭秉文、北京大学校长蒋梦麟、沪江大学校长刘湛恩、安徽大学校长杨亮功、上海商科大学校长程其保、湖北教育院院长陈友松、香港南华学院院长钟鲁斋、香港岭南书院院长阮康成、广西桂林师范学院院长曾作忠、甘肃学院院长宋恪。其中,蒋梦麟担任过教育部部长,程其保、张伯谨、宋恪和胡毅担任过省教育厅厅长或副厅长等要职。此外,还有8人做过中学校长。他们当中亦有不少人既担任过院系主任、中学校长,又担任过政府官员,职业经历相当丰富,在文教领域能力巨大。可以看出,这批留美博士已经成为民国时期中国政治和文教领域的中坚力量。

在归国时间上,这批留美博士也呈现出一定的规律性。据表1.5统计,民国时期这批留美博士每十年的归国人数分别为5人、14人、18人、15人,基本呈现出负偏态分布形态,以20世纪二三十年代为高峰。这种分布规律与同期中国教育学科建设遍地开花的繁荣景象十分吻合,恰恰印证了留美博士在中国教育现代化转型和教育学科转型中所发挥的作用。

二、留美学生的日常生活

考察留美博士生的学术成长,离不开对他们留美日常学业生活的追索。他们的在美生活与学业活动既紧张又丰富多彩。一般而言,在西方取得博士学位绝非易事,当然由于大学不同、考试宽严不同、学科要求不同和考试形式不一,其博士头衔得之难易也是迥然有别的。如在法国,有国家博士和非国家博士之分,考取国家博士学位难度比较高,如刘半农考取的是法国国家博士学位,殊为不易。在德国,考取博士头衔则有易考与难考著名大学之分,有易考与难考学科之别,亦有因经济情况差异而影响考取难易程度者。经济充裕者,可以聘请主任教授之助教担任私人教习,可以在补习、考试日

---

① 《本会消息:庄院长出国》,《南大教育》1948年复刊第2期。

期安排上给予便利。德国考取博士,"照章须由该科'正教授'考试,但学生之从事特殊问题研究者,类多从'副教授'讲习。迨论文草就,若'副教授'既已签名,认为完善,则'正教授'亦只好随之签名认为完善,极少刁难驳斥之举"①。德国大学采取的是"自由讲学主义",如果学生自己不力求上进则不易毕业。

深受德国"教授自由""学习自由""教学与科学研究统一"思想影响的美国研究生教育,打破了传统大学仅是传授已有知识场所的旧观念,树立了传播知识与创造知识相统一的现代大学观念,形成了学术自由的理念和研究生态,影响了在此求学的留美生。首先,留美生在美求学无论是选专业、转学、转系还是选修课程,都极为自由便利,可以根据自己的兴趣爱好和所长,攻读课程;其所修课程也相当丰富,专业课与选修课主次结合;其入读的大学师资雄厚,多为美国教育学界学有专长的学者,名师众多。

留美教育学博士生在大学中选习课程比较自由,学校之间的课程学分相互承认。清华留美生一般可以申请入读美国大学二年级或三年级,其他学校的中国学生则根据文化程度高低和美国大学承认的学分,入读不同程度的年级。

胡毅在1924年于清华学校毕业后,到美插入威斯康星大学三年级,第一年主修英美文学,第二年转到哲学系,选学文学、哲学、第二外语、教育学、心理学和历史等课程。后又转学芝加哥大学研究院,主修教育心理学,"进研究院不必经过考试,只凭大学本科毕业的成绩单"②,他选学了教学法、课程论、教育史等课程,还选修了哲学、语言学、生理学等有关学科,专业课程与选修课程互相结合,主次得当。胡毅博士论文的指导老师为芝加哥大学教育心理学专家查尔斯·哈伯德·贾德、弗里曼和巴斯威尔③,他们秉持学术自由的理念,在胡毅完成博士答辩后就支持其去哥伦比亚大学师范学院旁听课程。这种自由的选课形式有利于培养个人的学术兴趣,广泛的选课范围有利于扩展个人的学识视野,自由的校际交流形式则有利于提升个人的专业素养。胡毅曾总结道:"我之所以能够从扩大眼界出发,经过摸索而逐步找到主攻的方向,要归功于当时学校的选课制和灵活的转系、转学等办法所给予的大量方便,也要归功于老师的启发指导,吸引我不断向新的领域

---

① 王光祈:《留学与博士》,《生活》1931年第17期。
② 胡毅:《胡毅自述》,高增德、丁东编《世纪学人自述》(第2卷),北京十月文艺出版社2000年版,第5页。
③ 胡毅分别译其为杰德(有译吉特、傅理门、傅利门、夫利曼)、柏士伟(有译布斯韦尔)。

前进。"①

杨亮功于1922年以北京大学毕业生的资格进入斯坦福大学教育学院研究所（Graduate School），选读教育行政为主科，选修科目有克伯莱（一译克伯雷、卡伯莱）的教育行政和教育史、希尔斯的教育调查，还有学校建筑和统计学等科目，两年后取得硕士学位。其后以所修学分入读哥伦比亚大学师范学院，选修科目有施菊野②的教育行政、杜威的教育哲学、克伯屈的教育原理、桑代克的教育心理以及麦柯尔的测验等科目。一年后杨亮功又以学科成绩转入纽约大学教育学院，选修了霍恩的教育哲学，两年后取得博士学位。学校之间、院系之间的自由流动，研读学科以及修习课程之间的自由选择，方便了学生摸索自己的学术研究旨趣，也有利于学术交流和碰撞。

沈亦珍获1933年江苏省政府教育工作人员赴美留学机会，在密歇根大学教育学院进修留学，其校聘有中学教育专家爱德蒙森、戴维斯、功能主义教育学者摩尔曼、教育测验专家麦柯尔以及柯迪士博士，他们开设的课程，沈亦珍都曾选习。其后，沈亦珍入哥伦比亚大学师范学院攻读博士学位，专攻中等教育行政。哥伦比亚大学师范学院教育名师众多，教授阵容整齐且互相争鸣。就学派来看，有以杜威、克伯屈为代表的激进派，主张进步主义教育，以儿童为中心，注重心理法；有以巴格莱、康德尔（一译坎德尔）、布立格斯为代表的保守派，主张要素主义，以恒常不变的哲学和知识的教授为中心，强调教育考查的严格标准。此外，还有以麦柯尔为代表的教育测量派。沈亦珍博士论文的指导教授为教育心理学专家浩林渥斯（一译霍林沃斯），口试委员会委员则有佛莱特渥教授、诺顿教授、中等教育专家布立格斯、比较教育专家康德尔以及浩林渥斯。身处良好学术环境之下的沈亦珍，不仅获得了扎实的专业知识，而且受到了学术自由精神的熏陶。

留美生涯和博士学业生活，带给他们的不仅是丰富的学业知识，还有现代的西方研究方法和治学理念，也使他们受到了新式思维方式的锻炼和师友言传身教的感染。蒋梦麟回忆留美学业生活称"我在哥大学到如何以科学方法应用于社会现象，而且体会到科学研究的精神"，除此之外，哥大教授的人格魅力也感染着蒋梦麟，"我在哥大遇到许多诲人不倦的教授，我从他们得到许多启示，他们的教导更使我终身铭感"，蒋梦麟还以一种比较的眼光看待业师杜威的教育思想，他认为"他的实验哲学与中国人讲求实际的心

---

① 胡毅：《胡毅自述》，高增德、丁东编《世纪学人自述》（第2卷），北京十月文艺出版社2000年版，第5页。

② 有译史垂耶、斯泰耶、斯特雷耶，美国教育行政科专家。

理不谋而合"①。留美生杨亮功在斯坦福大学攻读硕士学位时,受益于克伯莱开设的教育行政和教育史课程,其所用教材即为克氏所著 *Public School Administration in the United States* 和 *History of Education* 两书,"我从事中西文化教育思想发展史之研究,未尝不是受此书的影响"②。在转入哥伦比亚大学师范学院后,杨亮功选修了施菊野的教育行政、杜威的教育哲学、克伯屈的教育原理、桑代克的教育心理、麦柯尔的测验(Test and Measurement)等科目。这些教授各具特色,施氏注重理论和实用并重,在讲授理论知识外,还带领学生分组作实际教育调查、搜集资料、批评建议、做成结论并提出报告;杜威为著名的实用主义哲学家,但不善言辞;克伯屈强于讲授,讲课采用分组讨论(Group Discusion)办法,再提出报告。杨亮功在转入纽约大学教育学院读博时,选修了美国观念主义教育哲学代表人物霍恩③的教育哲学课程,因霍恩的教育哲学思想与杜威的思想相反,"我之所以选修此科目,意在就两种相反的思想作一比较"④,杨亮功的课程修习选择有着自己成熟的思考。求学期间,良好学术氛围的熏陶以及习得的治学方法,为杨亮功此后的学术之路打下了基础。留美生胡毅在撰写学士论文的半年时间里,"获得了不少选择资料、收集资料和整理资料的宝贵经验",同时"用同样的工作方法,利用图书馆的历年美国国会记录……收集了许多第一手资料"⑤,撰写了一篇中文文章发表在《留美中国学生》刊物上,并获得了称赞。求学期间这些基本学术研究方法的训练,提高了胡毅的学术素养。胡毅还受到心理实验课的启发,把英语学习中的规律用到汉语学习中,以检验所学知识。在芝加哥大学研究院求学期间,其博士论文的指导老师贾德、弗里曼和巴斯威尔虽不懂汉语,但极有耐心,给胡毅带来了很深的影响。胡毅回忆道,"他们对操作方法和实验结果的严格要求,给我留下了难忘的印象","更使我难忘的是他们认真负责和专心研究的精神"⑥。芝加哥大学研究院的求学经历使胡毅"在专业知识和实验技能方面的收获虽不小,但远不及在治学

---

① 蒋梦麟:《西潮·新潮》,岳麓书社2000年版,第92页。
② 杨亮功:《早期三十年的教学生活·五四》,黄山书社2008年版,第37页。
③ 有译项因,美国观念主义教育哲学代表人物,认为教育的根本目的是促使学生向完善的人格理想发展,因此学校应"以理想为中心"而不应"以儿童为中心"或"以社会为中心";教师教的对象应是学生,而不是学科。
④ 杨亮功:《早期三十年的教学生活·五四》,黄山书社2008年版,第40页。
⑤ 胡毅:《胡毅自述》,高增德、丁东编《世纪学人自述》(第2卷),北京十月文艺出版社2000年版,第296页。
⑥ 胡毅:《胡毅自述》,高增德、丁东编《世纪学人自述》(第2卷),北京十月文艺出版社2000年版,第298页。

方法和态度方面的感受深。治学方法和态度方面的收获,并不是听一两门课所能得到的,而是由长时期的正式和非正式的接触,才从老师们那里受到身教"①,这种身教的感染和治学习惯的培养,使其受益终身。正如陈鹤琴多年以后回忆留美生活的感受一样,"我觉得一个游学生到国外去游学,最重要的不是许许多多死知识,乃是研究的方法和研究的精神","若得到研究的方法和研究的精神,你就可以回国后自己去研究学术,去获得知识,去探求真理"②,治学习惯、精神陶冶和方法的习得才是终身的财富,诚如斯言。

教育学留美生还积极参与社团生活,社团生活既是培养学术共同体的天然土壤,又是接触社会的一种方式。留美生程其保在留学期间曾接受纽约万国青年会的邀请,参加法国华工的社会教育工作,与其一起工作的还有晏阳初、傅葆琛等人。在法开展华工教育时,程其保回忆称"同事傅葆琛君(是我清华以前同学)根据千字教学的原则,创办了一种千字报……颇收宏效","晏阳初先生得了这种经验,他回国以后,即据以发动平民教育。他在定县实施平民教育的成功,动机实系从华工教育产生出来的"③。可见,这些社团工作经历影响了晏阳初、傅葆琛、程其保归国后的教育思想和实践,他们多在推进平民教育上用力。在哥伦比亚大学师范学院攻读博士学位期间,程其保④还与黄琬、董任坚、邱椿(大年)、陆麟书等组织了黉社,制订"终身从事教育,不做官,互助互勉"三条立法⑤,立志教育并互相联络。程其保还与郭秉文一起代表中国参加第一次世界教育会议,参与国际文化教育的交流活动,在国际上发出了中国教育的声音。刘湛恩在留美期间做临时工时"结交了不少华侨朋友,并深入美国下层社会,为日后向华侨进行爱国主义宣传和向欧美人士进行国际宣传创造了一些有利条件"⑥。张敷荣曾回忆道:"在紧张学习的情况下,我仍每周抽出一天半时间到离斯坦福大学30英

---

① 胡毅:《胡毅自述》,高增德、丁东编《世纪学人自述》(第2卷),北京十月文艺出版社2000年版,第300页。
② 陈鹤琴:《我的半生》,北京市教育科学研究所编《陈鹤琴全集》(第6卷),江苏教育出版社1992年版,第537页。
③ 程其保:《六十年教育生涯(一)》,《传记文学》1973年第2期。
④ 程其保读博时于1923年被郭秉文电召回国服务,其博士论文题目见于袁同礼编的《中国留美同学博士论文目录》,但实际上并未完成,参见刘蔚之:《美国哥伦比亚大学师范学院中国学生博士论文分析(1914—1929)》,《教育研究集刊》(台湾)2013年第2期。
⑤ 程其保:《两任教育厅长(上)》,《传记文学》1973年第5期。
⑥ 《刘湛恩校长传略》,章华明编《刘湛恩纪念集》,上海交通大学出版社2011年版,第284页。

里的旧金山南侨学校义务讲授中国史和汉语。"①他还曾两次组织华侨学生游行抗议日本侵占东三省,1933年负责筹办斯坦福大学中文系,并任该校图书馆中文部主任。朱君毅在留美期间,成为哥伦比亚大学奖学金研究员,并加入美国全国教育荣誉学会。在哥伦比亚大学师范学院求学的陈鹤琴,虽未攻读博士学位,但也有着同样的学术成长与社会考察体验。陈鹤琴留美期间经常参与夏令营活动,如美国东南部学生夏令会、北野夏令会,他们在活动中探讨学生的使命、人生的意义和救人的工作,还与美国家庭一起庆祝节令,体验生活,时刻牢记清华校长周怡春的教导:"你们到美国去游学,不是去读死书的,你们要看看美国的社会,看看美国的家庭。"②要探讨美国立国的精神,还要做中国的"人民大使",宣扬中国优良文化,增进中美友谊。他还参与了孟禄组织的黑人教育考察团,考察了乡村小学,即"夫妇学校",这种经历和实践给了他很大感想,他指出"这种感想,以后在我的事业上就发生很大的影响"③。

凡此种种,诚如朱君毅博士论文所指出的那样:"留美生的非学术工作有很高的学术性,不像美国学生那样充满社交性、娱乐性和运动性。留美生通常参加包括发展领导力在内的能力的这种非学术活动,几乎是特定的学术讨论、演讲、辩论、写作等,为学术显然贡献了一大部分。"④

美国完善的博士培养制度和学术自由的学风,保证了留美博士生学业求索活动的教育质量,校际之间与系科之间的转学便利,为挖掘和培养留美博士生的学术能力提供了良好的环境。而中国教育议题研究的留美博士生在美求学,多拜名师门下,一方面修习了大量的专业基础课程,获得了扎实的专业知识,接触了一些前沿的教育研究理论和领域;另一方面选修的其他课程,则开拓了他们的视野。除了制度、课程的保障外,留美博士生还身处一个良好的学术生态之中,受到了新式思维方式的锻炼和师友言传身教的感染,习得了现代的西方研究方法和治学理念,培养了终身受益的治学精神。在留美生活中,社团活动的积极参与,给留美教育学博士带来了潜移默

---

① 张敷荣《张敷荣自述》,国务院学位委员会办公室编《中国社会科学家自述》,上海教育出版社1997年版,第478页。

② 陈鹤琴:《我的半生》,北京市教育科学研究所编《陈鹤琴全集》(第6卷),江苏教育出版社1992年版,第543页。

③ 陈鹤琴:《我的半生》,北京市教育科学研究所编《陈鹤琴全集》(第6卷),江苏教育出版社1992年版,第539页。

④ H. F. MacNair, New Books and Publications: Chinese Students in America, *The Weekly Review(1922—1923)*,1922(18).

化的影响,有利于培养学术共同体并加强学术与社会的联系,这也契合教育学注重实践的学科属性。

三、留美博士生的知识谱系

有学者指出近代留学生归国后携带两种形式的西方文化,一种是学校里的"西学书本知识",一种是异域生活体验的"西方生活方式",二者一显一隐,通过留学生为桥梁输入国内,对中国社会不同层面发生作用。[①]循着这种思路,中国教育议题研究的留美博士在出国留美前,有着怎样的隐性与显性的知识谱系,又对其此后的学术走向产生了哪些影响?为方便分析,可参见中国教育议题研究留美博士教育简况表1.6。

表1.6 民国时期中国教育议题研究留美博士教育简况表

姓名	国内教育	留美教育
陈维城	汇文大学	密歇根大学Ph.D.
罗运炎	同文书院(后改为南伟烈大学)	锡拉丘兹大学(雪城大学)Ph.D.
郭秉文	上海清心书院,后在海关工作	哥伦比亚大学Ph.D.
胡昌鹤	同文书院,后留校任教	纽约大学Ped.D.
蒋梦麟	绍兴中西学堂、浙江省立高等学堂、上海南洋公学、清朝秀才	哥伦比亚大学Ph.D.
刘湛恩	汉阳小学、同文书院、东吴大学	芝加哥大学习教育,哥伦比亚大学Ph.D.
陆麟书	江苏晏城中学、沪江大学	芝加哥大学Ph.D.
朱君毅	江山中学堂、衢州府中学堂、清华学校,其父秀才	霍布金斯大学习教育,哥伦比亚大学Ph.D.
庄泽宣	清华学校	哥伦比亚大学Ph.D.
程其保	清华学校,其父举孝廉方正	芝加哥大学硕士,哥伦比亚大学Ph.D.
缪秋笙	沪江大学	芝加哥大学Ph.D.
殷芝龄	—	纽约大学Ph.D.
傅葆琛	西安府学堂、南开中学、清华学校,进士翰林家庭	康奈尔大学Ph.D.
张彭春	南开中学、保定高等学堂,其父塾师	克拉科夫学习教育,哥伦比亚大学Ph.D.
萧恩承	雅礼大学	纽约大学Ed.D.
瞿世英	清华学校、燕京大学哲学系	哈佛大学Ed.D.

[①] 李长莉:《留学生史研究笔谈:近代留学生的西方生活体验与文化认知》,《史学月刊》2005年第8期。

续表

姓名	国内教育	留美教育
刘宝庆	南昌的中学,国立北京师范大学	纽约大学 Ph.D.
司徒丘	—	纽约大学 Ph.D.
胡毅	清华学校,其父留日	芝加哥大学 Ph.D.
李树棠	北京大学	纽约大学 Ph.D.
杨亮功	庐州中学堂、北京大学	纽约大学 Ph.D.
钟鲁斋	沪江大学	斯坦福大学 Ed.D.
王凤岗	河南留美预备班	斯坦福大学 Ed.D.
许桂英	南开大学	哥伦比亚大学 Ph.D.
曾作忠	桂林中学、北京高师	华盛顿大学 Ph.D.
曾昭森	岭南大学	哥伦比亚大学 Ph.D.
邵镜三	育群中学、金陵神学院	耶鲁大学 Ph.D.
叶崇高	金陵大学	芝加哥大学 Ph.D.
陈友松	武昌文学院	哥伦比亚 Ph.D.
陈维纶	燕京大学	纽约大学 Ed.D.
卫士生	浙江省立第八中学、南京高等师范学校、东南大学	纽约大学 Ph.D.
莫泮芹	岭南大学	哥伦比亚大学 Ph.D.
朱有光	岭南大学	哥伦比亚大学 Ph.D.
张伯谨	日本广岛大学,河北第八师范校长	康奈尔大学 Ph.D.
欧阳湘	—	俄亥俄州立大学 Ph.D.
沈亦珍	南京高等师范学校、香港大学	密歇根大学习教育,哥伦比亚大学 Ed.D.
张敷荣	贵阳初级师范学校、清华学校	斯坦福大学 Ph.D.
黄国安	新加坡华侨,年幼居美	哥伦比亚大学 Ph.D.
石宪儒	—	加利福尼亚大学 Ed.D.
袁伯樵	金陵大学,芜湖萃文中学校长	科罗拉多州立学院 Ph.D.
陈继平	岭南大学	哥伦比亚大学 Ed.D.
陈矜赐	—	爱荷华大学 Ph.D.
戴伟金	—	纽约大学 Ph.D.
高俞秀文	沪江大学、清华庚款赴美	哥伦比亚大学 Ed.D.
刘桂灼	岭南大学,广东青小及附中教员	哥伦比亚大学 Ed.D.
阮康成	燕京大学	哥伦比亚大学 Ed.D.
宋恪	复旦大学,兰州一中训育主任、洛川县县长	康奈尔大学 Ph.D.
檀仁梅	福州格致中学、福建协和大学	宾夕法尼亚大学 Ph.D.
程锡康	—	哥伦比亚大学 Ph.D.
韩庆濂	燕京大学历史系	明尼苏达大学 Ph.D.
魏永清	燕京大学,济宁乡家学校校长	哥伦比亚大学 Ed.D.
方同源	沪江大学	宾夕法尼亚大学 Ph.D.
葛王如珍	—	密歇根大学 Ph.D.
李美筠	金陵女子大学、燕京大学	康奈尔大学 Ph.D.,密歇根大学 Ph.D.
马仪英	英华女校、广州真光女子中学、岭南大学,任教广州真光中学	加利福尼亚大学 Ed.D.

续表

姓名	国内教育	留美教育
慎微之	沪江大学	宾夕法尼亚大学Ph.D.
张汇兰	上海基督教女青年会体育师范学校	爱荷华大学Ph.D.
郭锡恩	之江大学经济学系	哥伦比亚大学Ed.D.
赵冕	浙江省立第二中学、南京高等师范大学、第四中山大学、江苏省立教育学院教员	哥伦比亚大学Ed.D.
朱炳乾	—	哥伦比亚大学Ed.D.
范崇德	—	哥伦比亚大学Ed.D.
孙怀瑾	清华学校	科罗拉多大学Ed.D.
李抱忱	燕京大学	哥伦比亚大Ed.D.

资料来源：Tung-Li Yuan, *A Guide to Doctoral Dissertations by Chinese Students in America 1905—1960*, Washington: the Sino-American Cultural Society, 1961; *Who's who in China*, Shanghai: The Chinese Weekly Review, 1925、1936；以及《游美同学录》《燕京大学史稿》《燕京大学人物志》《南大教育》《中国国民党百年人物全书》《留学生大辞典》《中华民国史大辞典》《当代中国名人录》等。

据表1.6来看，在国内教育经历上，教育学类留美博士早年多接受了系统完善的新式学校教育，多数毕业于国内以教学质量著称的名校，摄取了中西文化两种显性的知识资源。具体来看，毕业于清华学校的有9人，人数最多，其次为燕京大学7人、岭南大学6人、沪江大学6人、同文书院（南伟烈大学）3人、南京高等师范学校3人、金陵大学2人、北京大学2人，此外尚有毕业于复旦大学、东吴大学、雅礼大学、东南大学等。他们出国前的学历背景普遍较高，知识储备完善，或取得学士学位，或取得硕士学位，初步具备了研究资质，为其此后的学术之路打下了早期根基。在国内毕业学校的类别分布上，这批留美博士出身于教会学校的共有31人，占总数的49.2%，如燕京大学、岭南大学、沪江大学、同文书院、金陵大学，占据了半壁江山。教会学校一方面教学质量较高，完全采用西式的教学模式，在课程设置、教材使用上十分西化，吸引了大批学生前往求学，而对英语高水准的要求和强调，也为留美生赴美准备了语言基础；另一方面教会学校与美国方面建立了广泛的联系，有一批学校在美国注册在案，取得了特许证，其毕业学生取得的学位也能获得美国国内一些高校的承认，可以不经考试直接升入美国相应的大学，这就为留美生赴美继续深造创造了有利条件。沪江大学于1917年在弗吉尼亚州注册，金陵大学于1911年取得纽约州的许可证，福建协和大学于1918年取得纽约州的临时特许证，东吴大学也在得克萨斯州注册，圣约翰大学可以授予与美国大学毕业同等之学位。①一些教会学校还为本校毕业生赴美留学牵线搭桥,或提供资助。此外,像瞿世英、张敷荣、张伯谨、檀仁梅、赵冕、李抱忱这种在国内从事过一线教育事业者,为谋求提升自身教育科研水平,也出国接受美式高等教育。这批人教育实践经验丰富,留美教育使其能够接触到世界教育研究的前沿问题,提升了他们自身教育理论水平。

作为留美生显性文化知识来源的学校教育,除了提供丰富的西方文化知识,也供给了系统的中国传统文化知识。教会学校虽侧重西式教育,但为了入乡随俗,对中国传统文化的课程也并不排斥。中国官办新式学校中西课程并举,并用新式教学理念在教法、教学内容上对传统文化知识进行改造,自然成为在官办学校接受教育留美生的中国文化知识的显性来源。这批留美博士在国内知名的新式学校普遍建立了留美前的知识储备,如蒋梦麟在浙江省立第二中学、浙江省立高等学堂、上海南阳公学接受过系统的学校教育,傅葆琛在西安府学堂、南开中学、清华学校汲取了丰富的中西文化知识,张彭春在南开中学、保定高等学堂完成了留美前的学业准备,赵冕则在浙江省立第二中学、南京高等师范大学打下早期学术基础。蒋梦麟曾回忆说"中西学堂教的不但是我国旧学,而且有西洋学科。这在中国教育史上还是一种新尝试",其课程主要有国文、经书、历史和外语;浙江高等学堂是浙江最高学府,"它的课程和中西学堂很相似,不过功课比较深,科目比较多",课程包括外语和科学科目;而南洋公学的预科,"一切按照美国的中学学制办理",其课程"一类是中国旧学,一类是西洋学科"②。可以说,这些国内新式学校或教会学校的系统教育,是赴美留学的基础和良好阶梯。

除了学校教育提供的显性的中西文化知识来源,日常生活和家庭熏陶则成为这批留美博士隐性的中西文化知识来源,尤其是在中国传统文化知识启蒙教育方面。甚至有部分人本身就出自科举家庭,受到了家学潜移默化的影响,如张敷荣的父亲为贡生,陈维城、朱君毅、杨亮功的父亲皆为秀才,张彭春的父亲为塾师,蒋梦麟自身就考中过秀才,传统文化知识学习氛围自是浓厚。蒋梦麟早期受惠于家塾的启蒙教育,其接触的蒙童读物和知识"可以说只局限于四书五经,以及私塾先生和村中长辈所告诉我的事"③。他指出"性善论是儒家人生哲学和教育原理的出发点,这种看法曾对十八世

---

① 章开沅、余子侠主编:《中国人留学史》(上),社会科学文献出版社2013年版,第295页。
② 蒋梦麟:《西潮·新潮》,岳麓书社2000年版,第47、56、66页。
③ 蒋梦麟:《西潮·新潮》,岳麓书社2000年版,第35页。

纪的大光明时代的法国学派产生过重大的影响","从四书五经里,我开始慢慢了解做人的道理"①。留美后,蒋梦麟在博士论文中曾大谈性善论的教育思想,对阳明学说以及一些传统的教育理念极为赞赏,认为"东海""西海"有圣人出,"此心同也,此理同也",提出对中西教育思想资源融合整理的观点。杨亮功早期的启蒙教育是由聘请的王姓家庭塾师负责,"他一方面教我读四书(《论语》《孟子》《左传》),一方面订购些上海文明书局新出版的史地动植物各种小学教科书",在养正小学则由其科举出身的父亲及伯叔担任经史课程,其日常学习生活是"每星期作文一篇,每天写大字一张,小字半张,点阅《纲鉴易知录》两页"②,而杨亮功并不全然否定传统背诵式教育方式的长处。胡毅的父亲曾留学日本,对其早期的启蒙教育十分开明,"我在小学时期除了每年暑假都要写大字、念古文以外……还可以看我母亲读过的大量的小说……因此我在幼年时期就有了阅读书籍的能力(主要还是文言文)和比较广泛的知识及兴趣"③。因此,传统学术文化思想和家庭文化氛围的熏陶,在留美博士的早期教育中产生了深刻的影响,而我们将此视为隐性的文化知识来源,而这对其此后的教育和学术之路产生了一定的影响。

在所获学位上,从表1.6统计可得,获得Ph.D.(哲学博士学位)的有42位,占总数的66.7%,获得Ed.D.(教育专业博士学位)的有20位,占总数的31.7%,获得Ped.D.(教育专业博士学位)的有1位。显然,教育学上的哲学博士学位所占比重最高。当然,还有一些专业出身宗教学、社会学、语言学而从事中国教育研究并被授予Ph.D.的留美博士,如邵镜三、石宪儒、莫泮芹等,丰富了中国教育研究的理论思想与视野。

赴美留学后,研究中国教育的留美博士在美国高校接受了更加系统和专业化的学术训练,一方面选修课程,打下教育研究的坚实基础;另一方面积极参与学术讨论,选取博士论文研究主题并撰写论文,在学术研究中逐步成长起来。而中西两种显性与隐性的知识文化资源,共同助推了他们的学术成长。

---

① 蒋梦麟:《西潮·新潮》,岳麓书社2000年版,第29、31页。
② 杨亮功:《早期三十年的教学生活·五四》,黄山书社2008年版,第10、12页。
③ 胡毅:《胡毅自述》,高增德、丁东编《世纪学人自述》(第2卷),北京十月文艺出版社2000年版,第293—294页。

本章小结

　　选学教育学的留美生,勃兴于民国时期的留美大潮,同整个留美教育的发展相联动,受到中美两国留学政策的深度影响。在传统研究观点上,民国时期留美生多以理工科专业为主的整体面貌形象呈现在学术论述中,但在对史料的钩稽爬梳与历史细节的追寻之下,别有他貌。在留美生选学的学科中,教育学科选学人数虽比不上理工科和经济、商学实科,但在人文社科类中居于前列,留美生选学教育学的平均比例维持在4%左右,是选科的一个热门专业。教育专业受到留美生追捧,是民国时期人文社科类留美教育的一个较为特殊的现象。这种现象的产生是多种因素综合角力的结果,它是近代中国知识饥荒背景下教育需求与教育救国思潮共振下造成的一种特殊现象,同时也受到教育等人文社科专业相对理工科毕业容易因素的影响。民国新式教育发展的师资需求与中国新式教育尚待拓展的广阔空间,又为留美生归国谋求发展提供了重要动力和广阔舞台,吸引了大批学生选学教育学,亦有因个人旨趣而选学教育学。

　　教育学留美生是民国时期留美教育的重要组成群体,据不完全统计应不少于700余人。在这批教育学的留美生中,尚有一批深造的博士生,据袁同礼《中国留美同学博士论文目录》的资料整理,1905年至1960年间有151人提交了教育类博士论文,其中民国时期有102人,而研究中国教育议题的就有63人,被授予Ph.D、Ped.D、Ed.D等三种形式的博士学位。作为研究中国教育的新生学术队伍,他们选题中国教育研究,同民国时期海外中国学的兴起有着密切关系,而他们的学术志业与教育救国的结合,以及同西方学人一争高下的追求,是其博士论文选题的重要动因。他们研究中国教育又同如火如荼的国内教育改革与社会改革密不可分,是留美博士学术不脱离现实和服务社会的重要体现,传承了中国传统的经世致用思想。教育学留美博士生的群体特征表现为:籍贯多分布于东南沿海、沿江经济发达与开放地区,家境多数较为优渥,留美时多择名校而聚团,这也是他们多数成才的外部因素。同时,就其群体知识谱系而言,来自社会、家庭以及学校系统的隐形与显性的中西知识文化资源,成为助推他们学术成长的重要因素。他们学成归国以后,将学术志业与教育救国结合起来,一方面主持并参与了民国时期许多重大的教育改革,另一方面又擘画了中国现代教育学术发展与学科建设,在推动中国现代教育的发展上贡献了重要力量。

第二章 关于中国教育研究的博士论文概貌

第一节 留美学业与论文撰写

一、研习中国教育的成因分析

民国时期留美博士生中国教育研究的兴起,得益于海外中国学研究的勃兴与中国学人学术自立意识的觉醒。"欧洲的中国学,亦即所谓的'汉学'。"[1]在"二战"以前,欧洲汉学界形成了巴黎学派,日本的东洋史研究形成了以京都帝大为首的汉学研究中心,汉学成为一门热门学问。美国的中国研究,初由裨治文等传教士带动下的非专业化介绍式考察,逐步在20世纪20年代走向了以太平洋关系学会和哈佛燕京学社为代表的专业化研究,"因基于美国人寻求了解中国现状的急切需求",美国的中国研究"不再局限于文史语文为主的范围"[2]。二战后,以费正清、恒慕义为代表的远东问题专家们,主攻中国近现代史与中国现实研究,"和欧洲传统汉学不一样,美国的中国学相对受现实的牵制和影响更大"[3]。二战前后美国的中国研究表现出截然两分的特点:"前此重古代和文献学(或语文学)方法,后此则重近现代和社会科学(含人类学)方法。"[4]同时,一批中国学人前往美国留学或执教,如洪业、杨联陞、萧公权、邓嗣禹、陈友松、张敷荣,他们一面为美国的中国学研究搜集整理文献,一面从事相关研究,推动了美国的中国学研究发展。

海外的中国学研究确实取得了不容忽视的成绩,时人指出他们的优点

---

[1] 许倬云:《北美中国历史研究的历史和走向》,朱政惠、崔丕主编《北美中国学的历史与现状》,上海辞书出版社2013年版,第72页。
[2] 许倬云:《北美中国历史研究的历史和走向》,朱政惠、崔丕主编《北美中国学的历史与现状》,上海辞书出版社2013年版,第74页。
[3] 朱政惠:《美国学者对中国学研究的回顾与反思——进程、特点和研究方法的若干思》,朱政惠、崔丕主编《北美中国学的历史与现状》,上海辞书出版社2013年版,第97页。
[4] 桑兵:《国学与汉学——近代中外学界交往录》,浙江人民出版社1999年版,第1页。

在于"科学实证法之采用""辅助学科之发达""特殊资料之保存搜集""冷僻资料之注意""公开合作之精神""研究机构之确立""印刷出版之便利"①。就中国教育研究的情况而言,其优点则突出表现在"科学实证法之采用","辅助学科之发达",如杜威倡导的实用主义教育思想,麦柯尔主张的教育调查测量思想,都给中国教育学术研究带来了新的理论方法。外国人的中国研究亦有其缺陷与挂漏之处,留德生王光祈批评一些西方研究者们,"利用中国助手,以解释例证,代寻引证,及解决语言困难问题之办法;在东亚居留之西人,固常用之。即在欧洲方面之汉学家,亦尝为之"②。因是"他山之石"的取巧之法,难免有隔靴搔痒之弊。何况美国的中国研究在对中国文化内理的认识上,掣肘于重现实轻语言典籍的研究范式。中国学研究代表人物拉铁摩尔也颇为清醒地批评道:"在美国职业汉学家中流行的姿态是,声称或者有时假装自己的汉字写得如此之好,以致他们亲自做全部的工作。事实上,他们大多数人依靠懂英语或法语的中国人来承担为其搜集材料的主要工作,自己只是将其润色一下。"③指出了国外的中国学存在的问题,而属于海外中国学一部分的中国教育研究,亦不排除上述研究之弊。

在研究中国教育上,中国学人对一些西方学者的研究提出了批评。陈训慈认为:"而浅率西人,至有置至原始文化至西方文化之过渡","孟罗教育史,论中国教育谬误甚多,而其视东方文化为过渡为尤甚"④。缪凤林也提出,"如蒙罗之教育史(Paul Menroe: A *Textbook in the History of Education*),第二章东方之教育,即专论中国教育以示例",有关中国古代教育的教材(四书五经)、中国考试制度、中国教育目的等方面的话语阐释,存有诸多谬误和偏颇,他批评道:"蒙氏书全章仅三十余页,就余所知,类此之谬误,已不下数十",认为"其出之盲目而不自知,亦以在彼土无正确之史料",进而对留学生提出批评:"即此若干之留学生,平素以沟通中西文化自任,既不能介绍吾中国正确之历史,又不能正其谬而匡其失,顾乃窃其谬论,奉为圭臬,且以自诩渊博也。"⑤因此,纠正西人认识中国教育的偏见和谬误,分析中国教育,推进中国教育现代化进程,是中国留学生既有的责任和义务。

事实上,留美博士生在中国教育研究上做出了颇多贡献。民国时期留

---

① 梁盛志:《外国汉学研究之检讨》,《再建旬刊》1940年第8期。
② 王光祈《近五十年来德国之汉学》,《新中华》1933年第17期。
③ 〔日〕矶野富士子整理、吴心伯译:《蒋介石的美国顾问——欧文·拉铁摩尔回忆录》,复旦大学出版社1996年版,第41—42页。
④ 陈训慈:《组织中国史学会问题》,《史地学报》1922年第2期。
⑤ 缪凤林:《中国史之宣传》,《史地学报》1922年第2期。

美生共撰写有关教育研究议题的博士论文102篇,其中有关中国教育研究的博士论文有63篇,占同期教育类博士论文的61.8%,其数量远超同期其他学科研究中国问题的论文。可见,民国留美博士生在海外中国学勃兴的国际大背景下,在学习新知救国图强的爱国意识与学术自立意识的双重驱动下,将学术志业与教育救国结合起来,大量选择研究中国教育。这些博士论文的研究主题涉及众多教育学科门类及前沿问题,主要有教育原理、教育史、教育实验测量、教育经济学、教育行政与管理、教育社会学、比较教育学及课程教学。从学制分类看,其研究领域包含有初等教育、中等教育、高等教育、职业教育、民众教育、成人教育、女子教育等。此外,还有关于文化适应、师资问题研究的专题论文。囿于语言隔阂与文化差异,西方学者的中国教育研究虽然理论视角多样,但不免有隔雾看花之嫌。民国留美博士生则力图以自身的文化优势,通过接受专门的学术训练,以容受的西式理论方法,选择丰富多样的中国教育研究题材,探讨中国教育重建方案,展现了他们独特的研究路径,并为中国社会发展谋求新出路。

二、留美学业与论文撰写

美国的高等教育虽继承了德国大学"学术自由"的精神,但其研究生培养制度则不同于德国式的"师徒授受制",采用的是一种大学研究院的培养方式,并逐渐发展出一整套完善的培养制度和体系。1947年《我怎样得到Ph.D.的学位》一篇文章,向我们展示了20世纪20年代美国哥伦比亚大学工程学院矿业专业博士生的毕业程序,大体要经过修习规定课程学分、实习、提交论文、口试和出版论文等过程。"在美国大学里训练出一个Ph.D.,即使聪明颖悟之人,在研究工作中,一帆风顺,亦须七八年之久,始能毕事。"[①]程序之严格,要求之苛刻,使得考取美国理工类学科博士头衔实为不易。在教育学科里,获取博士学位相对较易,一般学程为三年,也有两年或一年半者,视各大学规定。但是,其选拔程序和培养模式也是比较完善的。如1929年美国约翰·霍布金斯大学颁布的教育学位办法,规定两类人员可以攻读教育专业博士学位(Doctor of Education,非哲学博士),一为教职员,二为学校认可的大学毕业生。"教职员欲得博士或硕士学位者,至少须有三年经验曾充任教员,或督学,或行政人员,而为该校所认可者","大学毕业生须修完三学年学程,他项学生须修完四学年学程,且规定须住校一年。毕业

---

① 罗为垣:《我怎样得到Ph.D.的学位》,《海王》1947年第10期。

时须经过笔试,口试,并通过博士论文,方给予学位"①。

哥伦比亚大学师范学院的培养形式同约翰·霍布金斯大学略有不同,1936年取得教育博士学位的沈亦珍回忆称:哥大硕士班有两种规定,一种写硕士论文,一种不写硕士论文,写硕士论文者只需读24学分。不写硕士论文者则多读8个学分。至于读博士学位,按照章程须再修68学分。暑期学校所得学分虽可算入,但不得超过12学分。另外,攻读者首先要通过智力测验,入读博士班,然后要通过综合考试(Comprehensive Examination),考察一般性教育理论与实际以及专攻范围的学业,其后确定博士论文题目,之后由学校指定指导教授,在研究班(Seminar)中定期报告论文之内容与进度,最后提交博士论文。论文提交后,由学校组织口试委员会进行口试。博士论文还有出版要求,如张彭春在1922年就已撰写完博士论文,"但论文必须以自费形式发表,才能授予其博士学位"②,直至其博士论文出版后哥伦比亚大学才于1924年授予其博士学位。可见,哥伦比亚大学教育博士生的学业生活是比较紧张而繁重的,其博士培养考核制度也相当完善。相比哥伦比亚大学、纽约大学对博士的要求比较宽松,虽也要求课程学分、初试(笔试)、论文经指导教授通过和口试,但论文没有出版要求,"纽大只需将论文用打字机打成若干份,另缴印刷费美金二百元,即可参加口试"③。总体看,美国大学博士的培养,制度比较完善,保证了博士生的培养质量,理工科培养时间要比文科类培养时间要长,获得博士学位也更为不易。

然而,民国时期人们似乎对中国留学博士不太满意,"今日中国可以招摇撞骗的功名,厥维博士","在留学生中近来流行着,拿中国的题材到欧美大学来做博士论文,这的确是轻易讨巧的办法","有些学科如其采用这个办法,简直是卖国"④,这种批评多为时人为举办博士归国考核考试,要求政府加强教育监管和防止博士过滥的一种说辞。还有人批评了留学生把学位看作是功名的看法,"哥伦比亚大学师范学院没有考试,读半年得硕士,读一年得博士……纽约一百十五街附近住着许多'黑学者',专门代人撰写论文。一篇论文的价格,随着等级难易而改变,大概是由三百元至八百元",甚至胡适还曾分函美国大学校长,请求他们对中国学生严格,不要轻易授予学

---

① 教育要闻:《美国约翰浩布金斯大学新颁布之教育学位》,《安徽教育行政周刊》1929年第34期。
② 崔国良、崔红编,董秀桦、英红编译:《张彭春论教育与戏剧艺术》,南开大学出版社2003年版,第640页。
③ 杨亮功:《早期三十年的教学生活·五四》,黄山书社2008年版,第39页。
④ 秉祥:《从留学讲到救国》,《再生杂志》1932年第9期。

位。^①季羡林曾指出,除了认真埋头苦读的留学生外,还存在一些留学生为拿到学位向外国教授"送礼"的现象,"仿佛证书一拿到手,学问就已经登峰造极,用不着再求进益了。"[②]与其说是学人对中国留学生的批评,不如说是对他们寄予厚望后的失望。

固然,民国时期的留学教育存在着一些问题,但并非普遍现象。在研究中国教育议题的留美博士生身上,并不存在这种虚浮之气,他们大多数踏实勤学,不少人因学识优秀而获得奖学金及学术团体会员资格。郭秉文在留美期间取得费倍太迦巴及费迪太迦巴荣誉学会会员、李温司东教育奖学金,朱君毅曾取得哥伦比亚奖学金研究员、美国全国教育荣誉学会会员资格,胡毅曾获得1927年至1928年度芝加哥大学研究院荣誉奖学金,李美筠留美期间曾获得过密歇根大学金钥匙奖。这些奖学金和会员资格的获得,无不是对留美博士生学识和学业成绩的肯定。

教育学留美博士们为撰写高质量的学位论文常煞费苦心,很多人为此付出了艰辛的劳动。陈友松在哥伦比亚大学读书期间为自己制订了详细的研究与读书计划,包括选定教育财政专家施菊野、莫德和罗滕为指导老师,选修基础学科,准备读书的机械技术(如阅读书报的卡片匣、新思想汇集匣、资料排叠箱、札记或笔记本、搜集购买相关研究的出版物等),进行印刷问卷和访问调查研究,计划十分完备。陈友松为了撰写博士论文,在随后的研究中,"曾请哥伦比亚大学校友、时任财政部长的宋子文提供中国历年财政报告。宋子文给他空运了一木箱统计报表"[③],陈友松花费三年时间来分析研究。他还跑遍了哈佛大学太平洋国交会、华盛顿国会图书馆、纽约市公共图书馆,"在华盛顿国会图前后坐了三个月看了六十八州县的县志";为调查教育,印刷问卷,"寄到国内中央及各省市教育与财政厅局,请求填寄材料……足足费了两三年时光才搜集到相当满意的资料";"为了解决疑问并征集口头意见曾到美京中央教育局访问",还遍访哥大教授、美国各校教育财政专家、留美生和考察专员,获取调查资料。如此,经过三年努力,"读过了千种以上的出版物,有时做表做到夜半二时"[④],并按照指导导师施菊野的指示进行了两次修改,陈友松才算完成了博士论文,着实不易。蒋梦麟的论文《中国教育原理》,参考征引了41部中国典籍、4篇报刊文章和32部英文书目,文

---

① 许君远:《留学制度·留学生》,《观察》1946年第5期。
② 季羡林:《论现行的留学政策》,《观察》1947年第7期。
③ 陈琚理:《我的父亲——记已故教育家陈友松先生》,方辉盛、何光荣主编《陈友松教育文集》,社会科学文献出版社2009年版,第685页。
④ 陈友松:《研究教育财政学的方法》,《教育研究通讯》1936年第4期。

献资料相当扎实,足见其功力。韩庆濂的博士论文《中美行政公共支持高等教育比较研究》,共有453页,十分厚重。朱君毅的论文《中国留美生:与其成功相关的质量》,运用了美国比较前沿的教育统计学和测验学的理论与分析手段,制作了大量的统计表格,对留美生的研究独到而深入。

从事中国教育研究的留美博士学风良好,其博士论文大多扎实而富有科学精神。一则与美国较为严格完善的博士培养制度有关,二则这批留美博士自身涌动的精英意识与肩负的强烈责任感,强化了他们学术求索的自身要求。而教育学科本身注重实践的学科属性,以及美国20世纪20年代教育学领域逐步兴起的调查研究运动与科学主义思潮,则多少赋予他们一些科学与实用的研究底色。

第二节　博士论文的构成分析

中国教育研究方面的留美生博士论文内容广泛,几乎囊括了20世纪上半叶教育研究的所有重要学科和前沿问题,涉及教育制度、教育理论哲学、教育课程、教育统计测验、民众教育、地方教育、女子教育、初等教育、中等教育、高等教育以及教育经济学等交叉学科究,展现了中国留美博士生的学术努力与兴趣,也体现了留美博士生的学术研究与社会思潮的关联。梳理中国教育类议题的留美生博士论文,无论是对考察中国现代教育学科的发展演变和学术脉络,还是对分析民国时期社会思想动态和教育改革状况,都极具意义。

一、论文构成与出版情况

综合袁同礼的《中国留美同学博士论文目录》、华美协进社的《中国留美学生硕博士论文目录》以及《密勒氏评论报》编纂的《中国名人录》,可以得出20世纪上半叶留美博士(不包括名誉博士)共提交学位论文1323篇。其中,教育类博士论文有102篇,约占论文总数的7.7%,这几乎是同期留美生选学教育学科平均比例(4%)的2倍,显然20世纪上半叶留美博士研究教育的热情极高。同时,教育类博士论文占人文社科类博士论文(560篇)的18.2%,其地位在人文社会学科中也相当突出。

这一时期,中国题材的博士论文有314篇,占同期博士论文总数的23.7%,体量相当丰富,中国研究已经引起了博士生的极大关注,已成为他们学术研究的重要取向。而关于中国教育研究的论文有63篇[①],比经济学类54篇、政治学45篇、社会学(人类学、民族学)33篇、历史学30篇、法学27篇、哲学19篇、自然科学31篇、文科其他学科(图书馆学、语言学、文学、音乐学等)14篇要高出许多[②],并占同期教育类博士论文的61.8%。无论是在人文社会学科的地位上,还是在教育学科内部问题关怀上,从事中国教育研究俨然成为留美博士的主要志业选择。这凸显了民国时期留美博士们的家国情怀和社会责任感,他们力图吸收西方的教育理论,结合中国的实际问题来改造中国的教育,是将学术志业与现实相结合进行学术救国的典型体现。这种带有问题意识的教育研究,也是美国实用主义教育思潮在留美生群体中涌动的结果。有关63篇中国教育研究的博士论文,具体情况见表2.1。

表2.1 民国时期中国教育研究的留美生博士论文统计表

作者	博士论文	学位简况
陈维城	在中国的传教士的教育工作	密歇根大学 Ph.D.1910
罗运炎	孔子社会教育	锡拉丘兹大学 Ph.D.1914
郭秉文	中国教育制度沿革史	哥伦比亚大学 Ph.D.1914
胡昌鹤	中国教育制度重整概要	纽约大学 Ped.D.1917
蒋梦麟	中国教育原理[③]	哥伦比亚大学 Ph.D.1917
刘湛恩	非语言智力测验在中国的应用	哥伦比亚大学 Ph.D.1922
陆麟书	中国初等教育状况[④]	芝加哥大学 Ph.D.1922
朱君毅	中国留美生:与其成功相关的质量	哥伦比亚大学 Ph.D.1922
庄泽宣	中国教育民治的趋势[⑤]	哥伦比亚大学 Ph.D.1922
缪秋笙	中国宗教教育中儒家学说的价值[⑥]	芝加哥大学 Ph.D.1922
程其保	中国支持一个足够的公共教育的财政能力	哥伦比亚大学 Ph.D.1923
殷芝龄	现代中国教育行政[⑦]	纽约大学 Ph.D.1923
傅葆琛	以满足中国乡村需要为目的的中国乡村小学课程重建	康奈尔大学 Ph.D.1924

---

① 据袁著统计,1905—1960年间有147篇教育类博士论文,但经核实含有2篇非教育类论文(一篇史学类、一篇有关学生运动)、1篇重复统计、2篇留加博士论文。此外,尚有其他交叉专业(如哲学、宗教学、心理学、语言学等)涉及教育议题的9篇研究论文未在统计之列。另结合华美协进社所编目录比对,综上,有151篇教育类留美博士论文。

② 元青:《民国时期留美生中国问题研究缘起——以博士论文选题为中心的考察》,《南开学报(哲学社会科学版)》2015年第5期。

③ 商务印书馆1918年版译名。

④ 《沪江大学月刊》作《现代中国公民教育之状况》,1922年第1期,第60页。

⑤ 庄泽宣在《我的教育思想》中的自译名。

⑥ 袁著将英文题目中"religious education"两个单词的顺序误写。

⑦ 商务印书馆1924年版译名。

续表

作者	博士论文	学位简况
张彭春	论中国教育之现代化(一译从教育入手使中国现代化)	哥伦比亚大学 Ph.D.1924
萧恩承	中国近代教育史①	纽约大学 Ed.D.1925
瞿世英	古代中国思想家视野中的生活与教育问题:对教育哲学的建设性分析与建议	哈佛大学 Ed.D.1926
刘宝庆	江西省教育改进	纽约大学 Ph.D.1927
司徒丘	中国重要历史节点中的教会教育问题	纽约大学 Ph.D.1927
胡毅	有关中国成人阅读习惯的实验性研究	芝加哥大学 Ph.D.1928
李树棠	美国学院与大学的男女同校:历史性、心理性与社会学研究及对中国的应用	纽约大学 Ph.D.1928
杨亮功	美国州立大学董事会管理的组织、功能与职责研究,以及这类研究对中国类似制度的应用	纽约大学 Ph.D.1928
钟鲁斋	中国近代民治教育发达史(改自博士论文)②	斯坦福大学 Ed.D.1930
王凤岗	1895—1911年日本对中国教育改革的影响	斯坦福大学 Ed.D.1931
许桂英	关于中国女子高等学院一些问题的研究	哥伦比亚大学 Ph.D.1931
曾作忠	现代教育中的民族主义与实用主义:以中国后革命时代情况为中心	华盛顿大学 Ph.D.1932
曾昭森	20世纪初期以来中国学校教育中的民族主义	哥伦比亚大学 Ph.D.1932
朱有光	中国教育制度之研究③	哥伦比亚大学 Ph.D.1933
邵镜三	中国的基督教育与宗教自由	耶鲁大学 Ph.D.1934
叶崇高	中国留学生在美国大学的适应问题	芝加哥大学 Ph.D.1934
卫士生	中国教育哲学史	纽约大学 Ph.D.1934
陈友松	中国教育财政之改进④	哥伦比亚大学 Ph.D.1935
陈维纶	中国成人教育的社会学基础	纽约大学 Ed.D.1935
莫泮芹	中国英语教育的历史与发展	哥伦比亚大学 Ph.D.1935
张伯谨	中国乡村教育制度的行政重组——基于正定县的分析	康奈尔大学 Ph.D.1935
欧阳湘	中国初级水平的教师培训的重建	俄亥俄州立大学 Ph.D.1935
沈亦珍	中国初等中学天才儿童比较教育计划⑤	哥伦比亚大学 Ed.D.1936

---

① 原稿为 A History of Modern Education in China,北京大学、商务印书馆出版的改编版则为 The History of Modern Education in China。

② 原稿为 Democratic Tendencies in the Development of Modern Education in China,商务印书馆出版的改编版为 A History of Democratic Education in Modern China,中译名为《中国近代民治教育发达史》。

③ 商务印书馆1933年版译名。

④ 商务印书馆1935年版译名。

⑤ 沈亦珍在《我的一生》中的译名。博士论文起初拟为"中学聪颖儿童教育之研究",成稿后改为"中国初等中学天才儿童比较教育计划"。

续表

作者	博士论文	学位简况
张敷荣	1885年以前美国旧金山市公立学校隔离华裔儿童运动的研究	斯坦福大学 D.Ed.1936
袁伯樵	英、德、法、美、苏及我国中等教育的哲学背景、行政组织与课程编制之比较研究[①]	科罗拉多州立学 Ph.D.1936
黄国安	中国基督新教大学与学院的体育教育	哥伦比亚大学 Ph.D.1937
石宪儒	旧金山第二代中国高中生的文化适应与职业适应	加利福尼亚大学 Ed.D.1937
戴伟金	中国青少年教育	纽约大学 Ph.D.1940
陈继平	中国岭南大学宗教教育建议方案[②]	哥伦比亚大学 Ed.D.1940
陈矜赐	中国现代教育趋向宗教教育的意义	爱荷华大学 Ph.D.1940
高俞秀文	华人基督教中心的中国青少年辅导计划	哥伦比亚大学 Ed.D.1940
刘桂灼[③]	一项提议给香港岭南中等学校全体教员的计划简述,以改进在学校的课外活动以及学生在活动中的参与为目的	哥伦比亚大学 Ed.D.1940
阮康成	转变中中国的教育计划	哥伦比亚大学 Ed.D.1940
宋恪	中国甘肃中等学校课程研究与建议重建计划	康奈尔大学 Ph.D.1940
檀仁梅	中国近代中等教育史	宾夕法尼亚大学 Ph.D.1940
韩庆濂	中美行政公共支持高等教育比较研究	明尼苏达大学 Ph.D.1941
程锡康	中国成人教育计划	哥伦比亚大学 Ph.D.1942
魏永清	针对中国河北省中等学校教师准备的计划	哥伦比亚大学 Ed.D.1943
张汇兰	中国体育的合理课程结构的事实与规律	爱荷华大学 Ph.D.1944
方同源	战后中国中等教育改良计划	宾夕法尼亚大学 Ph.D.1945
葛王如珍	对中国教育重建计划的批评	密歇根大学 Ph.D.1945
李美筠	寻求教育计划的改进:四川省彭川县的社会经济与政治条件分析	康奈尔大学 Ph.D.1945
马仪英	旧金山儿童就读中文学校的效果	加利福尼亚大学 Ed.D.1945
慎微之	战后中国教育的任务	宾夕法尼亚 Ph.D.1945
郭锡恩	美国大学的中国留学生	哥伦比亚大学 Ed.D.1946
赵冕	为了中国的民主教育(又译:民主中国之教育)	哥伦比亚大学 Ed.D.1946
朱炳乾	一项针对中国乡村学校制度的行政模式建议	哥伦比亚大学 Ed.D.1947
范崇德	乡村中国的课程改编	哥伦比亚大学 Ed.D.1948
李抱忱	一项对国立北平师范学院音乐教师教育的建议	哥伦比亚大学 Ed.D.1948
孙怀瑾	中国中等教育研究与建议的重组计划	科罗拉多大学 Ed.D.1949

资料来源:Tung-Li Yuan, *A Guide to Doctoral Dissertations by Chinese Students in America 1905—1960*, Washington: the Sino-American Cultural Society, 1961; *Who's who in China*, Shanghai: The Chinese Weekly Review, 1925、1936;以及各大学官网。

---

① 据袁伯樵在《中等教育》自序中的译名。
② 袁著将英文题目中的"of"误写为"for"。
③ 经查应为刘桂灼,袁著误为刘桂焯。

以校际分,这63篇中国教育议题研究的留美生博士论文出自哥伦比亚大学的最多,有25篇,占39.7%;其次为纽约大学10篇,占15.9%,两校合占总数的一半强;芝加哥大学与康奈尔大学并列第3,各为4篇。哥伦比亚大学、芝加哥大学、纽约大学均为美国教育学强校。也有3篇来自教育学强校斯坦福大学,分别为钟鲁斋、张敷荣、王凤岗的论文,学成以后他们皆成长为教育专家。中国教育议题研究的博士论文,其学校来源呈现出集中分布于以教育学研究著称的名校、点状分布于其他各校的特征。教育学名校的师资资源雄厚,教育学研究发达而繁荣,聚集了大批名师。哥伦比亚大学拥有实用主义教育家杜威及其追随者克伯屈、教育心理学家桑代克、教育史专家孟禄、教育行政专家施菊野、教育测验专家麦柯尔、比较教育专家康德尔、要素主义教育家巴格莱等名教授,斯坦福大学教育学院拥有教育行政专家克伯莱、教育调查专家希尔斯,芝加哥大学有教育心理学专家贾德、弗里曼等教授,纽约大学则拥有观念主义教育哲学代表人物霍恩等名师。留美博士生聚集于名校,师从于教育学名师,承继了他们的衣钵,接触了先进的教育理念和前沿的教育学领域,奠定了他们此后学术之路的基础。

论文选题涵盖面广,涉及教育学科门类多,其研究也多有交叉,包含民国时期教育研究的多数学科和前沿问题,主要有教育原理、教育史、教育实验测量、教育经济学、教育行政与管理、教育心理学、教育社会学、比较教育学及课程教学。从学制和研究专题分类看,其研究领域有初等教育、中等教育、高等教育、民众教育、成人教育、女子教育、职业教育、教会教育等。

其中,基督教教育研究的专题论文有7篇,如陈维城的《在中国的传教士的教育工作》、司徒丘的《中国重要历史节点中的教会教育问题》;中国教育原理及思想领域有4篇,以蒋梦麟的《中国教育原理》、曾作忠的《现代教育中的民族主义与实用主义:以中国后革命时代情况为中心》为代表;中国教育史专题论文有11篇,如郭秉文的《中国教育制度沿革史》、钟鲁斋的《中国近代民治教育发达史》、萧恩承的《中国近代教育史》;中国教育制度行政领域有10篇,如殷芝龄的《现代中国教育行政》、陈友松的《中国教育财政之改进》、庄泽宣的《中国教育民治的趋势》;教育实验测量研究的论文有5篇,如朱君毅的《中国留美生:与其成功相关的质量》、刘湛恩的《非语言智力测验在中国的应用》、沈亦珍的《中国初等中学天才儿童比较教育计划》;课程教学类论文有傅葆琛的《以满足中国乡村需要为目的的中国乡村小学课程重建》等7篇;中国教育方案改革类论文,则以慎微之的《战后中国教育的任务》、方同源的《战后中国中等教育改良计划》、阮康成的《转变中国的教育计划》为代表。其他,尚有文化适应、女子教育、成人教育、师资问题等专题研究论文。张敷荣的论文《1885年以前美国旧金山市公立学校隔离华裔儿童运动的研究》，借鉴了社会学理论来研究教育问题，考察美国华人的教育问题及教育政策，是研究美国少数族裔教育问题的重要论著。李树棠的《美国学院与大学的男女同校：历史性、心理性与社会学研究及对中国的应用》，则应用了心理学与社会学的相关理论关注了男女同校问题，进行的是一项比较研究。这些博士论文以教育史研究、制度行政研究、方案改革设计研究为重心，集中体现了中国留美生的学术旨趣、志业努力、问题关怀以及学术研究路径。

留美博士中国教育议题的学位论文撰写完毕后，在众多海内外的大学出版机构、学术出版社以及商业出版社出版，如哥伦比亚大学出版社、康奈尔大学出版社、北京大学出版社、AMS Press、Nabu Press、商务印书馆，其提出的教育观点和教育设计方案也产生了一定的影响力。具体出版情况见表2.2。

表2.2　民国中国教育议题研究的留美生博士论文出版统计表

作者	出版情况
郭秉文	【英文】T. C. Columbia Univ., 1914；【英文】T. C. Columbia Univ.(教育贡献丛书No. 64)，1915；【中文】上海商务印书馆，1916；【中文】上海商务印书馆，1922；【英文】AMS Pr., 1972；【英文】Gordon Press Publishers, 1977；【中文】上海书店，1991；【中文】福建教育出版社，2007；【英文】BiblioBazaar, 2009、2010；【英文】General Books LLC, 2009、2010；【英文】商务印书馆，2014；【中文】商务印书馆，2014
蒋梦麟	【英文】Columbia Univ., 1917；【英文】上海商务印书馆，1918、1924、1925
刘湛恩	【英文】Columbia Univ., (教育贡献丛书No. 126)，1922；【英文】AMS Pr., 1972；【英文】Nabu Press, 2010；【中文】收入《刘湛恩文集》(下)，上海交通大学出版社，2011
朱君毅	【英文】Columbia Univ.(教育贡献丛书No.127)，1922；【英文】AMS Pr., 1972；【英文】Barman Press, 2008；【英文】Nabu Press, 2010
庄泽宣	【英文】上海商务印书馆，1922
殷芝龄	【英文】上海商务印书馆，1924、1926
傅葆琛	【英文】Cornell Univ., 1924、1927
张彭春	【英文】T. C. Columbia Univ., 1923；【英文】AMS Press, 1972；【中文】收入《张彭春论教育与戏剧艺术》，南开大学出版社，2003
萧恩承	【英文】北京大学出版社，1932；【英文】上海商务印书馆，1935、1945
钟鲁斋	【英文】上海商务印书馆，1934；【英文】台北：成ष出版公司，1974；【英文】University Publications of America, 1977
王凤岗	【英文】Peiping: Authors Book Store, 1933

续表

作者	出版情况
曾昭森	【英文】Columbia Univ., 1932;【英文】Hong Kong: Printed by the South China Morning Post, Ltd., 1933;【英文】Hong Kong: Progressive Education Publishers, 1967
陈友松	【英文】上海商务印书馆,1935;【中文】收入《陈友松教育文集》,社会科学文献出版社,2009;【英文】北京商务印书馆,2015
朱有光	【英文】上海商务印书馆,1933
欧阳湘	【英文】Ohio State Univ., 1935
张敷荣	【英文】*Stanford Univ. Bulletin*, Sixth Series, No.36, 1936;【中文】《学术与人生:张敷荣教育学术思想研究》第三部分,西南师范大学出版社,2004;【中文】收入《张敷荣教育文集》,江苏教育出版社,2010
陈矜赐	【英文】*Summary, Religious education*, V. 37, No. 4, July–August, 1942
方同源	【英文】Univ. of Pennsylvania, 1945、1948
慎微之	【英文】Essential portion, Univ. of Pennsylvania., 1948

资料来源:据中国国家图书馆网站以及其他相关资料整理得出。

据不完全统计,在63篇中国教育议题研究的留美生博士论文中,有近20篇博士论文以中英文的形式在国内外公开出版或发表。这批博士论文屡次再版,甚至至今还在出版。绝大多数论文是以英文的形式出版,在英语世界产生了比较大的学术和社会影响力。郭秉文的博士论文中英文本至今已出版了14版,朱君毅的博士论文仅英文本就有4版,刘湛恩、张彭春的博士论文也多次再版,并被翻译成中文。部分论文还得以改编出版,钟鲁斋的博士论文由商务印书馆改编出版为 *A History of Democratic Education in Modern China*。一些被翻译成中文的论文还被收入相关的文集,如陈友松、张敷荣的博士论文分别被收入《陈友松教育文集》《张敷荣教育文集》。还有一些论文以摘要的形式在国内外的期刊上刊出,如陈矜赐的博士论文摘要刊在《宗教教育》第37卷第4期(*Religious education*, V. 37, No. 4),张敷荣的论文摘要刊登在《斯坦福大学公报》第6辑第36号(*Stanford University Bulletin*, Sixth Series, No. 36)。

其中,在国外以美国哥伦比亚大学师范学院的"教育贡献丛书"为主,在国内以商务印书馆为多。哥伦比亚大学师范学院不仅闻达于世界教育学界,诞生了诸如杜威、孟禄、桑代克、康德尔、麦柯尔等众多的教育名家,而且与中国近代教育的发展保有密切的关联,它为中国培养了大批教育家和学者,如郭秉文、蒋梦麟、张伯苓、刘湛恩、朱君毅、陶行知、艾伟、陆志韦、沈亦珍、庄泽宣、张彭春等。论文由哥伦比亚大学师范学院公开出版,则扩大了社会影响力。在国内,商务印书馆以出版学术书籍和教科书享誉学界。博士论文由商务印书馆大量出版,则说明了其学术分量。

博士论文在海内外的公开出版发表,是美国一些高校规定的获取博士学位的必要条件。如哥伦比亚大学获得博士学位的条件为:修满规定的博士课程学分、笔试通过、博士论文答辩通过并且论文在出版社公开出版。胡适在1917年通过哥伦比亚大学的博士考试,直到1927年再访美时,向学校提交了100册的博士论文——《先秦名学史》,才算完成了获得学位的一切手续。①罗运炎1914年在锡拉丘兹大学(雪城大学)取得博士学位时,也是要求有论文著作,"著作如经接受,至少须打百份,存各大学校藏图书室以资参考"②。即使那些未出版的博士论文,也被大学以各种形式保存下来,或以学位论文缩微胶卷的形式保存,或以自用型出版,成为学术研究的宝贵资料。

有一些向学校提交的博士论文与随后出版的论文,在内容上还有一些变化。如钟鲁斋的论文原稿为 Democratic Tendencies in the Development of Modern Education in China,后来在原稿的基础上添加一些内容与新的数据,改编出版了 A History of Democratic Education in Modern China(《中国近代民治教育发达史》),二者的基本内容大致相同。萧恩承1925年提交的论文原稿为 A History of Modern Education in China,1932年由北京大学出版的则为 The History of Modern Education in China,两版主要内容虽大致相同,但出现了一些较大的变动。论文原稿总共八章,分别为世界大战以来的远东状况、中国的文艺复兴运动、旧政权下的教育、现代教育的演进、公共教育系统的重建、教育管理机构的重组、义务教育以及结论与展望。北京大学出版的改编本内容,则包括旧政权下的教育、现代教育的兴起、现代教育的兴起(续)、学校体系、教育管理、普及教育、中国留学生、教会教育以及形成中的新中国等九章。改编本在内容上主要增加了"现代教育的兴起(续)"、"中国留学生"和"教会教育"三章内容,删去了原稿中的第一章,并将第二章有关中国的文艺复兴运动调到了最后。这些版本的变动,需要在研究中注意。

令人遗憾的是,这批博士论文的中译本并不多见,在众多的论文中至今仅有6篇被翻译成中文,占总数的9.52%。而中译本出版的缺乏,成为影响留美生博士论文在国内学界和社会上发挥应有价值的一个不容忽视的因素。

---

① 胡适著,季羡林主编:《胡适全集》(第43卷),安徽教育出版社2003年版,第10页。
② 罗运炎:《半生回顾(续)》,《基督教丛刊》1946年第15期。

二、论文选题与纵时段分析

留美生博士论文的中国教育研究,根植于美国整个教育学术场域。美国教育学界"从1895年到第一次世界大战期间,许多有关教学法的书籍都弥漫着赫尔巴特思想的影响"[1]。查理·麦克默利和弗兰克·麦克默利是宣扬赫尔巴特学说的代表人物。一战后则涌现出旨在关注儿童和平民教育的进步主义教育思潮。进步主义教育主要关注儿童的兴趣和需要,提倡儿童中心说,取代以教师为主导、学科为中心的课程,强调教育是为参与民主社会做准备。弗朗西斯·W. 帕克认为,"学习应该从儿童的兴趣和需要出发,而且最佳课程应是一种以活动为基础的课程……就是要让学生成为教育过程的中心"[2]。出于对传统教育弊端的反思,杜威的进步主义教育理论反映了他的实用主义哲学,反对以学科为中心的陈旧僵化的课程,推崇以儿童为中心,提出"从做中学"。他认为教育即生活、教育即发展、学校即社会,显然带有工具主义色彩。作为一种强调直接经验、实用性和儿童中心的教育哲学,杜威哲学在教育界掀起了热潮,"20世纪20年代开始,世界上的主要国家,未受杜威教育学说影响者少矣"[3]。两次世界大战期间,进步主义教育的倡导者克伯屈将杜威哲学转变成实用的教育方法论——设计教学法。"设计教学法是试图通过使儿童参加到与自己的目标和兴趣相一致的设计中,从而使教育尽可能地以儿童为中心,尽可能是'实用的'(practical)","设计活动应该通过四个步骤进行:决定目的、制订计划、实施计划和评判结果"[4]。而在留美生博士论文中,吸收并借鉴杜威实用主义教育思想成为主流,但杜威直接指导的博士论文并不多见。

从历史中寻找教育研究的科学框架是19世纪末至20世纪初美国教育学界的一个重要理论取向。作为美国第一代教育学者,威廉·佩恩对历史和哲学取向的教育研究极其看重,"曾指望依靠历史学和哲学来提供理论……

---

[1] 〔美〕L.迪安·韦布著,陈露茜、李朝阳译,陈露茜、李朝阳、康绍芳校:《美国教育史:一场伟大的实验》,安徽教育出版社2010年版,第226页。

[2] 〔美〕L.迪安·韦布著,陈露茜、李朝阳译,陈露茜、李朝阳、康绍芳校:《美国教育史:一场伟大的实验》,安徽教育出版社2010年版,第264页。

[3] 郑金洲、瞿葆奎:《中国教育学百年》,教育科学出版社2002年版,第264页。

[4] 〔美〕L.迪安·韦布著,陈露茜、李朝阳译,陈露茜、李朝阳、康绍芳校:《美国教育史:一场伟大的实验》,安徽教育出版社2010年版,第267页。

教育史应该'与教育科学有同等的地位,并成为后者的证明'"[1]。长期在哥伦比亚大学师范学院教授教育史的保罗·孟禄,在1905年完成的《教育史教程》一书中,则"描述了教育理论与过去和目前教育实践之间的关系,而不是求助于'历史事实'进行空泛笼统的推论"[2],他还"从心理学的角度探讨教育的起源,将古代儿童对成年人无意识的模仿视为原始教育的起源"[3]。这种历史的理论取向在进步主义教育运动中也吸引了教育学者的兴趣,如斯坦福大学教育系主任埃尔伍德·P.克伯莱,倡导"冲突—进步"的教育史发展观,主张在教育与社会的互动发展中进行教育史研究。

在20世纪早期美国普遍盛行教育史研究取向的影响下,大批留美生选择了教育史作为自己博士论文研究领域的主攻方向,郭秉文、陆麟书、缪秋笙、萧恩承、瞿世英、钟鲁斋、王凤岗、卫士生、莫泮芹、戴伟金、檀仁梅等人的论文皆属此类。教育史类的论文,内容涉及初等教育史、中等教育史、教育制度史、教育哲学与思想史、教育学科史、中外教育交流史等众多领域。

随着杜威实用主义哲学取向和教育测量运动带动下的教育科学化取向的异军突起,教育研究的历史取向由中心走向了边缘。教育实验测量和调查统计的研究形式颇为流行,而心理学、统计学、社会学的发展则为其提供了广阔的理论来源,儿童研究运动和教育测量运动开展起来。早在19世纪末期,师从威廉·詹姆斯的斯坦利·霍尔就以克拉克大学为依托发起了儿童研究运动,"提出了儿童发展的复演说,即把儿童视为进化的有机体,该机体通过一系列可识别的、前后相继的、与文明的发展到演进相平等的相关联的阶段而获得发展"[4],这显然有着达尔文进化论的深厚烙印。进步主义教育家帕克赫斯特则在中学推行强调个别差异和个性发展的道尔顿制,建构了所谓的指定作业、工作合约、实验室和表格法四个基本要素。在教育测量运动中,教育心理学家桑代克在1918年提出"凡客观存在的事物都有其数量",实验教育学派代表人物麦柯尔则在1923年进一步指出"凡有其数量的事物都可测量"[5]。斯坦福大学的刘易斯·M.推孟发表了包括斯坦福—比奈

---

[1] 〔美〕埃伦·康德利夫·拉格曼著,花海燕等译:《一门捉摸不定的科学:困扰不断的教育研究的历史》,教育科学出版社2006年版,第72页。
[2] 〔美〕埃伦·康德利夫·拉格曼著,花海燕等译:《一门捉摸不定的科学:困扰不断的教育研究的历史》,教育科学出版社2006年版,第73页。
[3] 《教育大辞典》编纂委员会编:《教育大辞典》(第11卷),上海教育出版社1991年版,第396页。
[4] 〔美〕L.迪安·韦布著,陈露茜、李朝阳译,陈露茜、李朝阳、康绍芳校:《美国教育史:一场伟大的实验》,安徽教育出版社2010年版,第268页。
[5] 转引自侯怀银主编:《教育研究方法》,高等教育出版社2009年版,第167页。

量表在内的若干智力和成绩量表,其影响遍及整个20世纪20年代的美国,不过其理论基础架构于风行克拉科大学的遗传决定论。芝加哥大学教育系主任查尔斯·哈伯德·贾德认为,大学教育研究应与社会和行为科学相一致,要力避哲学的引诱,与杜威教育研究实用主义哲学取向迥异,比较排斥教育史。他倡导教育的科学化和心理学化,"是'教育科学运动'的核心指导者,以中等教育的学科心理学为主要研究领域,推进有关教材与学力的实证性研究"[①]。20世纪20年代至40年代,美国教育研究实证量化的色彩越来越浓厚。这就造成了"即使在教师学院,史学作为博士学位论文首选的地位也终于一去不复返了。到了20世纪20年代,史学的地位已被学校调查研究所取代"[②]。

无论是儿童研究运动还是教育测量运动,都为教育科学研究方法的播布提供了市场,"智力及教育测验的产生,统计方法的进步,教育专家对于教育研究的鼓励及宣传,办学者对于研究的兴趣及态度,都是对于研究的方法,有极大的贡献"[③],教育科学化、实证化研究愈发高涨,"往昔论文式的考试法,多数已被新式测验式的试验法替代了"[④],各种测量"量表"、实验法、调查统计法以及案例研究与实证研究相结合的方法被大量应用于教研,教育学者们力图以此证明教育的科学属性,大力推动教育的科学化。留美生也紧随时代潮流,采用此种形式来研究中国教育,以朱君毅、刘湛恩、沈亦珍等人的论文为代表,在其他留美生的论文里也多有体现。

进步主义教育运动对社会效率的强调以及教育科学化运动对科学管理的倡导,促进了教育管理学的发展。"美国最早对教育管理进行学术性研究的是教育家佩恩"[⑤]。斯坦福大学的克伯莱是一位杰出的学校管理学家,积极倡导学校调查,其《公立学校的管理》作为教育管理学教材被广泛使用。第二代教育管理学家如哥伦比亚大学的施菊野、俄亥俄大学的里德等,也成长起来。他们这批人投身于教育测量运动,发展了教育管理调查研究和资料收集的方法。其后的诺顿、奥尔马克、希尔斯等新一代教育管理学家,也为美国教育管理研究做出了贡献。其中,有10篇留美博士的论文为教育制度行政专题研究。

---

① 〔日〕佐藤学著,钟启泉译:《课程与教师》,教育科学出版社2003年版,第283页。
② 〔美〕埃伦·康德利夫·拉格曼著,花海燕等译:《一门捉摸不定的科学:困扰不断的教育研究的历史》,教育科学出版社2006年版,第74页。
③ 罗廷光:《教育科学研究大纲》,中华书局1932年版,高序第4页。
④ 罗廷光:《教育科学研究大纲》,中华书局1932年版,自序第1页。
⑤ 王珏:《中国近代教育管理学科研究》,上海教育出版社2013年版,第119页。

美国大萧条时期的经济危机,使得人们重新关注社会问题,批判进步主义教育过分关注儿童兴趣和忽视基本知识技能的学习[1],永恒主义、要素主义和社会重建主义教育思想随之树立反叛的大旗。在美国学术场域中的留美生中国教育研究,则表现出社会改造和方案类研究论文十分流行,以此类性质为核心词汇的选题高达26篇。显然,美国流行的关怀社会和改造社会的思想对留美生具有相当的吸引力。美国教育思想的争鸣和教育思潮的变动,很大程度上影响了留美博士生的中国教育研究取向。

总体观之,从不同历史纵时段来考析民国时期中国教育研究的博士论文可以发现,每十年的数量依次为5篇、16篇、20篇、22篇,其对中国教育研究的关注度很高,整体数量呈上升趋势,呈现出良好的发展态势。这些博士论文关注的主题和研究内容表现为:前二十年的论文,前期比较流行教育历史的梳理。虽然蒋梦麟的论文《中国教育原理》是一篇教育理论研究,但也是从中国古代教育原理的整理入手进行考察的。后期则呈现出多元并立的研究趋势,教育史及教育整理研究的博士论文继续深化发展,教育测量、教育实验研究的博士论文异军突起。后二十年的教育学博士论文,则主要进行教育方案的设计研究,更侧重于教育实验的探讨以解决中国现实的教育困境。而出于改革的需要,对教育制度与行政管理的研究一直备受关注,在整个民国时期经久不衰。

以博士论文提交的时间计,中国教育议题研究的留美生博士论文集中分布于20世纪三四十年代,分别有20篇、22篇,这与中国现代教育学科逐步确立的年代高度吻合,说明这批中国教育议题研究留美博士生在归国后学有所成、学有所用,发挥了作用。需要指出的是,因美国各高校博士学位授予要求规定,博士学位的授予时间与博士论文出版或提交的时间会有些差异,如张彭春1922年完成博士论文,1923年由哥伦比亚大学出版,1924年1月才获得博士学位。

三、论文导师与学派传承

从事中国教育研究的留美博士在美国高校自由学风的熏陶下,接受了较为系统的学术训练,其博士学位论文的撰写是其留美学业内化的结果,也是他们走向学术研究之路的开始。他们在撰写论文的过程中,得到指导老师的悉心指导。这些指导老师作为他们学术研究的引路人,传授了治学心

---

[1] 〔美〕L.迪安·韦布著,陈露茜、李朝阳译,陈露茜、李朝阳、康绍芳校:《美国教育史:一场伟大的实验》,安徽教育出版社2010年版,第286页。

得与理念,使得教育学术思想薪火相传。

表2.3统计有28位教育学留美博士学位论文的指导老师情况,从中可以略窥教育学留美博士生的学派传承以及中国教育研究思想与美国学界的关联。

表2.3 留美博士学位论文指导老师情况统计表

博士生	参与指导的老师
郭秉文	导师施菊野,佛林顿,希莱加斯,孟禄,哥伦比亚大学师范学院
蒋梦麟	导师施菊野,约翰·杜威,威廉·克伯屈,孟禄,博茨福德,哥伦比亚大学师范学院
刘湛恩	导师桑代克,麦柯尔,亨瑞·艾尔福德·拉格,哥伦比亚大学师范学院
朱君毅	导师桑代克,凯利,康德尔,哥伦比亚大学师范学院
庄泽宣	导师康德尔,巴格莱,赖泽,哥伦比亚大学师范学院
缪秋笙	导师海顿,索尔斯,芝加哥大学实用神学系系主任
殷芝龄	导师威瑟斯(院长),霍恩;论文委员会:霍恩,R.麦克道格尔,佩恩,纽约大学教育学院,孟禄,杜威,哥伦比亚大学师范学院
萧恩承	导师霍恩,纽约大学教育学院
钟鲁斋	导师奥尔马克,克伯莱(系主任),哈罗德·本杰明,斯坦福大学教育学院
王凤岗	导师奥尔马克,佩森·特里特,希尔斯,哈罗德·本杰明,斯坦福大学教育学院
曾作忠	导师乌尔(院长),博尔顿(前院长),德沃夏克,华盛顿大学教育学院
曾昭森	导师康茨,威廉·克伯屈,拉格,孟禄,约翰·蔡尔斯,卡尔顿·海斯,哥伦比亚大学哲学系
朱有光	论文委员会:康德尔(主席),威廉·克伯屈,康茨,孟禄,哥伦比亚大学师范学院
叶崇高	瑟斯顿,弗里曼,布伦堡(代院长),蔡夫,鲍尔,芝加哥大学教育系
陈友松	导师保罗·R.莫特,诺顿,施菊野,海格,恩格尔哈特,卡特·亚历山大,拉格,克拉克,古德里奇,哥伦比亚大学
莫泮芹	论文指导委员会:莱斯特·M.威廉,古德赛尔,古德里奇,毕格,哥伦比亚大学哲学系

续表

博士生	参与指导的老师
陈维纶	导师佩恩院长,威瑟斯(前院长),Albert B. Meredith,John N.Andrews,纽约大学教育学院
张敷荣	导师奥尔马克,戴维森,贝尔,斯坦福大学教育学院
袁伯樵	William Wrinkle,W.W. Armentrout,Earle Rugg,科罗拉多州立学院
沈亦珍	导师弗雷特韦尔,浩林渥斯,克莱伦斯·林顿,耶西·H.纽伦,哥伦比亚大学师范学院
陈继平	导师约翰逊,福赛斯,凯斯,哥伦比亚大学师范学院
高俞秀文	导师查尔曼,琼斯,斯特朗,安德森,雷特韦尔,埃德温·李,哥伦比亚大学师范学院
魏永清	导师埃利奥特;论文委员会:埃利奥特,F.B.Stratemeyer,M.E.Forsyth,哥伦比亚大学师范学院
张汇兰	导师麦克乐,巴恩斯,Elizabeth Halsey,Howard V. Meredith,Roland Rooks,W.W.Tuttle,爱荷华州立大学研究生院体育系
郭锡恩	琼斯,哈丽特·海斯,特克斯贝里,哥伦比亚大学师范学院
朱炳乾	导师希尔;论文委员会:希尔(主席),诺顿,特克斯贝里,康德尔,布鲁纳,Daniel R. Davies,Laurin Zilliacus,Henry L. Smith,哥伦比亚大学师范学院
范崇德	导师布鲁内尔;论文委员会:布鲁内尔,特克斯贝里,华生,拉格,Boyd H. Bode,哥伦比亚大学师范学院
李抱忱	导师莫赛尔,斯特拉特迈耶,Lilla Belle Pitts,哥伦比亚大学师范学院

资料来源:据相关的博士论文整理而成,其博士论文不再一一列出。

表2.3统计了从事中国教育研究的留美博士的师承状况,内容涉及主导师、论文委员会成员与参与指导的老师。在有资料可查的28位博士的师承状况中,有18位博士是来自哥伦比亚大学,所占比例约为64.3%,而师范学院的博士占了绝大多数。其中,施菊野和桑代克直接指导的论文各有2篇。前者作为教育行政领域的专家,是郭秉文、蒋梦麟的主导师,并参与指导了陈友松的论文;后者作为教育心理学家、测量专家,指导了刘湛恩和朱君毅的论文。郭秉文的论文《中国教育制度沿革史》是研究中国教育制度的通史

性著作,刘湛恩的论文《非语言智力测验在中国的应用》和朱君毅的论文《中国留美生:与其成功相关的质量》皆是教育测量研究的探索,很显然他们各自承继了导师的研究方向。

比较教育专家康德尔与教育史专家孟禄参与提出建议的论文分别为4篇、5篇,前者是朱有光论文委员会的主席,并参与指导了庄泽宣、朱君毅、朱炳乾的论文;后者参与指导了郭秉文、蒋梦麟、殷芝龄、曾昭森、朱有光的论文。康德尔是在1910年孟禄的指导下取得博士学位的[①],他虽师承于孟禄,但倡导因素分析法,信奉理性主义与社会进化论,反对以理论为基础的比较教育研究,主张应以"现行的实况"为基础,将比较教育研究与教育史研究结合起来,分析不同教育制度与文化历史背景因素之间的关联,朱有光的《中国教育制度之研究》则继承了这种思想余绪。在论文中朱有光主要关注的是南京国民政府建立以来的中国教育的变迁,对教育的社会目的、教育机会平等、教育过程的特性、教育制度的组织、教育管理以及师资训练进行比较研究,并将其置于同英、法、美、德等国比较的视野之下,"尝试一种针对不同社会、政治和经济背景下的具体教育原则或政策进行批评式检验"[②]。显然,二者的研究取向一致。此外,庄泽宣、朱炳乾的研究论文也借鉴了这种关注"现行实况"的教育研究方法以及挖掘社会、政治、经济、文化与教育关联的研究风格。郭秉文、蒋梦麟等人的教育史研究则吸收了孟禄的侧重探讨教育理论与古代教育实践关系的研究路数,他们的论文皆是以梳理中国古代教育为出发点。

克伯屈参与指导和建议的论文有3篇,分别为蒋梦麟、朱有光与曾昭森的论文,同时又是朱有光论文委员会委员,但非论文主导师。杜威参与指导的论文仅有2篇,也是为论文的研究提供批评建议,分别为蒋梦麟与殷芝龄的论文,依其社会地位来看,其指导的数量并非想象中的那么多,却成为宣传实用主义教育研究范式的样板。

斯坦福大学教育学院的奥尔马克教授是钟鲁斋、王凤岗、张敷荣三人论文的导师,而三人论文主要关注的内容分别为中国近代民主教育的历史、晚清时期日本对中国教育改革的影响、美国旧金山公立学校隔离华裔儿童运动。其研究的共同特色是从历史的角度考察教育与社会之间的关联,侧重

---

① 刘蔚之:《哥伦比亚大学师范学院中国博士生"教育基础理论"领域论文的历史意义分析》,《教育学报》2014年第5期。

② You Kuang Chu, *Some Problems of a National System of Education in China: A Study in the Light of Comparative Education*, Shanghai: The Commercial Press, 1933, preface, Ⅵ.

关注现代历史的变迁。奥尔马克是在孟禄、施菊野之后新崛起的进步主义教育家,在教育智力测量领域、教育管理领域也多有贡献,主张将历史研究法用于教育研究,代表作为《研究与论文著述》,其学生钟鲁斋、王凤岗、张敷荣则将这种教育研究法吸收并发扬光大。

观念主义教育哲学(或称理想主义教育哲学)代表人物霍恩直接指导的论文有2篇,分别为殷芝龄的《现代中国教育行政》、萧恩承的《中国近代民治教育发达史》。观念主义教育哲学流派主张"教育是实现理想社会的手段、工具,通过教育去培养具有理想精神的新人,进而实现对社会的变革"[①],霍恩在1904年出版了美国本土首部教育哲学专著——《教育哲学》,霍恩的主要治学观点为"教育的哲学基础是制约人民教育观念的主要方面,即有什么样的教育哲学观就有什么样的教育观,他本人倾向于用实验科学的观点来解释教育"[②]。殷芝龄在论文中对霍恩的思想也有所反映,他认为"由于公立教育由政府绝对控制,中国的教育机构同她的政治情况遭受的一样……公立学校没有受人民意愿的指导,它们的职能由政府任命的官员来命令。由于这种状况,教育在它的发展中屡次被迫忍受官员的干涉,并且被迫有企图地使用它的经费而非为了最初的计划"[③]。可见,殷芝龄也认同教育的目的性与指导性,但要"受人民的意愿的指导"。由此,他从教育管理制度与组织出发,主张建立教育机构的常设组织,试图探寻解决中国教育混乱的关键问题。萧恩承的论文被霍恩评价为"这是一种以中国人的视角来观察中国的教育",他认为"西方学生会发现研究东方教育的价值能扩展他的洞察力,提供有启发性的比较,并能加深西方获益于东方的意识"[④]。

虽然萧恩承搜集了一系列历史事实与科学数据,带有实验科学的特征,但整体上与克伯莱的进步教育史观不谋而合,探讨的是中国现代教育体系在变动进程中的演进。教育学者特克斯贝里也较多参与了指导论文,他为朱炳乾、范崇德、郭锡恩三人的论文提供了建议。

这批博士论文还呈现出一个显著特征,即论文多出名门,论文导师除了前文提及的教育名家外,尚有一批系主任、院长参与指导或提出意见。如纽约大学教育学院院长佩恩与前院长威瑟斯共同指导了陈维纶的论文,前

---

① 王坤庆:《现代教育哲学》,华中师范大学出版社1996年版,第8页。
② 王坤庆:《现代教育哲学》,华中师范大学出版社1996年版,第5页。
③ Chiling Yin, *Reconstruction of Modern Educational Organizations in China*, Shanghai: The Commercial Press, 1924, preface, Ⅶ.
④ Theodore E. Hsiao, *The History of Modern Education in China*, Peiping: Peking University Press, 1932, introduction, Ⅶ—Ⅷ.

者为导师,后者则提供了指导意见。华盛顿大学教育学院院长乌尔与前院长博尔顿共同指导了曾作忠的论文。纽约大学教育学院院长、美国教育测量专家威瑟斯与霍恩共同担任了殷芝龄的论文导师。钟鲁斋的论文则受到了斯坦福大学教育系主任克伯莱的指导。缪秋笙的论文接受了芝加哥大学实用神学系主任索尔斯的建议。曾昭森的论文导师为社会重建派代表人物康茨,其研究风格强调教育改造社会的功能。张汇兰的论文导师为美国体育教育家麦克乐。这些学有专长的指导老师,不仅为留美博士提供了深厚的理论指导,促进了他们日后的学术成长,同时也为他们提供了教育人脉资源,打下了一定的学缘基础。

从事中国教育研究的留美博士,或同居一校,或同处一系,或同出一师,他们学成归国以后,不仅将承继的教育学术思想发扬光大,而且利用在求学过程中建立的关系网络,互通声气,加强教育学术联络。郭秉文在擘画南大学时,利用哥伦比亚大学校友的身份关系,招募了大批的优质师资,延揽了诸如陶行知、陈鹤琴、朱君毅、程其保、郑晓沧等同学。庄泽宣、朱有光、马仪英则共同聚团于私立岭南大学,庄泽宣担任岭南大学文学院院长,朱有光在1930年返国后任教育学系主任,马仪英任教育学系教授,进行教学、实验、调查和系科建设,还参与指导学术期刊《南大教育》,他们共同推动了岭南大学教育学术的发展。在加强教育学术交流与联络上,昔日哥伦比亚大学的博士郭秉文、蒋梦麟、胡适等留美生,于1919年主持了邀请杜威来华讲学,"牵线和直接促成者乃胡适等一批杜氏中国弟子"[①]。郭秉文、张伯苓也利用在哥伦比亚大学师范学院留学的身份和师生关系网,于1921年发起成立了实际教育调查社,邀请并协助孟禄来华进行教育考察与讲学,并担当翻译。毕业于哥伦比亚大学的庄泽宣、郑宗海则纷纷撰文介绍孟禄,为其广为宣传。这种学派传承与师生关系网、同学关系网的建立,无疑促进了中国教育学术共同体的成长。

第三节 学术特点与研究理路

综合考察,民国时期留美博士关于中国教育的研究论文呈现出鲜明的研究理路和特色。

---

① 元青:《杜威的中国之行及其影响》,《近代史研究》2001年第2期。

一、选题缘起与学术要旨

留美博士的论文选题缘起是其学术志业选择的体现,决定了他们此后的研究方向和学术要旨,也在一定程度上决定了他们对教育研究的深度和广度。据63篇中国教育议题研究的留美生博士论文分析,各篇论文的选题缘起和学术要旨虽有所差异,但基本可以归结为四类。

第一类主要受指导老师的影响和启发,选择其研究方向和主题。此类很大程度上承继了指导老师的思想学脉,其研究范围、研究方法、研究理论和学术要旨都留有指导老师的身影。如王凤岗的论文《1895—1911年日本对中国教育改革的影响》,其选题得到了斯坦福大学教授们的帮助,"在做这项研究的巨大机遇和责任中","寻到了许多斯坦福大学教授和朋友们的兴趣和思考。他从他们那里获得了灵感和建议"[①],这些提供研究灵感和帮助的老师,有提倡历史法和问题法教育研究的奥尔马克教授,有教育管理和调查专家希尔斯教授、哈罗德·本杰明教授以及美国亚洲研究的开创者日裔教授大和市桥。而论文也蕴含着王凤岗自身的问题意识和学术追求,"这项研究的目的是为检验这个初步构想的命题,即向中国介绍西方文化的真正动力主要来自日本,且1895—1911年对中国教育改革的主要影响是日本"[②]。此一论断即便就今天来看,也极具洞察力和前瞻性。沈亦珍的论文《中国初等中学天才儿童比较教育计划》也受其指导老师的启发,他特地希望借此机会对他的导师埃尔伯特K.弗雷特韦尔博士、指导老师浩林渥斯博士、克莱伦斯·林顿博士和耶西·H.纽伦博士在这项研究中自始至终给予的灵感、指导和批评,表达他最深的谢意。[③]弗雷特韦尔教授以中等教育课外活动研究著称,浩林渥斯是美国发展心理学的代表人物,专门研究特殊儿童心理与教育问题,在其《天才儿童》一书中主张用教育测量方法来进行特殊儿童研究。沈亦珍的论文即是从天才儿童的定义、特征、指导原理、课外活动、指导方法、课程以及解决方法进行谋篇布局的,显然主要继承了上述两位导师的衣钵。

---

① Feng-Gang Wang, *Japanese Influence on Educational Reform in China from 1895 to 1911*, Peiping: Authors Book Store, 1933, acknowledgements.

② Feng-Gang Wang, *Japanese Influence on Educational Reform in China from 1895 to 1911*, Peiping Authors Book Store, 1933, introduction, Ⅰ—Ⅷ.

③ Ye Shen, A Proposed Program for a Chinese Junior High School in Respect to the Education of Gifted Children as Compared with other Children, thesis manuscript, New York: T. C. Columbia University, 1936, acknowledgements.

第二类主要为个人学术旨趣所在,其博士学位论文凸显了自身的主体意识和问题求索,具有问题导向和为现实服务的特色。此类博士论文与现实问题结合得尤为紧密,体现了以解决中国各类教育问题为研究目的的价值取向。傅葆琛的论文《以满足中国乡村需要为目的的中国乡村小学课程重建》的选题源自对中国教育资源和教育公平问题的关注,以乡村小学课程的重建为切入点来探讨中国乡村教育的机会均等,而这就是他所称的"民主"的体现。他指出"自从中国众多乡村巨大的文盲率被披露后,教育机会均等问题变得更加尖锐。作为一种民主,中国需要的教育不仅要通用,而且要行之有效并实用",因此"中国乡村儿童必须要享受教育的特权和有利条件。必须给予他们一种能够让他们健康、快乐和有帮助的教育",在中国乡村小学课程上,他认为"它不是要与城市课程相同,而是应建立在根据乡村需要和乡村人活动的基础之上"①。被视为"中国早期比较教育学者"②的钟鲁斋,在《中国近代民治教育发达史》中谈到了他的研究缘起和目的,"关于近年来在中国混乱的政治社会环境下趋向民主化的教育运动,本书意图给出一个综合的观点,且给出了围绕一些关键问题和解决它们方法的建议","对那些有兴趣研究中国教育状况与问题的老师和学生们,它也是有用的"③。其目的不外从历史发展的角度来关注中国当前教育的变局和发展趋势,提出解决当前教育问题的方法,主要论及了教育管理、义务教育、民众教育、职业教育、女子教育、教会教育以及教育问题和教育改革方案等内容,其现实关怀色彩极其浓厚。

朱君毅的博士论文《中国留美生:与其成功相关的质量》,选题虽从指导老师桑代克处获得了灵感,运用了统计学和心理测量的方法,但更多的是一种贴合现实的问题式主动求索,以留美生身份另辟蹊径进行留美教育研究。他认为中国派遣了大量的学生在美大学或学院求学,"与这场实践随之而来的是引起了诸多的心理问题,这些心理问题如同它们自身一样基础而重要,它们从没被解决甚或明确地规划。然而,一个有关它们的方案,在改进预备

---

① Paul C. Fugh, Reconstruction of the Chinese Rural Elementary School Curriculum to Meet Rural Needs in China, abstract of a thesis, N.Y.: Cornell University, 1924, pp. 1—4.

② 《教育大辞典》编纂委员会编:《教育大辞典》(第12卷),上海教育出版社1992年版,第18页。

③ Lu-Dzai Djung, A History of Democratic Education in Modern China, Shanghai: The Commercial Press, 1934, author's preface, XIII—XIV.

和选拔这些学生的方法上会有很大的帮助"[1]。其论文的选题和研究，正是为了回应留美生日益增多带来的问题以及人们对留美教育价值的激烈争论，其服务现实的目的也是不言而喻的。

国家重建与解决社会问题是新政权建立后面临的主要任务，朱有光的《中国教育制度之研究》就有满足此种需求的目的，其学位论文具有问题导向和为现实服务的特色。他明确指出促成其从事此项研究的三个主要考虑因素，一是南京国民政府建立后国家处于重建新时期，"本论文对教育的影响以及教育与国家重建计划之间的准确关系仍有待探讨"；二是鉴于过去教育改革实践成就的零散，有必要进行综合研究，"根据我们国家的情况来分析我们主要的教育问题，并在整个教育制度中观察它们的相互关系"；三是由于中国教育家认识到不能简单地通过从海外移植教育模式、制度和程序来改进中国教育，"看来一个研究我们教育问题的比较的方法，对这条线上的教育思想应产生很大的价值"[2]。总的来看，依据中国现实教育状况与历史背景研究中国教育制度与组织，以便满足中国的国家重建与应对社会问题，是朱有光从事教育研究的主要选题缘起与学术要旨。那么，对于那些诞生于抗战胜利前后的研究论文，如方同源的《战后中国中等教育改良计划》、慎微之的《战后中国教育的任务》，更是出于战后重建的考虑，极具现实意义。

第三类主要是开辟中国教育学术研究新域，有同西方学术界一争高下的内在学术志向。此类型中国教育研究的博士论文，虽以解决中国现实问题为前提，但是将问题式研究纳入开辟中国教育学术研究新域的宏观愿景之中，既有自己的学术志业"野心"，也有着潜意识的民族身份的自我构建，在跨际文化交流中以学术研究的形式展现自身的民族身份，发出留美生的学术声音。以研究中国教育制度史为主攻方向的郭秉文，其论文《中国教育制度沿革史》可谓是留美生研究中国教育制度史的首部论著，开启了中国教育制度史研究的先河。论文的指导老师为教育行政教授施菊野、佛林顿[3]，教育史专家孟禄也给予了指导。郭秉文在论文中指出，希望通过他的开拓性研究"能够提出一项在中国教育制度的长期发展中有关它的相关解释，给

---

[1] Jennings Pinkwei Chu, Chinese Students in America: Qualities Associated with Their Success, New York: T. C. Columbia University, 1922, P. 1.

[2] You Kuang Chu, Some Problems of a National System of Education in China: A Study in the Light of Comparative Education, Shanghai: The Commercial Press, 1933, preface, V – VI.

[3] 一译法灵顿，主攻教育行政研究。

出一个历朝历代有关古代和传统教育制度兴衰的透彻看法,以及给出一幅在新共和国下现代教育制度重组的图景","我相信这个有关中国教育制度发展的一般概述不仅对那些对中国教育感兴趣的人有帮助,而且也为将来的研究指明了道路"①。彰显了他开辟中国教育学术研究新域的努力。

张敷荣的博士论文《1885年以前美国旧金山市公立学校隔离华裔儿童运动的研究》的选题,则凸显了在民族主义情结和爱国情怀涌动下的学术志业追求,他坚定地认为"在美华人的教育问题,或它的任何一个阶段都没有被认真地研究过","如果没有对该发展有完全而彻底的理解,那么有关在美国的华人的任何问题都不可能被恰当地解决,无论它是关于教育、公民身份,还是经济的,抑或社会和文化的问题"。张敷荣也有对美国学界"好像华人只是默默等待更加激进的日本人于1906年去打响反对教育领域种族歧视的第一仗,这是真的吗?"②的回应。有别于过去学界所采用的"与事件配对"的研究法,他抽丝剥茧般地探明与美国地方政府为华人设立的教育体系相关联的事件是如何发生的,避开了先入为主的一般假设。通过研究,他"有力地驳斥了两名教育学院研究生吹捧美国公立学校隔离华裔儿童的政策,驳斥了他们认为的中国侨民对隔离政策和措施的'默认'和'欢迎'"③。这既是留美博士生在美国少数族裔政策和华人教育权问题研究上与西方社会进行的学术对话,起到了正本清源的作用,又是他们开拓的中国教育学术研究的处女地。

陈友松在美读博时早已选择教育财政学作为自己的志业和研究方向,他回忆称:"我在哥伦比亚大学最后三年,心中悬着一个中心问题,怎样解决我们中国的教育经费问题,我的读书目标即是把中国教育财政问题做一个有系统的探讨,发现中国到底有没有能力担负全民教育的经费,一切以事实为根据。"④其博士论文为《中国教育财政之改进》,"本研究的意图,是对中国的公共教育财政的问题,进行一次事实分析"⑤,并以问题为导向构建了详细

---

① Ping Wen Kuo, The Chinese System of Public Education, New York: T. C. Columbia University, 1914, preface, V.
② 张敷荣:《张敷荣博士论文》,靳玉乐、沈小碚编《张敷荣教育文集》,江苏教育出版社2010年版,第129、131页。
③ 张敷荣:《张敷荣生平大事记》,靳玉乐、沈小碚编《张敷荣教育文集》,江苏教育出版社2010年版,第276—277页。
④ 陈友松:《研究教育财政学的方法》,《教育研究通讯》1936年第4期。
⑤ 陈友松:《中国教育财政之改进——关于其重建中主要问题的事实分析》,方辉盛、何光荣主编《陈友松教育文集》,社会科学文献出版社2009年版,第10页。

的研究框架和程序,包括问题的提出、研究的必要性、数据的收集以及研究方法,有着开拓中国教育财政学研究新领域和研究范式的雄心,中央大学教育学院院长艾伟评价其为"中国第一部教育财政学的专书"①。可以说,陈友松在中国教育科学与财经科学的交叉领域开辟了新天地,在中国教育经济学研究领域做出了突出贡献。

再如前文讨论的朱君毅,其论文选题除了对留美生教育的探求外,还隐藏着他的另一个"野心","直接将它用于解决这些问题并且间接地为教育实验在中国开辟新的领域"②,试图把在美国取得巨大进步的心理测量科学引进到中国。如果说上述博士论文选题的主要动机蕴含着开拓中国教育制度史研究、中国教育财政学研究、中国教育心理测量研究、美国华人族裔教育研究等学术研究新领域的话,那么蒋梦麟则是中国教育原理研究的拓荒者,其博士论文《中国教育原理》"主要是对中国教育原理的一项开拓性研究,也是首次尝试明确阐述那些散落于众多中国思想家浩瀚著作中的教育思想,旨在以更清晰的语言去解读这多多少少含糊的表述,并将这些零散的观点整合成一个相关整体"③。尽管论文选题的灵感受指导老师施菊野的影响,但也融入了他自己的创新思想,他将中国教育原理的考察纳入"历史的视野",将古今中外相关领域的教育思想作为考察的参照进行比较研究。凡此种种,体现了留美博士生们以问题为先导以开辟学术研究新域为内核的论文选题动机。

第四类主要从中西文化交流的角度立意,将中国教育研究与宣介中国文化结合起来,此种情况也是这些留美生撰写博士论文的主要目的。庄泽宣的《中国教育民治的趋势》,其选题即立足于中西文化交流的高度,意图将代表东方文明的中国介绍给西方世界,这是出于近代中国教育少为西方世界所知的现状的考虑,更是立于中国社会变迁和教育事业进步的时代背景。正因为"在伟大的国家中,中国可能是最少为世界所知的国家。对于几十个国家来说,她可能仅仅偶尔由西方人提及,且少有传闻,使得这个国家的一切,对外部来说越来越是个谜",更因为"由于她的变迁状况,今天的中国甚至比古代中国还难理解……一个世界四分之一的人口正经历着在她的历史

---

① 美国内务部教育署全国教育财政调查团,陈友松译:《教育财政学原论》,商务印书馆1936年版,艾伟博士序。

② Jennings Pinkwei Chu, Chinese Students in America: Qualities Associated with Their Success, New York: T. C. Columbia University, 1922, P. 1.

③ Monlin Chiang, (A) Study in Chinese Principles of Education, Shanghai: The Commercial Press, 1924, preface, Ⅲ.

上从没发生过的一种变化,而这是整个世界经历变化的一部分"。庄泽宣的博士论文就试图阐释中国教育的变化,"且仅仅希望他的研究,能够帮助中国人以及其他人,了解中国大体的社会状况和她的尤其是已改变的教育情况到何种程度以及他们完成了多少变化"①。其内容涉及中国现代教育的发展历程、成人教育、儿童教育、师资问题、生活教育以及语言问题。

缪秋笙的论文《中国宗教教育中儒家学说的价值》,则整理了儒家学说中的教育价值,向西方世界呈现儒家学说的另一面相,不过是从宗教教育的角度出发。他"试图对所接受的儒家思想的教导呈现出一个新评价","在研究儒家思想领袖所生活的实际历史环境、他们所面临的问题及解决问题的方法之后,我们评判他们的应对模式,目的是为现代中国宗教教育评估他们的价值"②。

虽然中国拥有灿烂的古代文明,拥有与希腊、罗马一样有想象力、创造性以及讲求实用和务实的民族,但西方世界对中国知之甚少。萧恩承的《中国近代教育史》不情愿地承认"西方世界对有关中国的事情似乎有某些忽视和漠不关心,甚至于偏见。这部分归因于接触的关于中国的信息的匮乏",而面对中国最近20年里可同14世纪欧洲比肩的现代精神的兴起,以及中国现代教育的巨变,他认为有义务将中国教育的变迁展现于西方世界面前,"这本书试图展示的是中国教育体系在最后几十年间如何演进的,而这种演进仍处于变动的进程中"③。可见,纠正西方社会对中国认知的偏见,宣传中国文化并展现中国教育变迁,是此论文研究的目的所在。

需要指出的是,历史发展并非一个简单的线性演进的过程,对于学术研究来说,也是如此。留美博士生博士论文的选题缘起也非单一因素的作用,它聚合了问题意识、现实关怀和学术情怀等多种因素,有着内部动机和外部促成的双重条件。如朱君毅的论文选题除了有解决留美生教育的主要动机外,还包含着引进教育心理测量学科的"野心";陈友松的博士论文选题在开辟中国教育财政学学术研究新域的宏观动机下,还有着为中国教育财政问题提供解决方案的目的;郭秉文的博士论文选题缘起除了开辟中国教育制度史研究外,还有向西方世界介绍中国文化的想法;蒋梦麟的博士论文选题

---

① Chai-Hsuan Chuang, *Tendencies toward a Democratic System of Education in China*, Shanghai: The Commercial Press, 1922, preface, Ⅲ-Ⅴ.

② Chu-Son Miao, The Value of Confucianism for Religious Education China, ProQuest Dissertations Publishing, 1923, preface.

③ Theodore E. Hsiao, *The History of Modern Education in China*, Peiping: Peking University Press, 1932, preface, Ⅺ-Ⅻ.

缘起除了受导师施菊野的影响外,还有开拓中国教育原理研究和整理中国教育思想的设计。这些博士论文皆有以问题为先导和争取学术话语权而进行选题的普遍面相,而在问题研究面相下的选题主要动机各异,有问题解决式,有开辟学术研究新域式,有导师影响式,有中外文化交流式,但他们都为中国教育学术研究发展和解决社会现实问题做出了应有的贡献。

二、研究取向与路径选择

这批博士论文的研究取向和路径同美国学术场域中的教育思想动态有关,展现出以历史取向、实用主义教育哲学取向和教育测验实证化研究路径为主的趋势。

历史取向在前期较明显,实用主义教育哲学取向在后期较流行,而实证主义则是主要研究方法,教育行政制度研究经久不衰。郭秉文的论文是将教育史与制度研究相结合,带有孟禄的思想底色。蒋梦麟的论文用历史取向的视野和比较的方法,按历史时序梳理中国教育原理,从教育起源和思想的总体趋势来探讨中国教育现代性,"总准备对不同学派思想和中西思想做一个比较的研究","在这些零散思想变得更易表达且放入一种更好的历史视野之后",蒋梦麟"开始意识到,多数中国古代教育思想无疑是现代的……依旧无疑展现出不断发展和进步的迹象"[1]。萧恩承的研究则与克伯莱教育史进步发展观不谋而合,他将研究重点放在中国教育近来的变迁上,"试图展示的是中国教育体系在最后几十年间如何演进的,而这种演进仍处于变动的进程中"[2]。

教育与社会、生活相联的杜威实用主义教育哲学,是留美生中国教育研究的另一重要取向。傅葆琛在设计中国乡村小学课程时强调,"它不是要与城市课程相同,而是应建立在根据乡村需要和乡村人活动的基础之上"[3]。庄泽宣认为小学义务教育的教法和内容,要"将教育与生活环境相连,以便能发挥在校学习的知识的作用,能唤醒进一步学习的愿望,且能获得自我改

---

[1] Monlin Chiang, *(A) Study in Chinese Principles of Education*, Shanghai: The Commercial Press, 1924, preface, Ⅲ.

[2] Theodore E. Hsiao, *The History of Modern Education in China*. Peking: Peking University Press, 1932, preface, Ⅻ.

[3] Paul C. Fugh, Reconstruction of the Chinese Rural Elementary School Curriculum to Meet Rural Needs in China, abstract of a thesis, N.Y.: Cornell University, 1924, P.3.

进的方法"①。蒋梦麟开篇就指出,"教育是生活和思想的方法,而生活和思想是教育的内容"。这些课程设计、教育方案,显然吸收了杜威的教育哲学思想。

哥伦比亚大学教育心理学家桑代克,主张采用标准化教育测验和智力测量的形式,对教育进行科学定量研究;芝加哥大学的贾德也主张教育研究的科学化,认为"教育科学"方法是统计性和实验性的。这些思想给了留美生启发,他们借鉴定量分析的实证研究法,进行中国教育研究的调查、统计和测验,将教研与社会、生活相联进行方案设计。如陈友松的《中国教育财政之改进》运用教育行政学、公共财政经济学原理,以具体的事实和分析的数据为依据对中国教育财政进行实证化研究。王凤岗则将教育历史的考察与实证分析相结合来研究中国教育改革,"试图极其小心将自己从情绪主义、宣传性用语和喜爱偏好中解放出来。他用中英文献来科学地检验事实,然后用他的结论作为检验的结果来明确地叙述它们"②。刘湛恩则借鉴美国流行的迈尔斯心智测量、普莱西系统、品特纳非语言测验、迪尔伯恩组群智力测验等测验量表系统,进行非语言智力测验在中国应用的实验设计和定量研究。沈亦珍吸收了导师浩林渥斯的特殊儿童研究思想,运用同类组比较、心理测量、文献综述和调查分析等方法,进行天才儿童智力的实证研究。

留美生中国教育研究流行的实证化研究风格,教育史研究注重历史考证与梳理,教育测验研究采用定量分析的形式,运用实验、测量、观察和经验的方法将教育研究科学化,有别于以往思辨的理想主义教育哲学,与中国清代学术思想主流学派乾嘉学派"以考据为中心,注重于资料的收集和证据的罗列,主张'无信不征'"③的学风不谋而合,亦可算传统治学遗风。教育行政制度研究经久不衰,则与国内教育改革、制度建设遥相呼应。

三、研究范式的初步构建

论文是在"他者"学术场域中运用西方学术话语解析"中国事",其研究范式基本是"中国主题—中国材料—西方理论方法—研究中国问题"。

这种援西入中的研究范式,为中国教育研究提供了多维视角和丰富的理论方法,具有工具主义倾向。因此,也造就了论文以关注社会现实和教育

---

① Chai-Hsuan Chuang, *Tendencies toward a Democratic System of Education in China*. Shanghai: The Commercial Press, 1922, pp.166—167.
② Feng-Gang Wang, *Japanese Influence on Educational Reform in China from 1895 to 1911*, Peiping: Authors Book Store, 1933, Ⅶ.
③ 雷海宗:《国史纲要》,江苏人民出版社2014年版,第242页。

实践为重心,功用色彩突出,研究贴合实际,不致有"空疏"之弊。在研究内容上,表现为方案类、实践类研究论文比较流行,而教育理论研究相对薄弱。当然,他们也有理论自觉,如刘湛恩的理论自觉意识和体系建构努力就颇具代表性。他吸收了美国智力测验的经验,从中国教育实际情况出发,试图构建一套适合中国的非语言智力测验系统并形成标准化以替代美国模式,"这些替代模式是不分国界的,且不受教育和文化的限制"[①]。郭秉文、蒋梦麟也尝试从中国教育资源中寻找教育的起源和"现代性",或曰教育的合理成分,蒋梦麟甚至后来发展出中西文化的"接龙"思想。

诚然,这种中西参合的方法与理论借鉴意识值得肯定,需要警惕的是,它在本质上摆脱不了西方的学术话语体系,易造成西方学术话语与中国学术自立的内在张力,埋下"以西铸中""食洋不化"的潜在问题,中国教育研究终归要解决这个先天问题。

留美生博士论文还呈现了较完善的研究程序和学术规范,扎实的中西材料并用功底。论文结构大多系统而规范,基本由序言、绪论、正文、结论和参考文献组成,并设置了研究设想、范围、资料与方法,其后加有附录、索引,具有现代学术规范意义上的论文结构形式。如钟鲁斋的博士论文由绪言、本书的设想、本书的范围、资源和它们的评估、方法的使用、正文、书目等部分组成,庄泽宣的论文还设有传记。他们使用的资料也极为扎实,中英文资料并用,进行实证分析。

四、鲜明的问题意识

鲜明的问题意识是论文的另一特色。这种问题切入的研究思路,将整体考察与微观分析相结合,并用于比较分析。论文的问题意识,既展现选题的研究旨趣,又体现研究的价值。王凤岗为考察中日教育的关系,以"引起日本影响中国教育改革的知识背景和动力是什么……为什么改革在日本人身上产生的结果,相同的教育改革在中国人身上却没有产生一样的结果?"等14个问题来架构论文[②],试图为中国教育改革提供建议。张敷荣在论文里设置了9大问题[③],对美国华人教育进行深入考察。杨亮功则以美国大学

---

① 刘湛恩:《非语言智力测验在中国的应用》,刘湛恩、章华明主编《刘湛恩文集》,上海交通大学出版社2011年版,第270页。

② Feng-Gang Wang, *Japanese Influence on Educational Reform in China from 1895 to 1911*, Peiping: Authors Book Store, 1933, Ⅰ-Ⅱ.

③ 张敷荣:《张敷荣博士论文》,靳玉乐、沈小碚编《张敷荣教育文集》,江苏教育出版社2010年版,第131页。

董事会制度对中国类似制度的应用为选题旨趣,以便为中国教育改革提供帮助。这些问题的设置,多与社会现实问题相关,有教育热点的关注,有西方教育制度的学习借鉴,也有教育方案的制定,颇具实用主义底色。

问题意识架构的论文往往围绕着核心问题关联几个次要问题,问题之间的比较和关系研究也被纳入考察视野,并非就问题而论问题。如傅葆琛在中国乡村需要的小学课程的核心问题下,将研究细化为教育目标、课程重建、健康教育等微观问题。朱君毅设置了"什么应当被认为是一位留美生的成功？一些与之相关的质量是什么？"等6大问题[①],分析了留美生的学问与领导能力、英语知识及中文知识等因素及其相关性,考察他们的选拔与成败。叶崇高对在美大学中国研究生的研究,其目的是"为了探索中国研究生在哪些经验领域做出调整是困难的。为了弄清中国研究生面对美国生活的态度,以及需要调整的情况。为了探索中国研究生处理哪些相关情况以及他们面临困难的情况"[②]。围绕着"个人习惯与个人问题""社会联系""学术工作"以及"国内与国际关系"等四大核心问题,设置了经济状况问题、道德信仰兴趣问题、健康状况问题、婚姻问题、与美国学术的联系等17个小问题,问题意识突出,论述逻辑层层递进。这种问题研究意识的培养,成为留美博士生中国教育学术研究的重要一环,展现了其学术研究的特色,也是对实用主义思想和国内改革需求的一种深度体认和自觉回应。

本章小结

20世纪上半叶留美博士(不包括名誉博士)共提交博士论文1323篇。其中,教育类博士论文有102篇,中国题材研究的博士论文有314篇,中国教育研究的论文有63篇,体量丰富。考察这些博士生的留美日常生活与学业,可以发现博士论文的高质量完成同二者具有高度相关性。美国大学里学术自由的理念和宽松的研究生态,系统完善的博士生培养制度与既博又专的教学体制、科学的学术训练氛围,关注现实而又有很高学术性的社团活动,是影响留美博士生学术成长和论文撰写的重要因素。导师言传身教的

[①] Jennings Pinkwei Chu, Chinese Students in America: Qualities Associated with Their Success, New York: T. C. Columbia University, 1922, P.1.

[②] Tsung-Kao Yieh, The Adjustment Problems of Chinese Graduate Students in American Universities, private edition, 1934, P.9.

"人师"榜样,以及留美生在美学术求索精神,是留美生学术成长的不竭动力。留美生博士论文的高质量撰写与学术成长,得益于学术理念先行,完善的培养制度作为保障,良好社会氛围的营造,以及内部精神动力的支持,进而构成了一整套知识生产体系,而这对当今的博士生培养具有启发意义。

从内容来看,留美生关于中国教育研究的博士论文,选题涵盖面广,涉及教育学科门类多,包含美国当时教育研究的多数学科和前沿问题,研究也多有交叉,主要有教育原理、教育史、教育实验测量、教育经济学、教育行政与管理、教育心理学、教育社会学、比较教育学及课程教学。从学制和研究专题分类看,其研究领域包含各个学段的专题研究等。在纵向分布上,论文集中分布于20世纪三四十年代,这与同时期国内教育改革出现热潮的情况相一致。论文还多出自哥伦比亚大学、纽约大学、芝加哥大学、康奈尔大学、斯坦福大学等教育名校,体现了聚集效应。美国众多教育名师参与了论文的指导与建议,如比较教育家康德尔、实用主义教育哲学家杜威、教育史家孟禄、进步主义教育家克伯屈以及奥尔马克、观念主义教育哲学家霍恩、教育行政专家施菊野、教育心理与测量学家桑代克等。博士论文撰写完毕后,在众多海内外各类学术出版机构出版,展现了博士论文较高的学术质量与价值,不过中文译本较少,一定程度上影响了论文在国内的知识传播。

关于中国教育研究的博士论文,还表现出鲜明的研究理路与学术特点,在选题缘起上具有多样性,主要有导师影响启发型、个人学术旨趣型、开辟中国教育学术研究新域型以及文化交流型。研究取向则受到美国教育研究走向的高度影响,前期历史研究取向比较明显,实用主义教育哲学取向则在后期比较流行,并呈现出多元并立的研究趋势,教育测量、教育实验研究和方案设计研究在后期异军突起,教育行政制度研究经久不衰,研究方法则以调查实证法、比较法为主,体现了科学意识。同时,在"中国主题—中国材料—西方理论方法—研究中国问题"的研究范式下,表现出强烈的问题意识与现实关怀。

中国教育研究的博士论文,是留美博士经过美式系统的学术训练后而进行的早期学术实践尝试,是以新式的理论方法介入中国教育研究的学术实践,展现了留美博士的学术功力与家国情怀。

第三章　关于中国教育研究的选题分析

　　关于中国教育议题研究的留美生博士论文的主题内容,几乎囊括了民国时期中国教育研究的所有方面,反映出教育学留美博士生广阔的研究视野。其选题的主题内容与涉及的分支研究领域,也比较庞杂并多有交叉。有的论文既属于高等教育研究,又属于基督教教育研究。有的论文既属于教育史研究,又属于教育制度研究。还有的论文既属于社会学研究,又属于教育学研究,统计划分极为不便。这一方面是教育学科对其他人文社会科学理论方法借鉴的结果,另一方面也是其自身处于发展之中的缘故。依据不同的划分标准,可以对论文进行不同的分类。按照教育分支学科划分,论文可以分为教育原理、教育史、教育实验测量、教育财政学、教育行政与管理、教育心理学、教育社会学、比较教育学及课程教学研究。若按照学制和教育系统分类,其研究又可分为学校系统的初等教育研究、中等教育研究、高等教育研究、职业教育研究,社会系统的民众教育和成人教育研究,以及带有独立性质的基督教教育研究。如果依据王秀南的教育学体系分类方法[1],又可将论文划分为理论和实践两大类。

　　由于论文内容往往多个主题都有所涉及,而每一种分类方法各有利弊。比如按照学制与教育系统划分,虽较简便,但却体现不了教育学科发展轨迹与社会思潮状况。为研究方便起见,依据论文选题的专题性质与篇数的多寡,并结合其所属分支学科的性质,可以初步将论文划分为中国教育的一般性研究、中国教育的组织管理与过程研究、中国教育的专题研究。

---

[1] 毛祖桓:《教育学科体系的结构研究》,中央民族大学出版社1999年版,第49页。

第一节　中国教育的一般性研究

一、教育原理及思想与中国教育研究

中国教育原理及思想类的专题性研究论文并不多见，罗运炎的《孔子社会教育》、蒋梦麟的《中国教育原理》、曾作忠的《现代教育中的民族主义与实用主义：以中国后革命时代情况为中心》、曾昭森的《20世纪初期以来中国学校教育中的民族主义》多在此方面着力。罗运炎主要梳理了孔子的社会教育思想；曾作忠、曾昭森则共同讨论了教育中的民族主义问题，前者分析了中国后革命时代现代教育中的民族主义与实用主义，后者则考察了学校教育中的民族主义。蒋梦麟的论文则是探讨中国教育原理的代表性著作。

罗运炎的博士论文未搜集到手稿，但可以从他归国后出版的专著《孔子社会哲学》略窥一二。在《孔子社会哲学》一书中，他从性、人、家、国、政府、教育、社会生活和社会理想等角度探讨孔子的哲学思想，并专列一章考察孔子的教育思想。他认为，"孔子伦理教育的最要点，就是社会生活的原则，人生行为的定律，和家庭、社会、国家的组织，换一句话说，便是所谓'人道'了"[①]，孔子的人道观具有平等精神。罗运炎还指出了儒家教育的特点，"儒家治国之道，无非要藉教育促进民众资格，但其所主张的教育似与宗教相似"，孔子"问道"，"道"即是"教育"，"孔子的教育便是叫人如何做人，如何生活"[②]。他将孔子的教育目的归纳为修己治人，认为孔子的教育思想并不脱离实际，"孔子毕生教人，是教人如何过活"，"孔子所讲的是生活，弟子所学的，也是学一种生活"[③]。罗运炎对孔子及其代表的儒家教育思想的分析，颇有见地，观点比较独到，并将其融会贯通于美国流行的"与生活相联"的实用主义教育思想中，进而挖掘传统教育资源。

在为数不多的专题探讨教育原理的论文中，蒋梦麟的《中国教育原理》发表时间早，"主要是对中国教育原理的一项开拓性研究，也是首次尝试明确阐述那些散落于众多中国思想家浩瀚著作中的教育思想，旨在以更清晰的语言去解读这多多少少含糊的表述，并将这些零散的观点整合成一个相

---

①　罗运炎：《孔子社会哲学》，美以美书报部1926年版，第61页。
②　罗运炎：《孔子社会哲学》，美以美书报部1926年版，第135—136页。
③　罗运炎：《孔子社会哲学》，美以美书报部1926年版，第148—149页。

关整体"①，开拓了中国教育原理研究新领域。论文主要从遗传与教育、学习原理、教学原理和道德教育原理四大部分探讨中国的教育原理。蒋梦麟先从中国古代思想的整理入手，力图从传统教育思想中探寻改造中国的经验，并将古今中外的教育思想生发、演化，由此提出了"作为科学方法的教育""作为个体发展方法的教育""作为社会发展方法的教育""作为训练公民方法的教育""作为训练领袖方法的教育"②。他认为，"教育是生活和思想的方法，而生活和思想是教育的内容"③。论文的研究模式为"中国材料—西方方法—研究中国问题"，所使用的材料基本上是中国的原始文献，但组织和系统化这些材料的方法却多少是西方式的。

民族主义是中国近代社会以来重要的议题之一，也是改造现实的推动力量，"对世纪之交的中国人来说，民族主义是一个明确的和处于中心位置的现代性主题。作为一个'广泛传播的意识'和一种'思想运动'，19世纪最后十年民族主义在中国的出现标志着现代中国文化的重大'转折'"④。在20世纪上半期的中国教育中，民族主义思潮暗流涌动，曾昭森、曾作忠的研究就观照了这个社会热点问题。曾昭森的论文《20世纪初期以来中国学校教育中的民族主义》运用社会学方法，探讨了自1862年中国现代学校教育开始直至1930年间的学校教育中的民族主义问题。他认为西方世界对中国学校教育中的民族主义的探讨，是"错误的阐释"和"毫无根据的概括"，西方世界将其曲解为"不良的民族主义和盲目爱国"，这造成了"充满敌意批评家的谴责或我们朋友的警告"⑤。通过实证研究，曾昭森并不赞同西方世界的话语构建。文中主要从教育目标、课程、教材中的民族主义以及民族主义与学生、教师、私立学校的关系等方面，探讨学校教育中的民族权力、民族统一、民族文化和民族主权问题。曾作忠的《现代教育中的民族主义与实用主义：以中国后革命时代情况为中心》，研究的是民族主义与实用主义两项运动在后革命时代的中国现代教育中的影响与关系。在他看来，它们既在近

---

① Monlin Chiang, (A)Study in Chinese Principles of Education, Shanghai：The Commercial Press, 1924, preface, Ⅲ.
② Monlin Chiang, (A) Study in Chinese Principles of Education, Shanghai：The Commercial Press,1924,pp. 185－187.
③ Monlin Chiang, (A) Study in Chinese Principles of Education, Shanghai：The Commercial Press,1924, P. 1.
④ 叶维丽：《为中国寻找现代之路：中国留学生在美国》，北京大学出版社2012年版，第20页。
⑤ Chiu-Sam Tsang, Nationalism in School Education in China since the Opening of the Twentieth Century, Hong Kong：Printed by the South China Morning Post, ltd., 1933, foreword.

代西方教育世界里占支配地位,也在戊戌变法以来直至南京国民政府建立的后革命时代的中国有着重要作用。曾作忠指出,"它们是作为国家组织一个重要元素的国家认同和作为社会发展一个核心观念的民主扩展","在功能上,民族主义将教育看作是政府的一种工具……而实用主义将教育完全看成是生活的需要","教育对所有人来说,无论是作为民族主义的一种工具还是作为生活的需要都是必需的"①。在研究思路上,曾作忠从民族主义与实用主义的起源以及同中国教育的关系出发,分析其对教育的影响,主要表现在:"研究民族主义的起源与发展以及它对教育理论的影响;展现一项民族主义对中国教育理论及其结果的影响的历史研究;查出实用主义的起源与发展以及它对教育理论的影响;展现一项实用主义对中国教育理论及其结果的影响的历史研究。"②其研究不仅关注了热点问题,而且具有相当的理论视野。

中国教育原理及思想类研究论文,虽然不如上述几类研究论文数量丰富,但其理论视野广,具有思考深度,并关注了社会热点议题,对中国教育学术的理论研究做出了贡献。

二、教育重建方案与中国教育研究

教育学留美生的博士论文,诞生于美国教育思潮发展的历史场域之中,并呈现出一定的特点,社会改造类和方案类的论文题目十分流行,这在论文题目核心词的选择上体现得尤为明显。以"重组"(reorganization)、"重建"(reconstruction)、"改进"(improvement)、"建议"(suggestion)、"计划/方案"(plan/program/proposed)、"现代化"(modernization)等词语为题目核心词汇的博士论文比较常见。显然,这类词汇具有社会改造的特质,显性地体现了留美博士的研究意图。据统计,包含此类核心词汇的论文共有26篇,约占总数的41.3%,十分突出。若从历史时段来看,此类论文题目在20世纪前十年仅有1篇,其次20世纪20年代、30年代各有5篇,40年代有15篇之多。

20世纪初期美国教育界占主导地位的是赫尔巴特的教育学说,其后进步主义教育学说异军突起,在随后的三四十年代永恒主义、要素主义和社会

---

① Tso Chung Tseng, Nationalism and Pragmatism in Modern-Education with Special Application to Post-Revolutionary Chinese Conditions, abstract of a thesis, ProQuest Dissertations Publishing, 1932, pp. 1—2.

② Tso Chung Tseng, Nationalism and Pragmatism in Modern-Education with Special Application to Post-Revolutionary Chinese Conditions, abstract of a thesis, ProQuest Dissertations Publishing, 1932, P. 4.

改造主义教育学说大行其道。进步主义教育学说虽以儿童为中心,但强调"教育是为参与民主社会做准备",后期的研究取向由以儿童为中心转向以社会为中心;社会改造主义作为20世纪30年代流行的思想,倡导教育者要重视社会环境,关注社会问题,主张教育家和学校在社会重建与新社会秩序建立中发挥带头作用。这种关怀和改造社会的思想,对留美教育学博士具有相当的吸引力。留美博士在近代中国的社会历史语境下,本身就负有改造社会、救亡图强的责任,何况他们自身与生俱来的精英意识。

而中国国内社会环境的变化,也为他们选择此类研究提供了发展土壤。1922年壬戌学制颁布,主张仿行美国"六三三"学制,在所定学制中规定"(一)适应社会进化之需要;(二)发挥平民教育精神;(三)谋个性之发展;(四)注意国民经济力;(五)注意生活教育;(六)使教育易于普及;(七)多留各地方伸缩余地"等7项标准[①],其发展平民教育、生活教育和贴近社会需要的教育改制方向,给教育学留美博士生提供了研究方向。随后在1923年至1927年间涌现出殷芝龄、傅葆琛、张彭春、瞿世英、刘宝庆等撰写的5篇以社会改造类核心词汇为题的论文,而此前仅有1篇。1931年抗日战争的爆发,改变了中国社会的走势,教育即需要改革以适应战时形势发展。从长远来看,战后的中国尚需进行重建。教育学留美博士生则在这方面大做文章,他们以学位论文研究的形式,为教育改革和重建提供方案构想。甚至有人以"战后"作为论文题目,如慎微之的论文《战后中国教育的任务》。因此,也就不难理解以社会改造类词汇为核心词汇的论文,在20世纪30年代只有5篇,而在20世纪40年代有15篇之多。20世纪30年代以来,美国教育学界以社会为中心的研究走向与中国国内学制改革相契合,国内形势的发展与留美博士生背负的改造社会的精英意识相作用,共同形成一股合力,影响了他们论文题目的选定。因此,其论文题目多以重建为导向,从侧面反映出中国社会的主体任务——改革。

在26篇含有社会改造性质核心词汇的论文中,有8篇教育改革方案类的专题研究论文,详细情况见表3.1。

表3.1 教育改革方案类的博士论文

作者	博士论文	提交时间(年)
刘宝庆	江西省教育改进	1927
阮康成	转变中国的教育计划	1940
葛王如珍	对中国教育重建计划的批评	1944

---

① 教育部编:《第一次中国教育年鉴·甲编》,开明书店1934年版,第8页。

续表

作者	博士论文	提交时间(年)
方同源	战后中国中等教育改良计划	1945
李美筠	寻求教育计划的改进:四川省彭川县的社会经济与政治条件分析	1945
慎微之	战后中国教育的任务	1945
赵冕	为了中国的民主教育	1946
孙怀瑾	中国中等教育研究与建议的重组计划	1949

资料来源:Tung-Li Yuan, *A Guide to Doctoral Dissertations by Chinese Students in America 1905—1960*, Washington: the Sino-American Cultural Society, 1961。

在时间分布上,教育改革方案类的专题论文集中分布于20世纪40年代,且多数提交于1945年之后,仅有1篇提交于1927年。从时间分布特点来看,足见留美博士对抗战即将胜利后的国家教育重建充满了期待,他们所从事的中国教育改革方案研究是对社会现实的回应。在内容上,论文呈现出地方与整体方案研究相争鸣,各教育学段方案研究相齐放的特点。其中,有关整体教育的方案规划与改革的研究论文有4篇,如阮康成的《转变中国的教育计划》、慎微之的《战后中国教育的任务》;有关地方规划的研究论文有2篇,分别为刘宝庆的《江西省教育改进》与李美筠的《寻求教育计划的改进:四川省彭川县的社会经济与政治条件分析》;就学校系统改革方案而言,方同源的《战后中国中等教育改良计划》、孙怀瑾的《中国中等教育研究与建议的重组计划》则关注了中等教育改革方案的构建。

1922年新学制颁行后,平民教育、生活教育和满足社会需要的教育发展方向,给留美博士生的中国教育重建方案研究提供了动力,如何构建中国自己的教育方案成为留美博士生思考的方向。时刻关注江西省教育现代化发展的江西人刘宝庆,从解决江西社会发展需求出发,选取了江西省作为个案研究,撰写了博士论文《江西省教育改进》(1927)。刘宝庆早年毕业于国立北京师范大学,在南昌的中学任教两年后赴美留学。他对江西省的教育发展一直比较关注,并以江西省的教育发展作为自己的研究选题。1927年,为满足纽约大学教育学院哲学博士学位的要求,刘宝庆提交了博士论文《江西省教育改进》(The Improvement of Education in Kiangsi Province, China)。论文共有六章,分别为中国政治和社会及教育背景的民主、中国教育发展现状,中国的新学制,江西的社会经济条件和教育需求,江西省教育现状、建议。①刘宝庆在博士论文中对江西省教育改革方案的设计,主要从四个方面进行构建:一是从中国社会历史背景出发,分析中国当前发展趋势的新元素,进而为中国和江西省的教育改革寻求依据;二是梳理中国现代教育的发展现状以及新学制情况,以便对中国当前教育发展有一定了解;三是从条件和需求出发,分析江西的社会经济条件和教育需求以及江西省的教育现状;最后,从环境要素和教育本身要素出发,探讨江西省教育的改进方案。从刘宝庆博士论文的构建思路看,主要采用教育社会学理论与因素法相结合的逻辑架构来探讨江西教育改进之路,逻辑思路较有特色。

刘宝庆认为当前中国社会的发展趋势是民主,包括政治的民主、社会的民主和教育的民主,而中国社会历史文化传统也有这些因子。在梳理中国教育发展现状时,刘宝庆发现了中国教育的实际变化,普及教育已得到大力发展,而目前的趋势是民众教育运动和民族主义兴起,教育哲学和教学方法出现了变化。强调教育要满足社会需求和个人需求,注重学生的兴趣,已成为很多人的共识。随着中国近代化的推进,中国工业教育的需求和农业教育的需求涌现,教育改革已迫在眉睫。刘宝庆论述了1921年全国省教育会联合会的活动和1922年北洋政府颁行的新学制,并将新学制与旧学制进行了比较研究。刘宝庆还从江西的社会经济条件出发,讨论了江西省工农业发展下的教育需求和其他需求,如教育对经济效率调整的需求、社会复兴需求、卫生健康需求、民族主义需求、妇女解放需求。在对江西省教育现状的研究中,刘宝庆考察了省级和地方教育管理机构、各级教育现状和发展情况,并将江西省的教育与其他地方的教育进行了比较。总之,江西省面临的总体形势是:教育民主得以发展,社会上兴起的民族主义"倾向于训练我们的人民为改善国家分担责任","教育哲学一直指向我们孩子的内在成长,以达到自我成长和社会目的","在教学中强调解决问题的态度和激发学生的反思性思维","选课制度已逐渐引入","最重要的是我们的教育应该趋向于工业和农业的未来发展"②。

在历史和现状分析的基础上,刘宝庆从农业重建、工业重建、社会转型、地方教育行政人员构成、高等教育发展、中小学教育改善、学校财政完善、教会教育的发挥、社会教育改进等方面出发,构建了江西省教育改革方案。刘

---

① Pao-chin Liu, The Improvement of Education in Kiangsi Province, China, N. Y.: New York University, 1927.

② Pao-chin Liu, The Improvement of Education in Kiangsi Province, China, N. Y.: New York University, 1927. 1927, P.116.

宝庆认为,"新中国最突出的需要是一切活动的组织,特别是现代工农业企业的组织"①。在农业方面实行科学农业,政府需要"科学调查和建立农场边界","废除厘金","采用科学方法获得天气和气候的报告和记录"②,推广使用化肥以提高产量,通过科学知识改善乡村经济,"农业学校课程教学应结合农业实际情况进行,并充分利用学生的经验"③;在工业重建方面,"有必要在未来的日子调整我们的教育以符合社会环境",要进行科学教学,"中国的重建是基于能够训练学生科学思考和工作能力一类的教育","必须采用问题解决法、实验学习法"④,培养满足工业发展需求的工人;在社会转型方面,要注意健康问题、娱乐问题;在高等教育改进方面,需要加强师资;在中小学教育方面,则需要进行教育调查,普查学校人数,发展义务教育需要"准备更多的教师以满足需求"⑤,社会需求应通过对社会中个人和团体的活动的调查来发现和评估,从符合学生兴趣和满足社会需求出发进行课程调整。在学校财政方面,主张征收一定比例的个人税用于保障学校经费,建立稳定的教育财政,提高教师薪水,应注意教育机会平等问题和地区经济水平差异,"省政府可能有必要拨出一定数额的省级教育经费,以资助那些没有一些帮助就无法资助学校的贫困县"⑥。

刘宝庆从历史、社会、文化和环境的角度,以江西省教育的现代改进需要为依据,显然是20世纪20年代美国教育史学家普遍采用的研究路径。强调教育要符合社会条件和满足需求,以及从学生兴趣出发,重视科学教育,是刘宝庆对江西省教育改进方案的设计研究的主要特点,这充分借鉴了美国实用主义教育哲学,也一定程度上吸收了进步主义教育思想。在对中国国情和江西省教育的考察上,比较有逻辑理路,教育改进方案的设计内容也比较全面,顾及到了江西省教育改进涉及的各种要素,提出的建议对改进江

---

① Pao-chin Liu, The Improvement of Education in Kiangsi Province, China, N. Y.: New York University, 1927, P.117.

② Pao-chin Liu, The Improvement of Education in Kiangsi Province, China, N. Y.: New York University, 1927, P.118.

③ Pao-chin Liu, The Improvement of Education in Kiangsi Province, China, N. Y.: New York University, 1927, pp.119—120.

④ Pao-chin Liu, The Improvement of Education in Kiangsi Province, China, N. Y.: New York University, 1927, P.122.

⑤ Pao-chin Liu, The Improvement of Education in Kiangsi Province, China, N. Y.: New York University, 1927, P.136.

⑥ Pao-chin Liu, The Improvement of Education in Kiangsi Province, China, N. Y.: New York University, 1927, P.139.

西省教育发展颇有现实意义。但同傅葆琛、朱有光等人博士论文的方案设计相比,存在着内容全面而不够深入的问题。同时,一些观点也值得商榷,比如他对中小学教育"只有通过在学校的课程调整,才能更有效地应用国民党理论"[①]的观点,带有党化教育的局限,是应该反思的。20世纪20年代,出于政治的需要,国民政府逐渐在学校推行党化教育。国民党的这种党化教育,显然同教育要满足个性发展、依据学生兴趣的教育理念相违背,也不符合教育的发展规律。

留美博士生不仅关注地方上的教育重建方案设计,也有对中国教育整体重建方案的设计。阮康成的《转变中中国的教育计划》(An Educational Program for China in Transition)、赵冕的《为了中国的民主教育：C类项目的报告》(Education for a Democratic China: Report of a Type C Project),即是对中国教育整体方案探讨的典型代表。为满足哥伦比亚大学师范学院高级教育学院教育学博士学位的部分要求,阮康成的博士论文《转变中中国的教育计划》于1940年提交。他对转变时期中国的教育研究极有家国情怀,在论文的扉页上,曾满怀深情地写道"献给中国的劳苦大众"。该论文的指导老师是美国著名的教育管理学家约翰·K.诺顿[②],参与指导的教授阵容堪称强大,有教育管理学家、教育财政学家恩格尔哈特与克拉克教授,要素主义和比较教育学家康德尔[③],乡村教育家布鲁奈[④],教育行政管理专家施菊野,其他如约翰·L.蔡尔兹、卡斯韦尔、莫特、埃文登诸教授,也提供了有价值的帮助和建议。

阮康成对中国转变时期教育计划的研究,有着深刻的时代背景和内部动因。20世纪30年代,为应对日本发动的侵华战争和解决国内经济困境,国民政府掀起了国民经济建设运动。随着抗日战争战略相持阶段的到来,为满足增强抵御日本帝国主义侵略的实力、改善国内经济状况以及战后重建需要,调整国内建设变得尤为迫切,而阮康成的教育研究正切合这些现实需求。"中国现在面临着两个紧迫任务,一个是防御敌人,一个是建设远东自由强大的国家,实现这两个目标的根本途径是保存和动员人力资源",要完

---

① Pao-chin Liu, The Improvement of Education in Kiangsi Province, China, N. Y.: New York University, 1927, P.136.
② 曾参与指导过陈友松、朱炳乾的博士论文。
③ 曾参与指导过朱君毅、朱有光的博士论文。
④ 布鲁奈(Edmund de S. Brunner),美国乡村教育家,与中国学生杨寻宝合著学术性的大学用书《美国农村与农业推广》,影响较大,曾参与指导过范崇德、朱炳乾的博士论文。参见吴总贤:《农业推广学》,国立编译馆1975年版,第34页。

成重建的任务,"必须通过教育中国人民成为聪明和高效的公民。这种情况使中国的教育工作显得极为重要"①。在内部动因上,阮康成基于中国抗战必胜、教育要满足需求、教育计划的迫切性以及争取抗战胜利需要努力的民族共识等四个信念,他认为"中国最终将赢得目前在亚洲的战争,并最终成为一个统一和独立的国家,控制自己的命运",认同"必须根据社会事实和人们的理解,制订出既适合于国家需要又适合个人需要的健全而充分的教育计划",坚信"在这个时候制订一项全面的教育计划不仅是可取的,而且是必要的","中国要在战争与和平中最终取得胜利,就需要全体人民做出明智和积极的努力"②,他以爱国情怀展开对中国教育改革进行整体方案设计研究。他指出,中国的教育存在诸多问题,应引起教育者的重视,如"中国的教育制度没有融入到一个足以保证国家发展的全国性组织中去",对西方教育制度盲目引进而不消化,教育制度的建立未能符合中国实际并实现本土化,"教育的无效性","对整个中国教育形势的诊断性研究还不够,在此基础上制定切实可行的国家重建方案的尝试也很少"③。同时认为,1940年前后的中国处于一个转型期,"中国在其哲学、意识形态和实际生活中寻求世界形势所要求的根本性调整的时期"④,如何保留中国传统文化的优秀遗产,同时又改造现代文化的精华,成为摆在阮康成面前的重要问题。因此,中国的教育需要进行批判性评价和重新规划调整,需要一个更充分的国家教育计划。这项研究的目的是为中国勾勒出一个转型的教育计划方案,最终目的是为国家建设谋划,为中国普通民众服务。

阮康成的博士论文《转变中中国的教育计划》分为两部分,共有十章。阮康成首先将转型期的中国教育方案的背景纳入考察视野,内容包括现有的西化的教育体系、非传统的教育活动、中国文化对教育发展的影响。随后,阮康成为转型期的中国设计了教育方案,内容包括转型期中国教育的功能目标、指导中国教育方案发展的基本原则、中国的民众教育课程、中国教育行政体制重建方案、民众教育方法、为拟议的方案准备师资和资助平民教

---

① Juan Kang-Cheng, An Educational Program for China in Transition, N. Y.: Columbia University, 1940, Ⅲ.

② Juan Kang-Cheng, An Educational Program for China in Transition, N. Y.: Columbia University, 1940, Ⅳ－Ⅴ.

③ Juan Kang-Cheng, An Educational Program for China in Transition, N. Y.: Columbia University, 1940, Ⅲ.

④ Juan Kang-Cheng, An Educational Program for China in Transition, N. Y.: Columbia University, 1940, Ⅲ.

育计划。论文不仅对中国西化的教育制度进行了诊断性分析,而且对非传统教育活动,如平民教育运动、妇女教育运动、青年运动、民族主义运动等,进行了对比考察。中国文化中对教育发展影响的伦理、地理、经济、政治、社会等因素,也是阮康成分析的重要内容。在现状问题分析和文化影响因素考察的基础上,阮康成就转型时期的中国教育改革方案进行了整体设计,具体内容涉及教育的功能目标、基本指导原则、民众教育课程、民众教育方法、教育行政体制重建方案、师资准备、平民教育资助。在转型期中国教育的功能目标上,他从教育满足需求的思想出发,提出了"满足中国现存需求的教育目标大纲"[①]。他认为教育方案的制定必须要有基本的指导原则,并制定了"一项有效的教育计划必须是本土的和现实的","必须让所有人都能享受到最低限度的教育优势","必须在内容上具有实用性","必须在其管理和组织上灵活,允许地方差异,适应教育的方便而不违反广泛的国家政策","必须是强有力的、广泛的和自给自足的","必须在人民的经济能力之内","必须组织和管理,以便教育在地方、省和国家的整个社区里成为整合力量","必须以一种简便的方式组织,以便使其易于实施","必须争取所有贡献机构和社区个人的合作与服务,以便取得快速而深远的成果"[②]等九大指导原则。民众力量的调动是转型时期的中国需要解决的主要问题,因此,发展民众教育是中国教育方案中的重要任务。为此,阮康成设计了包括"政治启蒙计划""经济效率计划""社会改善计划""个人改进计划"的民众教育课程。为提高教育管理的效率,他对中国各级教育行政机构和社区学校提出了改革建议。为推动教育改革,他还主张加强师资培训。在民众教育方法上,他主张有效利用广播、演讲、学习俱乐部、演出、说书、夜校等各种形式,普及教育,改造民众。为改进和增强民众教育实施方案所需要的财政,阮康成从管理效率、整顿财政、扩大收入来源的角度,提出了要建立"独立控制的公共教育基金","实现有效的教育税管理","改进和寻找可能的收入来源"[③]的改革举措。这些改革方案切中中国教育重建的要害,为转型时期中国教育的改革提供了有价值的意见。

从阮康成的教育思想理路看,阮康成将实用主义教育哲学和社会改造

[①] Juan Kang-Cheng, An Educational Program for China in Transition, N. Y.: Columbia University, 1940, P.185.

[②] Juan Kang-Cheng, An Educational Program for China in Transition, N. Y.: Columbia University, 1940, pp.204—209.

[③] Juan Kang-Cheng, An Educational Program for China in Transition, N. Y.: Columbia University, 1940, pp. 267—271.

主义教育思想结合起来,主张教育方案的设计要依据中国的国情,内容要满足国家和人们需求,倡导教育要面向社会,学校要走向社区,参与社会改造,同时还强调教育管理的效率、教育公平问题。阮康成的中国教育改革方案设计,回答了美国教育家康茨的"学校敢于重建社会秩序吗?"的疑问,响应了社会改造主义学派关于学校要走向社会的呼声。同时,阮康成还对转型期中国面临的特殊问题,即教育的本土化和独立问题进行了思考,主张从中国实际出发建立适合中国国情的教育。而他对转型时期中国教育计划的研究,正展现了他的中国教育本土化的心迹,"它代表了一名中国学生认真努力,使他在外国学习和思考的机会具体化。他试图做一些调查、思考和计划,这是教育在中国的建设中充分发挥作用所必需的。这个研究项目的开展对笔者的专业训练来说是一个重要意义的事业"[1]。阮康成的教育研究,留给后来者的思考是极有意义的。

赵冕的博士论文《为了民主中国的教育》,印行于1946年。赵冕早年曾师从南京高等师范学校教育系名师陶行知,后赴美深造,在哥伦比亚大学师范学院受到克伯屈的指导。"他在这篇教育学博士学位论文中比较研究了陶行知、晏阳初、梁漱溟等人的教育思想与实践,用较大篇幅论述陶行知为了中国教育的民主化、现代化……在中国农村开展教育实验,并创造性地提出了'具有中国化、大众化'性质的生活教育理论。"[2]运用比较研究的方法对国内民众教育家的思想与实践进行考察,是该论文采用的主要方法。而对中国民主教育实施方案的研究,也是该论文的考察主题。克伯屈在指导赵冕博士论文时曾指出:"我们中的一些人可以集中起来讨论新中国民主教育实施的可能性。他接受了我的建议。"[3]在美留学的朱启贤、郑宗海、凌冰、胡黄勇等人随后也加入了论文研讨,郑宗海认为考察中国的民主教育应从过去谈起,克伯屈则主张应着眼于现在和未来,并强调了"(1)农民可通过使用机器创造更多财富;(2)好的公民国家的建立能创造好的政府"[4]两个思想重点。这对赵冕的论文提供了不少建议。

---

[1] Juan Kang-Cheng, An Educational Program for China in Transition, N. Y.: Columbia University, 1940, Ⅵ.

[2] 周洪宇:《学术新域与范式转换——教育活动史研究引论》,华中科技大学出版社2011年版,第207页。

[3] 〔美〕克伯屈、张彩云:《克伯屈日记选译(1917—1946)》,周洪宇、陈竞蓉主编《中国最需要何种教育原则——克伯屈在华演讲录》,安徽教育出版社2013年版,第181页。

[4] 〔美〕克伯屈、张彩云:《克伯屈日记选译(1917—1946)》,周洪宇、陈竞蓉主编《中国最需要何种教育原则——克伯屈在华演讲录》,安徽教育出版社2013年版,第182—183页。

总体来看,这些方案类的博士论文,多是留美博士的建议主张与初步构想,具有贴近现实的实用主义色彩,但对教育理论的阐释和建构明显不足。

三、教育史取向下的中国教育研究

在20世纪早期美国普遍盛行教育史研究的影响下,教育史性质的中国教育研究,是教育学留美生博士论文里的主要选题取向之一。选择教育史作为博士论文研究的主攻方向,对于身处异质文化环境里的留美博士来说,其自身拥有的母国文化可转换成对中国教育研究的先天优势,可以从历史和文化的角度去透视中国的教育。这无论是对发掘整理中国自身的教育文化资源,还是对促进中西文化交流,都能突出地展现留美博士生的学术价值与社会贡献。在中国教育研究的留美生博士论文里,有11篇论文属于教育史专题论文,占总数的17.5%,数量最多。如果把基督教教育史类论文也纳入的话,教育史专题论文应不止11篇。

表3.2 教育史取向的博士论文

作者	博士论文	时间(年)
郭秉文	中国教育制度沿革史	1914
陆麟书	中国初等教育状况	1922
缪秋笙	中国宗教教育中儒家学说的价值	1922
萧恩承	中国近代教育史	1925
瞿世英	古代中国思想家视野中的生活与教育问题:对教育哲学的建设性分析与建议	1926
钟鲁斋	中国近代民治教育发达史	1934
王凤岗	1895—1911年日本对中国教育改革的影响	1931
卫士生	中国教育哲学史	1934
莫泮芹	中国英语教育的历史与发展	1935
戴伟金	中国青少年教育	1939
檀仁梅	中国近代中等教育史	1940

资料来源:Tung-Li Yuan, *A Guide to Doctoral Dissertations by Chinese Students in America 1905—1960*, Washington: the Sino-American Cultural Society, 1961。

教育史取向的中国教育研究论文,涉及了初等教育史、中等教育史、教育制度史、教育哲学与思想史、教育学科史、中外教育交流史等众多研究领域。在时间分布上,教育史研究论文集中分布于20世纪20年代和30年代,分别为4篇、5篇,20世纪40年代仅有1篇。就教育研究的整个学科领域来说,20世纪20年代后期受教育科学化运动影响的美国,教育史研究就已经受到了批判,"在1925年该学科已经到达了顶峰并开始慢慢走下坡路"①,但在中国教育学留美博士中并未失去关注。留美博士的教育史研究在20世纪30年代达到顶峰,至20世纪40年代呈现下降趋势。显然,留美博士教育研究的学术取向,与同期美国教育学界的研究走向并非完全一致。事实上,此类论文在20世纪二三十年代的大量涌现,与中国教育状况少为西方人所知的窘境有很大关联。孟禄的《教育史教科书》和克伯莱的《教育史》是美国广泛使用的最具深度和学术性的教育史教材,萧恩承在其论文的改编本中指出"尽管孟禄专设一章来讨论东方的教育,对中国这一类型给予了略有延伸的思考,不过对许多中国学者来说,他的一些概括是相当令人不满意的。克伯莱几乎忽视中国的教育"②。对于留美博士生来说,能够借研究去宣传中国,并纠正西方对中国的认知偏见,这未尝不是学术报国的最好体现。另一方面,教育史的研究材料获取方便,一批中国儒家经典被翻译成英文,"引证使用英文译著文献能够节省大量的时间"③,研究起来也得心应手。而中文研究材料对留美博士生来说,阅读也更为便利。

在类型分布上,可以发现有6篇中国近代教育史的研究论文,数量最多。其次为3篇教育通史性质的研究论文,分别为郭秉文的《中国教育制度沿革史》、卫士生的《中国教育哲学史》、戴伟金的《中国青少年教育》。数量最少的是古代教育史的研究论文,为瞿世英与缪秋笙的2篇。出现这种分布状况,体现了教育学留美博士多以中国近代社会为考察起点,探讨中国教育的现实问题与发展轨迹,将自己的学术研究与中国社会现实相联系。同时,也说明了教育学科与现实紧密相联的实践性学科属性。不容忽视的是美国教育学术研究走向变化的影响,就美国的教育史研究自身来说,受20世纪二三十年代进步主义教育运动的影响,愈加倾向于关注与现实社会联系紧密的近代历史,在美国进行深造的中国留美博士,其教育研究的学术选择也受此种思潮影响。

作为教育史取向的论文代表,郭秉文的《中国教育制度沿革史》参合了中国社会历史发展分期并结合中国教育自身发展特点,叙述了中国自上古

---

① 〔美〕伯纳德·贝林著,王晨等译:《教育与美国社会的形成》,安徽教育出版社2013年版,第114页。

② Theodore E. Hsiao, *The History of Modern Education in China*, Peiping: Peking University Press, 1932, preface.

③ Chu-Son Miao, The Value of Confucianism for Religious Education China, ProQuest Dissertations Publishing, 1923, preface.

至1913年间的教育制度的发展演变与建立的过程,共有八编,另有附录。[①]文中重点分析了教育制度、课程、教法、教育宗旨、师资等内容,并考察了教育与道德、生活、国民、政治的关系,中央教育与地方教育的关系以及师生关系。此外,还关注了教会教育、女子教育、教育财政、学校训练与行政、普及教育、国语统一等社会热点问题,极具现实意义。为使教育史研究更符合科学精神和有说服力,郭秉文尝试使用了教育统计法和比较研究法,如列出了民国二年至三年(1913—1914)各省学校数和学生数比较表以及各级学校课程表等。在资料使用上,全书共使用资料文献54部,资料扎实。[②]其中,一手资料包括《文献通考》《周礼》《书经》《中央教育会议录》《基督教教育报告》《学部统计报告》《教育杂志》《中华教育界》《大清教育法令》《中华民国教育法规》等17部文献。

同样属于教育史研究,萧恩承的论文《中国近代教育史》则以政权的更替作为研究的分期,关注的是与现实社会联系比较紧密的近代教育的变迁,与郭秉文的研究风格不同。论文原稿的主要内容包括世界大战以来的远东状况、中国的文艺复兴运动、旧政权下的教育、现代教育的演进、教育管理机构的重组、义务教育和结论展望等八章,梳理了中华民国成立前后几十年间的中国教育系统的演变,并比较分析了新旧政权下的教育状况。在"旧政权下的教育"一章中,还采用了赫尔巴特学派的"教育目标""课程""方法"的经典写作模式。他认为教育是有目标的,不同时期的教育具有不同的目标。在教育制度萌芽时期,"自然地(教育)目标主要集中在有利于利用环境和提高物质资源生产力的手段上",当教育制度被有意识地组织起来时,教育目标重新调整为个人与他人和平地生活并维持国家的稳定,"教育是将个人发展成为一个有美德和文化的人,并通过提高领袖的能力和品质进而影响他人生活来确保社会控制。换句话说,教育是为了成功生存"[③]。而这才是中国教育的动机。虽然他认为"应该追溯科学调查的兴起和学生中现代精神的改进"[④],但面对第一次世界大战给欧洲带来的灾难,他指出"有责任将文明从因科学误用而造成的毁灭中拯救出来",提出"为恢复丢失的艺术和复

---

① 参见郭秉文《中国教育制度沿革史》,福建教育出版社2007年版。
② Ping Wen Kuo, The Chinese System of Public Education, New York: T. C. Columbia University, 1914, pp.177-178.
③ Theodore Encheng Hsiao, A History of Modern Education in China, photocopy of typescript, Ann Arbor: University Microfilms International, 1980, P. 39.
④ Theodore Encheng Hsiao, A History of Modern Education in China, photocopy of typescript, Ann Arbor: University Microfilms International, 1980, P. 108.

兴我们的古代学问并以高度系统和科学的形式阐释这些成果起见,要组建特殊的研究机构"①。其教育文化观点,带有保守主义的倾向。

钟鲁斋在其博士论文的基础上添加一些章节,改编出版了《中国近代民治教育发达史》,也是将中国近代教育的变迁作为考察的出发点,这是一部实证主义的教育史专著。在书中,钟鲁斋主要从中国教育管理和教育组织、义务教育、民众教育、职业教育、妇女教育以及教会教育几个专题来探讨中国现代教育的民主趋向,内容涉及历史的梳理、状况的调查、方案的分析、问题的提出,每个专题附有小结,突出了实证的研究风格。②他还总结了中国教育民主发展的问题,内容包含教育原则、教育经费独立、国语统一、乡村小学师资、成人教育、社会教育、留学教育、边疆教育以及教会学校等诸多方面。在研究方法上,他将历史的梳理与实证的研究相结合,运用历史的比较、方案的比较、国别的比较以及调查统计等方法,进行整体考察与个案分析。如在对教育管理和组织的研究中,他对教育新体系下的初等、中等以及高等教育的"历史""目标""课程""统计"等方面作了考察。在义务教育研究中,除对代表省市义务教育的发展状况、实验及方案进行分析外,他还提出了进行义务教育的调查,加强师资、经费和设施建设问题,并与其他国家的义务教育作比较。钟鲁斋论文的研究特点,一是突出教育变迁,二是研究方法多样,三是注重调查统计的实证方法。他所认为的中国教育的民主趋向,自然体现于教育整体的平等观、教育个体的差异观、教育的现代化发展观以及科学教育思想,向我们展现了中国现代教育发展的广阔图景。

作为研究初中等教育的教育史专著,戴伟金的《中国青少年教育》主要内容包括研究的问题与范围、青少年教育的定义与标准、旧式的观念、古代塑造青少年的力量、古代青少年教育的演进、旧式教育的改革、1903年至1928年间学制下的青少年教育、1928年至1937年间国民政府下的青少年教育、青少年教育的指导以及结论等十一章内容。③戴伟金首先叙述了研究的问题、范围、意义以及程序,随后从教育学自身学科范畴论述了中国青少年教育的定义、特征、原则、目标以及标准。三至八章对从《礼记》记载的青少年教育直至1937年南京国民政府时期的青少年教育进行了历史的梳理与

---

① Theodore Encheng Hsiao, A History of Modern Education in China, photocopy of typescript, Ann Arbor: University Microfilms International, 1980, P. 113.
② 参见Lu-Dzai Djung, A History of Democratic Education in Modern China, Shanghai: The Commercial Press, 1934.
③ 参见Wai-king Taai, Adolescent Education in China, Ann Arbor: Xerox University Microfilms, 1940.

研究,内容涉及不同学制下教育的内容、课程、目标、宗旨、制度、训练以及方案的评价,不仅考察了对古代青少年教育起塑造作用的经籍、传说谚语、习俗和日常宗族生活,而且分析了新教育制度下的日常训练、目标宗旨、课程内容与职业训练,并详细分析了其中的问题。他认为旧式教育忽视个体差异,且文盲问题重大,1903年至1911年时期的中小学教育存在着缺乏训练有素的教师的问题,1911年辛亥革命以后的青少年教育受到政治与军事混乱的影响,而南京国民政府时期的青少年教育则需要关注中等学校的财政支持问题。九至十章对中国学校的青少年教育指导的意义、方案、范围、原则、程序以及方法进行了阐释,考察的主要内容有指导服务的基础、记录、学生问题、指导与职业情况以及个人咨询的技巧。论文中极具特色的是对个人咨询方法的介绍,论述了面谈法、案例法、日程表法、观察法以及问卷书信法,对指导组的建立、指导责任、指导观点以及目标方向都进行了阐释,丰富了中国青少年教育指导的研究方法与理论。戴伟金的研究风格既不同于郭秉文的通史性梳理研究,也不同于朱有光、庄泽宣侧重从社会、经济、文化背景出发分析不同教育制度与社会背景之间关联的研究模式,更没有将研究范围限定于中国近代教育历史的研究。他是将通史性研究与教育学上的"目标""标准""课程""方案""评价"的研究模式结合起来,典型采用了赫尔巴特学派的"教育目标""课程""方法"的研究方式。在谋篇布局上,其研究论文的另一个特点是,每章皆有一个概要作为小结,这与钟鲁斋的论文写作框架类似。

莫泮芹的《中国英语教育的历史与发展》完成于1935年,但由于受到中国抗日战争和国内局势的影响,直到1951年才出版。论文的论述范围从早期中国人与外商的语言问题直至1935年的英语教学问题,共有十三章,主要包括早期中国人与外商的语言问题,英语教学与基督教传播,早期教会学校的英语教学,鸦片战争时期的英语问题,同文馆、国家权力与英语教学,1860年至1900年间教会学校的英语教学,影响英语教学的因素,1895年至1903年改革时期的英语教学,首个现代教育制度下的英语教学,1912年至1922年间的英语教学,1922年至1935年间的英语教学等。基本上按照中国教育的发展特点与学制变化的历史线索进行叙事,对中国英语教育变迁作一番梳理研究,是一部反映中国英语教育发展历程的学科史。莫泮芹认为英语知识是中国与西方民主文化融合的最有效的催化剂,而"英语教学是记录中国政治、社会、经济和文化氛围变化的晴雨表"①。

其他教育史类的中国教育的研究论文,研究视角与重点不一,如王凤岗的论文《1895—1911年日本对中国教育改革的影响》,是从中日教育交流史的角度,探讨特定时期内日本对中国教育改革的影响。缪秋笙的论文《中国宗教教育中儒家学说的价值》,虽说以宗教教育为题,但全篇基本是对"孔孟朱王"四人儒家学说的整理和分析,属于古代教育思想史的范畴。全文分为绪言、历史调查以及评价与结论三部分,其所使用的主要原始资料为"中国历史和儒家领袖们的著作"②,整体内容相对简单。

教育史取向下的中国教育研究论文,不仅所占数量最多,涉及的学科领域广,而且研究的方法范式多样,为中国教育研究借来"他山之石",丰富了中国教育史研究的理论与视野,为中国教育史研究做出了有益尝试。

第二节 中国教育的组织管理与过程研究

一、教育制度行政与中国教育研究

在63篇中国教育研究的留美博士论文中,对中国教育制度与行政进行专题和比较研究的论文有10篇,如果把前面讨论的郭秉文的《中国教育制度沿革史》算入的话,则有11篇。教育管理行政类的中国教育研究,在整个20世纪上半叶一直受到留美博士生的关注,经久不衰,很多留美博士选择教育制度行政作为博士论文的研究方向,契合了中国国内教育改革的现实需要。

表3.3 教育制度行政类的博士论文

作者	博士论文	时间(年)
胡昌鹤	中国教育制度重整概要	1917
庄泽宣	中国教育民治的趋势	1922
程其保	中国支持一个足够的公共教育的财政能力①	1923
殷芝龄	现代中国教育行政	1923

---

① Poon-Kan Mok, The History and Development of the Teaching of English in China, Ann Arbor: University Microfilms International, 1980, preface.

② Chu-Son Miao, The Value of Confucianism for Religious Education China, ProQuest Dissertations Publishing, 1923, preface.

续表

作者	博士论文	时间(年)
杨亮功	美国州立大学董事会管理的组织、功能与职责研究,以及这类研究对中国类似制度的应用	1928
朱有光	中国教育制度之研究	1933
陈友松	中国教育财政之改进	1935
张伯谨	中国乡村教育制度的行政重组——基于正定县的分析	1935
韩庆濂	中美行政公共支持高等教育比较研究	1941
朱炳乾	一项针对中国乡村学校制度的行政模式建议	1947

资料来源:Tung-Li Yuan, *A Guide to Doctoral Dissertations by Chinese Students in America 1905—1960*, Washington: the Sino-American Cultural Society, 1961。

教育制度行政类的研究论文,得到留美博士的持续关注,在时间分布上较为均衡。在内容分布上,胡昌鹤、庄泽宣、殷芝龄等人进行的是通论性质的整体研究,陈友松关注的是中国教育行政分支下的教育财政研究,张伯谨、朱炳乾进行的是乡村教育制度的行政研究,其中张伯谨从事的是乡村教育行政的地方个案的实证分析。杨亮功、韩庆濂则主攻中美高等教育行政的比较研究,其研究的类型丰富多样。就研究方法来看,受到美国教育研究科学化和实验主义思想的影响,以实证分析和比较研究为主,论文以庄泽宣、陈友松、朱炳乾、朱有光、杨亮功的研究为代表。

胡昌鹤的《中国教育制度重整概要》考察了从商代直至1915年的中国教育制度的变迁,内容包括1895年以前的教育历史,1895年至1915年间的学校制度、新教育制度预备时期、教育委员会的重组、学校重组以及结论,是一项通史性研究。他重点讨论了新教育制度二十年来的成就,论及了教育目标、组织、管理、课程、教法、师生问题、学校发展等内容。在新教育制度的预备中,讨论了与教育改革相关的专家培训、汉语改革、儿童教育、宗教、财政诸内容。胡昌鹤也将学校行政人员的培训纳入研究视野,对其培训目的、组织、资金、课程等内容进行了研究。对教育委员会重组的研究,则从全国、省级、城市三级教育委员会进行考察;对学校重组的研究,则涉及公立初等学校、中等学校以及高等与技术学校。最后从改革的需要、财政状况、人员、目前情况的适应四个方面,对中国教育制度的重组提出设想。[1]胡昌鹤这项研究虽然略显粗糙,却带有教育学自身学科特征,从教育目标、组织、管理、课程、师资、教法、财政等内容进行考察,进一步拓展了教育制度研究。

庄泽宣也对中国现代教育制度进行了整体研究,其论文《中国教育民治

---

[1] 参见Chang-Ho Jiugow Hu, *A General Outline on the Reorganization of Chinese Educational System*, photocopy of typescript, Ann Arbor: University Microfilms International, 1978.

的趋势》考察了成人教育、儿童教育、师资预备、生活教育以及言文问题,郭秉文指出"庄先生的这部书,是讨论这门学科的特殊阶段,适当增补了我的这项早期研究"①。从其博士论文内容架构来看,庄泽宣特别重视从社会、文化、政治及经济背景出发,探讨教育的发展轨迹并提出相应建议与方案,充分体现了历史学的研究方法。在对教育案例新旧比较、区域比较中,他引入了进步指数的分析路径,充分运用统计学的理论来考察教育发展并进行评估,体现了实证化的研究风格。②对中国蓬勃开展的教育改革,庄泽宣不乏真知灼见。他认为人口的压力、现代交通的滞后、行政组织的涣散、经费的缺乏、预备的不足、师资训练的薄弱、背诵教法的缺陷以及语言问题是阻碍教育普及和发展的重要因素。③

师从于美国著名乡村教育家、校车标准制度发起者弗兰克·W.希尔教授的朱炳乾,其论文《一项针对中国乡村学校制度的行政模式建议》,立足于美国地方学校制度的教育实践对中国县级学校制度建设的借鉴,是一项对地方县级学校制度的比较研究。他一方面对中国的地理、社会、政治、经济、文化以及现行的县级学校制度的模式进行了分析评估,这带有因素分析法的特征;另一方面对美国现行的地方学校的制度、管理、财政、教育服务等进行了整体考察。随后确立了制定乡村学校行政模式的原则与考虑的因素,并对中国县级学校制度行政模式提出了建议,内容包含公立学校制度的职能、各级行政教育管理机构的职能定位、县级学校组织的调整、行政与考勤单位的划定以及县级学校制度的行政结构。同时,他还对县级学校制度行政模式关涉的教职工、财政支持、教育材料与环境以及特殊教育等提出了建议,其建议翔实而具体。在此基础上,朱炳乾提出了十项结论性的主张。他认为,"教育重建不仅是一个普遍的要求,而且是一个国家需要";全国性的教育重建计划"必须以地方社区的重建为开始",要确保地方的参与支持与主动性;要明确定位各级行政机构的教育重建责任,并提高地方的自主性;县级学校行政要采取强有力的重建措施;选定县作为学校行政的基本单位,是扩大和改进公立教育质量的首要措施;要重视县级学校制度的组织与有效管理;县级教育计划的关键在于学校管理,而依赖于强力的学校委员会与

---

① Chai-Hsuan Chuang, *Tendencies toward a Democratic System of Education in China*, Shanghai:The Commerical Press,1922,introduction, IX.

② Chai-Hsuan Chuang, *Tendencies toward a Democratic System of Education in China*, Shanghai:The Commerical Press,1922,pp. 22—43.

③ Chai-Hsuan Chuang, *Tendencies toward a Democratic System of Education in China*, Shanghai:The Commerical Press,1922,pp. 165—168.

胜任的学校负责人;县级学校一个强力的行政组织需要合适的服务、实用的项目与基于测量的改编;县级教育行政事务的处理要统一、灵活变通;此项计划方案"它只需要作为教育改革的一个指南来使用"[1]。论文提出的十项主张切中中国地方教育行政建设的要害,也满足了战后中国乡村教育重建的需要,可操作性强。论文的研究程序也比较完善,有设定的研究目的、设想和范围。论述逻辑缜密,实证色彩突出,在众多教育制度行政类论文中是一项相当出色的研究。但朱炳乾对中国乡村教育的比较研究也存在一定的问题,比如他仅以同时代的美国作为比较研究和借鉴的对象,比较的范围局限于一国,而中美之间的政治制度、社会文化和经济发展水平又有巨大差异。因此,研究的可比性,还值得商榷,这影响了该论文的学术价值。

为解决教育模式与制度移植水土不服的问题,需要将教育研究置于中国社会、政治、经济与文化背景下进行比较考察,才能为改进中国教育寻求一条合适道路。事实上,朱有光的《中国教育制度之研究》正是采用此种研究形式。为弄清中国国家教育制度及其发展中的基本问题,朱有光明确地指出:"在于一方面依据其历史背景与未来前景考察当前的教育情况,另一方面去考察相关的、一般的政治、经济与社会状况。它寻求论述作为一个整体的国家教育制度的社会与哲学基础,去更多地揭示现在国家面临的某些教育问题,评估这些问题解决方案的当前成就,并寻找在这个国家重建的新时期里能指导教育改革的基本观念、原则和设想。"[2]这完全借鉴了论文答辩委员会主席康德尔所倡导的因素分析法理念。朱有光对中国教育制度的研究,主要包含了教育的社会目的、教育过程的特性、教育制度的组织、教育管理制度、师资训练等内容。在考察这些内容时,他将比较研究法与因素分析法相结合,进而建构他的分析框架与研究体系,"我们将从当今中国发现的问题开始,并尽力表明问题所采取的形式,以及它是如何根植于过去的传统或历史、现今的环境和民族特性。然后将对各国在这个问题上的经验进行调查,展示它们如何根据自身的目的和社会状况处理的"[3]。与朱炳乾相比,虽然同是比较教育研究,朱有光却未将比较的范围局限于美国一国,而

---

[1] Ping-Chien Chu, A Proposed Administrative Pattern of the Hsien (Country) School System in China, microfilm of typescript, New York: Columbia University, 1947, pp. 219—220.

[2] You Kuang Chu, *Some Problems of a National System of Education in China: A Study in the Light of Comparative Education*, Shanghai: The Commercial Press, 1933, P. 3.

[3] You Kuang Chu, *Some Problems of a National System of Education in China: A Study in the Light of Comparative Education*, Shanghai: The Commerical Press, 1933, P. 6.

是扩大为英、美、法、德、俄、意等经济发展程度较高国家以及同中国发展程度相近的印度、墨西哥、菲律宾。其比较的方法并非逐国叙述法,也非不同国家间一般教育状况的描述性研究,采用的是以问题为主干的专题比较的列国并比法,针对的是不同社会、政治和经济背景下具体教育原则和政策的批评式研究,其研究方法别开生面。

　　殷芝龄的《现代中国教育行政》是中国现代教育行政管理机构的整体与个案相结合的综合研究,考察的是中国现代教育管理的重建。殷芝龄追寻了从1903年中国首个现代教育制度确立,直至1923年中国教育管理制度的变迁,试图对现代教育制度引进中国后的不同教育管理机构作一个完美解释:"在指出此教育制度中存在的缺点后,他为全国各地教育机构的常设组织建议了一个可能的方案。"①留美学人邝富灼为其作序,评价为:"那些对教育感兴趣的人们尤其是中国的教育家,将会发现作为一本参考书或学生教科书,这本书是最有用的。它对中国用英语书写著作做出一项重要贡献。"②全书共分三个部分,第一部分阐释了自中国现代教育制度建立以来国家三级教育管理机构中的常规组织,并尝试展现历史变动与当前应对教育危机的教育管理实践之间的关系,其论述的范围分为1903年至1912年、1912年中华民国建立以来两个阶段。第二部分是个案研究,分析并评估了特定省份与地方上教育管理机构的重建活动,以及全国的重建运动,进而为当前教育机构的重建确立一个根本依据。文中选取了两大代表性案例,一个是广东省级与地方的教育管理机构,一个是1921年全国省教育联合会和1922年全国学校制度会议上提出的省级和地方新教育制度。通过对中国现代教育管理制度的梳理分析以及个案研究,殷芝龄对中国中央、省级和地方的教育机构重建给出了建议。在思想上,他提出用立法权而非行政权作为教育管理的根本基础,并由此提出了"议会有责任依法提供普遍和统一的初等、中等和高等教育的全国制度"等11项中央立法建设主张,以及"第一年的全国教育委员会应由9名成员组成,由民国总统任命,不论其职业、居住、党派隶属、宗教或性别"等15项中央行政重建条款。③对于省级教育机构的建设,殷芝龄阐述了"省议会有责任依法提供普遍和统一的省级制度、小学和中学教育"等11项司法建议,同时提出"对于省内所有教育事务

---

① Chiling Yin, *Reconstruction of Modern Educational Organizations in China*, Shanghai: The Commercial Press, 1924, introduction, Ⅵ.

② Chiling Yin, *Reconstruction of Modern Educational Organizations in China*, Shanghai: The Commercial Press, 1924, introduction, Ⅵ.

③ Chiling Yin, *Reconstruction of Modern Educational Organizations in China*, Shanghai: The Commercial Press, 1924, pp. 123—135.

的专属管理,应当创建一个省级教育委员会"等11项行政重建的建议。[①]对于地方教育机构重建,他勾画了"除了那些在城镇或县区里雇用了十五名或更多全职教师的学校,每一个县学校社团都应当训练管理县内的所有学校,并且它们要由省级和全国教育委员会来建立"[②]等36项设想。可以看出,殷芝龄的研究特点为从司法和行政组织两方面来探讨中国教育制度的三级重建,强调法治思想。

此外,杨亮功的《美国州立大学董事会管理的组织、功能与职责研究,以及这类研究对中国类似制度的应用》则围绕着专业化的职能部门,进行比较研究,探讨美国大学的董事会制度对中国大学行政制度的借鉴之处,他希望"通过对当前实践和美国州立大学董事会趋势的调查与分析,以相同的方式服务于中国的国立与省立大学,尤其希望能在中国体制的可能重组与改进上提供一些帮助。"[③]陈友松的论文《中国教育财政之改进》主要运用了教育行政学、公共财政经济学的相关理论,对中国现代教育财政制度以及20世纪二三十年代教育经费的筹措、分配和使用,进行了系统深入的实证化研究,是一项对中国公共教育财政问题进行事实分析的专题研究,开拓了中国教育财政学的研究新领域。其采用的研究方法有比较法、统计分析与事实评估、调查问卷法、抽样法、索引法、表述法等[④],论文的资料十分扎实,使用了大量的中国政府报告以及调查统计资料。陈友松还规划了详细的博士论文研究程序,包括问题的提出、阅读计划、编制问题大纲、制作调查问卷、资料的搜集与整理以及综合研究分析,极其完备。以上研究丰富了中国教育制度行政学的理论借鉴,开拓了新的研究领域,也为中国教育革新提供诸多方案建议。

二、课程教学与中国教育研究

在20世纪前20年,中国以师法日本学制为主,先后实行了壬寅学制、癸

---

① Chiling Yin, *Reconstruction of Modern Educational Organizations in China*, Shanghai: The Commercial Press, 1924, pp. 139—149.

② Chiling Yin, *Reconstruction of Modern Educational Organizations in China*, Shanghai: The Commercial Press, 1924, pp. 153—166.

③ Yang Liang-Kung : A Study of the Organization, Functions and Duties of Boards of Control of State Universities in the United States, and the Applications of Such Study to Similar Institutions in China, photocopy of typescript, Ann Arbor: University Microfilms International, 1980, pp.2—3.

④ 陈友松:《中国教育财政之改进——关于其重建中主要问题的事实分析》,方辉盛、何光荣主编《陈友松教育文集》,社会科学文献出版社2009年版,第14页。

卯学制,流行的是日式课程教学模式与研究方法。此时,大批的日本课程教学类著作被译介,其流行的课程教学法以及单级授课制也被介绍进来。蒋维乔1913年编纂出版的《教授法讲义》,基本编译自日本的教育学著作,采用的是教授的意义、目的、材料、方法、课程设置等论述形式,是日本化的赫尔巴特式的教育研究风格。此外,于方翻译出版了太濑甚太郎的《最新教授法教科书》,于沈译介编纂了木村忠治郎的《小学教授法要义》,孟鹤龄编纂了《考察日本小学校单级教授法笔记》,江苏省教育会编纂了《单级教授法》等。顾树森的《单级教授法》则总结了自己多年来的课程教法研究。随着中国教育改革的推进,教育受到关注,社会对教育中片面强调灌输和脱离社会生活实际提出批评,与之相关的课程教学方法也引起了思考。陶行知就明确反对"教授法",提倡"教学法",他认为"先生的责任不在教,而在教学,而在教学生学","教的法子必须根据于学的法子","并须和他自己的学问联络起来",主张"教学合一"①,随后又提出"教学做合一"的思想。

1922年壬戌学制颁行,中国的教育改革转而学习美国"六三三"学制模式。而国内教育界也着重关注乡村教育以进行社会改造,如晏阳初提倡平民教育,梁漱溟进行乡村建设实验。与此同时,美国教育思想界倡导教育民主化,在进步主义教育运动推动下,教育改革侧重面向公立学校和服务城市平民。而留美博士顺应国外教育思想潮流,为满足国内教育改革需要,开始大量关注美国流行的课程教学法,尤其将杜威的实用主义教育理论引入,提倡将教育与生活、社会相联。课程教学类的中国教育研究博士论文共有7篇,占全部论文的11.1%。在内容上,傅葆琛、范崇德研究的是中国乡村教育课程改革,张彭春、袁伯樵、刘桂灼、宋恪关注的是中等教育的课程教学,而张汇兰从事的是中国体育课程改革的专题研究。论文全部提交于中国实行壬戌学制之后,20世纪40年代所占篇数最多,足见这一时期留美博士对中国课程教学的重视。

表3.4　课程教学类博士论文

作者	博士论文	时间(年)
傅葆琛	以满足中国乡村需要为目的的中国乡村小学课程重建	1924
张彭春	论中国教育之现代化	1924
袁伯樵	英、德、法、美、苏及我国中等教育的哲学背景、行政组织与课程编制之比较研究	1936

---

① 中央教育科学研究所编:《陶行知教育文选》,教育科学出版社1981年版,第4—5页。

续表

作者	博士论文	时间(年)
刘桂灼	一项提议给香港岭南中等学校全体教员的计划简述,以改进在学校的课外活动以及学生在活动中的参与为目的	1940
宋恪	中国甘肃中等学校课程研究与建议重建计划	1940
张汇兰	中国体育的合理课程结构的事实与规律	1944
范崇德	乡村中国的课程改编	1948

资料来源:Tung-Li Yuan, *A Guide to Doctoral Dissertations by Chinese Students in America 1905—1960*, Washington: the Sino-American Cultural Society, 1961。

傅葆琛的论文《以满足中国乡村需要为目的的中国乡村小学课程重建》主要是为了解决中国乡村巨大的文盲率、教育机会均等问题以及乡村教育课程与实际脱离问题,为中国三千万儿童教育事业寻求出路。全文从中国小学教育课程的历史与现状、中国乡村小学教育课程制定的指导原则、中国乡村小学的健康教育三个部分进行内容架构。尽管中国现代小学课程重建取得了巨大成就,但他指出初建时期存在体系僵化、机械低效的问题,改进时期的教法存在"灌输"而非"导出"的问题,重建时期"这些课程的主要缺陷是忽视乡村的需求和实际情况"[1]。傅葆琛认为中国课程编定任务的基本需要是判定乡村小学的教育目标,为此在第二部分中论述了制定中国乡村小学教育课程的指导原则,内容包含任务范围、与城市小学课程的区别、判定依据、制定程序、制定者、内容与选择依据、材料组织方法、课程应用方法等。他提出了判定课程与科目学习的两种标准:"一种是针对中国乡村小学课程大纲的评估;一种是针对中国乡村小学科目学习的评估。"[2]在课程探讨中,傅葆琛还特别重视健康教育,认为"健康教育是中国乡村小学教育最重要的",并结合美国小学20多个小学学习课程实践,提出了相关原则,包括健康教育的目标、材料选择、习惯形成方法、课程教法、与其他学科的关系,"尤其强调学校在提高社区环境卫生和公共健康上与当地机构的合作"[3]。通过以上研究,傅葆琛最后总结了中国乡村小学课程重建五个方面的内容,对中国乡村教育新精神需求、专业领导要求、乡村教师训练、良好的学校监督管理需要以及社会和学校调查问题进行了阐释与方案设计。傅葆琛的这项中

---

[1] Paul C. Fugh, Reconstruction of the Chinese Rural Elementary School Curriculum to Meet Rural Needs in China, abstract of a thesis, N. Y.: Cornell University, 1924, P. 5.

[2] Paul C. Fugh, Reconstruction of the Chinese Rural Elementary School Curriculum to Meet Rural Needs in China, abstract of a thesis, N. Y.: Cornell University, 1924, P. 6.

[3] Paul C. Fugh, Reconstruction of the Chinese Rural Elementary School Curriculum to Meet Rural Needs in China, abstract of a thesis, N. Y.: Cornell University, 1924, pp. 7—8.

国乡村小学课程重建研究,不仅体系完善,而且提出的方案也相当符合中国乡村生活的需要,其涉及的问题多是民国时期乡村建设的重大课题,如专业化、师资训练、监督管理、教育调查,并且重点关注了长久以来被忽视的健康教育问题,是一项相当出色的乡村教育研究。傅葆琛的学术研究得益于留美期间的教育实践,他曾接受纽约万国青年会的邀请,参加法国华工的社会教育工作,为华工创办了千字报。回国以后,继续以乡村教育为志业,接受晏阳初的邀请参加中华平民教育促进会的工作,将学术研究与教育实践相结合,践行着学术报国理想。

与傅葆琛同样选取乡村课程研究的范崇德,其论文《乡村中国的课程改编》却并未着重考察中国乡村教育课程的历史演变,他认为"课程重组问题必须从社会的参照系来考察"[1],典型借鉴了社会学的研究思路,很有特色。范崇德从分析中国乡村的人口、经济、社会结构、文化冲突、国家统一、工业化与民主化等社会现状出发,构建了一个合适的乡村课程,并进一步对与之相关的学校行政、社区改革、教师标准、教师培养以及同政府和社会组织的协调诸问题进行了研究。他提出重建乡村小学课程的五项基本指导原则:"课程应以满足社会需要为目标;应给予学生生活计划所有方面的积极指导;课程应由领导者来计划;应当强调个人间适宜的相互影响;课程应强调根据满足新环境的学习经验的重建。"[2]虽然中国乡村课程重建会遇到传统与民主冲突引起的诸多困难,但是范崇德坚信中国要有一个未来的话,必须走民主之路,对处于解放战争时期的中国教育重建寄予厚望。

中等教育课程教学也是留美博士论文的研究主题之一,张彭春的《论中国教育之现代化》是此方面专题研究的代表。论文立足于中国国民生活转变的时代大背景,对中国公立中学课程结构标准及其改革进行了分析,并考察了教育目的、现代化进程的制约因素、现代化教法的经验、课程结构规划,最后基于实验的研究提出了中等教育课程结构的改革建议。他认为中国中等教育课程僵化,存在千篇一律、没有选择权或选修课程等问题,而教育部核准的教科书强调"奴隶般地"记忆科目内容,为了考试而考试,"如此不连

---

[1] Chung-Teh Fan, Curriculum Reorganization in Rural China, microfilm of typescript. New York: Columbia University Libraries, 1978, P. 216.

[2] Chung-Teh Fan, Curriculum Reorganization in Rural China, microfilm of typescript, New York:Columbia University Libraries,1978,pp. 217—218.

贯和僵化的课程设置招致了越来越多且广泛的批评"①。因此,他提出"改革努力的方向应该是制定出更为有效的内容以满足中国教育转变的迫切需要",教育改革的直接目标是现代化,而"科学、个性和民主是无可争辩的现代化时代的真正声音"②。他以杜威的"连续性概念"和"学校课程的主题应当以从社会生活原始、无意识的统一体中逐渐分化出来成为标志"的实用主义教育思想为依据③,主张学校教育应当是"一种经验的连续重建",学校即"边疆社区",学校课程主题应当以学生的社会活动为中心。他认为现代化的课程结构标准应当鼓励个体对环境的接触,鼓励"开放空间"的社会行为,应将学校活动与生计相统一,应满足科学生产和组织的要求,提高自主个性的发展,还应为培养公民责任提供一个教育环境。这显然是将杜威的实用主义教育哲学与社会改造主义思想相结合,为中国中等教育课程改革谋出路。在方法上,他还跟随时代潮流,强调实验测量的研究方法,提出了"调查评价—制订计划—检验"的模式,并吸收了克伯屈的"合理的要求"的教育理念,"经验的要求,发现的要求和随之产生的学习的要求"④。张彭春提出的中学课程结构规划方向为:"领导才能教育必须以直接有用为目的。必须根据不同的人才和职业需要进行多样化训练。"⑤主张采用适应个体差异并有利于个性发展的选修体制,进行水平分级,开设选修课程和学科。当然,张彭春的课程结构研究并未脱离教学实际,他以学校的新剧活动课为案例,进行领导才能教育的具体设计,以为课程改革提供经验。可以看出,张彭春的中学课程结构研究,是实用主义思想与社会改造主义思想并用,以实验为基础来探索中国过渡时期的中学课程教学问题,理论应用与实践研究深入

---

① 张彭春:《论中国教育之现代化——鉴于国民生活的转变对课程结构标准的研究,特别涉及中等教育》,崔国良、崔红编《张彭春论教育与戏剧艺术》,南开大学出版社2004年版,第84页。

② 张彭春:《论中国教育之现代化——鉴于国民生活的转变对课程结构标准的研究,特别涉及中等教育》,崔国良、崔红编《张彭春论教育与戏剧艺术》,南开大学出版社2004年版,第79—80、93页。

③ 张彭春:《论中国教育之现代化——鉴于国民生活的转变对课程结构标准的研究,特别涉及中等教育》,崔国良、崔红编《张彭春论教育与戏剧艺术》,南开大学出版社2004年版,第105—106页。

④ 张彭春:《论中国教育之现代化——鉴于国民生活的转变对课程结构标准的研究,特别涉及中等教育》,崔国良、崔红编《张彭春论教育与戏剧艺术》,南开大学出版社2004年版,第136页。

⑤ 张彭春:《论中国教育之现代化——鉴于国民生活的转变对课程结构标准的研究,特别涉及中等教育》,崔国良、崔红编《张彭春论教育与戏剧艺术》,南开大学出版社2004年版,第132页。

结合，具有较高的学术与社会价值。回国以后，张彭春将自己的教育学术研究心得应用于南开中学的课程改革上，在南开中学开展学生戏剧运动，在把现代戏剧引入中国并发挥其教育作用上功不可没。

在体育课程研究上，张汇兰继承了导师麦克乐"在体育教学和运动训练中运用多因素分析法及人体、体能测量方法"①的思想，其论文《中国体育的合理课程结构的事实与规律》，是一项从多学科角度进行体育教育的综合研究。文中讨论了中国体育课程的现状与教育哲学，并以生理学、解剖学与心理学三个领域的理论作为考察体育课程编订的基础。在内容架构上，她从历史学、生理学、解剖学、心理学与社会学以及教育学等学科视角，集中分析并阐释了中国的体育课程结构，"尝试讨论儿童与其环境相关的需求和天性"②。文中还提出了建立在民主教育哲学基础上的体育教育六原则，她认为"教育必须认识到个体需要；教育必须认识到个体差异；教育必须认识到永恒的社会变革；教育必须认识到个体的整个人格的融合；教育必须认识到经验的连续性与相互作用；教育必须认识到个体对其环境的关系"③。张汇兰这种吸收实用主义教育理论并借助多学科理论的分析范式，拓展了中国体育课程研究。

课程教育学类中国教育研究的论文，关注了国内教育改革动态，回应了国内教育需求。如对乡村教育课程改革的研究、对变迁时期中等教育的研究，都是中国国内教育改革和课程改革的重大热点问题。这批论文吸收了美国流行的教育研究理论方法，如实用主义与社会改造主义教育思想、社会学中的社会结构分析法以及多学科理论综合研究范式等，为中国课程教学的重建提供了多种思考路径，丰富了中国的教育学术研究。但也存在着研究方法较为粗糙、教育实验测量与调查统计薄弱的问题。

三、教育实验测量与中国教育研究

"对教育史的批判和作为根源的教育科学运动在20世纪20年代后期愈演愈烈"④，美国逐渐兴起了教育实验测量和调查统计的研究形式，而心理

---

① 杨志康：《论中国近代体育史上的麦克乐》，《成都体院学报》1985年第3期。
② Hwei Lan Chang, A Colligation of Facts and Principles Basic to Sound Curriculum Construction for Physical Education in China, Iowa: State University of Iowa, 1944, P.5.
③ Hwei Lan Chang, A Colligation of Facts and Principles Basic to Sound Curriculum Construction for Physical Education in China, Iowa: State University of Iowa, 1944, P.3.
④ 〔美〕伯纳德·贝林著，王晨等译：《教育与美国社会的形成》，安徽教育出版社2013年版，第116页。

学、统计学的发展则为教育研究提供了广阔的理论来源。教育学留美博士为彰显教育研究的科学性,也紧随时代潮流,采用此种形式研究中国教育。其中,刘湛恩、朱君毅、胡毅、叶崇高、沈亦珍的博士论文皆属于这方面的专题研究,内容涉及智力测验研究、特殊儿童实验、成人教育实验、留美生教育测量以及心理测量。

表3.5 教育实验测量类博士论文

作者	博士论文	时间(年)
刘湛恩	非语言智力测验在中国的应用	1922
朱君毅	中国留美生：与其成功相关的质量	1922
胡毅	有关中国成人阅读习惯的实验性研究	1928
叶崇高	中国留学生在美国大学的适应问题	1934
沈亦珍	中国初等中学天才儿童比较教育计划	1936

资料来源：Tung-Li Yuan, *A Guide to Doctoral Dissertations by Chinese Students in America 1905—1960*, Washington: the Sino-American Cultural Society, 1961。

"成功应用于美国的心理测验目前正在中国进行实验。中国教育界进步人士试图将智力测验运动(measurement movement)引入中国,然而,却面临如何获得和选择适合的测验材料的问题。"[1]刘湛恩的论文《非语言智力测验在中国的应用》正是为了回应此类问题。在吸收美国智力测验的基础上,刘湛恩参合中国的智力测量资源,开发了非语言智力测验系统。论文对实验、评判标准、测验元素、复测、替代形式和标准进行了设计,进而形成中国化的非语言测验。刘湛恩主要借鉴了美国的迈尔斯心智测量、普莱西系统、品特纳非语言测验和迪尔伯恩组群智力测验,并结合中国的实际,进行智力测验的中国本土化研究,"对中国受过现代科学方法训练的年轻学人来说,这是一个很大的未开发的工作领域"[2],意义非凡。

对留学生的教育测量研究也引起了留美博士的注意,朱君毅的论文《中国留美生：与其成功相关的质量》运用心理测量学调查了美国学院和大学里的664名留美生,这是"一项关于在美国学院和大学留美生的学识、领导能力、英语知识与中文知识互关性的研究,是建立在非常客观的数据基础之上

---

[1] 刘湛恩：《非语言智力测验在中国的应用》,上海理工大学档案馆编《刘湛恩文集》,上海交通大学出版社2011年版,第209页。

[2] 刘湛恩：《非语言智力测验在中国的应用》,上海理工大学档案馆编《刘湛恩文集》,上海交通大学出版社2011年版,第212页。

的"①。论文虽然仅有55页，但运用了大量的统计分析量表、相关系数与回归分析，建立了一系列的分析指标，显现了他丰富的统计学理论水平和应用能力。

为深化朱君毅开拓的留美教育测量研究，叶崇高的《中国留学生在美国大学的适应问题》关注的是中国留美生的文化适应问题，他紧紧围绕着"个人习惯与个人问题、社会联系、学术工作、国内与国际关系"四大问题②，进行调查测量研究。为体现教育研究的科学性，深入揭示留美教育的客观状况，叶崇高运用了标准测量、"时间—活动分析表"（Time—Activity Analysis Blank）、生活历史记录法以及问卷法，集中调查了美国芝加哥大学、伊利诺伊大学、密歇根大学、普渡大学等4所美国中西部大学的90名中国研究生，并补充统计调查了散布于其他12所高校的35名中国研究生。在标准测量中，他主要借鉴了瑟斯顿个性问卷、"对神的态度"的测量、"对神的定义"核对量表以及奥蒂斯自我管理心理能力测验量表，考察中国研究生的背景、特性以及17个方面的适应问题。他认为中国留美研究生要解决文化适应问题，出国前应做好充分准备，应当紧密团结并成立自己的社团组织，并通过美国法条规定帮助学生个人做出调整，这不仅有利于解决中国研究生受到的歧视和偏见，而且有利于他们自身学术的发展。叶崇高还提出了具体意见，建议留美前要"拥有足以应用的英语知识，直到拥有一些学校工作以外的工作经验，为费用做出充分的细目，提前规划、了解并满足入学大学的要求"③。在态度上，建议留美生继续维持"开放思想"（open mind）"。叶崇高对留美生的文化适应测量研究，理论方法新颖，问题具体而与现实实践联系紧密，关注到了朱君毅不曾涉及的家庭出身、经济状况等背景因素分析，深化了留美教育研究。不过，其测量研究的薄弱环节是选取的样本数量尚需丰富。总而言之，叶崇高、朱君毅对留美生的教育测量研究，是以留美生身份去认知留美生，这也是自我身份认知的体现，其测量研究的对象和材料获取便利，研究更贴合实际。另外，沈亦珍的论文《中国初等中学天才儿童比较教育计划》进行的是教育的实验研究，运用了调查统计的方法，在对江苏省立上海中学同类组比较的基础上进行中国特殊儿童教育研究，为天才儿

---

① Jennings Pinkwei Chu, Chinese Students in America: Qualities Associated with Their Success, New York: T. C. Columbia University, 1922, P. 3.

② Tsung-Kao Yieh, The Adjustment Problems of Chinese Graduate Students in American Universities, private edition, 1934, preface.

③ Tsung-Kao Yieh, The Adjustment Problems of Chinese Graduate Students in American Universities, private edition, 1934, P. 120.

童的特殊教育研究贡献了力量。

教育实验测量类研究,用数据和事实分析论证,凸显了留美博士教育研究的科学性与实用性。相较于其他类型的研究,其理论方法运用较为新颖,定量分析特点突出,推动了教育研究的深入发展。但是,这种过分强调测量的研究,却也容易将教育研究的"科学性"推向极端,反噬了科学性,而大量理论方法的引介也略显生硬。他们回国以后,由此产生的问题,在20世纪30年代引起了国内学人的批评和警惕。傅斯年就曾撰文批评道:"哥伦比亚大学的教员学院毕业生给中国教育界一个最不好的贡献","到处高谈教育,什么朝三暮四的中学学制,窦二墩的教学法,说得五花八门,弄得乱七八糟"①,这诚然是对国内教育学界乱象的偏激之词,倒也说明教育学在引进过程中出现了一些问题。教育学者赵廷为也指出了教育研究人员自身存在的积习与缺点,"最大的弱点,就是一味地学时髦。他们今天讲道尔顿制,明天讲测验,在时髦的时候大谈而特谈,等到不时髦的时候,就闭口无语。像道尔顿制的实验,测验的编造,都只开了一个头,而不再继续地努力"②。当然,留美博士的教育实验测量研究也有本土化的学术努力,如刘湛恩就力图进行中国非语言智力测验系统的本土化探索。

第三节　中国教育的专题研究

出于分析和研究的方便,对留美生撰写的博士论文除了按照一般研究、教育过程研究进行分类外,还可以按照各阶段学制的专题研究进行分类。对中国教育进行专题研究的博士论文,主要集中在高等教育研究、中等教育研究和乡村教育研究。此外,儿童教育、初等教育、师资研究等也有数篇。

一、乡村教育与中国教育研究

留美生撰写的研究中国教育的博士论文中,选取乡村教育作专题研究的有5篇,分别为傅葆琛的《以满足中国乡村需要为目的的中国乡村小学课程重建》(1924)、张伯谨的《中国乡村教育制度的行政重组——基于正定县的分析》(1935)、李美筠的《寻求教育计划的改进:四川省彭川县的社会经济与政治条件分析》(1945)、朱炳乾的《一项针对中国乡村学校制度的行政模

---

① 孟真:《教育崩溃之原因》,《独立评论》1932年第9号。
② 轶尘:《教育的学问为什么给人家瞧不起》,《东方杂志》1933年第30卷第2号。

式建议》(1947)、范崇德的《乡村中国的课程改编》(1948)。相比高等教育、中等教育研究两阶段的专题研究，乡村教育研究的博士论文篇目虽不多，研究质量却颇有分量，尤其如傅葆琛、张伯谨等人对中国乡村教育的课程、制度管理重建的研究，分析细致，论证深入，并提出了一些颇有创新性的观点，对20世纪前期中国蓬勃开展的乡村建设运动颇有参考价值。此外，应当注意到乡村的普及教育研究与成人教育的专题研究有一定的交叉，如胡毅的《有关中国成人阅读习惯的实验性研究》(1928)、陈维纶的《中国成人教育的社会学基础》(1935)、程锡康的《中国成人教育计划》(1942)等。

　　从近代中国乡村教育发展历程来看，普及教育、传播知识、发展生产、培育公民精神是中国乡村教育的主要内容，而发展儿童教育和成人普及教育也是中国乡村教育的主要任务。在内容上，研究中国乡村教育的专题博士论文，主要是关于课程、行政组织和管理、发展条件的探讨。从现代化的视角来看，这些论文则是有关乡村教育课程现代化、组织管理现代化、发展条件现代化等内容的研究。随着20世纪二三十年代中国乡村建设运动的兴起，乡村教育成为当时的重要议题。为解决中国乡村发展和社会重建问题，中国教育学者从各自视角和理论基础建构起乡村教育发展的不同路径，主要有以晏阳初为代表的平民教育，以梁漱溟为代表的乡村建设，以陶行知为代表的生活教育，以俞庆棠和高阳为代表的民众教育，以雷沛鸿为代表的国民教育，还有以国民政府为主导的新生活建设等。陶行知曾发表《中国乡村教育之根本改造》的演讲，阐释了他的中国乡村教育出路，"生路是什么？就是建设适合乡村实际生活的活教育"①，他在随后发表的一系列文章中提出了"生活即教育""社会即学校""教学做合一"的生活教育理论，主张用生活教育来改造乡村。晏阳初在1928年针对民众教育发表的演讲中，提出了中国乡村教育的另一种道路："一须培养民众知识力，用文字教育，二须培养生产力，用生计教育，三须培养团结力，用公民教育。"②初步阐释了他的平民教育思想。1931年梁漱溟出版《乡村建设理论》，他主张中国社会改造要从文化入手，提倡在乡村建设中传播科学技术，培养农民团体精神，用儒家文化来拯救中国乡村。

　　选择中国乡村教育作为博士论文的研究主题，符合当时中国社会重建的需要，也紧跟当时教育研究的热点，但其研究体量与乡村教育在民国时期的发展地位相比还是有相当差距，远不如高等教育、中等教育研究的博士论

---

① 陶行知：《中国乡村教育之根本改造》，《中华教育界》1927年第10期。
② 中央教育科学研究所编：《中国现代教育大事记》，教育科学出版社1988年版，第150页。

文丰富,其背后的原因值得深思。在时间分布上,20世纪20年代撰有1篇,30年代撰有1篇,40年代撰有3篇,数量最多。论文撰写的时间分布特点表现为:乡村教育研究选题的兴起时间与中国国内乡村建设运动兴起的时间基本相符,但存有滞后性,而博士论文选题研究的热门时间是在中国抗战胜利之后,时值中国战后重建的高潮时期。可见,中国乡村教育研究的选题时间波动趋势,与中国国内社会局势的发展趋势基本保持一致,展现出了博士论文对中国社会现实问题的关注。

与中国乡村教育发展和研究状况相比,20世纪40年代之前美国乡村教育的发展呈现出的景象为"着眼于整个乡村的改造,教育不限于学校以内。成人教育和儿童教育并重,欲改造乡村社会,不能只办儿童教育。注意农业的合作化,以改进农村经济。注意农民团体组织,小则推动地方事业,大则参加国家政治"[1]。这一时期的美国乡村教育研究,主要议题是改造整个乡村,教育面向社会,成人教育与儿童教育并重,改进乡村经济,建设农民团体。随着20世纪40年代美国白宫农村教育会议提出"复兴乡村教育",美国掀起了乡村"学校合并"运动的高潮,主要措施有"鼓励学校合并与学区重组""学校交通的法制化""构建责权明确的农村教育管理体制"等[2],美国乡村教育关注的主要内容则转向了管理效率、乡村教育交通、学校合并的议题。在乡村教育研究上,20世纪上半叶的美国诞生了众多的乡村教育家,提出了各具特色的教育理论,如以乡村教育、教育管理研究、教育调查研究著称的沃克斯[3],提倡注重教育管理的效率。倡导"冲突—进步"的进步主义教育史学家克伯莱也关注乡村教育,著有《乡村生活与教育》(1914)、《美国公共教育》(1919)、《教育史》(1920)等。[4]鼓吹教育社会学的布任(一译布里姆),主张教育要面向社会,教育的目的是培养良好的公民,著有《乡村教育》《乡村教育实施之通则》(四川省立教育学院乡村系出版)。乡村教育家弗兰克·W.希尔,则是美国校车标准(小黄车)的发起者。这些学有所长的美国乡村教育家,很多是留美博士的论文指导老师,影响了留美生的学术走向。

留美博士的中国乡村教育研究,主要吸收了教育实用主义、社会改造主义的教育思想,并借鉴了克伯屈课程改造的教学法和提高教育与管理效率的思想,他们普遍主张教育与生活相联,教育要符合社会和人们需要,教育

---

[1] 庄泽宣编:《乡村建设与乡村教育》,中华书局1939年版,第70页。
[2] 王强:《20世纪美国农村"学校合并"运动述评》,《外国中小学教育》2007年第8期。
[3] 周亚:《美国图书馆学教育思想研究 1887—1955》,学林出版社2018年版,第224—225页。
[4] 杜成宪、邓明言:《教育史学》,人民教育出版社2014年版,第375页。

要面向社会,培养国民精神。当然在容受西式的教育教学理论后,他们也有自己的特点和创见。如在关注的重点上,由于中国面临的现代化建设的任务更重也更艰巨,留美博士生的中国教育研究更侧重教育效率、教育满足人们需求与提高社会生产力方面的探讨,基本属于教育过程和内容的研究,而美国乡村教育发展比较成熟,也无现代化建设的历史包袱,虽然也关注教育效率,但在20世纪30年代出现了重要转向,即教育要面向社会,提倡学校的参与,注重公民精神的培养和民主社会建设。留美博士生的中国乡村教育研究,无论是乡村儿童教育,还是乡村民众教育,其任务的重点在于普及教育,通过教育来普及文化和科技知识、培养民族精神,而美国的乡村教育任务的重点在于教育的均衡化发展,并兴起了"合并学校"与发展校车运动。此外,留美生的中国教育研究还面临着如何处理中西文化教育资源的问题,他们普遍表示要继承中国传统文化教育资源,建立起适合中国国情的乡村教育,其乡村教育研究也涉及教育的民族性问题。

傅葆琛的博士论文《以满足中国乡村需要为目的的中国乡村小学课程重建》(Reconstruction of the Chinese Rural Elementary School Curriculum to Meet Rural Needs in China)是有关中国乡村小学课程研究的典型代表,论文于1924年提交给康奈尔大学以后获得哲学博士学位。傅葆琛在撰写博士论文时,就已经有了丰富的平民教育经验。早年曾承担清华附设的贫民学校工作,在一战期间曾受基督教国际青年会的聘请,同晏阳初共同参与旅欧华工的识字教育,而这些旅欧华工大多来自中国乡村。因此,傅葆琛上述经历积累了对中国农民的丰富认知和教育经验,为撰写博士论文提供了丰富的素材。

傅葆琛在博士论文中指出,"自从中国众多乡村巨大的文盲率被披露后,教育机会均等问题变得更加尖锐。作为一种民主,中国需要的教育不仅要通用,而且要行之有效并实用","它不是要与城市课程相同,而是应建立在根据乡村需要和乡村人活动的基础之上"[1]。通过发展乡村教育,进一步促进教育机会平等和中国民主建设,是傅葆琛研究中国乡村教育的主要目的。在乡村小学课程设计的指导思想上,他借鉴了实用主义的教育思想,主张课程设计要建立在乡村需要和人们经验的基础上。傅葆琛还构建了中国乡村小学课程制定原则,内容包括教育的环境条件、满足乡村需求和个人需求、促进城乡关系发展、利于提高效率等。为此,傅葆琛提出了乡村小学课

---

[1] Paul C. Fugh, Reconstruction of the Chinese Rural Elementary School Curriculum to Meet Rural Needs in China, abstract of a thesis, N.Y.:Cornell University,1924, P.3.

程的目标、价值、方向、内容等11条具体指导建议。①傅葆琛的乡村小学课程重建思想,还体现出"专家治校"的色彩,在中国乡村小学课程的制定主体上,他主张涵盖"教育专家——包括学科专家、政府研究人员、高校教授、教育方面的归国留学生等""课堂教师和督导员""学校行政管理人员——包括省级专员;县、区、市级督导员;国家和省级督学、校长等""有智慧的普通公民"②。为解决中国乡村的卫生健康问题,他还特别强调在中国乡村小学开展卫生教育的重要性,认为预防比治疗更有效,"为了预防,我们必须进行教育"③。傅葆琛博士论文的中国乡村小学课程重建研究,促进了中国乡村小学教育建设,研究别具一格,其特色表现在三个方面:一是将问题法与比较法相结合的研究框架,二是以实用主义哲学为思想底色,三是基于进步主义理论构建小学教育的核心理念,并对乡村小学教育进行实证研究。

20世纪上半叶,教育的现代化是中国教育的发展主线之一。因此,关乎课程内容、制度重建和教育管理效率的议题,成为留美生博士论文的研究主题,乡村教育的行政管理研究也备受关注。张伯谨的博士论文《中国乡村教育制度的行政重组——基于正定县的分析》(The Administrative Reorganization of the Educational System of A County in China Based on the Analysis of Cheng Ting Hsien)属于中国乡村教育行政管理的个案研究,于1935年6月提交给康奈尔大学研究生院。张伯谨的博士论文主体部分共计四章,分别为所研究县的说明、所研究县的教育条件、现行教育制度的缺陷、对现行学校制度提出的重组。④面对20世纪30年代如火如荼的中国乡村重建运动,张伯谨以对河北正定县乡村教育行政制度的个案研究,期望提出满足乡村教育重建的合理方案,"为了满足新的社会秩序的需要,正在努力根据传统的条件和目前的社会状况制定一个新的制度",其研究侧重于教育条件、教育效率、教育平等、教育

---

① Paul C. Fugh, Reconstruction of the Chinese Rural Elementary School Curriculum to Meet Rural Needs in China, *The Chinese Social and Political Science Review*, 1925, Ⅸ, No.3, pp.450—452.

② Paul C. Fugh, Reconstruction of the Chinese Rural Elementary School Curriculum to Meet Rural Needs in China, *The Chinese Social and Political Science Review*, 1925, Ⅸ, No.3, P.456.

③ Paul C. Fugh, Reconstruction of the Chinese Rural Elementary School Curriculum to Meet Rural Needs in China, *The Chinese Social and Political Science Review*, 1925, Ⅸ, No.4, P.765.

④ Pe Chin Chang, The Administrative Reorganization of the Educational System of a County in China Based on the Analysis of Cheng Ting Hsien, An Abstract of a Thesis, N. Y.: Cornell University, 1935.

财政均衡等内容,"教育政策应立足于旧的情况和社会条件,同时满足新的、不断变化的秩序的需要;教育组织在达到其目标的同时,还应提高能源消耗和资金消耗的效率;教育机会应该是人人平等的,同时,税收负担也应该是平等的"①。教育效率、教育平等、教育财政负担均衡,不仅是留美生博士论文关注的重点,而且是中国近代教育发展的重心。为重建中国的乡村教育,提高行政管理效率,张伯谨在博士论文中提出了研究的五大目的:"根据所选县的实际情况,确定适当的行政单位(村、镇、县)。根据现状,规划出更好的成人教育发展道路。发现现行制度在组织、财务和管理方面的主要缺陷。按照最有效、最节省和教育机会与负担均等的原则重新安排教育制度。重建课程,以满足当前的社会需要和近期社会秩序的可能需要。"②

本着实证主义精神,张伯谨通过调查研究发现,正定县的办学条件、教育制度和行政管理显然存在很多问题,如"乡村学校税的税率很不规范。为了达到教育法规定的标准,通常情况下,较贫困的村要按总财富的比例多交一些学税","大多数都为男孩和女孩保留分开的学校。小学生的人均教育费用由于入学人数的迅速增加而呈现出稳步下降的趋势"③。办学条件的问题是乡村男女学生实行分校,乡村教育经费负担出现了穷者愈重的反常现象,显然有违教育公平原则。小学课程的设置则忽视了儿童和社区的需求,小学课程设置相同,"没有针对儿童或社区的特殊需要而开设的特别课程"④。正定县的教育制度在行政税务机关、校长及其机构、平民教育机构、学区、学校等方面也存在一些缺陷,"县是教育行政单位,但学校的税收不是由全县系统征收的。这些村庄的学校税率占他们全部财富的0.59%到0.01%";学校督学并不直接管理学校,"督学和学监的薪资和学历都偏低";"平民教育学校是唯一的成人教育机构",受县政府的控制,且人员不足;在

---

① Pe Chin Chang, The Administrative Reorganization of the Educational System of a County in China Based on the Analysis of Cheng Ting Hsien, An Abstract of a Thesis, N. Y.: Cornell University, 1935, P.1.

② Pe Chin Chang, The Administrative Reorganization of the Educational System of a County in China Based on the Analysis of Cheng Ting Hsien, An Abstract of a Thesis, N. Y.: Cornell University, 1935, pp.1−2.

③ Pe Chin Chang, The Administrative Reorganization of the Educational System of a County in China Based on the Analysis of Cheng Ting Hsien, An Abstract of a Thesis, N. Y.: Cornell University, 1935, P.3.

④ Pe Chin Chang, The Administrative Reorganization of the Educational System of a County in China Based on the Analysis of Cheng Ting Hsien, An Abstract of a Thesis, N. Y.: Cornell University, 1935, P.4.

学区问题上,"管理上不统一,而且它们的面积太大,无法合并学校";"学校设备差,招生人数少";在学生管理上,"学校也有让学生支付学费的趋势";在教师问题上,"教师工资很低",吸引力差;在课程设置上,"学校既不能满足个别学生的特殊需要,也不能满足社会的需要"[1]。可见,正定县教育制度的核心问题在于管理效率不高,财政负担不合理,课程设置未能满足需求。

张伯谨依据正定县教育存在的问题,从社会、经济和历史条件出发,在博士论文中设计了正定县教育制度重建的方案,主张"县应是学校系统的行政和税收单位","在统一全县税制的基础上,提出了提高税率的方案",并通过"省教育厅聘任学监","雇用更多的人从事管理工作","提高督学和学监的薪资水平","增加一个卫生部门","增加一个考勤部门",对学监行政机构进行重组。[2]张伯谨还建议增设成人教育部门,"成人教育作为一种公共义务,在管理者的控制下","使学校成为社区的智力中心",要提高工作效率,节约经费,教师与校长紧密合作。[3]张伯谨在对成人教育的改革构想中,提出让学校成为社区的中心,自然是受到了美国重建主义的教育学派的影响。在正定县的学校制度改革上,张伯谨主张"废除现有学区","建立9个高等小学和中心小学","将农村男女分开的学校尽快合并为一所男女同校的学校","将小型学校集中为综合学校"[4],这些建议以提高教育管理效率、促进教育公平、统一教育管理为重点,体现了研究的新颖性、超前性和科学性,尤其是男女合校、小学合并为综合学校的建议,彰显了张伯谨对中国县级学校制度重建的远见卓识,而此后中国教育改革发展的趋势也验证了张伯谨博士论文的价值。当然,一些建议也值得商榷,如小型学校合并为综合学校的建议,显然是受到美国"合并学校"思想的影响,虽然有利于提高中国教育管理的效率,但并未提出学校合并后乡村小学交通问题的解决方案,无疑增加

---

[1] Pe Chin Chang, The Administrative Reorganization of the Educational System of a County in China Based on the Analysis of Cheng Ting Hsien, An Abstract of a Thesis, N.Y.: Cornell University, 1935,pp.4—5.

[2] Pe Chin Chang, The Administrative Reorganization of the Educational System of a County in China Based on the Analysis of Cheng Ting Hsien, An Abstract of a Thesis, N.Y.: Cornell University, 1935,pp.6—7.

[3] Pe Chin Chang, The Administrative Reorganization of the Educational System of a County in China Based on the Analysis of Cheng Ting Hsien, An Abstract of a Thesis, N.Y.: Cornell University, 1935, P.7.

[4] Pe Chin Chang, The Administrative Reorganization of the Educational System of a County in China Based on the Analysis of Cheng Ting Hsien, An Abstract of a Thesis, N.Y.: Cornell University, 1935,P.8.

了边远乡村儿童上学的交通负担,实际上合并学校的建议超出了当时中国教育的发展条件。

此外,朱炳乾的博士论文为《一项针对中国乡村学校制度的行政模式建议》(1947),论文主导师为美国乡村教育家、校车制度的发起者弗兰克·W.希尔;范崇德的博士论文为《乡村中国的课程改编》(1948),论文主导师为美国乡村教育家布鲁奈。上述两篇博士论文在撰写时,正值中国抗战胜利后进入国家重建的重要时期,也是国共两党不同国家建设方案激烈竞争时期。如何进行中国乡村学校制度的行政重建,朱炳乾在博士论文中给出了意见,在对比分析了美国县级学校制度的实践后,他提出的教育重建建议是:"必须以地方社区的重建为开始,且必须确保地方的参与、主动性与支持","对不同行政层次的教育重建责任,必须明确定位,并且必须留给地方主要的职能与管理以能做出合适的改变","一个有效学校管理的两个基本元素为一个强力的学校委员会与一个胜任的学校负责人"[1]。论文受到了美国进步主义"教育效率"运动的影响,并借鉴了社会改造主义思想。强调教育与社区重建的结合,明确教育管理的职责,建立强有力的教育组织,提高教育管理的效率,是朱炳乾乡村教育行政管理思想的主要特色。而范崇德的博士论文《乡村中国的课程改编》,则集中参考了社会改造主义教育思想,他提出:"由于培养青年和改造社会的方向是由社会和文化的需要决定的,课程重组问题必须从社会的参照系来考察。"[2]在乡村小学课程指导原则上,强调课程重建要满足社会需求、依据学习经验,则体现了他的实用主义教育思想色彩。这些博士论文在对美国导师教育思想容受的基础上进行了创新,展现了留美博士生对中国乡村教育的研究功力。

整体来看,中国乡村教育类博士论文数量虽然不多,但探讨的问题却切中要害,中国乡村教育的统一问题、管理效率问题、教育公平问题、课程改革适应问题是他们提出的共性问题,提出的一些教育改革方案也颇有创新性,对当今中国乡村教育改革也有参考意义。

二、高等教育与中国教育研究

相比于中国乡村教育的选题研究,高等教育专题研究的博士论文体量

---

[1] Ping-Chien Chu, A Proposed Administrative Pattern of the Hsien(Country) School System in China, microfilm of typescript, New York: Columbia University, 1947, pp.219-220.

[2] Chung-Teh Fan, Curriculum Reorganization in Rural China, microfilm of typescript, New York: Columbia University Libraries, 1978, P. 216.

十分丰富,据统计共有10篇,约占总体比例的16%,是留美生博士论文的热门选题。就中国近代教育的发展历程来看,20世纪上半叶中国乡村教育运动、职业教育运动风起云涌,而留美博士生更热衷于对中国高等教育的研究。留美生博士论文的热门选题与中国教育的上述发展状况并不吻合,考究其背后的原因,一是在研究层次上,高等教育似乎更符合留美博士生的精英意识。二是在研究对象和研究材料获取上,很多专题的研究对象即是高校学生,尤其是留美博士生对留美教育的专题研究,既可贴近对高校学生群体的认知,又可更便捷地获取研究材料。有关中国高等教育研究的博士论文情况,具体见表3.6。

表3.6 有关中国高等教育研究的博士论文

作者	博士论文	出版时间(年)
朱君毅	中国留美生:与其成功相关的质量	1922
李树棠	美国学院与大学的男女同校:历史性、心理性与社会学研究及对中国的应用	1928
杨亮功	美国州立大学董事会管理的组织、功能与职责研究,以及这类研究对中国类似制度的应用	1928
许桂英	关于中国女子高等学院一些问题的研究	1931
叶崇高	中国留学生在美国大学的适应问题	1934
黄国安	中国基督新教大学与学院的体育教育	1937
陈继平	中国岭南大学宗教教育建议方案	1940
韩庆濂	中美行政公共支持高等教育比较研究	1941
郭锡恩	美国大学的中国留学生	1946(提交)
李抱忱	一项对国立北平师范学院音乐教师教育的建议	1948

资料来源:Tung-Li Yuan, *A Guide to Doctoral Dissertations by Chinese Students in America 1905—1960*, Washington: the Sino-American Cultural Society, 1961.

据表3.6分析可得,内容上,对留美高等教育、高校行政管理和学生适应问题的研究比例最大。同时,涵括范围广,研究类型丰富,留美生、教育行政管理、高校学生适应、课程教育、师资培训、女子教育等都是博士论文关注的研究主题。在研究视角和方法上,比较研究法和测量实验法是高等教育类专题论文采用的主要研究方法,如李树棠的《美国学院与大学的男女同校:历史性、心理性与社会学研究及对中国的应用》,采用了比较研究的视角,探讨美国高校男女同校对中国的应用借鉴。杨亮功的《美国州立大学董事会管理的组织、功能与职责研究,以及这类研究对中国类似制度的应用》,采用了对比分析法,考察了高校董事会制度对中国高校的应用。再如,韩庆濂的《中美行政公共支持高等教育比较研究》,通过比较分析,探究教育行政制度在发展高等教育中的作用。朱君毅的博士论文《中国留美生：与其成功相关的质量》，则充分运用了教育测量实验的方法，对影响留美教育的相关因素进行了探讨，提出了颇有见地的建议。20世纪上半叶，中国女子高等教育的专题研究也获得了留美博士生的关注，在一定程度上说明了女性意识的兴起。从历史纵时段考察，中国高等教育类论文的时间间隔分布比较均衡，每隔十年大概有3~4篇论文。可以看出，中国高等教育的相关研究一直是留美博士生关注的重点，同中国国内政治经济形势的波动趋势并不吻合。

留美博士生对留美教育的研究也比较热衷，共有3篇博士论文，分别是朱君毅、叶崇高、郭锡恩的论文。留美博士生以留美生的视角对所属群体进行自我审视和研究，本身就是一个十分独特的现象。他们运用调查测量的方法和自身优势考察留美教育概貌、留美教育效果及相关因素、留美适应问题，既有材料搜集的便捷，也有对群体自我认知的优势。叶崇高的论文通过对"个人习惯与个人问题，社会联系，学术工作，国内与国际关系"等一系列问题的测量调查[①]，探讨留美生的文化适应问题，并对留美教育提出了"拥有足以应用的英语知识，直到拥有一些学校工作以外的工作经验，为费用做出充分的细目，提前规划、了解并满足入学大学的要求"[②]等建议，对留美教育的发展具有指导意义。郭锡恩的博士论文于1946年8月提交，1947年1月21日获得论文答辩委员会通过。郭锡恩的博士论文共有十二章，主要内容包括留美生的历史考察、高等教育存在的问题、中国的教育准备、大学的选择、图书馆的利用、学法指导、考试类型、新环境下的个人福祉、课外活动以及今后展望等。郭锡恩认为留美生"从在中国的准备时期到在美国大学完成高等教育时期的每一步都要遇到问题"，出国前需要给予指导和帮助，留美时又面临心理和社会适应问题，"他怎样才能适应大学社会？他如何为美国人民扮演一名中国的'非正式大使'？"[③]其研究的主要目的是探讨他们的新环境适应问题，"不是作为一个指南来回答在适应过程中产生的所有问题。它更像是对美国为外国学生出版的其他指南的补充，强调了一些现有指南没有涉及的问题。通过这种强调，旨在帮助中国学生更有效地适应美

---

① Tsung-Kao Yieh, The Adjustment Problems of Chinese Graduate Students in American Universities, private edition, 1934, preface.

② Tsung-Kao Yieh, The Adjustment Problems of Chinese Graduate Students in American Universities, private edition, 1934, P. 120.

③ Edwin Sih-ung Kwoh, Chinese Students in American Universities a Report of a Type C Project, New York : Columbia University, 1946, preface.

国的环境"①。以留美生作为研究主题,无论对促进中美文化交流,还是为留美生提供留学建议,都有极大的现实意义。

高等教育的行政管理比较研究,也是留美博士生关注的重点,共撰有3篇博士论文,分别为杨亮功、李树棠、韩庆濂的论文。对高等教育行政管理的比较研究,是受到了美国"效率运动"的影响,同时也顺应了国内蓬勃开展的高校建设形势。留美博士生力图通过对中美高等教育行政管理的比较研究,为中国高校的现代化改造提供参考。杨亮功的博士论文是高等教育行政管理研究的典型代表,他主要是从功能主义理论出发,对高校董事会制度进行比较分析,以期为中国高校的组织建设和行政管理提供借鉴。论文研究得益于他的早期实践和教育经历,留美前他曾担任过天津女子师范学校的教员、安庆省立第一中学校长,教学经验丰富;赴美后先后在加利福尼亚大学伯克利分校、斯坦福大学学习、哥伦比亚大学、纽约大学学习,并以教育行政管理为主科,专业基础扎实,为研究之路打下了基础。1927年10月,为满足纽约大学教育学院哲学博士学位的要求,杨亮功提交了博士论文,1928年获得哲学博士学位。

杨亮功博士论文的内容分别为导言、董事会类型、董事会的功能与职责、关于州立大学理事会拟议规定建议的一般性摘要、中国的应用。杨亮功整理了校董事会的三种不同类型,分别为单独型或个人型、控制型、合作型或非正式教育讨论会,然后对其组织构成、人员、任期、资格、选拔、薪资、常务委员会、董事会董事等内容进行了阐述。从立法、行政、司法功能的角度,他还详细探讨了校长、教学人员、董事会董事以及常务委员会的职责。在区分董事会首要职责与次要职责的基础上,他对校长、教学人员、董事会董事以及常务委员会的职责提出了建议。杨亮功还对中国实践的校董事会制度进行了典型个案分析,以国立北京师范大学董事会与国立东南大学董事会制度的比较研究,分析当前得失,指出其问题为:"在大学机构中或日常实践细节中的任何改进,他处优良的测验与试验,以及设备上发现的优势,都能很快应用于所有大学。另一方面非常依赖中央政府的英明,不良特性可能也会广泛的散播"②,"中国校董事会自己不能任命大学校长,而代之以向教育部长推荐大学一名校长","建立的董事会没有任命或选择大学的下属行

---

① Edwin Sih-ung Kwoh, Chinese Students in American Universities a Report of a Type C Project, New York: Columbia University, 1946, preface.
② Yang Liang-Kung, A Study of the Organization, Functions and Duties of Boards of Control of State Universities in the United States, and the Applications of Such Study to Similar Institutions in China, N. Y.: New York University, 1927, P.152.

政人员及教工人员的权力","在规章制度上没有制定出董事会相关立法职能的规范用以指导"①。对外而言,具有中央集权式管理特点的中国校董事会制度,在有利于优良改革推广的同时,不良特性也会被广泛播散;对内而言,中国校董事会制度缺乏人事任免的权力,造成职权不清的后果,杨亮功对中国高校董事会制度的观察是比较敏锐的。

  杨亮功博士论文最主要的研究特色是将高校董事会制度置于中美教育环境下进行组织、功能和职责的比较研究。他对中美校董事会制度的分析细致而深入,指出其目的都是为公众参与公共教育机构管理提供机会,并且是大学民主表现的形式,"董事会的功能是立法,而大学校长和学院的本质功能是管理"②。但中美校董事会制度产生于不同的教育环境,中国教育制度采用的是国家中央集权式的管理,而美国教育事务则由州政府负责,前者有利于提高教育效率和促进教育平等,但"缺乏建立在当地需要上的地方自主性";在职权方面,"在美国州立大学的董事会是最终的权威",而中国高校董事会无权任命校长,而且"大学不能独立于政治影响之外……教育部长会受政治偏见的影响而任命或解雇一名大学校长"③。在比较分析中美教育环境的基础上,杨亮功从立法、行政、司法的角度,提出了校董事会制度应用的四条原则:"教育部长对全国所有国立和省立大学应行使一般监督与巡视的权力;国立或省立大学董事会应代表人民,它应拥有在个体机构管理中的最终权力;在教育事务中,应维持董事会和专家们的立法与行政职能明确的区别,一旦已经决议下来,专家们的首要任务是执行;理事会应当独立于不利政治的影响"④,为进一步厘清董事会的功能和职责提供了依据。杨亮功还设计了董事会的11项功能和职责,为中国高校教育管理提供了极有价值的建议。杨亮功博士论文的另一项价值是运用问卷调查法对高校董事会制度

---

① Yang Liang-Kung, A Study of the Organization, Functions and Duties of Boards of Control of State Universities in the United States, and the Applications of Such Study to Similar Institutions in China, N. Y.: New York University, 1927, pp.154—155.

② Yang Liang-Kung, A Study of the Organization, Functions and Duties of Boards of Control of State Universities in the United States, and the Applications of Such Study to Similar Institutions in China, N. Y.: New York University, 1927, pp.158—159.

③ Yang Liang-Kung, A Study of the Organization, Functions and Duties of Boards of Control of State Universities in the United States, and the Applications of Such Study to Similar Institutions in China, N. Y.: New York University, 1927, pp.157—158.

④ Yang Liang-Kung, A Study of the Organization, Functions and Duties of Boards of Control of State Universities in the United States, and the Applications of Such Study to Similar Institutions in China, N. Y.: New York University, 1927, P.160.

进行研究,颇有实证主义色彩,为此后高等教育行政管理研究提供了一种思路。归国以后,杨亮功曾主政安徽大学,"他以在美国学习的现代教育管理理论和方法为依据,大胆进行变革,全面加强学校教学和日常管理,取得一定进展"①,将其所学的行政管理思想用于治校管理。

美国的教育管理研究,"20世纪前30年的教育管理研究偏重于学校效率和教育测验两方面工作",以统计法为主要研究方法,20世纪30年代至50年代,"教育研究的重心发生了重要转变,转到教育管理民主化、教育改革的基本因素、行政组织机构、学校财政、学校建筑、教育管理研究经费等方面。"②20世纪上半叶,美国教育管理研究的两个阶段基本是以"效率"和"民主"两种价值观为依据。留美生有关中国高等教育行政管理研究的博士论文,其研究特点与美国教育管理研究发展趋势基本保持一致,差异之处在于时间分期上是以40年代为分期,在内容上,对管理效率的强调一直是留美博士生中国高等教育行政研究的重点。

20世纪初,中国女子教育研究已有学者关注,并进行了专题研究。1911年美国来华传教士玛格丽特·伯顿"根据自己的旅行经历和研究"③,撰写了《中国女子教育史》,初步探讨了中国女子教育的特点和历史。留美博士生也有人以中国女子高等教育为专题撰写了博士论文,数目虽然不多,但已经引起了留美博士生的注意,典型代表有许桂英的博士论文《关于中国女子高等学院一些问题的研究》(A Study of Certain Problems in the Higher Institutes for Women in China),她是以性别视角对中国现代女子高等教育进行系统研究,许桂英本人即受益于中国现代女子教育的发展。1920年秋南开大学开始招收女生,实行男女合校制度,招收女生3名,"首先考入南大的女生是许桂英女士。她是创造南大男女同班的优先分子,男女合校才得成功"④,"是张伯苓的得意弟子"⑤,开南开女学风气之先。在国际上,19世纪后期,受女性解放运动的推动,英国兴起了争取女子高等教育权运动,"争取女

---

① 周乾:《杨亮功与民国时期的安徽大学》,《江淮文史》2005年第3期。
② 陈如平:《19世纪末至20世纪50年代美国教育管理思想研究述评》,《清华大学教育研究》2001年第2期。
③ 刘霓、黄育馥:《国外中国女性研究:文献与数据分析》,中国社会科学出版社2009年版,第27页。
④ 陈冠雄:《南开大学三年来的概况》,王文俊、梁吉生等选编《南开大学校史资料选(1919—1949)》,南开大学出版社1989年版,第14页。
⑤ 《梁思庄记天津中西女子中学(节录)》,朱有瓛、高时良主编《中国近代学制史料》(第4辑),华东师范大学出版社1993年版,第366页。

子高等教育权是19世纪英国女权运动的重要目标之一"[①],它是英国现代化的结果。与此同时,美国女子高等教育也迅速发展,至20世纪上半叶,不仅兴起了男女同校的"合并潮",女子院校也普遍建立,"即使是在20世纪后半叶的40年里……每年仍有约10万的女性受益于女子院校的学习"[②]。受国际教育热潮的触动,在美留学的许桂英选择以中国女子高等教育研究作为博士论文的选题。其博士论文于1931年在天津出版。论文在撰写过程中进行了大量的问卷调查,并得到多人的帮助。1930年5月2日,张伯苓曾致函沪江大学校长刘湛恩,请求其帮助许桂英进行问卷调查,"顷接在美哥伦比亚大学研究教育之许桂英(Jenmie Hsu)女士来函,烦为转知台端,将前伊所寄来之调查问题表若干份,请分发贵校学生,填写毕,即予寄还"[③],为许桂英撰写博士论文提供了资料调查的便利。

许桂英的博士论文共分为导言、问题陈述和研究方法、关于个人问题的类型和频率的一般看法、学业问题、社会问题、健康问题、家庭问题、经济问题、结论等九章,主要采用了问卷调查法,以问题为主线,并切入了性别视角,如校长、女子学院院长、女生、男生、留美男女生对各类问题的看法,围绕着女子高等学院中的学业问题、社会问题、健康问题、家庭问题、经济问题进行比较研究。许桂英通过研究发现,中国学生普遍存在的问题是:"健康问题被绝大多数男生所承认。人数最多的男女学生都提到缺乏室内和室外运动的医疗服务和设施","除了社会问题之外,女生报告的学业问题比其他任何类型的问题都要多","由女生提到的社会问题比其他类型的问题更加频繁地被提到,且在男生的问题清单上排名第二","与他们的学业、社会、健康和经济问题相比,家庭问题是男生下一个很少提及的问题,并是女生很少提及的问题","经济问题是男生那些很少提及问题中的次要问题","女生比男生更经常地报告各种经济问题","女生最常提到的经济问题是:需要兼职工作,以及没有人帮助需要兼职工作的学生"[④],性别视角下的问题分析,显然给许桂英带来了别样的思考。针对这些问题,许桂英提出了相关建议,在健康问题上,"学校当局应在目前力所能及的范围内,改善校园环境中的饮食

[①] 潘迎华:《19世纪后期英国现代化与女子高等教育的兴起》,《史学月刊》2009年第9期。

[②] 欧阳林舟:《美国女子院校育人经验及其对中国的启示》,《山东女子学院学报》2017年第4期。

[③] 张伯苓:《致刘湛恩函》,梁吉生、张兰普编《张伯苓私档全宗》(上),中国档案出版社2009年版,第406页。

[④] Jennie Hsu, *A Study of Certain Problems in the Higher Institutes for Women in China*, Tientsin:publisher not identified,1931,pp.127-129.

和卫生状况",应争取学生的兴趣和帮助,"也需要开设一门关于健康的一般信息课程";在学业问题上,"有效利用图书馆的建议和改进学习方法都是大学管理者可以立即着手解决的问题",并进行学法和教法的研究;在社会问题上,"如果对学生所遇到的社会问题类型进行认真的研究,并对高校所建立的社会指导的组织、管理和技术进行改进,至少可以帮助学生解决他们的社会问题",在引介美国课外活动方案之前应注意方案的实用价值和学生需求的调查,"只有在发现新的活动能够满足中国学生个体需求时,才应该介绍这些活动";在家庭问题上,"男、女大学生反映的家庭问题与当前中国社会的大变革密切相关",大学对解决学生的家庭问题帮助不大,但"可以帮助解决由许多生理和心理因素引起的各种家庭问题";在经济问题上,"学生找到兼职工作的机会很大程度上取决于经济条件,而不是学校的职业指导","如果在中国高等院校的所有女学生中人事工作是非常需要的,那么就应该对这一问题给予更多的关注,并且可能应该在教师队伍中增加一名训练有素的女辅导员以代表女生"[①]。这些解决方案,对中国大学的管理者颇有参考价值。

与上述玛格丽特·波顿的研究相比,许桂英对中国女子高等学院诸问题的研究,提供了新颖的性别视角,显示出了教育研究中的科学主义和女性意识的觉醒,并提出了不少具有创新意义的观点和建议,如大学在解决学生家庭问题的地位和作用、学业问题中书目查找的学法指导、扩充教师队伍中的女性教职工,为男女教育平权的发展提供了参考。

总体看,这批留美博士生的高等教育类博士论文,研究选题聚焦于留美高等教育、高校行政管理和学生适应问题研究,其指向是促进中国教育的现代化。在研究方法上,多采用问题研究法、比较研究法和测量调查法,受到教育研究科学化思想的影响。此外,高等教育类博士论文的研究,还表现出追求教育效率的研究倾向。

三、中等教育与中国教育研究

在按各阶段学制分类的专题研究博士论文中,对中国中等教育研究的博士论文篇数最多,共有11篇,约占总数的17.5%,中国中等教育研究是留美博士生最热衷的选题。出现这种状况的原因,一则与中等教育的地位有关系,中等教育在整个学制系统中起着承上启下的重要作用,且中等教育改

---

① Jennie Hsu, *A Study of Certain Problems in the Higher Institutes for Women in China*, Tientsin:publisher not identified,1931,pp.129—133.

革与整个学制改革成功与否关联甚大。二则与中国国内中等教育的蓬勃发展盛况有关,留美博士生的中等教育研究满足了国内中等教育改革与建设的需要。随着民初《中学校令》及实施规则的颁行,国内中等教育迅速发展,至1912年,全国有中学500所,学生59971人;至1915年,中学数增至803所,学生87929人[1],学生数是1912年的1.6倍。1922年"六三三"新学制颁行,确立了综合中学,1922年中等教育学校达到1096所,学生182804人;1930年,中等教育学校有2992所,学生514609人;1940年,中等教育学校2606所,学生768533人;1945年,中等教育学校5073所,学生1566392人。[2]除了1930年至1940年间受战争影响而增速较缓外,整个20世纪上半叶,国内中等教育的学校数和学生数几乎每十年增长2~3倍,1945年抗战胜利后,中等教育的学生数甚至达到了156万之多。20世纪二三十年代中国兴起的平民教育运动和职业教育运动,也影响了留美博士生的研究取向,对中等教育的研究正满足了社会重建需要和民众需求。三则20世纪上半叶,中等教育一直是美国教育发展和研究的重点,留美博士生自然受其影响。就美国中等教育的发展和研究动向而言,20世纪初美国中等教育突出选拔性和学术性教育。在国际中等职业教育浪潮的冲击下,1918年美国开始对中等教育加以改革,中等教育委员会制定了包括健康、掌握基本方法、职业效率、公民资格、伦理品格等中等教育的七大指导原则。随着实用主义思潮和进步主义教育运动的兴起,中学课程强调学生主体和兴趣。"升学与就业,文化陶冶与职业技能训练并重的综合中学,是20世纪上半叶的主要中等教育办学形式。"[3]20世纪40年代至50年代,在社会改造主义教育思潮的影响下,"中学课程的'生活适应'(life adjustment)之风盛行"[4],课程偏向"社会"。留美博士生因此对美国时兴的中等教育思想理论进行了吸收借鉴,用于中国中等教育的分析研究,撰写了大量有关中国中等教育研究的博士论文,具体情况见表3.7。

---

[1] 李华兴主编:《民国教育史》,上海教育出版社1997年版,第621页。
[2] 兰军:《国际教育舞台的参演——基于对国际教育组织及会议的考察》,山东教育出版社2010年版,第77—88页。
[3] 邓和平:《20世纪美国的普通中等教育改革》,《教育与职业》2000年第3期。
[4] 程可拉、胡庆芳:《美国高中百年课程发展述评》,《课程·教材·教法》2004年第10期。

表3.7 有关中国中等教育研究的博士论文

作者	博士论文	出版时间(年)
张彭春	从教育入手使中国现代化①	1923
袁伯樵	英、德、法、美、苏及我国中等教育的哲学背景、行政组织与课程编制之比较研究	1936(提交)
石宪儒	旧金山第二代中国高中生的文化适应与职业适应	1937
戴伟金	中国青少年教育	1939(提交)
高俞秀文	华人基督教中心的中国青少年辅导计划	1940
刘桂灼	一项提议给香港岭南中等学校全体教员的计划简述,以改进在学校的课外活动以及学生在活动中的参与为目的	1940
宋恪	中国甘肃中等学校课程研究与建议重建计划	1940
檀仁梅	中国近代中等教育史	1940
魏永清	针对中国河北省中等学校教师准备的计划	1943
方同源	战后中国中等教育改良计划	1945
孙怀瑾	中国中等教育研究与建议的重组计划	1949

资料来源：Tung-Li Yuan, *A Guide to Doctoral Dissertations by Chinese Students in America 1905—1960*, Washington: the Sino-American Cultural Society, 1961。

从表3.7分析得出,在内容上,留美博士生的中国中等教育研究主要涉及一般性研究、课程研究、师资研究、文化适应研究,也有一些地方个案研究。当然,这些研究还存在交叉的现象。一般性研究又包括中等教育史、思想理论以及重建方案研究,如戴伟金、檀仁梅、方同源、孙怀瑾的论文。中等教育的课程研究是留美生选择的重点,内容十分丰富,有中等教育课程设计的比较研究,也有基督教相关的中等教育课程研究,还有课程的地方个案研究,共有5篇,分别为张彭春、袁伯樵、高俞秀文、刘桂灼、宋恪的论文。在内容上,一般性研究与课程研究是中等教育研究的两大重点。在时间分布上,与高等教育研究相比,关于中等教育研究的留美生博士论文数量在各时期分布极其不均衡。20世纪20年代有1篇,30年代有3篇,40年代有7篇。选择中等教育为研究主题的博士论文数量呈现逐渐上升的特点,并集中分布于20世纪40年代,这与中国中等教育快速发展的趋势相符。20世纪20年代中国教育的重心在于普及教育,乡村教育发展较为迅速。30年代受到日本侵华战争的影响,中等教育的发展受到严重阻碍。随着国民经济建设运动的展开和中国教育发展重点转向的影响,满足经济建设需要和人们生活需求的中等教育发展起来。至40年代,中国的中等教育发展极为繁荣,尤其是抗日战争胜利后,无论是中学校数量还是在校学生人数,增幅极大。留

---

① 一译《中国的现代化教育：探寻国民生活转型背景下的课程建设标准,特别是中等教育》。

美博士生对中等教育研究的时间分布特点以及重视程度,反映出了他们对中国教育现实问题的重视,将学术研究与中国现实需求结合起来。

一般性研究又包括中等教育史、思想理论以及重建方案研究,如戴伟金、檀仁梅、方同源、孙怀瑾的论文。戴伟金的博士论文《中国青少年教育》(Adolescent Education in China),是研究中国中等教育一般性质问题的论文,1939年提交给纽约大学教育学院,1940年列入"selected bibliography"出版。论文共有十一章,分别为研究问题与范围、中国青少年教育原则与拟议的适用标准、中国青少年教育旧式的观念、古代中国塑造青少年的力量、古代中国青少年教育的演进、旧式教育修补的首次尝试、1903年至1928年现代学制下的青少年教育的尝试与过失、1928年至1937年国民政府下的青少年教育、在中国学校激发青少年教育的指导、指导与中国青少年教育以及结论。①

戴伟金对中国中等教育的研究建立于两条框架上,一是对青少年教育的定义、特征、问题,以及教育过程中的目标、原则、标准、课程、方法诸要素进行探讨,借鉴了赫尔巴特学派的"教育目标""课程""方法"的研究形式。二是对各个时期的中国青少年教育按照阶段特点、发展概况、教育目标宗旨、教育标准、学制、课程内容、教法、师资、优缺点、教育方案评价等内容,进行历史梳理和比较研究,最终构建出自己设计的中国青少年教育中的"指导"方案,带有历史研究法的特征。他指出无论是中国古代的教育,还是近代尝试的新式教育,存在的显著问题是:"个体人格的发展没有得到足够的重视",旧政权下青少年教育的主要目的是"文化的延续和社会的稳定",培养个人主动性的机会很少,"青少年被塑造成社会结构的固定模式","中国青年的能力和兴趣几乎没有自由发展的机会"②。1905年到1928年间建立的现代教育制度,在教育目标上,"在很大程度上未能符合生活环境和满足人们需要";在教育思想和方法上,因先模仿日本后模仿美国,存在着"对适应中国需要的重视不够"③的问题。南京国民政府建立后实施的新教育制度和教育目标,虽然强调教育要解决人们的问题,但党化的政治教育、灌输教育无处不在,"教育计划过多地成为执政党的工具。对政治事务的关注太

---

① 参见 Wai-king Taai, Adolescent Education in China, Ann Arbor: Xerox University Microfilms, 1940.

② Wai-king Taai, Adolescent Education in China, Ann Arbor: Xerox University Microfilms, 1940, P.158.

③ Wai-king Taai, Adolescent Education in China, Ann Arbor: Xerox University Microfilms, 1940, P.159.

多。青少年一直被严格管制和灌输,目的是让他们成为国家的忠诚公民,而不是社会中具有创造力的个体成员"①。戴伟金指出,中国近代尝试建立的各种新式教育存在着典型的共性问题,"中学教育的一个非常严重的弱点就是教育过程的机械性。统一和负担过重的课程忽视了当地条件和个人需要。总的来说,教师和学生之间缺乏个人因素。过分强调学科内容,而忽视了青少年的个性","青少年普遍不适应实际的生活条件。教育未能提供必要的人格整合"②,影响了个体的发展,也严重制约了中国社会的重建。戴伟金将强调兴趣与参与社会、满足需求与培养完整人格有机地结合起来,他所设计的中等教育培养方案的目标是:"实现品格教育、承认个体差异、通过刺激性的演示类材料激发学生的兴趣、强调传承中国文化的精华。让青少年在学校生活中做好准备,以适应不断变化的社会需求,并强调培养每个学生的综合人格。"③"赫尔巴特认为,品格的发展是教育的主要目标","教学中能否激发学生兴趣是教学取得成功的关键,因此,课程应该旨在激发学生的兴趣。"④显然,戴伟金的这种强调兴趣、完整人格的培养以及教育要满足需要、参与社会的思想,带有赫尔巴特主义和社会重建主义的色彩。

在改进中国中等教育的建议方面,戴伟金主张对中学生进行指导,建立指导制度,"中学的组织应该使管理人员和教师能够密切地了解每一个学生,了解他的背景、他的个人问题和需要,目的是帮助他。首先发现他潜在的能力和兴趣,其次是发展它们。为了实现这一点,建议将指导服务作为正规学校方案的一部分"⑤。在实施中学生指导教育的方案设计方面,他提出了四个实施步骤,一是在学校管理者、教师以及培训教师的人员中树立中学生指导制度是改善青少年教育必要手段的思想,建立责任意识;二是要加强师资培训,通过培训机构以及学年和夏季课程,加强指导原则和技术训练;三是采用在部分学校进行实验的形式,"制定符合中国生活环境的指导方

---

① Wai-king Taai, Adolescent Education in China, Ann Arbor: Xerox University Microfilms, 1940, pp.159—160.

② Wai-king Taai, Adolescent Education in China, Ann Arbor: Xerox University Microfilms, 1940, P.160.

③ Wai-king Taai, Adolescent Education in China, Ann Arbor: Xerox University Microfilms, 1940, pp.162—163.

④ 〔美〕L.迪安·韦布著,陈露茜、李朝阳译,陈露茜、李朝阳、康绍芳校:《美国教育史:一场伟大的实验》,安徽教育出版社2010年版,第225—226页。

⑤ Wai-king Taai, Adolescent Education in China, Ann Arbor: Xerox University Microfilms, 1940, P.160.

案";四是以实验学校为中心,面向中学校和社会,进行推广,"进行这些先锋努力的学校可以作为指导工作的示范中心,以及激发其他教师和家长对将指导工作扩展到其他学校兴趣的启发中心"①。总之,戴伟金针对青少年教育的新旧问题,提出了中学生指导制度的方案设计,强调兴趣与需求相结合,注重学生的完整人格的培养和学校的社会参与,将赫尔巴特思想与社会重建主义思想结合起来,他的中等教育愿景是,"中国的青少年将不仅准备好应付日常情况,而且准备好应对生活中的危机"②。论文极具特色的是对个人咨询方法的介绍,阐述了面谈法、案例法、日程表法、观察法以及书信问卷法,丰富了中国青少年教育指导的研究方法与理论。

中等教育的课程研究是留美博士生关注比较多的选题,共有5篇相关研究的博士论文,如张彭春、袁伯樵、高俞秀文的博士论文。张彭春的博士论文《论中国教育之现代化》,立足于中国社会变迁的大背景,对中国公立中学的课程结构标准、教育目的、制约因素、教法等问题进行了分析,指出了中国中等教育课程僵化、内容枯燥、无选修课等诸多问题,并从实验研究的角度提出了中等教育课程的改革建议。他运用杜威的"学校课程的主题应当以从社会生活原始、无意识的统一体中逐渐分化出来成为标志"的实用主义教育思想③,主张建立以学生的社会活动为中心和提高个性发展的中等教育课程。他将杜威的实用主义教育哲学与社会改造主义思想相融合,在内容和教法上,提出学校活动与生计相结合、与培养公民责任相统一的课程设计思路。张彭春还受到克伯屈教育思想的影响,提出采用适应个体差异并有利于个性发展的选修制,开设中学选修课,极有超前意识。归国以后,张彭春将中等教育的现代化课程改革思想用于南开中学的教育实践,强调建设适应学生个性发展和面向社会的中学课程,推动了中国中等教育的发展。他还在中学试行选修制,积累了改革经验。

袁伯樵的博士论文《英、德、法、美、苏及我国中等教育的哲学背景、行政组织与课程编制之比较研究》,是另一部有关中等教育课程编制比较研究的论文。袁伯樵早年曾任中学校长,后赴美国加利福尼亚大学深造,研究中等

---

① Wai-king Taai, Adolescent Education in China, Ann Arbor: Xerox University Microfilms, 1940, pp.161—162.

② Wai-king Taai, Adolescent Education in China, Ann Arbor: Xerox University Microfilms, 1940, P.163.

③ 张彭春:《论中国教育之现代化——鉴于国民生活的转变对课程结构标准的研究,特别涉及中等教育》,崔国良、崔红编《张彭春论教育与戏剧艺术》,南开大学出版社2004年版,第105—106页。

教育,在 L. A. Williams 的指导下,完成硕士论文《比较英、德、法三国的中等教育》。其后获得科罗拉多州立教育学院的奖学金,转赴攻读博士学位,在 William Wrinkle、W. W. Armentrout、Earle Rugg 三人的指导下,研究比较中等教育,利用两年时间完成博士论文,并于1936年提交。[①]归国后,原计划出版,但因时局战乱未能如愿,转而在博士论文的基础上撰写《中等教育》,并于1949年由商务印书馆出版。从袁伯樵的《中等教育》一书,可以一窥其博士论文的大概思路和思想脉络。他从中等教育的范围与使命、功用、目的出发,考察中国中等教育的演进、学制的历史,并结合中学生之身体生长、智力与个性发展以及情绪卫生方面的研究,探讨中等教育编制课程的原理与方法、问题及出路,对编制课程的方法与步骤、教育目标选择、教材选择都进行了详尽的论述。他认为教育的目的在于"培养健全之公民能力""训练健全之生产能力""为陶冶健全之个人生活能力"[②],这种中等教育的目标指向,带有美国进步主义的教育思想色彩。在教育范围上,他主张破除有产阶级的壁垒,普及中等教育,并提出了"为国家培植基层干部领袖,为民族培养新文化,为社会创造新事业,为学制间之津梁"[③]的中等教育四项使命。他指出中国中等教育课程面临着三大主要问题,分别是适应社会需要问题、课程分化问题以及课程负担过重问题。在中等教育课程编制上,袁伯樵主张课程"在组织人类的生活与经验而为心理和伦理的系统,以便学生的学习","课程即应以生活为中心,培养学生有生活于任何社会,任何环境之能力"[④],应适应学生个人需要及社会需求。这种对依据需求以及生活经验强调课程编制的论调,体现了袁伯樵的实用主义思想倾向。需要指出的是,《中等教育》在继承袁伯樵博士论文中等教育课程改革思想的基础上有所发展。

再如高俞秀文的博士论文《华人基督教中心的中国青少年辅导计划》(1940),是以华人基督教中心为研究对象,探讨中国青少年的指导方案,属于中等教育的课外教育设计研究,也属于华人文化适应研究的一部分。论文于1940年提交。高俞秀文在论文中,对比分析了纽约唐人街出生的华裔青少年与中国出生的青少年面临的问题,包括教育问题、职业问题和个性问题,进而考察了帮助华裔青少年教育的教育机构、宗教组织、卫生与社会机构以及青少年组织,在此基础上提出了以基督教中心为依据的青少年改进

---

① 袁伯樵:《中等教育》,商务印书馆1949年版,自序。
② 袁伯樵:《中等教育》,商务印书馆1949年版,第30—40页。
③ 袁伯樵:《中等教育》,商务印书馆1949年版,第7页。
④ 袁伯樵:《中等教育》,商务印书馆1949年版,第343页。

指导服务计划。①高俞秀文的青少年教育的指导方案设计,体现了利用华人基督教中心这个社会组织来推动华人青少年教育,符合教育面向社会和加强与社会联系的要求,带有显著社会改造主义的影子。

整体来看,对各阶段学制的专题研究中,有关中等教育研究的博士论文体量最多,体现了留美博士生对中等教育研究的重视。博士论文对中等教育研究的热门状况,符合中美两国中等教育研究高涨的发展大趋势,但在时间分布上集中于20世纪40年代。在内容上,留美生博士论文的中等教育研究更侧重于教育史、课程编制、重建方案设计方面,在教育的科学化、有效性方面聚焦,展现了教育现代化同国家现代化及社会重建的密切关联。在留美博士生的中等教育研究中,环境适应、课程未满足需求、师资、教法、负担过重等是他们考察的共性问题。他们还将吸收的实用主义和社会改造主义理论作为主要的指导思想,并以赫尔巴特教学设计思想作为方法,注重学生个性发展和满足教育需求,升学与就业探讨并重,进行中等教育的改造,提出了具有创新性的建议。一些留美博士生在中等教育研究中,甚至还提出了试行中学学分制等比较超前的改革意见,虽然后来证明其超出了中国实际情况而水土不服,但其大胆改革的精神值得肯定。

四、中国基督教教育研究

历史上,西方现代大学的演变本身就与基督教渊源颇深,基督教教育相关问题的研究在美国大学中占有很大的分量,也有研究的历史传统。在中国教育议题研究的留美生博士论文中,有关教会教育研究的论文共有6篇。这些论文视角多样、内容涵盖面广,有的进行中国基督教教育的整理研究,有的从事中国基督教大学的学科研究,有的进行中国基督教教育的方案设计,还有的从比较的视角切入探讨宗教教育的价值。教育历史的梳理、教育思想的讨论、教育方案和实验的设计以及学科教学的研究,是此类博士论文的基本研究主题。从事此项研究的博士生,多人拥有基督徒身份,如陈维城、司徒丘、邵镜三,这与他们着力于基督教教育研究具有一定的相关性。

表3.8 基督教教育研究类博士论文

作者	博士论文	时间(年)
陈维城	在中国的传教士的教育工作	1910

---

① Yu Siu-Wen, A Guidance Program for Chinese Youth in the Chinese Christian Center, New York:Columbia University,1940,P.100.

续表

作者	博士论文	时间(年)
司徒丘	中国重要历史节点中的教会教育问题	1927
邵镜三	中国的基督教育与宗教自由	1934
黄国安	中国基督新教大学与学院的体育教育	1937
陈继平	中国岭南大学宗教教育建议方案	1940
陈矜赐	中国现代教育趋向宗教教育的意义	1940

资料来源：Tung-Li Yuan, *A Guide to Doctoral Dissertations by Chinese Students in America 1905—1960*, Washington: the Sino-American Cultural Society, 1961。

毕业于密歇根大学的陈维城，其论文提交于1910年，是目前搜集到的最早的有关基督教教育研究的留美生博士论文。该论文共分绪言、1844年以前的教会教育、1890年以前的教会教育、1890年至当前时期的教会教育、问题与展望、附录、书目与索引等八个部分。其中，正文分中国教会教育的历史以及问题与展望两个部分，运用的资料包括宣教大会的报告、传教士协会中国年度工作报告、记载传教士在中国教育工作的期刊、历史与回忆录、记载传教士在中国教育工作的一般著作、二手资料。论文整体架构布局比较规范，已初步具备现代意义上的论文形式。绪言部分，交代了教育作为基督教传教方式的论争、教育政策、教会教育的划分、论文的定义范围以及论文的处理计划，提供了论文研究的范畴和讨论的背景。

从中国教会教育的历史来看，传教士马礼逊创办的英华书院在1843年由马六甲迁往香港，并于1844年更名为英华神学院。同年，中国最早的女学则由英国传教士阿尔德赛(Mrs. Aldersay)创办于宁波。[①]1890年第二届在华基督教传教士大会在上海召开，会上将"学校教科书委员会"改组为"中华教育会"。论文正文部分以1844年、1890年作为划分教会教育的时间节点来探讨教会教育在中国的发展变迁以及传教士的工作，其划分的标准是以中国教会教育的重大事件为依据，整体历史线索和叙事风格凸显了基督教教育的主体意识。陈维城还讨论了中国现代大学的兴起，他将中国教会大学归纳划分为三种形式，一种为有机联盟式(organic union)，如金陵大学；一种为合作或联邦联盟式(cooperative or federal union)，如协和医学院、山东新教大学；一种为英国大学式(English University scheme)，如华西成都协和大学。即便在今天看来，这也是极其有见地的见解。陈维城认为中国的教会教育既存在"教学力量不足""需要更优更大设备""教育机构的财政问题"等内部性质的短板，也存在"寻求中国政府的认可""把机构建立在统一

[①] 沈福伟：《中西文化交流史》，上海人民出版社2014年版，第463页。

的基础上"等外部性质的问题,深刻地反映了中国教会教育面临的现实困境。由于中国拥有巨大的人口以及国家现代建设的快速扩展和对西方知识的渴求,陈维城对中国教会教育的发展抱有乐观的展望,并持有正面的整体价值判断和赞扬的基调,可惜他并未意识到普遍深植于中国社会内部的民族主义情结和主权意识对教会教育发展的影响。在研究取向上,陈维城基本上取法于20世纪初期美国教育研究普遍流行的历史研究,不过他长于历史的描述展示与分类梳理,而对历史的、文化的影响因素分析不足,对研究理论的建构也未涉及。

同样是有关中国基督教教育研究的博士论文,司徒丘的《中国重要历史节点中的教会教育问题》主要关注圣公会的在华教育活动,但他以基督徒的身份"勾画出最近几十年——确切地说从1807年至1927年间中国教会教育的发展轮廓。它带有这样一种想法而写作,即教会教育应以这样的方式改进以便为中国和中国人民提供更好的服务","它也试图发现中国人面对教会教育时所持有的和应当持有一种什么样的态度,以致教会学校和大学能够作为一种私人机构在中国国家教育体系中获得一定的地位"[①]。论文主要内容包括中国教会学校和大学的早期历史、教会教育与中国现代教育发展的关系、中国反宗教与非基运动、中国反基督教教育运动、中国教会学校与大学的官方注册以及结论。与陈维城的论文迥异的是,司徒丘并未过多着眼于中国教会教育的简单梳理,而是立足于中国非基运动等社会热点问题,考察了中国政府、传教士、基督徒、非基督徒、中国教育管理者在教会教育上的态度与论争,进而探讨了教会教育与中国现代教育的关系。他长于社会关系与问题的分析,并对教会教育面临的问题提出了相应的建议。尤其在教会学校与教会大学的官方注册问题与教学问题上,教会方面及其支持者与中国官方及其支持者的主要分歧在于:教会学校的宗教教育是强制必修还是自愿选修,宗教教育的强制教授方式是否可取? 司徒丘以霍恩的"人的天性是自由""教师应将学生引向学习之泉,而不是让他饮水",以及杜威有关教育应尊重个性的教育原理作为基本理论依据,认为"教育传教士所采用的教授宗教教育的强制的方法应经历一个根本的改变,必修的宗教教育数量应减少到最低,而同时它的教学质量应以新颖与鼓舞人心的方式得以改进,并且应与实际的日常生活相关以致学生愿意学习"。而中国政府则要遵循"为完成有效标准的建立,需要对所有的教育测量,并且为变化提供足够

[①] Yau S. Seto, The Problem of Missionary Education in China Historical and Critical, photocopy of typescript, Ann Arbor: University Microfilms International, 1980, pp.1-2.

的灵活性要求,必须要实验并从而进步"两项基本原则,其管理不应超出普通教育的范围,也不应过于限制而侵害教育自由与民主的精神。①为此,他提出了"所有学校与大学的基督教教会支持的宗教练习应被允许而可选择""强制性的宗教教学应当从所有的教会幼儿园和小学中彻底排除""在教会中学、高中或大学的必修科目中,宗教教育不应多于2个或3个学期的课程点,其他圣经课程应设为自愿式""给予的这些必修课程的首要目的只不过是为了介绍基督教的基本事实和教义,因此,应当忽略教派形式"等四点建议。②这些建议从中国现代教育发展的历史和现实出发,既没有忽视教会教育的文化贡献与积极作用,又强调了教会学校是中国政府行政管理的一环,厘清了它的地位关系。其提出的在幼儿园和小学排除强制性宗教教育的思想以及教会大学宗教课程自愿选修式的建议,无论是对分析教会教育与中国现代教育的地位问题,还是考察当今宗教与教育的关系,都有借鉴意义。

五、其他类型的中国教育研究

留美博士生似乎对初等教育、儿童教育的专题研究不是很热衷。据统计,初等教育研究仅有陆麟书的《中国初等教育状况》(1922),儿童教育研究则有沈亦珍的《中国初等中学天才儿童比较教育计划》(1936)、张敷荣的《1885年以前美国旧金山市公立学校隔离华裔儿童运动的研究》(1936)、马仪英的《旧金山儿童就读中文学校的效果》(1945)3篇博士论文,后两篇还属于华人儿童的文化适应研究。相比于乡村教育、高等教育以及中等教育的研究体量来说,留美博士生对初等教育、儿童教育的研究并不是很重视。这种研究状况,同中国儿童教育的重要地位极不匹配,也与国内外儿童教育研究的盛况迥然不同。考究出现这种分布状态的原因,应同中国国内教育运动的变化趋势和教育重建任务的焦点有很大的关联。20世纪前二十年,普及教育是国内教育建设的焦点,义务教育普遍推行,而随着新学制提高了职业教育的比重以及乡村教育运动的兴起,再加上国家重建的需要以及职业教育运动的开展,教育重建任务的焦点转向了与生计和生产建设有密切关联的中等教育促使留美生转向了对中等教育研究。另一方面,留美博士生重视对高等教育的研究,而轻视对初等教育、儿童教育的研究,同他们的精

---

① Yau S. Seto, The Problem of Missionary Education in China Historical and Critical, photocopy of typescript, Ann Arbor: University Microfilms International, 1980, pp. 98—100.

② Yau S. Seto, The Problem of Missionary Education in China Historical and Critical, photocopy of typescript, Ann Arbor: University Microfilms International, 1980, P. 101.

英教育思想心态有一定的关联。

除上述几种类型的研究论文外,留美博士生有关中国教育的研究还涉及其他方面。如师资相关的研究,虽在多数学位论文里都有所涉及,但专题性研究并不多见,仅有欧阳湘的《中国初级水平的教师培训的重建》、魏永清的《针对中国河北省中等学校教师准备的计划》、李抱忱的《一项对国立北平师范学院音乐教师教育的建议》。华人教育文化适应类研究论文,有张敷荣的《1885年以前美国旧金山市公立学校隔离华裔儿童运动的研究》、石宪儒的《旧金山第二代中国高中生的文化适应与职业适应》、马仪英的《旧金山儿童就读中文学校的效果》;成人教育类研究论文,则有陈维纶的《中国成人教育的社会学基础》、程锡康的《中国成人教育计划》。这些研究论文充实了中国教育的专题研究。魏永清提交于1943年的《针对中国河北省中等学校教师准备的计划》,是一项有关地区性中等教育师资的个案研究,它对中国的地方教育改革具有实践指导意义。论文从河北省的状况与教育问题出发,确立了教育改革计划与目标,进而制定了师资改革的方案,结构明晰而内容扎实。魏永清认为青少年教育对抗战后的河北极其重要,而中等学校的重建处于战略性地位,胜任的教师是关键。他指出河北省的中等教育未能满足人们的需求和生活,存在的问题为:"位置集中并且缺少社区联系,导致它们脱离社会功能。他们正式的课程通常将其与生活脱离。学生在中等学校学习的知识并不适合他们工作的情况是普遍的。最后中等学校在品德教育上是失败的,他们未能培养中国需要的公民。"[①]因而,他提出了作为中等教育基础的初等教育必须要与中等教育全效并行发展,中等教育是为了生活的教育,"河北的中等教育必须使成长的青少年为社会的、经济的、政治的和精神的幸福与技能做准备"[②]。20世纪20年代,美国中等教育改革流行的主题为社会效率,倡导"教育应该帮助学生理解他们在社会中的作用,并应向他们提供最直接的、为未来生活做准备的课程","在杜威看来,教育的目标是促进个体发展和为儿童全面参与民主社会做准备"[③]。可以看出,魏永清的关于教育有助于改善人们生活、环境和增进幸福的中等教育改革思路,借鉴了美国20世纪20年代流行的中等教育改革思想。他认为河北省师资薄

---

① Yung-Ching Wei, A Plan for the Preparation of Secondary School Teachers in Hopei Province China, typescript, New York: T. C. Columbia University, 1943, P. 148.

② Yung-Ching Wei, A Plan for the Preparation of Secondary School Teachers in Hopei Province China, typescript, New York: T. C. Columbia University, 1943, P. 59.

③ 〔美〕L.迪安·韦布著,陈露茜、李朝阳译,陈露茜、李朝阳、康绍芳校:《美国教育史:一场伟大的实验》,安徽教育出版社2010年版,第209、265页。

弱,教学人员缺少一般文化学历、职业训练、胜任的品德、在职培训以及足够的监督,为此主张要培训适应战后需要并胜任的中等教育教师,强调教师的质量。魏永清提出的预备中等教育师资的方案为:"他们必须拥有丰富的教育背景以及国家与省级问题的知识,实践与理论并重。通过参与同社区相联是必要的","职前教育的强调应放在选择学生的首位","课程与教导必须建立在兴趣、需求以及河北省问题的基础上,并且根据这个计划,应围绕考察、学徒参与以及教学实践来组织"①。他还指出了教师在职教育的原则和手段,"从做中学或通过问题解决被视作法则。通过职业学校、学校活动、暑期学校以及教师组织的有效监督、实习与后续工作,是一种培养在职教师的有效方法"②。魏永清从河北省中等教育师资问题出发设计的师资预备方案,带有杜威的实用主义风格,适应了河北省抗战胜利后的教育重建需要,具有相当的实践意义。其"问题—方案—实践"的教育研究思路,体现了他的问题意识与现实关怀。李抱忱博士论文对师资问题的研究,既是一项关于学科师资问题的探讨,又是一项关于具体学校教师培养的个案研究。李抱忱并未拘泥于个案分析,而是从中国音乐历史出发,考察了师范教育与音乐教师的培养、音乐角色与音乐教师的关系以及北平音乐学院音乐教师教育的角色等内容,进而为中国音乐教师教育拟定了改革方案,内容涉及课程、学生与教学人员选拔、组织与管理。③

在成人教育研究上,陈维纶的《中国成人教育的社会学基础》是一项自发型民众教育的研究。陈维纶认为,"有关中国民众教育问题及其发展已经写了很多,而在他们的历史与世界联系的相关民众问题,或以社会目的与成人教育功能相关的民众问题,却很少或没有"④。为此,他立足于中国成人教育的社会基础、理论基础、实际应用、管理及私立机构等背景因素,分析了中国成人教育时下的状况与问题,并相应提出了中国成人教育重建的理论与实践的可能性。

李树棠的论文是一项对高等教育男女同校问题的比较研究,介绍了男女

---

① Yung-Ching Wei, A Plan for the Preparation of Secondary School Teachers in Hopei Province China, typescript, New York: T. C. Columbia University, 1943, pp. 149—150.
② Yung-Ching Wei, A Plan for the Preparation of Secondary School Teachers in Hopei Province China, typescript, New York: T. C. Columbia University, 1943, P. 150.
③ 参见Pao-Chen Lee, A Proposed Plan for the Education of Music Teachers at Peip'ing National Teachers College, typescript, New York: T. C. Columbia University, 1948.
④ Wei-Lun Chen, A Sociological Foundation of Adult Education in China, photocopy of typescript, Ann Arbor: University Microfilms International, 1980, preface.

同校单纯共存型(the Mere-Association type)、协调融合型(the Co-ordination type)、非均衡型(the Unequalized type)、均衡型(the Equalized type)四种类型，考察了美国殖民地时期、独立战争直至南北内战时期、南北内战以来三个时期的男女同校的历史发展。文中运用了遗传理论、自然选择理论、构成理论、发展理论、变异理论等，从两性比较的角度分析了男女同校的心理适应问题，包括男女心理特征、两性智力以及健康问题。李树棠还从男女是否应追求相同教育的正反两派论点，比较地分析了男女同校的社会适应问题。他以中美比较的视角抛出了中国的男女同校问题，对北京大学、上海浸会大学堂的男女同校实验以及北京男女同校与非男女同校的学生成绩、中国男女同校的态度，进行了实证性研究分析，进而为中国男女同校提出意见。他指出中国需要男女同校，因为"中国妇女没有一个接受高等教育的平等机会"，"中国男女同校意味着男女之间的平等"[1]。李树棠对男女同校的比较的综合研究，应对了中国国内教育改革需求，也为五四运动以来如火如荼的妇女解放运动提供了理论支撑。

这批留美博士的中国教育议题的研究论文，内容丰富，方法各异。他们紧随世界教育研究潮流，借助了先进的理论，关注了中国教育的现实问题与热点问题，开辟了中国教育研究的学术新域，也展现了留美博士的学术能力。

本章小结

关于中国教育研究的留美生博士论文，选题几乎囊括了民国时期中国教育的所有方面，涉及的分支研究领域也比较庞杂并多有交叉，反映出留美博士生广阔的研究视野和学术兴趣，同时选题内容又不脱离实际，同国内教育现实问题关联密切，具有较强的现实意义。

整体上，博士论文的选题范围可以分为中国教育一般性研究、中国教育的组织管理与过程研究、中国教育的专题研究三大类。中国教育一般性研究又可分为中国教育原理及思想研究、中国教育重建方案研究、教育史取向下的中国研究。在中国教育一般性研究中，中国教育重建改造方案类研究选题最为集中，大概有26篇，主要分布于20世纪40年代；其次为中国教育

---

[1] Shu-Tang Li, Coeducation in American Colleges and Universities: A Historical Psychological and Sociological Study with Some Applications to China, typescript, Ann Arbor: Xerox University Microfilms, 1928, pp. 226—228.

史研究选题,涉及初等教育史、中等教育史、教育制度史、教育哲学思想史、学科史、中外教育交流史等研究领域,主要分布于20世纪二三十年代;中国教育原理及思想类研究选题,则比较薄弱。这种分布特点同美国教育学术研究思潮的影响、留美博士处于学术发展初始阶段、留美博士将应用性研究同国内教育改革需求相结合的研究诉求以及关注现实问题的实践意识有关系。尽管中国教育原理及思想类博士论文偏少,但也出现了蒋梦麟、曾作忠此类研究的经典之作。

在中国教育的组织管理与过程研究的选题论文中,主要有教育制度行政与中国研究、课程教学与中国研究、教育实验测量与中国研究。其中,中国教育制度行政研究选题最为普遍,其次是中国教育课程教学研究选题,这也是民国时期国内教育改革最为关注的两大主题——效率与科学。在整个20世纪上半叶,教育管理行政类的中国研究选题一直备受留美博士的持续关注,内容主要有行政制度、财政制度、组织管理制度研究,涉及中国乡村教育、高等教育、通论性教育管理行政等领域。选题中国课程教学研究的博士论文,则全部是在中国实行"六三三"学制之后,且20世纪40年代所占篇数最多,主要内容有关中等教育课程教学、乡村教育课程改革。中国教育实验测量研究选题,则主要分布于20世纪二三十年代,主要受到20世纪20年代美国教育科学化运动和教育测量实验研究范式兴起的影响,留美博士一直追踪着国际教育学术研究前沿。

中国教育专题研究的博士论文,则主要包括中国乡村教育研究、高等教育与中国研究、中等教育与中国研究、中国基督教教育的研究等选题。其中,以傅葆琛、张伯谨的博士论文选题为代表的中国乡村教育研究,主要分布于20世纪三四十年代,范围主要涉及课程、行政、教育计划方案,主张教育与生活相联、教育面向社会与学校的社会参与、教育的普及以及教育的民族性则是此类博士论文的主要研究议题,核心讨论为教育公平、教育普及与教育满足需求,而这些又是当时中国国内教育改革最关注的方向。高等教育与中国问题的选题研究、中国中等教育选题研究是两个最为集中的专题论文研究,前者有10篇,在时间分布上较均衡,涉及范围则有教育行政、课程改革、师资培养、男女同校、留美高等教育、女子高等教育;后者则有11篇,主要分布于20世纪40年代,涉及范围主要有课程、师资、整体改革方案以及教育史。由于中国近代历史的特殊性,民国时期的教育又同基督教有着剪不断的关联,因此也有不少留美博士选题研究中国基督教教育,内容主要包括历史的梳理、教育思想的讨论、教育方案的设计以及学科教学改革。此外,还有一些有关教育适应、成人教育等专题研究的选题论文,但留美博士生对初等教育、儿童教育的专题研究并不热衷,专题性的师资培训研究也不多见。

  这批留美博士的中国教育研究论文,选题丰富,内容扎实,研究方法各异。他们紧随世界教育学术研究的潮流,借助了先进的理论,关注了中国教育的现实问题与热点问题,开辟了中国教育研究的学术新域,也展现了留美博士的学术现实关怀。

第四章 教育理论类博士论文的个案考察

为深入探讨教育学留美博士的学术脉络及其内涵,本书第四章、第五章以教育学留美博士学位论文的典型个案作为文本分析的考察中心,分析其内容、学源派分与知识谱系、治学思想与研究范式、话语体系与学科领域开辟,以及方案设计与教育改革的关系,兼及教育学知识在近代中国的变迁、传播、发展和生根的历史。同时,将它们置于美国教育学术发展的场域,考察其与美国教育学术思想发展的关系。在分类上,出于论文个案自身特点及研究便利的考虑,将依据王秀南的教育学体系分类法,把研究个案划分为教育理论类与教育实践类两大类。

第一节 郭秉文的教育制度史研究

郭秉文作为民国时期著名的教育家,在擘画南京高等师范学校、国立东南大学上可谓不遗余力,其办学思想别具一格,并深受美国教育思想的影响,而其博士论文《中国教育制度沿革史》则是其留美学业的集大成者,在中国教育学术史上具有重要地位,"是一部中国教育制度简史,也是中国第一部具有通史性质的教育制度史"[1]。郭秉文早年在国内曾接受过系统的中西教育,在上海清心书院毕业后,从事过教学和海关税务工作。1906年赴美,1908年、1911年先后毕业于乌斯特学院、乌斯特大学,随后入哥伦比亚大学师范学院,于1912年取得硕士(M.A.)学位,并继续攻读博士学位,师从教育行政与统计专家施菊野,以"教育基础理论"为主修。[2] 其时哥伦比亚大学师范学院对学生采用A、B、C三等9个分阶的权重分数法,郭秉文在1912年的主科学业成绩一门为P

---

[1] 杜成宪等:《中国教育史学九十年》,华东师范大学出版社1998年版,第12页。
[2] Ping Wen Kuo, The Chinese System of Public Education, New York: T. C. Columbia University, 1914, vita.

(即通过),一门为C、B,副科(1)的成绩一门为B,一门为P,副科(2)的成绩为B、B+[①]。郭秉文的成绩并不十分突出,但其英文却十分娴熟,得益于他早年的新式教育和海关工作经历。1914年郭秉文以论文 The Chinese System of Public Education 获得哲学(教育)博士学位。归国后,在上海商务印书馆担任编辑,随后在南京高等师范学校任代理校长,筹办并任东南大学首任校长,还曾担任华美协进社会长、世界教育联合会副会长等职。

一、论文的版本与内容

郭秉文的博士论文目前发现有14个版本,早在1914年就由哥伦比亚大学师范学院印刷出版了英文手稿 The Chinese System of Public Education,1915年列于《教育贡献》第64号发表。中文版译为《中国教育制度沿革史》,由上海商务印书馆分别于1916年、1922年出版。1972年 AMS 出版社收入《哥伦比亚大学师范学院教育贡献丛书》出版了英文版,1977年 Gordon Press Publishers 再次出版,2009年、2010年 BiblioBazaar 和 General Books LLC 出版社又各自出版了英文版。在国内,上海书店、福建教育出版社分别于1991年、2007年影印出版了中文版。2014年商务印书馆再次整理出版了中、英文版。郭秉文博士论文是目前所考察的63篇论文中出版次数最多的,屡次再版,充分说明了它持久的学术价值。

哥伦比亚大学师范学院1914年出版的英文手稿,署名为 Ping Wen Kuo,出版目的是"为部分满足获取哲学博士学位要求而提交"(Submitted in partial fulfillment of the requirements for the degree of doctor of philosophy),而此时教育哲学博士的培养隶属于哥伦比亚大学哲学系(Faculty Philosophy)。书中有郭秉文自己所作前言,总结了中国教育的相关研究现状,并对自己此项研究的缘起、解决问题、优缺点、使用资料以及指导老师、致谢人物一一作了介绍。序中署名时间为1914年6月1日,其答辩日期应在6月。郭秉文还在扉页中写道:"谨以此专著敬献给所有对中国教育发展感兴趣的人们",展露了他对这项研究寄予的愿望。全书共分绪论和八编正文,后附有附录、参考文献、索引和简历。[②] 1915年的英文版则是据1914年手稿出版,并加入了哥伦比亚大学师范学院教育史专家孟禄所作序文。

中文版在1916年由商务印书馆出版,由周槃译述,译为《中国教育制度

[①] 周慧梅:《哥伦比亚大学师范学院时期的郭秉文——社会生活史的视角》,《教育学报》2014年第5期。

[②] Ping Wen Kuo, The Chinese System of Public Education, T. C. Columbia University, 1914.

沿革史》,共有5万余字,1922年、1991年、2007年的中文版皆以此为依据,并加入了黄炎培所写序文以及郭秉文原著、周槃译述的绪言。此绪言与1914年手稿的自序完全不同,主要阐释了此书的研究缘起和性质,比较了中西教育制度和文化的异同,探讨了宗教、政治、国民性与教育的关系,提出了"公共教育制度"等学术概念。正文共有八编,另附有附录,其他基本未变。与手稿不同的是,中文版删去了参考文献、索引和简历,文中也没有列注释,其附录也有变化,增加了"各省学校和学生数比较表""教育部最近所颁布各省学务统计总表"两个表格。因此,在探讨郭秉文博士论文时,需要注意此版本的绪言以及增加的表格是其对论文手稿的修正和思想变化的体现。2014年商务印书馆又原稿刊出了英文版,中文版也由学者储朝晖按原稿另行译出,是比较完整的译本,不过一些惯常译名尚待讨论。

《中国教育制度沿革史》是中国首部通史性质的教育制度史著作,写作此书的主要目的是从历史中寻求中国教育的出路和借鉴,"正言之,为模范,为指南;反言之,则亦前车之覆辙也"[1],"搜集前清至今日兴新教育之经验,再参用欧美制度之所长,以及保存吾国自古教育之所宜是也"[2]。其英文手稿里也指出,此项尝试性研究是为了"能够提出一项在中国教育制度的长期发展中有关它的相关解释,给出一个历朝历代有关古代和传统教育制度兴衰的透彻看法,以及给出一幅在新共和国下现代教育制度重组的图景",同时"它代表了向英语世界的公众梳理中国教育复杂历史的首次认真的尝试"[3],赋予了满足中国教育改革需要和向西方宣介中国教育历史的双重使命。

全书共八编,分别为上古教育制度之起源、上古教育制度及其退化、汉以后各朝教育之沿革、新旧教育之过渡时代、新教育制度之设立、民国时代所建制新教育、现今国民教育之重要问题、撮要与结论。第一编内容涵盖了教育的发端、考试制度、学官、学校、课程、教法及宗旨,第二编涉及了学校的名称和性质、课程、男女准则、教法、考核方法、教育官、教育行政法、选举及变迁,第三编则主要以朝代更替为分期分别叙述了汉、汉唐之间、唐、宋、元、明、清朝的教育状况,第四编以事件为中心论述了新式学校的初兴、科举变革、西洋游学、中日战争、张之洞《劝学篇》、戊戌变法、义和团运动和日俄战争、给新学毕业生授以功名、革新旧式学校、清末留学、清末新学制和废科举

---

[1] 郭秉文:《中国教育制度沿革史》,福建出版社2007年版,绪言。
[2] 郭秉文:《中国教育制度沿革史》,福建出版社2007年版,第110页。
[3] Ping Wen Kuo, The Chinese System of Public Education, T. C. Columbia University, 1914, preface, V.

等重大事件及其与教育的关系,第五编主要分析了教育官制、宗旨、法律章程、调查、视学制度、中央教育会、派遣留学监督、考试制度、学校组织、教科书和教育状况等制度变迁,第六编考察了辛亥革命与临时政府的影响及教育政策、教育会议、宗旨、官制、学校组织法、课程以及新规程等内容,第七编讨论了教会教育与公共教育的关系,教育与道德的关系,学校训练与行政、财政问题、教育普及问题、师资问题、教育与生活的关系等内容,第八编为结论,对教育与国民、政治、中央与地方教育权的关系问题进行了总结,并旁及课程、教法、女子教育、师资等问题。

全书篇幅虽不大,但对中国自上古至本书撰写时的"公共教育制度"作一通略的梳理,而且集中关注了中华民国成立前后的重大教育事件和热点问题,对教育研究的自身内部问题和外部问题也进行了探讨[①],如教会教育与公共教育的关系,中央教育权与地方教育权的关系问题,教育与道德、政治、生活、国民的关系等,开辟了中国教育制度史研究的新领域。

二、论文的学源派分与知识谱系

在学源派分上,郭秉文的学习和论文的指导教授有两位,一为教育行政与统计专家施菊野博士,一为教育行政专家佛林顿博士。在论文的写作过程中,哥伦比亚大学师范学院的孟禄、希莱加斯[②]教授也给予了指导,哥伦比亚大学的夏德[③]教授、长老会海外传教差会的塞勒博士则提供了帮助。[④]郭秉文的博士论文为教育史的研究方向,美国教育史专家孟禄给予了建议,并在随后出版的书中作序评价,但论文的指导教授和主科学习的指导老师为施菊野、佛林顿两位教育行政领域专家,其学源派分有路可寻。

郭秉文博士论文的学术思想师承脉络,其一条主线即受到芝加哥大学社会学思想和史学考察视角的影响。佛林顿早年曾在芝加哥大学教育学院任职,为研究生开设中等教育管理课程,主攻教育行政研究,其后在哥伦比亚大学师范学院教育行政系任副教授。教育史专家孟禄1897年博士毕业于芝加哥大学社会学系,毕业后即被哥伦比亚大学师范学院聘为教授,主攻教育史领域,其思想吸收了芝加哥大学早期的社会学思想,在任教期间,他

[①] 关于教育的"内部史"和"外部史"研究问题,杜成宪在《教育史学》(人民教育出版社2005年版,第79页)一书中有详细论述。

[②] 希莱加斯:与桑代克开发英语量表,1912年发表《缀发量表》。

[③] 夏德:德国著名汉学家,美国哥伦比亚大学教授。

[④] Ping Wen Kuo, The Chinese System of Public Education, T. C. Columbia University, 1914, preface, Ⅵ.

把研究重点由研究作为一门学校课程的历史转向作为教育研究的一个领域的历史,目的是从历史中寻找教育研究的科学基础。芝加哥大学是社会学"芝加哥学派"的大本营,以斯莫尔、米德、帕克等为代表,主张"将社会作为一个整体来研究的经验论方法"[1],而芝加哥大学教育系早期又流行哲学和社会历史的研究取向。佛林顿与孟禄在转往哥伦比亚大学从事教育研究时,带来了芝加哥大学的治学路数。在他们的指导下,郭秉文也力图通过科学的通史性的制度梳理研究,来探讨中国教育发展的自身路径,对中国教育制度的历史进行实证性的整体的调查整理,采用的是历史的方法论。他认为"盖欲考见吾国开化独早之由来,与夫数百兆人民结集之故,则不得不读此沿革史。欲寻求吾国操何治术,俾政体巩固,与夫人民得安居乐业,则不得不读此沿革史"[2]。在教育与国民特性的关系上,郭秉文有着真知灼见,"吾国教育制度,表现吾国特性者也。而吾国特性,即亦造成吾国教育制度者也",中国的教育制度具有"实富有平等精神者也""亦多保守之现象""而改革又富于激进之精神"[3]等特点,是同国民特性相符的。他认同霍斯氏(Hughes)的观点,认为比较两国教育制度的精神,不在于教育统计,而在于详察国家需要确立教养国民的宗旨。因此,在源流上,郭秉文一定程度上承继了芝加哥大学社会学的思想余脉,从社会、历史、文化和民族性来考察教育的起源与脉络,这与中国传统史学资鉴的思想也有所照应。

郭秉文教育思想的另一条师承线索即为施菊野、希莱加斯一派,往上可追溯至桑代克。桑代克为哥伦比亚大学师范学院知名的新潮教育心理学家,也是教育测量运动之父,主张将心理学引介到教育研究中,注重统计测量方法的应用,他认为"凡物的存在必有数量"[4]。而郭秉文的论文指导教授施菊野,师承于桑代克,并任哥伦比亚大学师范学院教育行政系主任,1913年与桑代克合著《教育管理》(又译《教育行政》),"实开科学手段研究教育行政之先河"[5],运用计量的方法对学生、教师、学校行政、教学结果和教育经费进行研究。希莱加斯也是哥伦比亚大学师范学院教育测量研究方法的拥趸,他与桑代克共同开发出一些测量量表,如英语量表。这种力主教育测量和调查统计的研究取向,也获得了芝加哥大学教育学院贾德的支持。芝加哥大学教育系(学院)虽在早期流行哲学和社会历史的教育研究取向,但在

---

[1] 周晓虹:《理论的邂逅:社会学与社会心理学的路径》,北京大学出版社2014年版,第76页。
[2] 郭秉文:《中国教育制度沿革史》,福建出版社2007年版,绪言。
[3] 郭秉文:《中国教育制度沿革史》,福建出版社2007年版,绪言。
[4] 孙杰远主编:《教育统计学》,高等教育出版社2010年版,第2页。
[5] 夏承枫:《现代教育行政》,中华书局1932年版,编者序。

贾德接手后,逐渐转向于"教育科学"或"教育作为科学",运用心理学为教育科学研究提供实验法和统计法,积极投入到学校调查运动中,倡导调查统计的量化研究,推动教育研究的科学化。而郭秉文虽曾一度强调研究教育制度精神时不必在于教育统计而在于确立教育宗旨,但一个不争的事实是他在论文里没少用教育统计调查法。在论文中,他对教育制度、课程、教法、宗旨、德育和教育财政进行了调查统计的整理研究,对中国古代的教育制度、课程、教法等内容,主要采用了文献梳理的考证法。在述及清末教育状况时则使用了多种统计表格,如1905年至1910年学部报告之历年各种学校数之比较表、1903年至1910年各种学堂受新教育之学生数。①在考察清末奏定学堂制度、民国教育制度时,则采用了学校系统表。②郭秉文对师资的形成还进行了量化的分析,按学校和行省分类统计,以表格的直观形式,展现了1903年至1910年间师范学校与学生数的分布情况,对普通教育、专门教育、师范教育、专门教育和职业教育的统计③,则按教员的出身性质分类,其调查统计的方法运用得十分娴熟,而这种量化的科学化路径自然是承袭桑代克、施菊野、希莱加斯一派的教育治学路数。

从论文的参考文献和注释可从侧面考察郭秉文的知识谱系和学术理路。论文列有17部原始资料、9部二手资料、28部参考书目,详情见表4.1、表4.2。

表4.1 郭秉文博士论文的参考资料

类别	作者	书目	简介
教育论著	Chang Chih Tung（张之洞）,洋务派主将	China's Only Hope	《劝学篇》反映了洋务派"旧学为体、新学为用"的教育主张,由美国传教士渥内基（Samuel Wood Bridge）译成英文
	Yung Wing（容闳）,留学生之父	My Life in China and America	《西学东渐记》,容闳的留美回忆录

---

① 郭秉文:《中国教育制度沿革史》,福建出版社2007年版,第63—64页。
② 郭秉文:《中国教育制度沿革史》,福建出版社2007年版,第43、72页。
③ 郭秉文:《中国教育制度沿革史》,福建出版社2007年版,第97—101页。

续表

类别	作者	书目	简介
	BioT., Essai sur（毕瓯），法国汉学家	I'Histoire de l'Instruction Publique on Chine et de la Corporation des Lettres	《中国学校铨选史》，一译《中国教育史论》①
	Burton, Margaret（玛格丽特·欧内斯廷·伯顿），美国女传教士	The Education of Women in China	《中国女子教育史》，根据自己在中国的旅行经历所写
	Chamberlin, T. C.	China's Educational Problem	《中国的教育问题》
	—	《中国教育史》	—
	狩野良知，日本教育学家	《"支那"教育史略》②	中国近代首部中国教育史著作③
远东问题专著	Blakeslee, George H.（乔治·H.布莱克斯利），远东问题专家④	China and the Far East	《中国与远东》，探讨中国与西方的关系及在远东的地位问题
典籍	《文献通考》《周礼》《礼记》《书经》		
工具书	China Mission Year Book(《中国传教使团年鉴》)、China Year Book(《中国年鉴》)		
报刊法令	中国各类学校的名册报告和期刊、《教育杂志》、《中华教育界》、《教务杂志》、《学部官报》、《江苏教育行政月报》、《大清教育法令》、《中华民国教育法规》、《江苏省教育法规》、《中央教育会议录》、《基督教育报告》、《学部统计报告》		

资料来源：Ping Wen Kuo, The Chinese System of Public Education, T. C. Columbia University, 1914, P.177。

  论文使用的资料共有26部，比较丰富，其一手原始资料有17部，占绝大多数。从表4.1可以看出，其使用的原始资料主要有两类，一类是以反映中国近代教育变化的统计、法令报告汇编和报刊，一类是以反映古代中国教育

---

① 李喜所主编，刘景泉等著：《五千年中外文化交流史》（第三卷），世界知识出版社2002年版，第554页。
② 应为《"支那"教学史略》。
③ 陈东原在《中国教育史》（商务印书馆1936年版）自序中介绍"关于中国教育史之著作，自日人狩野良知之《"支那"教育史略》（光绪十五年商务出版）起"，可见是将其视为中国近代首部中国教育史著作。
④ 朱政惠编：《美国学者论美国中国学》，上海辞书出版社2009年版，第70页。

制度的《文献通考》《周礼》等传统文化典籍。这些原始资料的使用,能够比较客观地反映中国教育的现实状况,也体现出了它的学术价值。其中,马端临的《文献通考》是其依据的主要资料之一,郭秉文在论文的前言中指出,"这项研究的主体部分的数据主要有两大来源。关于古代和传统教育制度的事实资料来自于一本权威百科全书——马端临的《文献通考》;作为补充资料,还参考了法国毕瓯(Biot)的《中国学校铨选史》"①。《文献通考》作为一部记述自上古到宋宁宗时期典章制度沿革的典籍,其学术范式是把中国历史划分不同阶段(太古、夏商周三代、秦汉以后)进行考察,并对宋以前的历史作了全面总结,形成一个整体看法,有文献网罗考订,也有发表己见②,在通的基础上着眼于变,提出了对各阶段变革的见解。郭秉文在梳理中国教育制度时,借鉴的就是上述大时段分期的基本形式,并以教育制度变迁的视角分析新旧教育的变化,在"通"与"变"考察结合的基础上,为中国现代教育寻求出路。显然,受到了马端临《文献通考》治学路数的影响,可以说郭秉文对中国传统的治学理念有所承继。

书中还使用了7部教育论著、1部远东问题专著作为资料来源,其中有张之洞的《劝学篇》、容闳的《西学东渐记》、毕瓯的《中国学校铨选史》(I'Histoire de l'Instruction Publique on Chine et de la Corporation des Lettres)、玛格丽特·伯顿的《中国女子教育史》(The education of women in China)、狩野良知的《"支那"教学史略》。毕瓯为法国著名的汉学家,师从汉学家儒莲,并以翻译《周礼》名于世,其在研究汉学过程中写作的《中国学校铨选史》,被誉为"19世纪关于中国教育的唯一西方书籍"③。郭秉文论文的另一个主要资料来源即是毕瓯的《中国学校铨选史》,他一定程度上吸收了毕瓯的汉学治学成果。《中国女子教育史》是美国女传教士玛格丽特·伯顿"1911年,她根据自己的旅行经历和研究"撰写的一部著作④,初步探讨了中国女子教育的地位和作用,不过郭氏将其作为一种二手参考资料。日本学者狩野良知的《"支那"教学史略》,是一部内容涵盖中国上古至清朝的教育史著作,以朝代为章节,大略分述教育政策、学校设置、选士之法(学政、学校、选举),"日本学者的著作对中国教育史的学科建设起到启蒙作用"⑤。郭秉文在写作《中

---

① Ping Wen Kuo, The Chinese System of Public Education, T. C. Columbia University, 1914, preface, Ⅴ—Ⅵ.
② 白寿彝主编:《中国通史》(第7卷下册),上海人民出版社2015年版,第1512—1514页。
③ 肖东发主编,徐建华、陈林编著:《中国宗教藏书》,贵州人民出版社2009年版,第186页。
④ 刘霓、黄育馥:《国外中国女性研究:文献与数据分析》,中国社会科学出版社2009年版,第27页。
⑤ 顾明远主编:《20世纪中国学术大典:教育学·心理学》,福建教育出版社2012年版,第299页。

国教育制度沿革史》时,结合小时段朝代分期法来考察中国教育制度沿革,对考试制度、学官、学校制度、教法、选举、宗旨等进行专题研究,不难看出,《中国教育制度沿革史》带有狩野良知研究模式的烙印。

表4.2 郭秉文博士论文的参考资料

类别	作者	参考资料	简介
汉学论著	H.Eudem	Confucius and His Educational Ideals	《孔子及其教育理想》
	H. A. Giles（翟理斯）,汉学家、翻译家	Chinese Literature	《中国文学史》,中国典籍
		Chuang Tzu: Mystic, MoraUst, and Social Reformer	《庄子:玄学家、道德家和社会改革家》,首部英语全译本
	Fabe（花之安）,汉学家	Mind of Mencius	《孟子的思想:基于道德哲学的政治经济学说》,英译者哈钦森（Hutchinson）,原作花之安
	W. A. Martin（丁韪良）,美国传教士汉学家	The Lore of Cathay	《汉学菁华》,从科技、文学、宗教哲学、教育领域阐述中华文化
		The Chinese: Their Education, Philosophy, and Letters	《中国人:他们的教育、哲学及文学》,早期汉学著作
	Ernest Renan（欧内斯特·雷南）,法国哲学家、历史学家	Histoire de l'Instruction Publique en Chine	《中国公共教育史》,出自他的文集《历史与旅行杂记》
	Samuel W. Williams（卫三畏）,英国传教士汉学家	The Middle Kingdom	《中国总论》
教育论著	John Fryer（傅兰雅）,翻译家、汉学家	Admission of Chinese Students to American Colleges	《中国学生赴美大学入学》,介绍美国大学制度、招生,建议与忠告
	H. B. Graybill	The Educational Reform in China	《中国的教育改革》,硕士论文
	Isaac T. Headland（何德兰）,美国传教士	Education in China	《中国的教育》,文章
	Ho Yen Sun（何焱森）	Chinese Education from the Western Viewpoint	《中西教育概论》
	Alfred E. Hippesley	National Education in China	《中国的国民教育》
	H. E. King（经熙仪）,美国传教士,汇文大学文学院院长	The Educational System of China as Recently Reconstructed	《中国近代教育体制的重建》

续表

类别	作者	参考资料	简介
教育论著	Kuo P. W.（郭秉文）	The Effect of the Revolution upon the Educational System of China	《革命对中国教育制度的影响》，文章
		The Training of Teachers in China	《中国师资的训练》，硕士论文
	Lee, Teng Hwee	The Problem of New Education in China	《中国新教育的问题》
	Robert E. Lewis（路义思），传教士	The Educational Conquest of the Far East	《远东教育征服记》，论述了教会教育对中国教育的征服和官学教育的影响，美国学者对中国教会大学研究的开端[①]
远东问题论著	Charles W. Eliot（查尔斯·威廉·艾略特），哈佛大学校长	Some Roads Towards Peace	《和平之路》
	Gascoyn-Cecil.（盖斯科因-塞西尔），英国主教	Changing China	《转变的中国》
	Paul S. Reinsch（芮恩施），美国外交官，远东问题专家	The Intellectual and Political Currents in the Far East	《远东的知识和政治潮流》
	E. A. Ross（罗斯），社会心理学家	The Changing Chinese	《变化的中国》
报刊	《留美学生月报》《国际宣教评论》《美国亚洲协会杂志》《民吁报》《环球中国学生报》《中国公共授课制度的报告》		

资料来源：Ping Wen Kuo, The Chinese System of Public Education, T. C. Columbia University, 1914, P.178。

在表4.2列出的郭秉文参考的28部书目中，有8部汉学论著、10部教育论著、4部远东问题论著以及6种报刊。这些参考论著多数出自花之安、翟理斯、丁韪良、卫三畏、傅兰雅等人之手，这批欧美早期汉学家和传教士学者，学养深厚，对中国传统文化抱有好感并多有造诣，其治学的取径多从文化角度出发，集中于中国古代史研究，并进行中国传统典籍的翻译整理和考证，也有一些从事中国文化状况介绍的工作。上述欧美汉学家整理中国古

---

① 孙邦华：《美国的中国教会教育史研究》，张西平主编《国际汉学》（第17辑），大象出版社2009年版，第156页。

代文化资源的治学路径,也影响到了郭秉文。在博士论文中,郭秉文对中国古代教育思想进行了一番系统整理,并以西方的教育理论来解析中国教育思想的合理成分,进而探寻中国教育的出路,如他认为《礼记》循序渐进的教育法与近代的教育法多有切合,孔孟开发心性的思想与西方的自然教育法有异曲同工之妙,而王阳明的"知行合一说"也深得他的赞赏。

博士论文参考了大量的远东问题研究论著,如哈佛大学校长艾略特的《和平之路》、远东问题专家芮恩施的《远东的知识和政治潮流》、社会心理学家罗斯的《变化的中国》等。这些论著的治学取法与欧洲早期汉学家的治学路径迥异,其多从地缘政治和国际关系角度来考察近现代的中国问题,具有典型美式风格的中国学研究。在郭秉文参考的教育论著里,以何焱森的《中西教育概论》、传教士路义思的《远东教育征服记》、经熙仪的《中国近代教育体制的重建》以及Teng Hwee Lee 的《中国新教育的问题》为代表,它们也多是以远东问题研究的形式呈现。郭秉文在分析中国新旧教育变迁时,受此类论著研究方式的启发,往往以此作为一种教育学术探讨背景的铺垫。

博士论文正文注释有105处,其涉及的书目多被列入文后参考文献,未列入的有汉学家理雅各的《中国经典》(*The Chinese Classics*)、翟理斯的《中国之文明》(*Chinese Civilization*)、佩里的《学校管理概览》(*Outlines of School Administration*)、达顿和斯奈登的《美国公共教育管理》(*Administration of Public Education in the United States*)以及艾略特的《现代教育的具体与实用物》(*The Concrete and Practical in Modern Education*)。《中国经典》与《中国之文明》为汉学研究著作,内容关涉中国传统文化与儒家典籍,而《学校管理概览》和《美国公共教育管理》为美国经典教育管理学著作。①就参引次数来看,其资料引用较多的是《教育法规》11次、理雅各的《中国经典》6次,其他专著引用较少,在第八章结论中,有两处援引了孟禄在《留美学生月报》上发表的教育建议,探讨课程与教育模式问题。

综合郭秉文论文的师承脉络、参考文献以及注释参引情况来看,其学源派分和知识谱系大致如下:在学源派分上,主要有两条主线,一条即受到芝加哥大学社会学思想和史学考察视角的影响,派出于教育行政专家佛林顿、教育史专家孟禄;另一条师承教育行政与统计专家施菊野、希莱加斯一派,往上可追溯至桑代克,走教育测量和调查统计的科学化研究路径。在考察

---

① 《美国公共教育管理》:论述了国家对教育的管理和学校对内部的管理,"这本书被认为是世界上第一本教育管理方面的专著",采用实证的方法对教育教学工作进行研究,强调教育管理要注重效率。参见司晓宏:《教育管理学论纲》,高等教育出版社2009年版,第13页。

中国新旧教育变迁时,则多借鉴早期远东问题研究的成果,以进行社会背景的考察,而在整理中国古代教育资源时,则吸收欧美早期汉学家的研究成果和治学方法。同时,还受到马端临《文献通考》的治学路径和日人狩野良知教育史写作架构手法的影响,对中国传统的治学思想和日本汉学有所借鉴。当然,其整体的教育研究形式是实用主义的教育学术范式,开辟了中国教育制度史研究的新领域。

三、教育制度史研究领域的开辟

在美国教育新思潮风起云涌、国内新教育运动和教育改革如火如荼开展之际,郭秉文的博士论文为中国教育制度史研究主要带来了研究视角的转变、方法的革新、理论范式的初步建构以及学术新观点的提出,做出了重要贡献。同时,也廓清了教育史研究的一些基本问题,如教育史分期、本土教育资源整理等问题。其研究还关注民国时的教育热点问题,理论与实践并未二元分疏,具有相当的现实关怀性,是中国教育制度史研究开山之作。

其一,郭秉文在书中从社会和制度变迁的角度,运用进化的教育史观,初步回答了中国教育发展阶段和分期问题,体现了他对中国教育史研究独到的思考。作为中国教育史研究的基本问题,对教育发展阶段和分期问题的认识,关系到对中国教育发展自身规律的理解。郭秉文依据中国教育发展特点,将中国教育制度的整体发展历程划分为六个时期,包括上古教育制度之起源、上古教育制度及其退化、汉以后各朝教育之沿革、新旧教育之过渡时代、新教育制度之变迁、民国时代所建之新教育,其分期方法是将以社会历史性质划分的大阶段与以朝代更替划分的小阶段相结合。在局部分期问题上,他初步将中国近代教育划分为过渡时代、新教育设立时代、民国时代三个时期,其依据标准是教育制度的变迁和教学内容的变化。这种以中国教育制度变迁特点为依据,将社会性质划分与朝代划分相结合的分期法,不同于其他一些教育史学者的认识,如王凤喈的《中国教育史大纲》采用的朝代更替分期法、黄炎培的《中国教育史》和余家菊的《中国教育史要》依照中国社会发展过程中某一时代现象的分期法,陈青之的《中国教育史》依照唯物主义史观按社会形态的分期法。① 郭秉文的分期模式与一些学者则有共通之处,如陈启天的《最近三十年中国教育史》也是按中国教育自身发展特点进行分期,将新教育分为萌芽时期、建立时期和改造时期,是中国教育制度史研究的一种新的分期范式,别具一格。郭

---

① 郑刚:《史学转型视野中的"中国教育史"学科研究(1901—1937年)》,华中科技大学出版社2013年版,第212—217页。

秉文还以进化教育史观考察中国新旧教育的更替①,批评国人的"好古心",认为造成中国教育现状的原因在于国人"一曰昧于进化之公理","二曰崇拜古之圣贤"②。"现世之进化,人多归功于学校,良有以也",于是才有改革旧社会刷新新政体的愿望;他认为民国初期高师学校的废旧立新、删繁减重的课程改革措施,"甚合于近世教育之进步趋势";赞扬数年来新教育的课程,"期应乎社会之变迁以及适于工业之需要"③。在他看来,中国教育要进步,一要进化合新,二要应势合需,他将实用主义教育思想倡导的"与社会相联""与生活相联"的具体目标,最终转化为社会进化的终极目标,而在教育救国的大潮下,合新进化更合乎当时的社会心理。

其二,提出了一些新颖的学术观点,引介了一些新的学术概念,为中国教育制度史研究打下了初步基础。郭秉文运用了"公共教育制度"这一带有西方色彩的学术概念,进行中国教育制度的系统整理研究,全书即以此为考察的核心,"所谓公共教育制度者,乃指国家所维持与管理之学校,所以为人民教育者。狭义言之,则不能括登庸考试制度"④。而私人教育仅略微旁及。在书中,他将京师同文馆的建立视为中国近代教育的起点,"实为吾国近世教育制度之先道",将学部的设立视为新教育制度建立的标志,"清光绪三十一年(1905)十一月设立学部之上谕,即拥护新教育制度之初步"⑤,此观点也得到了舒新城、陈启天等学者的认同。⑥他对美国流行的实用主义教育思想大张旗鼓地提倡,认为教育与生活关系极大,"彼不顾学生就学之目的,轻视处境生活之需要,甚非教育之本能也"⑦,要"注重实用教育"才能收教育之成效。

其三,郭秉文还以比较研究的视角来分析中外教育的异同,梳理中国教育思想的本土资源,探讨现代中国教育的中国化及出路问题。他对中国传统的教育思想抱有温情,认为《礼记》的教育法"一本人生天然之理,以开发

---

① 周洪宇认为郭秉文主要运用实用主义教育学说分析中国教育制度,"这区别于此前从日本引进的陈旧的进化论学术范式、理论指导欠缺、忽视本国教育制度等不足"(《郭秉文与现代中国实用主义教育学术范式的建立——基于〈中国教育制度沿革史〉及相关论著的研究》,《教育学报》2014年第5期)。但通过梳理我们发现郭秉文对进化的教育史观并不排斥,在考察新旧教育的更替上尤为明显。
② 郭秉文:《中国教育制度沿革史》,福建出版社2007年版,绪言。
③ 郭秉文:《中国教育制度沿革史》,福建出版社2007年版,第65、81、102页。
④ 郭秉文:《中国教育制度沿革史》,福建出版社2007年版,绪言。
⑤ 郭秉文:《中国教育制度沿革史》,福建出版社2007年版,第34、50页。
⑥ 舒新城的《近代中国教育思想史》、陈启天的《最近三十年中国教育史》都将京师同文馆的设立作为中国近代新式教育的发端。
⑦ 郭秉文:《中国教育制度沿革史》,福建出版社2007年版,第102—103页。

其天性为主","学以渐不以聚,积小成大","与近世教育法,多有吻合";孔子"举一反三"的教育法"颇合于自动主义";孟子的教育法"专注学者之个性,顺其性而陶冶之","纵观孟子五者之教,皆因材而施……教育普及之道,其在斯乎",认为孔孟之教特别注意开发人的心性,"深合近世所谓自然教育法"①。周代教育的长处在于"为重实验而与当时生活相接近";"阳明先生之哲学,精微而切实用",有功于中国的学术,其教育宗旨类似裴斯泰洛齐派,"深信教育为发达个人能力之温和主动物",要贯彻这种"温和启导主义","当与儿童以多量之自由",减少束缚。②这种比较的视野,对中国传统教育思想特点的分析多有见地,其整合贯通中外教育思想资源的做法对当今也有借鉴意义,是中国教育制度史研究中国化的初步探索。

其四,从对教育研究的整体范式建构来看,郭秉文建立了"现代中国实用主义教育学术范式"③。虽然郭秉文的博士论文并未直接受杜威的指导,但他却熟谙杜威的实用主义教育思想,并以此架构对教育自身内部问题及与外部关系问题的分析,如教法、教育内容、教育目标、教育与社会、生活的关系等。他认为与生活、社会相联的实用教育才值得提倡,"教育必稗实用,他国所风行而收功之实际教育,当加意提倡之",而中国的传统教育思想也有实用的精神,如周代重实验和贴近生活的教育思想;并指出新教育的目标"不以政治生涯为教育之终鹄,而以农业、工业及其他生活之预备为其目的"④,这也是一种实用主义的教育眼光。他还提倡在教育中将实用主义教育哲学与实证主义的方法结合起来,前者注重经验的实用价值和效果,后者注重科学严谨地观察、考证和阐明事实,"故欲吾国之发达,非以实用科学灌输于青年,且奖励其练习切实之观察,与信确之统计,难以有功吾国"⑤,在教法上则提倡实验科学,这些初步构筑了中国教育的科学化路径。他还以实用主义思想来解析教育的适用性问题,"盖恐致力西方教育太过,而忽吾国人民生活之动机","当知教育之宜于西人者,未必皆宜于吾国民"⑥,指出要合理地处置中西教育关系问题。郭秉文教育研究的主要路数,完全不同于中国早期受日本影响的赫尔巴特式的思辨的教育学,他强调的是科学化的分析路径,倡导教育要与生活、社会相联的实际

---

① 郭秉文:《中国教育制度沿革史》,福建出版社2007年版,第9、10、15页。
② 郭秉文:《中国教育制度沿革史》,福建出版社2007年版,第16、29页。
③ 周洪宇、李艳莉:《郭秉文与现代中国实用主义教育学术范式的建立——基于〈中国教育制度沿革史〉及其相关论著的研究》,《教育学报》2014年第5期。
④ 郭秉文:《中国教育制度沿革史》,福建出版社2007年版,第105页。
⑤ 郭秉文:《中国教育制度沿革史》,福建出版社2007年版,第107页。
⑥ 郭秉文:《中国教育制度沿革史》,福建出版社2007年版,第106页。

意义,而非形而上思辨价值意义的阐释。

最后,论文还具有极强的现实关怀意识,郭秉文用一整章探讨民国时期的热点问题,并提出了具体的措施,寻求中国教育改革的出路。在教会教育与公共教育制度的关系问题上,他认为要加强管理并要考虑到教会的合理诉求,同时发挥教会教育的优长,他指出最适宜的政策是:"曰须采用承认之制度而不干预其宗教教授,惟限以实行一种教育标准而已"[1],应借鉴日本、印度的教会教育管理办法。在教育与道德的养成问题上,应当利用新教育制度去改造旧经学、旧道德,道德教育要合乎近世需要并与西方文明融会,要强化历史教育的感召和教员品格的模范作用,"故吾人之于道德也,非独知之且宜行之,是谓知行合一"[2]。在教育财政上,主张"减少尸位素餐之职员""奖励私立学校""弥补财政之缺乏"来解决教育财政问题,其根本之法在于用教育、科学知识和外资振兴工业,开辟富源。在普及教育上,从教法、语言文字、教科书、师资入手,主张废除机械记忆代之以逐字解义,编印通俗读物,创造简字,教授通行官话,拟造表音文字,改良教科书,发展师资。对于师资养成,提出要扩大师资来源,并提高教员素养,建立规范的教员检定制度。这些热点问题的讨论和建议,极有针对性和现实性,发挥了学术研究的现实关怀作用。

《中国教育制度沿革史》作为中国首部通史性质的教育制度史著作,是"崖略的而非特殊的","广大的而非专意的",是"急需"和概要的,而非仅记述部分事实的沿革。它对中国教育制度史研究范式的构建、研究理论的引介、研究方法的运用、研究问题的设定都做了初步的摸索,发前人所未发。同时,它将教育研究与社会热点问题紧密结合起来,非仅仅就教育研究而论研究,凸显出自身的实践价值和社会意义。

第二节 蒋梦麟的教育理论求索

蒋梦麟早年先后在绍兴中西学堂、浙江省立高等学堂、上海南洋公学就学,并考中过秀才,受到过系统完善的东西方教育。在思想饥渴的时代,他紧随留美大潮于1908年赴美,入读卜技利(即伯克利)加州大学农学院。后为"参酌西方国家的近代发展来解决政治问题和社会问题",转学社会科学院教育学系,以教育为主科,历史与哲学为副科,1912年毕业。随后入哥伦

---

[1] 郭秉文:《中国教育制度沿革史》,福建出版社2007年版,第86页。

[2] 郭秉文:《中国教育制度沿革史》,福建出版社2007年版,第89页。

比亚大学研究生院继续攻读教育,师从教育家杜威,1917年获哲学博士学位,论文题目为 A Study in Chinese Principles of Education(中译名《中国教育原理研究》)。1917年6月间,离美返国。①蒋梦麟长达9年的留学生涯,为其教育观的构建提供了丰富的知识来源,而留美期间的博士论文则是他知识来源和教育思想的重要文本体现。②

一、论文的内容框架

蒋梦麟以博士论文 A Study in Chinese Principles of Education 获得哥伦比亚大学哲学博士学位③,袁同礼认为其获得学位的时间为1917年。④目前发现的论文版本有四,其中1917年提交给哥伦比亚大学研究院的论文为手稿,其余为上海商务印书馆分别于1918年、1924年、1925年出版的英文版博士论文⑤,并附有中译名"中国教育原理研究"。蒋梦麟博士论文的再三出版,在一定程度上说明该论文有相当的学术价值和社会影响力。

关于博士论文的研究缘起,序言指出"本书主要是对中国教育原理的一项开拓性研究,也是首次尝试明确阐述那些散落于众多中国思想家浩瀚著作中的教育思想,旨在以更清晰的语言去解读这多多少少含糊的表述,并将这些零散的观点整合成一个相关整体","希望研究过去并非只为了过去本身,而是本着过去来阐明现今的教育理论"⑥。在将中国古代教育思想梳理并纳入历史视野之后,蒋梦麟开始意识到它无疑是具有"modern"意义的,且作为那个时期先进的教育理论仍旧展现出继续发展和进步的明显迹象。因此,蒋梦麟期望能够将中国思想家"金玉良言般的论说"整合重构起来,进行细致的讨论,从中汲

---

① 蒋梦麟:《西潮·新潮》,岳麓书社2000年版;《时人汇志——蒋梦麟》,《国闻周报》1927年第38期。

② 刘蔚之的《美国哥伦比亚大学师范学院中国留学生博士论文之初步分析(1914—1959)》(《辛亥革命与中国近代教育——"第五届海峡两岸教育史论坛"论文集》,浙江大学出版社2012年版),涉及蒋梦麟博士论文的考察,对本文有借鉴意义;马勇的《蒋梦麟教育思想研究》(辽宁教育出版社1997年版)也有所提及,但仍需深入探讨。

③ 商务印书馆出版的蒋梦麟英文版博士论文,附有中译名《中国教育原理研究》,并非一些研究者所称的《中国教育原理之研究》。本文研究所据博士论文版本为 Monlin Chiang, (A) Study in Chinese Principles of Education, Shanghai: The Commercial Press, 1924.

④ Tung-Li Yuan, A Guide to Doctoral Dissertations by Chinese Students in America 1905—1960, Published under the auspices of the Sino-American Cultural Society, Inc. Washington, D.C.1961, P.14.

⑤ 哥伦比亚大学图书馆馆藏。

⑥ Monlin Chiang, (A) Study in Chinese Principles of Education, Shanghai: The Commercial Press, 1924, preface, Ⅲ.

取改造中国教育的传统力量,其历史主义的取向是十分明显的。而在材料处理上,蒋梦麟也只选择那些与当前问题直接或间接有关的材料,组织材料时也尽可能地保持历史时序,以期能探究一种思想作用于另一种思想的影响。

论文所使用的研究材料基本为中国的原始文献,但组织和系统化这些材料的方法却多少是西方式的。这种"中国材料—西式方法—研究中国问题"的研究模式,在留美生的博士论文中十分突出,虽有斧凿西方的痕迹,却有强烈的现实观照,是将西式学术研究模式运用到中国问题研究的尝试和努力。蒋梦麟还将对教育思想的考察纳入中国教育发展的总体脉络和历史变迁之中,其框架构思的视野极为广阔。因为他意识到"如果远离和孤立于思想的总体趋势,那么教育思想将失去意义"[①]。同时,各章节之间始终保持着一种前后相承的布局关系,在讨论教育的特定主题时,前一章节就可以提供相关的知识背景。

论文内容分为六部分十五个章节,前言提供了中国教育的背景和一般范围的讨论,致力于中国生活理想的一般阐释和中国思想发展的概述,以为理解后续章节提供帮助。正文主体有四,分别为遗传与教育、学习原理、教学原理、道德教育原理。第一部分从人性、本性与教养的角度出发,探讨遗传与教育的关系。作为教育主要内容的学习与教学问题,则是第二、三部分的讨论内容。其中,学习原理涉及知识问题、科学问题、知识的相对价值和学习的基本元素,而教学原理的讨论则包括初等教育的方法和教学的基本元素两部分。知识问题是从教学与学习的方法以及哲学的角度切入,是一般方法论的研究;科学问题则是在对比东西文明不同发展路径之后,探寻中国缘何未能发展起现代科学,解释现代科学在中国缺席的困惑。第四部分梳理了中国道德理论的类型和道德训练的基本元素,从当时中国的道德问题和学校德育立场立论,按照形成道德信念、据相关价值选择道德判断和践行道德观三个层次,提出了建设"新道德"的要求和方法,并认为可以借鉴中国古代朱熹、陆象山、王阳明的思想。在以上分析解构之后,蒋梦麟对现代西方思想与中国思想中个人、社会和国家的关系进行了比较讨论,针对中国的文化问题,提出了或保留、或引进、或重建的建议,并认为科学与艺术教育对现代教育具有理论和实践意义,得出了自己的论断。

从博士论文的内容和架构方式来看,蒋梦麟教育思想的知识谱系显然脱离不了杜威思想影响的窠臼,但更多的是受到了孟禄的直接影响。如对遗传与教育关系探讨的侧重,对学习原理与教学原理基本要素的分析,研究

---

① Monlin Chiang, *(A) Study in Chinese Principles of Education*, Shanghai: The Commercial Press, 1924, preface, Ⅳ.

中历史主义的倾向,从传统和历史中汲取改造社会力量的意图。甚至章节前后相承的布局关系,组织材料保持历史时序的特点,都可以看出他在论文写作过程中受业师的深度影响。而蒋梦麟与杜威关系的加强,则是1919年杜威来华访学期间的接待活动。关于蒋梦麟博士论文呈现出的思想知识谱系,尚需从其具体内容、参考文献及师承关系入手考察。

二、论文的学源派分与知识谱系

蒋梦麟博士论文的指导教授有施菊野、杜威、克伯屈、孟禄等人,细致探究其思想渊源,可以从师承关系进行追寻。论文序言写道,写作灵感和选题来自以学校行政研究为专长的施菊野教授的指导,而孟禄教授则在蒋梦麟整个写作过程中一直给予鼓励和意见,杜威和克伯屈教授通读了论文手稿并提出了有价值的建议。此外,他还得到了博茨福德的帮助。

杜威是美国哥伦比亚大学实用主义教育思想的代表者,早年深受达尔文进化论、黑格尔哲学以及孔德实证主义哲学的影响,提出"教育即生长""教育即生活""学校即社会"等教育观点,强调将教育的重心由教科书、教师转移到儿童。[①]克伯屈是杜威实用主义教育思想的追随者,他批评传统分科教学制度,宣传"设计教学法"[②]。孟禄则是哥伦比亚大学的教育史学家,他从心理学的角度,将古代儿童对成年人无意识的模仿视为原始教育的起源,主张采用设计教学法,注重练习和实验。[③]在蒋梦麟毕业后,这些教授曾到访中国,与中国亦有着密切的联系。孟禄曾在1913年、1937年来华考察和出席会议;杜威在1919年至1921年间来华宣传实用主义思想;克伯屈在1927年来华考察初等、中等教育及职业教育,推广"设计教学法"[④]。如前文所述,论文内容和构架中的实用主义色彩、历史主义倾向、儿童中心观以及社会达尔文主义的价值取向,明显受到了这些业师治学理念的影响。

博士论文是这些留美博士生学术积淀的一种内化形式,而文中参考文

---

① 《教育大辞典》编纂委员会编:《教育大辞典》(第11卷),上海教育出版社1991年版,第393—394页。
② 设计教学法:美国进步教育运动中推行的一种教学制度,以克伯屈为代表人物,该教学法主张由学生在实践中自动、自发进行有目的、有计划获得完整经验的学习活动,要求突破班级授课制和教科书限制,强调以儿童兴趣和主动学习为主体,教师的作用在于激发学生学习动机。
③ 《教育大辞典》编纂委员会编:《教育大辞典》(第11卷),上海教育出版社1991年版,第395—396页。
④ 田正平:《论民国时期的中外人士教育考察——以1912年至1937年为中心》,《社会科学战线》2004年第3期。

献则是这些留美博士知识理路和谱系的重要体现。蒋梦麟的博士论文征引了大量的中文文献,他将其分为八类,分别为古典类、古代哲学类、宋元明哲学类、清代哲学类、历史类、杂录类、百科全书类和书籍目录类。有研究者指出"在参考文献部分,全为中国经典,总计45本,显示曾经参加童试且中过秀才的蒋梦麟,国学底子堪称深厚"[1]。其中,《国学原论》《国学微论》《国学通论》《国学今论》为邓实连续发表在《国粹学报》上的4篇文章,实际应有41本。若以内容分,可归结为7类,分别为诸子百家原典及注疏类8部、宋明清儒学专著及训释汇编类12部、儒学学术思想史类7部、习经治学修身治国类3部、启蒙读物类4部、综合类6部和报刊类1部。

这些中文参考文献,大部分源自藏于哥伦比亚大学图书馆和美国国会图书馆的《四库全书》《古今图书集成》及《正谊堂丛书》等汇编丛书。[2]对这些传统原典、宋儒清儒著作、习经治学读物的大量引用,可以看出蒋梦麟对中国传统文化的重视,如其所言,他不只为过去而研究过去,"而是本着过去来阐释现今的教育理论",表现出他试图从中国传统文化和历史中汲取力量。

蒋梦麟在论文中对中国古代程朱陆王的思想十分服膺,他在中西比较的视野下批判地借鉴了宋学的教育思想,如格物致知的治学途径,"博学、审问、慎思、明辨、笃行"的思考方法,而今文经学与现实问题联系的观照,讲究致用之学与实践,世易时移的时代观念以及由浅入深的教育方法,也在他比对中西文化的研究过程中得到了肯定和继承。

在考察了王阳明的"导行、唱诗、习礼、授书、每日工夫"的蒙学教育方法后,他认为传统蒙学的扫洒进退应对之教是为高等阶段的学习培养一个良好习惯,而"所有事情的教导要依据儿童的天然兴趣",显然与克伯屈、孟禄所倡导的"设计教学法"的观点不谋而合,带有儿童中心观的教育色彩。中国古代强调"行"的教育思想是为了满足静止社会的需求以维持社会稳定,为满足中国新时代的变化而应对其进行改进和重建,蒋梦麟指出"如果是正确的行为,必须由社会价值来衡量且必须是儿童目的性的行为"[3],表现出世易时移与儿童中心观的思想特点。论文对《朱子小学》《养正遗规》等蒙学读物的引用参考,是他企

---

[1] 刘蔚之:《美国哥伦比亚大学师范学院中国留学生博士论文之初步分析(1914—1959)》,田正平、程斯辉主编:《辛亥革命与中国近代教育——"第五届海峡两岸教育史论坛"论文集》,浙江大学出版社2012年版,第327页。

[2] Monlin Chiang, (A) Study in Chinese Principles of Education, Shanghai: The Commerical Press, 1924, P.22,注34。

[3] Monlin Chiang, (A) Study in Chinese Principles of Education, Shanghai: The Commerical Press, 1924, P.106。

图以现代教育思维来挖掘中国古代初等教育资源价值的尝试。

蒋梦麟并未单独列出英文参考书目，只在文中加以引注，据考察有32部，远低于中文参考书目。其论文的引文参考书目大体可分为8类，分别为教育类7部，哲学类6部，社会学类5部，伦理学类4部，历史类4部，政治学类3部，逻辑学类和艺术类分别1部，另尚有一部不详。具体见表4.3。

表4.3　蒋梦麟博士论文英文参考文献

类别	作者	参考文献	内容简介
教育类	卢梭著，Barbara Foxley 译	Emile[1]	教育哲理小说，宣扬追求个性解放的自然主义教育思想和儿童教育
	杜威，实用主义教育家	How We Think[2]	教育哲学著作，论述了"探索方法"，提出"思维五步法"
	孟禄，美国教育史学家，提出教育心理起源说	History of Education	教育史著作
	Monroe	Textbook on the History of Education	教育史著作，大学教科书，认为教育起源于儿童对成年人的无意识模仿
	弗兰克·M.麦克默里，美国赫尔巴特学派创始人	How to Study	—
	郭秉文	The Chinese System of Public Education	中国教育制度沿革史，博士论文
	桑代克，美国教育心理学家，提出联结主义	Educational Psychology	教育心理学著作，大学教科书。内容包括人的本性、学习心理学、个性差异及原因三部分，提出学习三大定律和个性分别论
伦理学类	塔夫茨	Ethics[3]	伦理学教科书，实用主义伦理学代表作
	Muirhead	Aristotle's Ethics	伦理学著作
	保尔森，德国新康德主义哲学家、伦理学家	System of Ethics[4]	以善论和德论为主体框架构建，其联系现实问题、追溯历史并提出解决方法的写作方法，被奉为哲学教科书典范

[1] 1923年商务印书馆出版中译本《爱弥儿》，魏肇基译，时英文版已出第7版。
[2] 1918年高等师范学校出版中译本《思维术》，刘经庶译。
[3] 1935年中华书局出版中译本《道德学》，余家菊译。
[4] 1924年商务印书馆出版中译本《伦理学原理》，蔡元培据日译本编译。

续表

类别	作者	参考文献	内容简介
伦理学类	蔡振，即蔡元培	*The History of Chinese Ethics*	中国伦理学史
历史类	Filing	*Greek and Roman Civilization*	—
	J.Takakusa 译	*A Record of the Buddhistic Religion as Practiced in India and Malay Archipelago(671—695 A.D.)*	宗教史著作
	马哈菲，爱尔兰古典主义学者。	*Greek Civilization*	—
	鲁滨孙，美国历史学家，新史学派创始人，投身于进步主义史学运动；比尔德，为鲁滨孙高徒	*Development of Modern Europe*	用进步的观点考察历史变化，用综合的观点分析历史事实，强调历史研究应从现实出发并为社会进步服务
哲学类	Dewey	*German Philosophy and Politics*	—
	狄金森，(一译狄更生)，英国哲学家	*Greek View of Life*[①]	内容涉及希腊的宗教观、国家观、个人观和艺术观
	霍夫丁，丹麦哲学家、心理学家	*History of Modern Philosophy*	哲学史著作[②]
	Kayanagi	*History of the Philosophy of the Sun Dynasty*	哲学史著作
	罗杰斯，美国哲学家，批判实在主义代表	*Students' History of Philosophy*	哲学史著作，教科书
	策勒，德国哲学家	*Aristotle*	—
社会学类	吉丁斯，美国社会学家，哥大教授	*Descriptive and Historical Sociology*	社会学核心理论是"同类意识"
	基德，英国社会学家、历史学家，以进化论著称	*Social Evolution*[③]	书中认为历史是个人的首创性与社会控制之间的斗争

---

① 1934年商务印书馆中译本《希腊的生活观》，彭基相译。
② "由结合先验的浪漫主义和进化论的实证主义而树立了一种哲学体系"，何景文编：《新人名辞典》，开华书局1933年版，第358页。
③ 即李提摩太译、蔡尔康笔述的《大同学》，译自基德的《社会演化》前四章，载《万国公报·二九》1899年第121—124卷，华文书局股份有限公司1968年版。

续表

类别	作者	参考文献	内容简介
社会学类	马修·阿诺德,英国诗人、教育家,主张以文学完善人性	*Culture and Anarchy*	强调古希腊精神,批判工业文明机械性,提出全面和谐发展人类能力
	Nichomachean Ethics	*The Elements of Happiness*	—
	斯宾塞,社会达尔文主义之父	*Social Statics*	在欧美影响巨大,提出普遍的进化框架,认为社会演化是不断个性化过程,社会演化获致社会平衡、人类福祉
艺术类	加德纳,英国考古学家、艺术和古钱币学家	*Principle of Greek Art*	—
逻辑学	杰文斯,英国经济学家、逻辑学家	*Lessons in Logic*	逻辑学基础教科书。提出"同类必有同质"的推理法则
政治学类	Hausrath 译	*His Doctrine of German Destiny and International Relations*	—
	约翰·弥尔,英国古典自由主义思想家	*Liberty*	—
	威尔逊,美国第28届总统	*The State*	—
	Jordan,斯坦福大学校长	*The Voice of the Scholar*	—

资料来源:Monlin Chiang,(*A*)*Study in Chinese Principles of Education*,Shanghai:The Commercial Press,1924;以及据《史学理论大辞典》《伦理学大辞典》等资料整理而成。

从表4.3中可以看出,蒋梦麟引用了不少教育学、哲学、历史学及社会学英文著作,且以相关学科的历史哲学类通论书目为主,呈现出从哲学和历史主义的角度来考量中国教育的知识脉络。这些书目多种属于大学经典教科书,如杜威与塔夫茨的《伦理学》(*Ethics*)、孟禄的《教育史教科书》(*Textbook on the History of Education*)、桑代克的《教育心理学》(*Educational Psychology*)、罗杰斯的《学生哲学史》(*Students' History of Philosophy*)、保尔森的《伦理学体系》(*System of Ethics*)。不少书目在蒋梦麟归国后不久得以翻译,如《爱弥儿》《伦理学》《伦理学体系》等书,而基德的《社会演化》(*Social Evolution*)早在1899年就被译成中文。这些经典教科书,在社会上流传甚广且影响巨大,其在国内被引介翻译也侧面说明蒋梦麟在海外接触教育新思想的前卫性。就引用次数来看,杜威与塔夫茨的《伦理学》、霍夫丁的《现代哲学史》(History of Modern Philosophy)计有5次,频率较高。

三、论文的理论构建与学术特点

考察蒋梦麟博士论文的具体内容与参引书目,从中可以梳理出其思想理论构建理路和学术特点如下。

(一) 以实用主义为思想底色,调和东西方文化

博士论文开篇宗义提出"教育是生活和思想的方法,而生活和思想是教育的内容",知识是不能脱离现实生活的,显然受杜威实用主义哲学的影响。以致蒋梦麟后来回忆称,"我在哥大学到如何以科学方法应用于社会现象,而且体会到科学研究的精神",而杜威的实验哲学与中国人讲求实际的心理又是相契合的。[①]杜威讲求实践验证,"思考不能建立于真空中,只有在掌握信息的基础上才能进行推理"[②],鲁滨孙强调历史研究应从现实出发并为社会进步服务,保尔森的《伦理学体系》主张联系现实问题、追溯历史并提出解决方法。三者的共通之处都在于重视实践与服务现实,这与讲求实际的中国传统生活哲学有着天然的联系,也是蒋梦麟博士论文贯穿始终的主线。

在认知问题上,朱熹求理,陆象山反诸求心。蒋梦麟指出无论是寻求客观真理还是发展良知,他们都最终指向共同目标——人的修养,但后来两派的发展偏离了最初的目的而指向了育人方法,黄宗羲称之为"这些无意义的争吵",蒋梦麟则试图以实用主义的目标论来化解两派的分歧。他还指出"寻理就是探究逻辑缘由或自然规律,在这方面,朱熹体系的态度最接近现代科学方法",而现代科学方法就是指西式的,就知识本身来说,知识的方法即是"生活的方法"。蒋梦麟比对东西方文化之余,调和东西新旧文化,试图寻求可取的中国教育资源[③]。在调和中西文化上,他主张根据社会环境的变化对中西教育思想进行系统的整理,并加以哲学的研究和科学的分析,提出了或保留,或引进,进而重建的建议。

(二) 以适应环境的社会达尔文主义为最终价值取向

蒋梦麟认为被卷入世界的现实中国需要道德重建,条件有三:一为比较

---

① 蒋梦麟:《西潮·新潮》,岳麓书社2000年版,第92页。

② Monlin Chiang, *(A)Study in Chinese Principles of Education*, Shanghai: The Commerical Press, 1924, P.54.

③ Monlin Chiang, *(A)Study in Chinese Principles of Education*, Shanghai: The Commerical Press, 1924, pp.59—60.

研究，一为理性力量，一为社会环境。"在现代中国道德理想的重建上，对不同种族道德规范的比较研究是必不可少的工具"，而"道德理想的重建不仅以人的理性力量为基础，而且以他所生活的社会环境为基础"，要通过现代科学艺术与教育来实现；具体方案是，"为满足现代个人主义、工业主义和民族主义的要求，必须在合作思考、协同实践和公民权上训练个体主动思考和实践"[1]。由于道德的根本是人的"内部道德力量"（the inner moral force），它"是唯一且相同的——根据在不同时代和社会发展阶段的不同道德标准来起作用的"，这意味着"根据社会需要来重建道德理想和标准，新道德训练则意味着将相同的旧有的内部道德力量指向新频道"[2]。显然，蒋梦麟以社会环境适应为依据提出新道德的重建，表面上是一位环境影响论者，其实质却又回归到了社会进化论，表现出他对中国社会现实的关切和焦虑。那么，面对"物竞天择，适者生存"法则，面对中国落后动荡的现实和社会演化的内在张力，他是如何调和二者的矛盾的？他指出"进化并不意味着进步。因为进步表现为人的有意识的努力因素。最合适的幸存并不必然意味着最合适人类要求的幸存"，他以"适合人类要求"和进步的标准来弥合二者的分歧，并指明出路在教育。"教育意指有意识努力的人们以这样一种方式去创造一些情势，这就是他们将有助于成长和最贴近要求的幸存"[3]，带有折中的取向。

"知识相对价值"的讨论，是对斯宾塞的"什么知识最有价值"的回应。苏东坡告诉我们，指导学习的原则应是获得个人想要的；朱熹认为，寻理应致力于接近自我；大卫·斯塔尔·乔丹则认为，对我最有价值的才是最有价值的知识。诚然苏东坡、朱熹、乔丹的语境不同，一个处于东方古代农耕社会，一个处于拥有个体自由的西方现代工业社会，蒋梦麟的目的是"告知现今国人，那些古人所说的含有的价值必须要适用于现代环境"[4]，强调环境的力量和知识的相对价值。他借鉴了基德的《社会演化》、斯宾塞的《社会静力学》（*Social Statics*）、霍夫丁的《现代哲学史》等进化论思想，认为"当我们讨论教育时，不得不持有两方面观点，即生物遗传与社会遗传，换句话说，即天性与

---

[1] Monlin Chiang, *(A)Study in Chinese Principles of Education*, Shanghai: The Commerical Press, 1924, pp.148—149.

[2] Monlin Chiang, *(A)Study in Chinese Principles of Education*, Shanghai: The Commerical Press, 1924, P.150.

[3] Monlin Chiang, *(A)Study in Chinese Principles of Education*, Shanghai: The Commerical Press, 1924, P.185.

[4] Monlin Chiang, *(A)Study in Chinese Principles of Education*, Shanghai: The Commerical Press, 1924, pp.78—82.

教养","当环境改变时,同一个体会做出不同反应……同类的变更是由作用其个体上的环境力量引起的"①。因而,与其说蒋梦麟是一个坚定的环境决定论者,倒不如说是一个社会达尔文主义价值取向的持论者,以适应环境的社会达尔文主义为最终价值取向。

(三) 依天性、个性导善的道德教育观

蒋梦麟从天性、个性与教养切入教育问题,无疑受到桑代克《教育心理学》一书的影响,而后者正是从人的本性、学习心理学、个性差异及原因三部分来论述教育心理学说的。桑代克强调教育要注意个体差异,影响到蒋梦麟论文对因材施教和兴趣问题探讨的注重。保尔森以善论和德论为主体架构他的《伦理学体系》,阿诺德则在《文化与无政府状态》(Culture and Anarchy)一书中主张以文学完善人性,全面和谐发展人的能力,又与中国儒家"修齐治平"教育体系的终极教育目标"止于至善"有切合之处②,诚如王阳明指出的"个人智力不同;智力不同却天性为善;教育要依其而导善","人人须指向相同的目标——善"③,蒋梦麟注重教育中人性、天性与善的发展,强调道德教育,而这是维系社会秩序和进步所需。

需要指出的是,东西之间的差异在于"亚里士多德强调的是人的理性,孔子强调的是人的德性",中国古代"教育的目的,不仅在道德上而且在政治上训练个人",儒家学派教育的最终指向是"政治伦理"(politico—ethical)④。因而,他主张转变传统教育中过多强调的政治伦理观,转而寻求人的内在道德力量和天性,达到提升人的修养的目的。他的道德教育观的基本图景是,依天性、个性而导善,也就在陆王哲学中找到了共鸣。

(四) 从科学出发的理性主义精神

关于近代中国的发展问题,自然会涉及科学问题。同西方相比,古代中国之所以没有发展起现代科学,蒋梦麟认为是知识缺乏系统化的体系和分类,对自然无热情,孔子格言式的论说留下了阐释空间,更在于古代中国是

---

① Monlin Chiang, *(A)Study in Chinese Principles of Education*, Shanghai: The Commerical Press, 1924, P.49.

② Monlin Chiang, *(A)Study in Chinese Principles of Education*, Shanghai: The Commerical Press, 1924, P.35.

③ Monlin Chiang, *(A)Study in Chinese Principles of Education*, Shanghai: The Commerical Press, 1924, P.112.

④ Monlin Chiang, *(A)Study in Chinese Principles of Education*, Shanghai: The Commerical Press, 1924, P.36.

以"政治伦理"为知识核心,"理"被作为一种万能药。根本上在于西方强调的是人的理性,而古代传统中国强调的是人的德性,并建立了"政治伦理"核心。为现实中国计,蒋梦麟开出了方案,"我们不必让'政治伦理'问题占据所有的知识领域。必须唤起对自然的强烈热情,引介调查研究的系统方法。我们必须融进科学精神……中国学校的学生必须直接与自然交朋友,必须导向系统的调查和实践"①。进而提出,"中国需要组织良好的现代学校"②,系统地引进西方科学知识和制度,教育要贴近生活并融入科学精神。这体现了蒋梦麟比对东西差异和联系历史解决实际问题的思想特色,具有浓厚的科学色彩和理性主义精神。

为了论证中国传统中的科学精神,他还大费篇幅地介绍了陈元龙的《格致镜原》,力图从中国此类的古代科学技术史类书中寻找传统资源,并以此来激励国人重视科学。论文最后还从个人、社会与国家关系来探讨教育问题,多少受狄金森的《希腊的生活观》(*Greek View of Life*)以宗教观、国家观、个人观和艺术观来组织文章结构形式的启发。

总体来看,蒋梦麟博士论文的学术谱系和思想脉络比较庞杂,但也有理路可寻。他在东西方文化比较研究的基础上,大量吸收了中国古代程朱陆王的思想以及杜威、孟禄、斯宾塞、鲁滨孙、保尔森、桑代克等一批西方学者的研究成果,在架构上借鉴了西方经典教科书的书写形式,其研究范式为"中国材料—西式方法—研究中国问题"。论文呈现出从文化哲学和历史主义的角度来考量中国教育的色彩,具有孟禄历史主义的思想特色,而其基调是杜威的实用主义哲学,其价值取向则是斯宾塞的社会达尔文主义,其道德教育观思想是依天性、个性导善,并强调儿童中心主义和个性主义。

蒋梦麟力图从传统教育思想中探寻改造中国的经验,并将古今中外的教育思想生发、演化,由此提出了"作为科学方法的教育""作为个体发展方法的教育""作为社会发展方法的教育""作为训练公民方法的教育""作为训练领袖方法的教育"③。在对待东西新旧文化上,蒋梦麟不是一个文化保守主义者,而是一个建立在比较史观基础上的文化调和吸收派,诚如一些研究

---

① Monlin Chiang, *(A)Study in Chinese Principles of Education*, Shanghai: The Commerical Press, 1924, pp.76—77.

② Monlin Chiang, *(A)Study in Chinese Principles of Education*, Shanghai: The Commerical Press, 1924, P.82.

③ Monlin Chiang, *(A)Study in Chinese Principles of Education*, Shanghai: The Commerical Press, 1924, pp.185—187.

者所说,"蒋梦麟是一个中西文化复合论者"①。其博士论文形成的文化教育观,影响了他归国后的教育实践及思想,如他对职业教育的提倡,主张文化"新旧调和""本土文化与外来文化的接龙",强调从日常生活经验观察分析社会②,都带有其博士论文的思想烙印。

然而论文中对文化哲学的过多强调,以及对新旧中西文化的调和并未给出具体的方案,不能不说是其缺憾。其对西式学术和思考方法的模仿,似乎也略带生硬之嫌。但是蒋梦麟博士论文的"中国材料—西式方法—研究中国问题"的研究范式及对现实问题的观照,突出地代表了过渡时代留美博士生的思想学术特色,是对中国现代学科建设及学术研究的一种贡献。博士论文是蒋梦麟等留美博士生学术积淀的体现,分析其论文的知识结构,可以一窥其思想来源和学术谱系,尤其对认识他们的文化观和教育思想不无裨益。同时,论文中大量中西文献的引介,也是他们进行中西文化交流的形式之一。

第三节 钟鲁斋的民主教育理念探讨

钟鲁斋为中国早期比较教育学家,在中国现代教育史上占有重要地位,先后在沪江大学、清华大学、厦门大学、广东勷勤大学、中山大学任过教职,创办香港南华学院并任院长。其后移居香港,并对香港教育多有贡献。钟鲁斋不仅致力于教学实践工作,而且深耕教育学术研究,尤其在比较教育研究上别有见解。他指出研究比较教育的目的在于研究外国教育制度与方法,主张系统地研究外国教育,进而为教育改革提供借鉴。其主要著述有《中国近代民治教育发达史》《教育之科学研究法》《比较教育》《中学各科教学法》《两性学习差异的调查与研究》《华侨教育之改进》《德国教育》《世界各国教育改进之趋势》,译著有《教育研究法及其原理》《现代心理学与教育》。③这些研究成果得益于他所接受的系统的教育研究训练,也源自他的教育实践经验总结。钟鲁斋早年在沪江大学取得学士、硕士学位,1928年入读斯坦福大学,1930年以博士论文 Democratic tendencies in the develop-

---

① 孙善根、余子道:《"不中不西,亦中亦西"——蒋梦麟中西文化观评述》,《安徽史学》2004年第3期。
② 可参见明立志等编的《蒋梦麟学术文化随笔》,中国青年出版社2001年版。
③ 据《教育大辞典》编纂委员会编的《教育大辞典》、黄伟经主编的《客家名人录》、梅县市地方志编纂委员会编的《梅县市概况》等资料整理而成。

ment of modern education in China 取得教育学博士学位,其博士论文是留美学业的总结,奠定了他的教育思想基础,也影响了他此后的教育生涯。

一、论文的基本内容

1934年,钟鲁斋在原博士论文的基础上改编出版了 A history of democratic education in modern China,中译名《中国近代民治教育发达史》。1974年、1977年分别由台湾成文出版社、University Publications of America 再版。《中国近代民治教育发达史》总体上反映了钟鲁斋博士论文的研究成果,是在原博士论文的基础上增添了第十章,并补充了一些新数据。本文依据商务印书馆1934年出版的改编本进行讨论,以下行文及研究皆以此书为依据。

《中国近代民治教育发达史》主要考察了从癸卯学制建立至1933年间的中国现代教育的民主趋势,而这些民主趋势的变化体现在教育管理制度、组织制度、义务教育、民众教育、职业教育、女子教育以及教会教育等方面。钟鲁斋的论文是一部体系完善的中国现代教育史,他希望对"关于近年来在中国混乱的政治社会环境下趋向民主化的教育运动"[①]给予一番综合的阐释。

全书共有十个章节,前有导师克伯莱、奥尔马克所作序言以及自序,后列有参考文献。正文第一章绪言部分,交代了中国新教育变化的历史背景、分期、研究的设想、范围、资料以及方法。第二章考察了1905年以来的中国教育管理中的民主趋势,内容涉及中央、省级和地方三级教育管理机构的设置、职责权限和改革方案,此外巡视体系也被纳入他的考察视野,最后是结论。第三章考察了教育组织发展中的民主趋势,主要研究了癸卯学制、壬子癸丑学制和壬戌学制的体系架构,对三种学制下初等教育、中等教育和高等教育的历史、目标、课程和统计进行了详细分析。第四章则关注了中国义务教育发展中的民主趋势,内容包括义务教育的活动和重要问题,前者以直隶、山西、江苏、广东、山东、上海及南通等省市为考察的个案,后者以学龄儿童的调查、师资问题和经费问题为研究的关注点。第五章分析了中国民众教育发展中的民主趋势,内容包括对民众教育发展阶段的梳理和国民学校管理体系及组织方案的研究,并对各地民众教育活动和团体组织进行了考察。第六章主要对中国职业教育中的民主趋向进行了研究,考察了职业教

[①] Lu-Dzai Djung, *A History of Democratic Education in Modern China*, Shanghai: The Commercial Press, 1934, auther's preface, XIII—XIV.

育的发展阶段、1917年以来新职业教育的发展状况、新教育系统中职业教育的地位、职业学校的统计、女子职业学校以及中华职教社。第七章从初等、中等和高等女子教育的历史、课程和统计入手,考察中国女子教育发展中的民主趋势,对女子教育的态度问题、职业问题、入学问题以及男女同校问题都有观照。第八章则从梳理各阶段中国教会教育的历史及其贡献来分析教会教育中的民主趋势。第九章主要探讨了中国民主教育发展中遇到的重要问题,诸如三民主义问题、教育经费独立问题、国语统一问题、乡村小学师资问题、成人教育、社会教育、留学教育、内蒙古和西藏教育以及教会学校问题,并给出了相关改革建议。第十章总结了中国民主教育的当今发展状况,内容涉及第二次全国教育会议、教育管理组织体系以及小学教育、中等教育、高等教育、社会教育、职业教育、女子教育和教会教育的新发展。

《中国近代民治教育发达史》以教育小专题研究的形式探讨中国现代教育的发展变化,有历史的梳理、状况的调查、方案的分析以及问题的提出,每章专题后还附有小结,有别于郭秉文按历史纵向脉络谋篇布局的教育制度史写法。其结构体系通中有专,论述严密,历史考察与结构分析、整体探究与个案研究紧密结合,并带有观照现实的突出特点,可以说是一部别具风格的中国现代教育史专著。

二、教育民主化理念的引入

如前所述,钟鲁斋的主要研究意图是追寻1903年至1930年间中国混乱的政治社会环境下教育运动的"民主化"(democratization),或曰"民主趋势"(democratic tendencies)。[①]在论文中他主要引入了教育"民主化"这个西式概念,围绕此核心理念建立起他的学术研究的话语体系,并从中国教育情境出发,提出了一些改革创见。

教育民主化是20世纪前期美国进步主义教育思潮的核心理念之一。在第一次世界大战前,美国公立学校的教育改革是面向城市贫民服务的,其重要目标是将教育面向社会的各个阶层,主要措施是丰富学校课程与扩充学校设备,实现教育的普及化,进而实现教育的民主化。杜威在1916年发

---

① 商务印书馆1934年出版改编本博士论文时,译为"民治",其书名为《中国近代民治教育发达史》。

表的《民主主义与教育》一文①,更系统地阐释了教育民主化理念,并将其纳入他的实用主义哲学体系。他认为"民主主义不仅是一种政府的形式;它首先是一种联合生活的方式,是一种共同交流经验的方式","共同参与的事业的范围扩大,和个人各种能力的自由发展,这是民主主义的特征"②。这种生活方式应当是社会性的,而"教育乃是社会生活延续的工具","教育就是经验的改造或改组",民主主义社会的教育目标是"使每个人都有对于社会关系和社会控制的个人兴趣,都有能促进社会的变化而不致引起社会混乱的心理习惯"③。教育的民主化是使教育面向所有阶级,普及教育,并提高效率。教育不仅要给儿童以自由,且要与生活和社会相联,"减轻经济不平等的影响"。杜威将教育的民主化总结为"以机会均等为理想的民主主义,要求一种教育,这种教育要把学问和社会应用,理论和实际,工作和对于所做工作的意义的认识,从头就融为一体,并且大家一样"④。杜威教育民主化理念中的实用主义思想,如教育机会均等、普及教育、注重经济问题、教育与生活和社会相联的思想,颇合20世纪前期中国教育改革的社会需求。

在钟鲁斋看来,自新学制建立以来,中国教育就一直处于民主的发展趋势之中,"这种趋势的迹象显现在更加民主的管理和组织制度的发展中,义务教育、民众教育、职业教育及女子教育的发展中,以及教会教育的革新中"⑤。中国新教育运动开展的教育经费独立运动、国语统一运动、乡村小学师资训练、成人教育、社会教育、留学教育以及内蒙古和西藏教育普及实践,也具有民主性,而其论文的目的即是呈现中国教育民主成长的轨迹。至于如何实现教育的民主化,从政治的民主、经济的民主、教育管理的民主、教学的民主、教育观念的民主、教育机会的民主以及教育科学方法来加以探求,

---

① 杜威1916年发表的"Democracy and Education"一文,常道直1922年将其译为《平民主义与教育》出版,邹恩润1928年将其译为《民本主义与教育》,赵祥麟、王承绪则在1981年编译的《杜威教育论著选》中将其译为《民主主义与教育》。钟鲁斋博士论文中的Democracy,则被译为"民治"。译名的差异,表明了译者对教育的Democracy的不同理解。
② 〔美〕约翰·杜威:《民主主义与教育》,赵祥麟、王承绪编译《杜威教育论著选》,华东师范大学出版社1981年版,第163—164页。
③ 〔美〕约翰·杜威:《民主主义与教育》,赵祥麟、王承绪编译《杜威教育论著选》,华东师范大学出版社1981年版,第143、159、168页。
④ 〔美〕约翰·杜威:《明日之学校》,赵祥麟、王承绪编译《杜威教育论著选》,华东师范大学出版社1981年版,第141—142页。
⑤ Lu-Dzai Djung, *A History of Democratic Education in Modern China*, Shanghai: The Commercial Press, 1934, P. 11.

显然是钟鲁斋意图寻找的路径和解决方案。对于教育与民主的关系问题，他的导师奥尔马克指出："民主尚需通过教育才能达到。它是一项智慧而有指导性的过程……教育是有方向并明确的，其目标直接着眼于效果，尤其是在改进人类品性和人类福利事业上"，"真正的教育是进步的，一个面向真实和美好的运动。民主、科学和教育都是共同的。"[1]师徒二人的共识为教育是手段，民主是目的，过程要科学，而最终目标是追求社会进步。

与钟鲁斋同时代的瞿世英，在1931年出版的《西洋教育思想史》中指出："教育民主化的趋势有两方面，一是以教育为维持、保障，并促进平民主义的方法；一是教育本身的民主化"[2]，主要表现在教育权利、教育组织管理以及教学方法的民主。钟鲁斋博士论文基本思路的推演同瞿世英有共通之处，也即从教育的外在民主和教育的自身民主来综合考察教育的民主化，内容关涉政治的民主、经济的民主、教育的普及以及教育组织管理的民主等方面。

事实上，钟鲁斋提出的教育民主化改革建议，是以杜威教育民主化理念为指导，以教育管理为切入角度，重点关注教育自身组织管理的科学化、民主化。"在钟鲁斋的这本书里，我们可以看到教育的解决方案，它是建立在人才和培训他们优点基础之上的"，"一幅规划及组织体系的图景被展示出来，他还逐步将导向现代中国的整个的一系列事件呈现在我们面前"[3]，他将关涉教育科学性、现代性的所有事件统统纳入他的教育民主化考察范畴。因此，钟鲁斋有关教育民主化理念的引入与构建，可以说是广义的教育民主化，并在很大程度上转义成了教育的现代化。在20世纪二三十年代，教育的现代化是建立起共和制度的中国的主体任务，这与美国教育民主化的主要目标——培养理想社会的合格公民，侧重不一，有所区分。对钟鲁斋来说，管理机构的科学现代与效率，民众教育方案的贴近实际与普及，是教育研究的目标所在。这也就不难解释，1934年论文出版时书名被译为"民治教育"（democratic education），因为这正是导师奥尔马克所说的"这是通过民主、科学和教育呈现的道路——这种教育就是进步"[4]。

---

[1] Lu-Dzai Djung, *A History of Democratic Education in Modern China*, Shanghai: The Commerical Press, 1934, preface.
[2] 蒋径三编：《西洋教育思想史》，福建教育出版社2011年版，第34页。
[3] Lu-Dzai Djung, *A History of Democratic Education in Modern China*, Shanghai: The Commerical Press, 1934, preface.
[4] Lu-Dzai Djung, *A History of Democratic Education in Modern China*, Shanghai: The Commerical Press, 1934, preface.

三、教育改革创见

钟鲁斋依据教育民主化的理念,从政治的民主、经济的民主、教育管理的民主、教学的民主、教育观念的民主、教育机会的民主出发,主张用科学方法来探究中国教育民主化趋势,进而分析教育问题,提出了相应的改革创见,有着自己的理论自洽和建构轨迹。

政治制度的变革能相应地带动社会的整体变革,对于中国教育而言,亦会受其影响,甚至是决定性的。钟鲁斋认为"教育中的民主理念通过政治革命大大发展起来"①,共和民主制度确立之后,维护政治环境的稳定是教育发展的根本保障,"由于政治环境的不稳定,省级教育长官与其他附属官员时常变动……在最近年月里中国人民遭受如此之多的饥荒、兵灾、匪患等,以致父母们送他们的孩子入学总有困难。这种状况直至政治环境解决了才能改变"②。在20世纪前期中国复杂混乱的政治社会环境下发展新式教育,出路在于政治的统一。他指出,"时间短和政治上的干扰已经阻碍了很多的教育进步。我们希望中国的统一将很快成功以致所有的教育问题将会得到解决"③。其建议切中要害。不过,这种观点将教育问题的解决全部寄托于中国政治的统一,却忽视了中国教育发展的复杂性与任务的艰巨性。

杜威在《民主主义与教育》中指出,教育民主化要注意"在事实上减轻经济不平等的影响,使全国的青年为他们将来的事业受到同等的教育"④。钟鲁斋吸收了杜威关注经济民主的思想,表现在他对职业指导的重视。重视解决就业问题,也就有利于树立经济独立地位,增强教育的吸引力,进而实现教育的民主,并可保障政治的民主。在职业教育上,他认为中国面临着学校位置选定,设备、教导方法、职业指导和学校产品出售等问题。他建议,"一个经济的做法,就是使用一些学生能够实习的附近学校或工厂","需要建立一个更好的职业指导制度","消除这个困难的唯一方式是获得一些供

---

① Lu-Dzai Djung, *A History of Democratic Education in Modern China*, Shanghai: The Commerical Press, 1934, P. 8.

② Lu-Dzai Djung, *A History of Democratic Education in Modern China*, Shanghai: The Commerical Press, 1934, P. 93.

③ Lu-Dzai Djung, *A History of Democratic Education in Modern China*, Shanghai: The Commerical Press, 1934, P. 211.

④ 〔美〕约翰·杜威著,王承绪译:《民主主义与教育》,人民教育出版社2001年版,第108页。

应原材料的商店,并在商品生产后让它们来销售"①。在女子教育上,他发现女子不被鼓励受教育的一个原因是经济的不独立,毕业后缺乏相应合适的工作,为此建议"这个问题的解决方式是,学校应当提供满足女子特定需要的有用课程,且职业指导部门应给予女毕业生以特殊观照"②。此种观点比较有前瞻性。教育财政的独立,也是经济民主化的一种体现,但对中国来说更多的是制度性的问题,其出路在于建立独立的教育财政制度。钟鲁斋通过调查还发现,小学学生数占学生总数的95%,而其费用仅占总费用的47%,因此建议增加投入来发展小学教育,这也是教育自身经济民主的一种体现。

钟鲁斋认为教育组织管理制度的民主化将会促使教育相关领域的民主化。他赞同社会学教授塞西尔·克莱尔·诺斯的《社会分化》(*Social Differentiation*)中的观点:"在教育领域民主思想的应用中,最大的建设性任务就是教育制度的改进,这将导致对所有社会阶层实际的教育机会的平等。"③中国男女平等教育机会的取得得益于民主教育制度的建立。中国经过1922年新学制改革,使得学制年限缩短,强调学生教育的个体差异,义务教育、学科指导及职业教育也发展起来,展现出教育的民主化。而民国时期逐步建立起的中央集权式的教育管理制度,拥有统一性并排除了分离的思想,但"受政治变动太多的影响;没有区别立法机构;没有特定的研究教育需求的机构;除了教育督学,教育法没有明确规定教育部和省教育厅官员的资格"④。为此,他进一步提出政治统一、建立立法及科研机构和规范官员任免的建议。教育财政独立最重要的是制度的完善,他提出建立三级教育财政机构、教育税由官员直接征收以及实行教育经费专款专用不得挪作他用的政策。但针对中国的实际情况,钟鲁斋更提出,"为了民主管理,我们应当拥有一组人士去研究、设计和规划政策,就像美国学校委员会所做的一样","仅为管理教育财政的目的去组织特殊的政府机构,看起来是不民主的","教育预算

---

① Lu-Dzai Djung, *A History of Democratic Education in Modern China*, Shanghai: The Commerical Press,1934,pp. 137—138.

② Lu-Dzai Djung, *A History of Democratic Education in Modern China*, Shanghai: The Commerical Press,1934, P. 158.

③ Lu-Dzai Djung, *A History of Democratic Education in Modern China*, Shanghai: The Commerical Press,1934, P. 65.

④ Lu-Dzai Djung, *A History of Democratic Education in Modern China*, Shanghai: The Commerical Press,1934, P. 44.

应当与教育政策紧密相联,财政应当与立法相联"①。他特别建议加强立法,建立类似学校委员会性质的管理机构,这多少吸收了美国建立专家型机构的管理经验。

　　教育的民主化还体现在培植民主教育观念,这些民主教育观念内化于国家、社会和教学的认知与实践层面。在国家层面,民主教育观念立于教育宗旨,历经1903年、1912年、1922年新学制的变化,教育宗旨从缺乏民主意识到宣称促进民主精神。1928年则将"三民主义"阐释为教育宗旨的基础。在教育管理和学制建设过程中,从1903年教育制度中女子教育被忽视,到1907年女子教育在公共教育制度中有了一席之地,从民国初年女童教育与男童教育机会平等,到1921年男女拥有实际平等的教育机会,教育性别平等思想发展起来。以民主观念和科学的认知进行教会学校的革新,对处理政府管理与教会学校的关系问题不无裨益。钟鲁斋指出应认识到教会学校对推动新教育发展所做的贡献,如在高等教育、女子教育、普通教育、私立教育以及引进西式教育和道德培养方面。他提出了针对教会教育的"四问",涉及教会学校在政府管理中的位置、课程改革、校董事会的中国化以及学校管理中国化与基督教的关系问题,却并未提出具体的解决方案。教学的民主观念也逐步建立,教学方法和课程得以改进,强调了个体差异,"学生可以根据他们的身体、脑力和经济能力,有更多机会去学习他们想学的东西"②。在社会层面,钟鲁斋建议在社会上营造良好的民主教育观念,消除社会认知偏差,如在职业教育上,他认为对职业教育的社会轻视容易影响学生,主张加强教育和职业指导。为促进女子教育,他提出"男女教育平等和职业机会平等是当前环境里最重要的补救……如果能够建立重视女子教育的公众舆论,那么更容易增加学校里的女童和女生的数量"③。主张营造社会公众对女子教育的良性环境,倡导建立男女同校的中学。需要指出的是,教育民主观念的培植,有着有利的内外条件,国内新文化运动对民主科学的追崇和对现代科学研究方法的提倡,外部环境上杜威、罗素、孟禄、推士、麦柯尔访华的教育交流与思想推介,无疑是中国教育民主化的促成因素。

　　对于处于现代化进程中的中国来说,普及教育才是教育民主化最主要

---

① Lu-Dzai Djung, *A History of Democratic Education in Modern China*, Shanghai: The Commerical Press, 1934, pp. 192-193.

② Lu-Dzai Djung, *A History of Democratic Education in Modern China*, Shanghai: The Commerical Press, 1934, P. 66.

③ Lu-Dzai Djung, *A History of Democratic Education in Modern China*, Shanghai: The Commerical Press, 1934, P. 157.

的表现形式,主要途径在于发展义务教育、民众教育、女子教育和职业教育,其主要措施在于增加投入、教育机会的平等并面向民众、教育性别的平等以及观念的转变。义务教育,"目前在中国的教育中它成为一个重要问题"①,虽然1917年真正开始,但政治环境的不稳定、主管官员调动的频仍、饥荒兵灾匪患的影响,大大阻碍了它的发展,"我们希望政治环境将很快地和平,教育资源将能大大地增长,教育专家将能被雇佣,而能制定出一项更好的义务教育计划并在不久的将来付诸实施"②。民众教育以国民学校的形式得以推广,学校师生尝试组织以实施社会服务为目的的国民学校,这种形式的民众教育是消除大量文盲的重要方式。鉴于女子教育的重要地位及发展滞后的现状,他认为推进女子教育的发展可以大大提高中国现代教育的普及率,为社会发展打下良好基础。钟鲁斋主张不仅要改变轻视女子教育的公众舆论,而且提出"当地政府应当提供足够的大量资金来建立女子学校并且给予她们奖学金的鼓励"③。职业教育的推广,在于增大职业教育投入、扩充设备以及进行职业指导,满足中国经济的发展需要。此外,教会教育、成人教育、乡村小学师资培训、国语统一运动以及发展内蒙古、西藏边疆教育等,在教育普及中也扮演着重要角色。

钟鲁斋以专题的形式梳理中国教育发展趋势,引入了教育民主化这个核心概念,从政治的民主、经济的民主、教育管理的民主、教学的民主、教育观念的民主、教育机会的民主来构建其理论话语体系,而教育科学方法也被纳入民主的范畴,并针对中国现实教育问题,提出了相应的改革创见。其理论的构建与改革创见,对中国教育学术研究与教育实践改革具有启发和借鉴意义。

第四节　朱有光的教育行政管理思想创见

朱有光早年就读于私立岭南大学,毕业后留校任教,其后留学美国哥伦比亚大学师范学院,撰有博士论文《中国教育制度之研究》,获哲学博士学位

---

① Lu-Dzai Djung, *A History of Democratic Education in Modern China*, Shanghai: The Commerical Press, 1934, P. 67.

② Lu-Dzai Djung, *A History of Democratic Education in Modern China*, Shanghai: The Commerical Press, 1934, P. 94.

③ Lu-Dzai Djung, *A History of Democratic Education in Modern China*, Shanghai: The Commerical Press, 1934, pp. 157—158.

后返国,先后聘任私立岭南大学教育系主任和教务长、燕京大学和河南大学教授。①在博士论文中,朱有光以比较的研究方法,系统地总结了中国国家教育制度的历史与现实问题,并阐述了自己有关中国教育行政管理的心得和创见,展现了深厚的学术素养,留下了颇有见地的中国现代教育行政管理思想。

一、论文的基本内容

朱有光的博士论文《中国教育制度之研究》,1933年由商务印书馆出版英文版,以满足哥伦比亚大学哲学系对哲学博士学位的要求。同年4月,《出版周刊》在"本周出版新书"专栏中,专门介绍了该博士论文的版本、内容、价值等情况,予以宣传推广。该版本博士论文,页数XIV+394,定价3元,其研究的主要内容为:"将吾国整个的教育制度,作精密的探讨,每一问题,先述其历史的背景,次以欧美之情形为比较,而对于举办教育事业宜采取之方针,亦有具体的建议。"②1935年6月28日,论文由Zi Thoong-yui先生赠送给圣约翰大学罗氏图书馆,本文依据的版本即为此版。

该论文指导委员会的阵容极为豪华,成员皆是20世纪上半叶美国教育学界著名的教育学家。委员会主席为美国比较教育学家康德尔教授,委员会成员有进步主义教育学家克伯屈教授、改造主义教育学家康茨教授、教育史学家保尔·孟禄教授。论文的选题曾得到了康德尔的关注,并得到了他自始至终的指导。论文的撰写还吸收了克伯屈的教育思想,并受到了康茨、孟禄有创意的建议和有益指导。

论文的选题除了受上述指导老师的一定影响外,还受到中国国内教育改革新形势的推动,并有着朱有光自己的考虑。朱有光在论文中详述了三个主要研究动机:其一,在南京国民政府成立后的国家重建新时期,需要探讨教育的意义以及教育与国家重建计划之间的关系;其二,"过去教育改革的成就很多是零散的,这看来很有必要进行一项综合研究,根据我国的国情来分析我们主要的教育问题,并在整个教育制度中观察它们的相互关系";其三,"不必期望简单地通过从海外移植教育模式、制度和程序来改进中国教育,更不要指望从任何单个国家移植而来,而这恰好影响了我们当时的教

---

① 参见章开沅:《鸿爪集》,上海古籍出版社2003年版,第276页;《本校教育学系概况》,《南大教育》1947年第1期;《我们的特约撰述》,《教育杂志》1934年第2期。

② 《商务印书馆出版周刊》,1933年第12号。

育实践"①,用比较法来研究中国的教育极有意义。可见,探讨教育与国家重建之间的关系,系统地整理中国教育改革的成就与问题,以及比较地分析中国教育制度的移植与重建问题,是朱有光选择中国教育制度研究的主要原因。

带着上述三个研究动机,朱有光将论文的主要研究目标设定为三个:一是分析中国国家教育制度组织存在的问题,包括历史问题、现实问题与发展问题;二是探寻中国国家教育制度的社会与哲学基础,揭示当前面临的教育问题;三是寻求构建中国在重建时期的教育改革理念、原则和方案。朱有光在论文的导言中详细阐述了他的研究目标,"寻求论述作为一个整体的国家教育制度的社会与哲学基础,去更多地揭示现在国家面临的某些教育问题,评估这些问题解决方案的当前成就,并寻找在这个国家重建的新时期里能指导教育改革的基本观念、原则和设想"②。并以此架构论文的研究体系。

按照国家教育制度的组成和发展逻辑顺序,朱有光还提出了教育与社会目的关系问题、教育机会平等问题、教育价值问题、教育组织问题、教育控制管理问题、教育管理制度问题和师资培训问题等七大系列问题,分别为"1. 教育是否应该为某些社会目的服务?把教育作为一种有意识的社会控制手段是否正当?根据中国的发展,教育在中国应服务于何种社会目的?2. 鉴于上述思考的教育目标,教育机会应对谁扩大?并且是多少?目前促进民众教育或专注于领导教育是否更有战略性?3. 被授予的教育机会,对受教育者的生活以及国家福利来说,何种教育最有价值?教育应主要是学术的还是实践的?文学的还是职业的?书本学习还是活动学习?等等。4. 为了进行此种形式的教育,教育制度应当如何组织?学校制度作为传统组织,是否满足中国当前需要?5. 教育的控制权应该在哪里?教育与政治之间应为什么样的关系?应该对教育进行全民控制吗?6. 筹划什么样的教育管理制度最适合各种教育机构的工作?应采用集权式还是分权式的制度?管理方案应仅包括学校,还是也包括非学校机构和私立机构?7. 考虑到上述因素,整个教育系统成功运作的关键是什么?所讨论的教育类型需要什么样的教师,如何进行师资培训,以引进这种新式教育?"③这一系列教

---

① Chu You kuang, *Some Problems of a National System of Education in China: A Study in the Light of Comparative Education*, Shanghai: The Commercial Press, 1933, V—Ⅵ.

② Chu You kuang, *Some Problems of a National System of Education in China: A Study in the Light of Comparative Education*, Shanghai: The Commercial Press, 1933, P.3.

③ Chu You kuang, *Some Problems of a National System of Education in China: A Study in the Light of Comparative Education*, Shanghai: The Commercial Press, 1933, pp.4—5.

育研究问题的细致设置和缜密架构,显示了朱有光极强的研究指向和问题意识,提升了研究深度。

根据提出的七大系列问题,朱有光将论文的研究框架构建为八个章节,包括导言、教育的社会目的、教育机会平等的讨论、教育过程的特性、教育制度的组织、教育管理、教育管理制度、师资训练。细究论文的研究框架,可以发现朱有光对中国国家教育制度的研究是由四大部分构成的体系:一是对教育本体的原则、理念和特性的研究,二是对教育制度组织的研究,三是对教育管理的研究,四是对教育的实施者——教师培训的研究。

通过设置主要的研究目标,提出细致的系列研究问题,并以此架构对教育本体、教育制度组织、教育管理和教育管理实施者的研究体系:朱有光系统地探讨了中国国家重建时期的教育行政管理问题。论文研究的最终目标是探寻中国国家教育制度重建的一个长期方案,并在不断变化发展的社会中建立一个合适的国家教育制度。朱有光表达了这样一种研究愿景:"更应该把教育重建看作是教育思维的重新定位和对教育活动不断进行条件的控制。"[①]

二、中国国家教育制度的问题与方案

(一)中国国家教育制度的历史与现实问题

20世纪30年代,中国教育制度重建面临着经济、社会文化、教育、环境等诸多因素形成的发展困境,这些问题需要在教育重建中详加考虑。朱有光在研究中得出,在经济方面,中国是一个以农为主的发展中国家,农业生产水平低,工业生产主要处于手工业阶段,商业则以小商业为主,民众普遍贫穷,人们忙于生计而受教育时间少,中国儿童面临的情况是"他们必须比其他国家的孩子们更早地选择和进入职业"[②]。在教育方面,中国与西方国家所处的教育发展水平不同,人民的教育水平普遍较低,中国教育的主要任务是发展基础教育,"即在最短的时间内,同时对青少年和成年人进行基础教育,以培养新的国民生活的新公民,这才是中国的任务"[③],而且中国缺乏足够的受过训练的技术人员、企业管理人员和政府人员,而西方国家则是将

[①] Chu You kuang, *Some Problems of a National System of Education in China: A Study in the Light of Comparative Education*, Shanghai: The Commercial Press, 1933, P.10.

[②] Chu You kuang, *Some Problems of a National System of Education in China: A Study in the Light of Comparative Education*, Shanghai: The Commercial Press, 1933, P.179.

[③] Chu You kuang, *Some Problems of a National System of Education in China: A Study in the Light of Comparative Education*, Shanghai: The Commercial Press, 1933, pp.181—182.

普通教育作为普及教育,成人教育作为补充教育,高等教育作为扩展教育。在社会文化方面,中国学校还担负着人们的基本社会生活常识教育,"自觉教育的活动范围,可能比西方教育的范围要广得多"①。同时,与西方国家相比,中国政府是一个"大政府",职能范围广,而财政收入又不足。在环境因素上,中国人口分布不均匀,交通通信不发达,地区差距比较大,造成了教育资源分布不平衡,教育发展结构不合理,"乡村的小学比城市地区少,质量差。中学通常建在大城市、一些省会城市的大学里,这些地方的潜在生源较多,设施较好,教师素质较高,接受各种教育的机会也较多。农村人很少有机会进入这些学校就读"②。从当时的整个环境形势看,中国农村吸引力低,城市教育发展更为有利,严重阻碍了普及教育和均衡教育的发展。

在教育的社会目的上,朱有光在比较英、美、德、法、俄、意等国的教育社会目的后,认为中国应将教育与国家重建计划融合,而不是灌输和管制。他认同将孙中山"三民主义"学说作为一种社会理想或哲学而进行政治教育,但这种政治教育存在的问题是,"从长远来看,其范围太有限,效果太可疑,而且太形式化而变得不重要。在最好的情况下,它的结果是在没有适当的自愿活动的情况下,形成一种知识分子式的理解。在其最坏的时候,它导致了对正式声明和字面评论的背诵……而不是更基本的公民——社会习惯、态度、真正的见解和理解"③,其教法、效果、导向存在问题,未能将教育计划与实践活动相联,因而教育效果有限。

在普及教育上,20世纪30年代的中国面临的突出问题是儿童教育与成人教育的严重不足,"不仅要教育几百万儿童,而且还要教育更多的几百万成年人,中国不能把民族复兴推迟到现在这一代成年人逐渐消亡,新一代受过教育的公民接替他们的位置"④。这既是历史遗留问题,也是主要现实问题,关系到国家的重建和民族的复兴,而民众参与并未充分调动起来。成人教育还"通常被认为是一种简略的教育形式,以'弥补'他们年轻时失去的学校教育。造成这种看法的原因是,目前的成人教育形式大多是通过简单的

---

① Chu You kuang, *Some Problems of a National System of Education in China: A Study in the Light of Comparative Education*, Shanghai: The Commercial Press, 1933, P.186.
② Chu You kuang, *Some Problems of a National System of Education in China: A Study in the Light of Comparative Education*, Shanghai: The Commercial Press, 1933, P.190.
③ Chu You kuang, *Some Problems of a National System of Education in China: A Study in the Light of Comparative Education*, Shanghai: The Commercial Press, 1933, pp.47—48.
④ Chu You kuang, *Some Problems of a National System of Education in China: A Study in the Light of Comparative Education*, Shanghai: The Commercial Press, 1933, pp.73—74.

语文课来传授语文、算术和一些知识，而这些学习在传统上被认为是属于儿童的小学教育"①。无论是课程的内容还是教法，成人教育这种简单化、形式化的倾向，都并未满足成人的当前需求和符合成人的经验。与普及教育相关的另一个问题是，在中国有必要实行强制入学并采取一些行动来克服大众的惰性，但"如何使强制执行的效率达到百分之百，如何使强制执行始终有效，才是问题的关键"②，警察式的执法无助于普及教育，应注意强制入学与社会条件因素的关联。

关系到教育公平的中国选拔性教育，存在的问题是缺乏明确的原则标准，毕业生质量不高且少有社会责任感，"我国中学和大学的选拔过程并没有任何明确的原则或政策。他们收取学费和其他费用，他们提供的奖学金很少，这些学校主要面向中产阶级及以上家庭。这些学校用大量的公费维持，但许多毕业生没有特殊的社会责任感。工作的质量不高，不足以培养出领导和专家，许多学生虽然经济上有能力留在这些高等学校，但也不够称职"③。选拔性教育的现状造成了隐性的教育不公，培养领导才能效果不佳，有效性存疑。

无论是普及教育，还是选拔性教育，都需要财政支持，但就中央与地方、各地区之间的财政均衡负担来看，"到目前为止，还没有做出任何规定来平衡教育负担，以便在全国各地区之间维持一个统一的最低限度的教育机会"④。即便是以往由地方分级负责各级学校财政的支持计划，也未解决平衡教育负担的问题。由于缺乏中央与地方负担的统一规划，也未有专项基础资金，再加上当时中国国内普遍的金融混乱情况，影响了教育财政均衡负担，严重影响了中国教育的重建进程。

中国教育过程的突出问题，则表现在历史与现实问题的纠缠。朱有光指出"在社会延续着旧有的教育动机的同时，现代教育本身却保留了旧有的教育特征"，"大多数学生在学校时喜欢书本上的学习……而不那么有抱负

---

① Chu You kuang, *Some Problems of a National System of Education in China: A Study in the Light of Comparative Education*, Shanghai: The Commercial Press, 1933, pp.74-75.
② Chu You kuang, *Some Problems of a National System of Education in China: A Study in the Light of Comparative Education*, Shanghai: The Commercial Press, 1933, pp.82-83.
③ Chu You kuang, *Some Problems of a National System of Education in China: A Study in the Light of Comparative Education*, Shanghai: The Commercial Press, 1933, P.85.
④ Chu You kuang, *Some Problems of a National System of Education in China: A Study in the Light of Comparative Education*, Shanghai: The Commercial Press, 1933, P.110.

的人则挤占了沉睡的职业"①,使得大多数学生涌入教师行业,未能学以致用,造成了人才的浪费。中国学习西方在学校系统中实行的现代学术教育,存在着脱离学生实际生活条件的问题,造成了学术性毕业生供不应求,却不能满足国家的人才需要和重建需要。政治教育的问题是,学生太过专注于政治活动,未能将主要精力用于国家急需的科学研究,学生应首先实现成为一个有用的公民,但"仅仅依靠外部压力来抑制学生对政治的过度兴趣和活动是不会成功的"②。考试制度的问题则是考试更看重学生口头形式的掌握,而不是学生实际的实践能力,为了考试而考试,"存在着让学科考试决定教育过程特征的危险,使之成为吸收学科内容的过程,而不是满足当时当地生活需要的过程"③。

20世纪30年代南京国民政府虽然形式上基本统一了全国,但国内政治并未实现真正的稳定,政府缺乏中央权威,行政管理效率低下,派系斗争仍是顽疾,1930年的"中原大战"则是矛盾的总爆发。同时,1931年日本发动了侵华战争,使得中国面临更加动荡的环境。这些因素反映到教育领域,则体现为政治对教育发展的不良影响,朱有光也认识到了这些困境。"教育部门充斥着对教育行政不感兴趣或能力不足的政客,营造出官场和官僚主义的氛围","原打算用于教育目的的资金,在各政治派别内战的紧急情况下,经常转用于军事目的","学校和学生从参与在危机时刻为国家做出重要贡献的爱国运动中被卷入了政治派别之间的派系斗争"④。使得教育政策不连续,教育管理低效不专业,教育财政困难,人才流失严重,新教育建设迟缓。同时,中国教育行政管理还面临着专业控制还是大众控制、管理方式是集权式还是分权式的问题。在私立学校管理上,则存在着"目前对私立学校的规定要求它们以与公立学校相同的方式组织和管理,我们是否有可能消除一些差异的来源,其中一些差异可能会对公共教育产生有价值的发现?"⑤

在教师问题上,存在的不利的因素是,"由于内战和其他不稳定的社会

---

① Chu You kuang, *Some Problems of a National System of Education in China: A Study in the Light of Comparative Education*, Shanghai: The Commercial Press, 1933, P.123.

② Chu You kuang, *Some Problems of a National System of Education in China: A Study in the Light of Comparative Education*, Shanghai: The Commercial Press, 1933, P.137.

③ Chu You kuang, *Some Problems of a National System of Education in China: A Study in the Light of Comparative Education*, Shanghai: The Commercial Press, 1933, P.141.

④ Chu You kuang, *Some Problems of a National System of Education in China: A Study in the Light of Comparative Education*, Shanghai: The Commercial Press, 1933, pp.256—258.

⑤ Chu You kuang, *Some Problems of a National System of Education in China: A Study in the Light of Comparative Education*, Shanghai: The Commercial Press, 1933, P.336.

条件,公立学校教师的待遇远远不能令人满意,甚至是不公平的,往往导致拖欠工资很长时间",影响了教师选拔的质量和吸引力,干扰了师资力量发展,"改进的主要障碍不是缺乏指导原则或理想,而是缺乏财政和专业领导"[1]。此外,中国小学教师还存在着缺乏专业准备的问题。

朱有光对中国国家教育制度问题的分析具体而全面,一是从中国的经济、教育、社会文化、环境等条件因素,系统地梳理中国教育重建面临的一般问题,进行总体把握;二是从中国面临的主要教育任务的角度,考察存在的中层次的教育问题;三是从教育过程特性涉及的内容,分析微观的具体教育问题。这些问题,有些是能够解决的微观问题,有些则是结构性的宏观问题,未必在现有条件下能够解决,但需要在制定教育重建方案时予以关照。除了梳理中国国家教育制度中存在的历史与现实问题外,朱有光还依此提出了自己的思考,如在论文导言中设置七大系列问题,而这些问题则为他的方案设计指明了方向。

（二）中国国家教育制度方案的建议与构想

朱有光依据对中国教育的历史与当前问题的分析以及自己构建的系列问题思考,从教育重建的总体方向、原则、教育目的、教育机会平等、教育制度组织结构、教育管理和师资训练等方面,提出了对中国国家教育制度的建议和构想。在教育重建的总体方向与原则上,指出教育的重建应是连续、系统、灵活的,教育思维要重新定位,教育活动要依据环境和条件的变化进行调整,强调教育重建活动的实践性,"纸上的明确而详细的计划是一桩事,而在不断变化的社会中建立一个国家教育制度又是另一桩事。能做的最好的规划,就是把目前的趋势引向理想的方向,并指出将前者引向后者的第一步"[2]。

南京国民政府建立后,在学校教育中大力推行"三民主义"政治教育。1928年中华民国大学院在南京举办第一次全国教育会议,明确提出"此后中华民国的教育宗旨,就是三民主义的教育"[3]。1930年教育部召开第二次全国教育会议,提出"注重科学实验,培养生产能力,养成职业技能;注重公民

---

[1] Chu You kuang, *Some Problems of a National System of Education in China: A Study in the Light of Comparative Education*, Shanghai: The Commercial Press, 1933, pp.351-352.

[2] Chu You kuang, *Some Problems of a National System of Education in China: A Study in the Light of Comparative Education*, Shanghai: The Commercial Press, 1933, P.10.

[3]《教育记载:全国教育会议宣言》,《大学院公报》1928年第7期。

训练;注重民族独立精神"①。面对国内教育的新形势,朱有光赞同将"三民主义"作为教育的新理念和宗旨,在推行这种特殊的政治教育课程时,主张"更广泛地应用理念将使新理念的精神渗透到教育管理、学校管理、课程建设和教学方法的各个方面",从而从教育者、管理者、学生和教法等角度进行了方案设计,"教育者、管理者和教师应根据这一理想采取行动,把它的教育应用看作是对某些条件的控制、对某些活动的鼓励和引导、对某些事物的新强调等";"学生应该通过亲身研究身边的社会并参与服务社会的实践活动来实践这个新理想";"在进行新理想所要求的研究和活动时,应尽可能鼓励师生共同进行实验、试验和从实际经验中学习的精神"②。这种教学理念与陶行知的"生活即教育"、杜威的"从做中学"的思想不谋而合。

20世纪二三十年代,随着国内国语运动、识字运动、民众教育运动的展开,发展儿童教育和成人教育,进行教育普及,对中国来说尤为重要,它不仅是国家重建的主要任务,关联甚广,而且是促进教育公平的重要内容。在普及教育上,朱有光号召发动群众,"群众必须投入到斗争中去,必须有足够的聪明才智与领导人合作改善自己的福利,必须有足够的教育,以选择正确的领导",儿童至少要普及头四年的学校教育;在成人教育上,课程改革的方向是满足成人当前的需求,"使成人不仅能够阅读和写作,并通过这些教育获得更广阔的思想视野,而且通过提高生产能力来改善生活,并通过参与社区重建活动,成为新的社会秩序的创造者",在地位上"成人教育至少应与初等教育处于平等的地位"③。通过比较分析美国、菲律宾的普及教育,朱有光一方面提出了中国的义务教育"应鼓励各地先从当时可行的义务教育标准开始,然后以类似于上述美国逐步提高义务教育标准的方式逐步扩大",另一方面主张将强制入学与社会条件密切关联,"我们必须确保每一步都要考虑到条件因素,使提高后的入学率变得有吸引力和容易"④。

如何解决普及教育的矛盾面——选拔性教育的问题,在比较了美、德、英、苏俄等国的选拔教育后,朱有光首先提出了指导原则和理念,选拔时要考虑到包括智力、体格、性格、创造力、特殊才能或从事特殊行业的特质在内

---

① 《第二次全国教育会议始末记》,《教育部公报》1930年第18期。

② Chu You kuang, *Some Problems of a National System of Education in China: A Study in the Light of Comparative Education*, Shanghai: The Commercial Press, 1933, pp.48-50.

③ Chu You kuang, *Some Problems of a National System of Education in China: A Study in the Light of Comparative Education*, Shanghai: The Commercial Press, 1933, pp.73-75.

④ Chu You kuang, *Some Problems of a National System of Education in China: A Study in the Light of Comparative Education*, Shanghai: The Commercial Press, 1933, pp.81-83.

的"整个人格","选拔的手段应该多种多样,以使各种类型的人才都能得到认可","被挑选出来的学生应该接受公费教育",并得到生活费补助。①依据设立的指导原则和理念,朱有光具体构建了包含选拔的标准、条件、对象、人数、机构、程序、培养费用、比例、奖学金、补助金、课程、教法在内的十二条基本原则,如"甄选时应只考虑到个人的优点","学校系统中较高的机构应比系统中较低的机构具有更多的选拔性","选拔过程应从小学教育阶段结束时开始"②。这些构建的选拔教育的基本原则,既照顾到了教育公平,又考虑到了教育的效率,将社会需要与个人需要结合起来,还体现了一定的创新意识,如候选人与选拔机构在专业选择或职业培训上的双向选择原则。

对于普及教育与选拔性教育的关系问题,朱有光认为要注意两者关系的平衡,提出了五条一般性原则,如两者是一种依存关系、从现有的教育支出比例争取更多资金、确定学生比例,等等。③无论是普及教育,还是选拔性教育,都需要国家和地方财政的支持,因而关系到财政负担均衡。国民政府屡次出台相关财政政策及法律,1929年训令各省、市政府切实保障教育经费独立,但未明确所占收入成分及比例④;1930年公布的《实施义务教育初步计划草案》初步规定了义务教育经费的税源⑤;1931年行政院颁布的《地方教育经费保障办法》,要求新增捐税由省政府提留若干作为地方教育经费,禁止挪用教育经费,但对中央与地方的负担比例并未明确。⑥虽有明文保障,但执行不力,中央与地方、各地方之间的教育财政负担亦不均衡。朱有光提出的建议是"很有必要制订一项计划,由中央和地方政府共同分担教育负担,并有一个明确的基础来分配中央政府的资金","归根结底,教育负担均等化计划不仅要考虑到不同地区之间的财富不平等,还要考虑到单一地区内个人之间的财富不平等"⑦。

有关教育过程特性问题的解决方案,涉及现代学术教育、识字教育、政

---

① Chu You kuang, *Some Problems of a National System of Education in China: A Study in the Light of Comparative Education*, Shanghai: The Commercial Press, 1933, pp.99—100.
② Chu You kuang, *Some Problems of a National System of Education in China: A Study in the Light of Comparative Education*, Shanghai: The Commercial Press, 1933, pp.100—102.
③ Chu You kuang, *Some Problems of a National System of Education in China: A Study in the Light of Comparative Education*, Shanghai: The Commercial Press, 1933, pp.107—109.
④ 《行政院令:为令饬保障教育经费独立案由》,《教育部公报》1929年第3期。
⑤ 《专载:实施义务教育初步计划草案》,《教育部公报》1930年第5期。
⑥ 《附载:地方教育经费保障办法》,《教育部公报》1931年第19期。
⑦ Chu You kuang, *Some Problems of a National System of Education in China: A Study in the Light of Comparative Education*, Shanghai: The Commercial Press, 1933, P.110.

治教育以及恢复考试制度等问题。针对现代学术教育脱离实际生活的问题，朱有光主张将教育融入到经济重建、社会重建中来，"必须长期坚持不懈地把西方的科学技术应用到我国的生产和分配问题上，并在人民中广泛应用"，"人民的教育必须从实际生活条件下的实际问题出发，教育程度高的人必须同教育程度低的人一道工作，在教育程度低的人中间工作"[①]。在识字教育上，他认为应将语言教学与实践活动结合起来。在学生的政治教育上，主张导引法，不赞同从外部压制学生的政治兴趣，"他们的兴趣和注意力必须在更广阔的新中国视野下转向新渠道"[②]。在考试制度上，提出了五条建议，包括考试目的、选拔时间节点、教育机构职责、大学绩效评估、考试选拔标准，如"每个教育机构在开展工作时，应使其工作对学生有价值"[③]。

针对中国的历史和现状，朱有光提出的重建方案为："一个适应我国需要的教育制度必须包括许多勤工俭学的机构以能在普通学校之后照顾大多数人，让他们从小就可以选择职业，让所有的高等学校都有职业化或专业化的职业，培养出训练有素的人才。接受职业教育和普通教育的同等地位，重视成人教育，强调许多社会机构的教育功能，使城市和乡村之间的教育机会均等化，对个人的教育实行连续性原则，而不是一个机构对另一个机构的工作。"[④]

关于各个层级的教育改革，朱有光制定了具体的改进措施。在初等教育上，"建议将现在的小学由六年制减为四年制，招收八岁以上的孩子"以作为"基础教育"，"通过'从实践活动中学'的过程，使教育成为生活的一部分"，教师的职责是走进社区，引导家长和成人组织一个与学校相关的"文化中心"，"基础小学的课程应与文化中心的工作相结合"[⑤]；在中等教育上，"建议将这些学校与学院和专业学校一起，为国家重建的各个阶段培养训练有素的人才……应该把重点放在提高学校的质量上，而不是增加学校的数量"，在管理上应厉行节俭高效，"初中和高中都应尽一切努力避免奢侈和排

---

① Chu You kuang, *Some Problems of a National System of Education in China: A Study in the Light of Comparative Education*, Shanghai: The Commercial Press, 1933, pp.129−130.

② Chu You kuang, *Some Problems of a National System of Education in China: A Study in the Light of Comparative Education*, Shanghai: The Commercial Press, 1933, P.137.

③ Chu You kuang, *Some Problems of a National System of Education in China: A Study in the Light of Comparative Education*, Shanghai: The Commercial Press, 1933, P.141.

④ Chu You kuang, *Some Problems of a National System of Education in China: A Study in the Light of Comparative Education*, Shanghai: The Commercial Press, 1933, P.191.

⑤ Chu You kuang, *Some Problems of a National System of Education in China: A Study in the Light of Comparative Education*, Shanghai: The Commercial Press, 1933, pp.194−199.

斥社会的气氛"，学生应该参与同社会有关的实践活动①；作为选拔性教育的高校和专门学校，应依据学生优点和特殊素养进行选拔，力求公平，"应面向高职中专各课程组最有潜力的毕业生，同时也应面向所有符合条件的考生"②；在学前教育上，朱有光认为儿童需要的不是正规教育，"而是保健、适当的成长和游戏条件，以及形成适当的行为习惯和态度"，主张鼓励私人组织建立学前机构③；在民众教育上，"建议将民众学校的最短期限延长到四个月，鼓励各地超过这个期限"，"教学时，应多以小组讨论共同感兴趣的话题，少以讲课的方式进行"④；在职业教育上，根据中国的特殊情况，"必须培养他们成为有效的生产者和聪明的公民。它必须是文化教育和功利教育的结合"，并提出了针对青年学徒的职业学校与经验工人的职业学校的不同方案⑤；在社会教育上，他提出"所有的社会机构都必须承担起教育的职能"⑥，利用体育馆、科学馆、图书馆在乡村进行普及教育，而这种构想，舒新城早在1931年就已提出了⑦；在政府部门的评价考核上，则主张提高考试的专业性。朱有光对中国各层次教育组织的改进方案，是依靠实践活动和经验的方式，从提高效率角度，满足生活需求和社会需求出发，力求将教育与社会联系起来，强调教育是为了培养社会公民。

教育行政管理主要包括行政管理制度组织、管理方式和管理人员等因素，它关注的核心问题是教育管理的效率与科学性，以及教育与国家、教育与民众的关系。朱有光为解决中国教育重建的政治阻碍，提高教育管理的效率和科学性，提出了当时教育行政体制下的改革方案，"使教育行政管理更专业性和教育政策更有连续性，以及加强对教育财政资源的保护"⑧，带有

---

① Chu You kuang, *Some Problems of a National System of Education in China: A Study in the Light of Comparative Education*, Shanghai: The Commercial Press, 1933, pp.201—206.

② Chu You kuang, *Some Problems of a National System of Education in China: A Study in the Light of Comparative Education*, Shanghai: The Commercial Press, 1933, P.207.

③ Chu You kuang, *Some Problems of a National System of Education in China: A Study in the Light of Comparative Education*, Shanghai: The Commercial Press, 1933, P.209.

④ Chu You kuang, *Some Problems of a National System of Education in China: A Study in the Light of Comparative Education*, Shanghai: The Commercial Press, 1933, pp.211—212.

⑤ Chu You kuang, *Some Problems of a National System of Education in China: A Study in the Light of Comparative Education*, Shanghai: The Commercial Press, 1933, pp.213—220.

⑥ Chu You kuang, *Some Problems of a National System of Education in China: A Study in the Light of Comparative Education*, Shanghai: The Commercial Press, 1933, pp.222—223.

⑦ 舒新城：《我与教育》，《中华教育界》1931年第2期。

⑧ Chu You kuang, *Some Problems of a National System of Education in China: A Study in the Light of Comparative Education*, Shanghai: The Commercial Press, 1933, P.267.

"专家治理"的色彩,同美国20世纪20年代流行的教育科学化运动中的教育理念一脉相承。有关教育管理体制是强调对教育的专业控制还是大众控制,朱有光提出"通过逐步增加对整个政府的大众控制来达到对教育的大众控制"的原则[①],主张的改革方案为"以学校作为社会重建的中心,引入家长教师协会,组织地方学校委员会,由校外委员会保管教育经费,教育行政人员与政府其他行政人员的合作,以及教育工作者的专业培训的广泛性"[②],以减少教育职业化控制带来的弊端。上述改革方案虽然抓住了问题的核心,但却存在理想化的色彩,也忽视了实施条件中中国社会以政治为中心的传统习惯的影响力量,周谷城在1928年发表文章曾指出:"教育无时无处不与政治相关","教育问题,必须政治问题彻底解决时,始能有彻底之解决"[③]。如"以学校作为社会重建的中心"的构想,其生存的前提条件是获得地方政府的支持和分权,吊诡的是地方势力的支持往往是出于强化自身权力的目的。在20世纪30年代国民党政府加强专制的政治环境下,这种构想最终会造成办学者与地方势力、地方势力与中央政府之间的冲突和矛盾。再如校外委员会保管教育经费,如何监督,如何确保教育经费分配的合理并避免派系纷争的影响,朱有光皆未考虑,可以说为了解决问题而提出了解决方案,却又产生了新的问题。

在教育管理制度的建议中,朱有光在考察了法国、英国、美国、德国的管理模式后,主张改革中国中央集权式教育管理制度的程度与管理方式,以促进新教育重建,并提出了八条指导性的原则,主要包括教育机构可向地方当局提出意见和建议,中央和地方机构制定行政指导原则的灵活性,权力下放与地方自主性的调动,颁布规章制度的灵活性,课程、教法等应依据专家建议制定合理的标准,学校应由教育机关评估监督,在学校系统内鼓励实验精神的同时,"每一级教育主管部门亦须在公立教育系统内预留出一些主要的教育机构,进行系统、严谨的实验"[④]。在私立学校管理方面,为了发挥私立学校的作用,提高教育资源的利用效率,在比较了英、法两国的经验后,朱有

---

① Chu You kuang, *Some Problems of a National System of Education in China: A Study in the Light of Comparative Education*, Shanghai: The Commercial Press, 1933, P.289.
② Chu You kuang, *Some Problems of a National System of Education in China: A Study in the Light of Comparative Education*, Shanghai: The Commercial Press, 1933, pp. 296—297.
③ 周谷城:《教育新论》,《教育杂志》1928年第1期。
④ Chu You kuang, *Some Problems of a National System of Education in China: A Study in the Light of Comparative Education*, Shanghai: The Commercial Press, 1933, P.329.

光"建议区分私立学校的补充功能和实验功能"①,一方面在教育重建的早期阶段要发挥私立学校补充公立学校体系的功能,另一方面要充分发挥优秀私立学校的教育实验功能,并提出了对私立学校实行分级管理的意见。

教师是教育实施和管理的主体,教育地位极为重要,朱有光认为首先要明确教师培训的性质,主张教育要走向社区,"建议在此基础上对现有师范学校进行改组,由有新式小学教育经验的人进行改组,并对这项工作有充分的理论基础"②,因此要培养教师的社会视野。朱有光还提出可以借鉴墨西哥"文化使命"计划,用于中国小学教师的在职训练,"为培训农村地区的教师,将组织专家小组,每组包括一名公共卫生和护理专家、一名农业专家、一名农村工业专家、一名家艺专家、一名农村教育专家和一名党务工作者"③,专家小组集合附近地区的小学教师进行集中培训,然后利用社区、小学作为实验中心进行培训,逐步推广。朱有光对教育行政职能的重建方案,提出的是一般性指导原则,同时利用比较的研究方法进行问题透视和方案构建,这对厘清各级教育行政机构的职权关系和提高教育行政管理效率具有指导作用,但未涉及具体的操作细节。朱有光对教育行政职能也有拓展和创新,如课程教法制定上的"专家治理"观点,教育主管机构附设教育实验机构的建议,分级管理私立学校并发挥其教育实验功能,对此后的教育改革也具有较大的参考价值。

三、论文的理论特点与创见

(一)以国别为主线的比较研究法

比较研究法是教育制度研究中经常采用的研究方法,可以是同一国家、地区或民族之间教育制度的比较研究,也可以是不同历史时期之间的比较研究。通过比较的制度研究,可以追溯教育制度的渊源和适用条件,有利于评估教育现状和梳理教育问题,并为解决方案的构建打下基础。

近代以来,中国现代教育制度的建立深受外来影响,由清末学习日本教育模式,到民初日本模式与欧洲模式并重,随着大批留美生学成归国参加建设,1922年又建立了以美国学制为样板的"六三三"学制,1928年继学习欧

---

① Chu You kuang, *Some Problems of a National System of Education in China: A Study in the Light of Comparative Education*, Shanghai: The Commercial Press, 1933, P.341.
② Chu You kuang, *Some Problems of a National System of Education in China: A Study in the Light of Comparative Education*, Shanghai: The Commercial Press, 1933, P.373.
③ Chu You kuang, *Some Problems of a National System of Education in China: A Study in the Light of Comparative Education*, Shanghai: The Commercial Press, 1933, pp.375—376.

洲的"大学区制",但行未满一年而废止,各种教育思潮涌起,多种新学制继起革新。如何评估中国移植的教育制度和模式,避免教育改革陷入困境和无益纷争的陷阱,如何有区别地对待国外经验,朱有光认为"将国外教育实践与其更大的社会环境相联系的研究,是认识移植国外解决方案应对中国问题的不足和挑战,为中国制定适当解决方案的艰难思考的最佳途径之一"①。

朱有光对中国国家教育制度的比较研究,采用的是从中国当前问题入手,并结合中国的传统和民族特性,以国别为主线进行教育制度的比较研究,分析国外经验和思想家的建议,并针对中国相似问题或教育制度提出相关建议和方案。在比较的研究路径上,朱有光虽然也进行了古今比较研究,但主要是针对当时条件下相关教育制度的横向比较。在内容上,侧重选取典型国家表现不同或相反的基本原则、程序、设想等一般性内容,而非具体的项目和指导。如在比较分析了英、美、德、法、俄、意等国教育的社会目的后,他服膺教育用于国家进步的一般目的,认为"教育是为一种特殊的社会政治哲学以及拥护这种哲学的国民政府服务的"②,朱有光所谓的"社会政治哲学"即是"三民主义",因此主张在学校中普遍开展"三民主义"的政治教育。不过这种为"三民主义"服务的政治教育,也遭到了一些教育学者的批评。杨贤江曾用柳岛生的笔名发表《中国教育状况的批评》一文,对国民政府的党化教育提出批评,指出国民党党国教育具有资本主义要素和封建思想要素,"教育既是'必须适应政治底要求',那么自然要把豪绅的和资产阶级的要求通统表现于教育宗旨之上来了"③,不会有利于"国家的生存"和"国民的文化"。在教育管理体制上是强调对教育的专业控制还是大众控制,朱有光比较教育民众控制的美国和无教育民众控制的法国后,认为中国没有准备好大众政府或民主政府,主张"通过逐步增加对整个政府的大众控制来达到对教育的大众控制"④,这种观点和建议比较符合中国实际。在选择中央集权式教育管理制度的程度方面,朱有光比较了高度集权的法国、高度分权的英国、作为一个国家分权而地方上趋向集权的美国以及外部集权而内

---

① Chu You kuang, *Some Problems of a National System of Education in China: A Study in the Light of Comparative Education*, Shanghai: The Commercial Press, 1933, pp.7−8.
② Chu You kuang, *Some Problems of a National System of Education in China: A Study in the Light of Comparative Education*, Shanghai: The Commercial Press, 1933, P.20.
③ 柳岛生:《中国教育状况的批评》,《新思潮》1929年第1期。
④ Chu You kuang, *Some Problems of a National System of Education in China: A Study in the Light of Comparative Education*, Shanghai: The Commercial Press, 1933, pp.288−289.

部分权的德国,基于中国社会传统,认为中央集权式教育管理制度是必要的,但要在统一的原则下,并要调动地方的积极性。

朱有光提出的具有创新意义的观点,还表现在对选拔教育、私立教育的比较探讨上。如在比较了不带有意识原则选择的美国,建立在有意识原则选拔的德国、英国、苏俄后,朱有光提出选拔应以整个人格作为标准,并要照顾到候选人的生活,甚至还提出候选人与选拔机构在专业选择或职业培训上的双向选择原则。这种观点既适应了当时中国选拔优秀专业人才的需要,又兼顾了社会公平,即使在今天看来也具有借鉴意义。在对待私立学校的管理上,朱有光在比较分析的基础上,提出了分级管理的建议,以便发挥私立学校的补充功能和实验功能,符合中国普及教育的主体任务的要求,观点新颖又超前。

当然比较研究的方法也有其局限,其中最主要的问题是用旧有概念去阐释可变条件,影响了对一些教育事物的发展性与适用性的分析。尽管如此,总体上这种以国家为主线的教育制度比较研究,为探究中国现代国家教育制度提供了一种有效手段,朱有光认为"它们目前给中国提供了宝贵的建议。它们很大程度上影响了中国过去在这个问题上的经验"[1]。

(二) 基于社会改造主义的教育理论

20世纪前半叶,在美国进步主义教育思想流行之际,社会改造主义学派发起了挑战,他们批评进步主义思想片面重视儿童本身而忽视社会环境的倾向,也未能为社会福利的发展提供帮助。在美国大萧条时期,面对经济危机和社会困境,1932年康茨发表《学校敢于建立一个新的社会秩序吗?》的演讲,扛起了社会改造主义的大旗,成为改造主义教育思潮的主要代表人物。而拉格"要求学校带头规划社会的重建和新社会秩序的建立"[2]。"企图把美国公共学校推向社会学习为中心的课程学习,来培养有批评能力、会自由思想的公民"[3],改造主义教育理论强调批判意识,提倡变革政治,教学策略主要有问题解决法,号召学校积极进行社区参与,在学校之外开展活动,进行社会重建。

---

[1] Chu You kuang, *Some Problems of a National System of Education in China: A Study in the Light of Comparative Education*, Shanghai: The Commercial Press, 1933, P.6.

[2] 〔美〕L.迪安·韦布著,陈露茜、李朝阳译,陈露茜、李朝阳、康绍芳校:《美国教育史:一场伟大的实验》,安徽教育出版社2010年版,第300页。

[3] 〔美〕埃伦·康德利夫·拉格曼著,花海燕等译:《一门捉摸不定的科学:困扰不断的教育研究的历史》,教育科学出版社2006年版,第123页。

朱有光对中国国家教育制度的比较研究,完全借鉴了指导老师康茨的社会改造主义理论,并基于社会改造主义思想探讨中国国家教育制度的问题和方案。在教育的性质和地位上,他指出"教育是一项社会事业,是社会生活的一部分"[①],教育的目的是国家进步,"在目前的情况下,教育必须涉及生活的全部内容,要教给人们很多在其他国家可能被认为是理所当然的东西"[②]。完全切合改造主义学派的意见。

在20世纪二三十年代,重建是当时中国面临的主要任务,乡村建设运动、平民教育运动、新生活运动不断兴起,人们从不同的路径和视角探讨国家发展和社会重建问题。晏阳初在1928年发表的民众教育演讲中指出,"我国民众弱点是一愚二穷三私。救济之法:一须培养民众知识力,用文字教育;二须培养生产力,用生计教育;三须培养团结力,用公民教育"[③],主张用文字、生计、公民教育来推动乡村改造。梁漱溟在《乡村建设理论》一书中提出从文化入手改造乡村,传播技术,培养团结精神。陶行知则主张生活教育,"生活即教育"、"社会即学校"、"教学做合一"。虽然观点侧重各异,但改造乡村,参与社会,满足需求,是这些教育学者们的一致意见。

朱有光的论文研究,也是为了满足当时中国社会改造的需要,顺应时代潮流。他充分借鉴了社会改造主义教育思想,主张以学校为中心,积极参与社会,教育的目的是培养合格的公民,教师要承担起改造社会的角色。在教师身份与职责上,"基础学校的教师自然要比儿童教师更重要。他应该走进社会生活,成为人民群众的朋友。他要以学校为出发点,争取家长和其他成年人的兴趣、关注和合作。他将逐步引导他们组织一个与学校相关的'文化中心'。在这里,人们将参与社会交往","基础小学教师的工作有两方面:一是教孩子们更好的生活方式,二是做社会工作者。"[④]号召教师要走向社会,将教育与社会重建结合起来,为改善社会状况而共同奋斗。在公费教育上,教育的本质是使学生认识到对社会服务的义务。在职业教育上,他主张教育要满足社会需求,并与社会建立起紧密联系,"教育的作用是帮助人们应

---

① Chu You kuang, *Some Problems of a National System of Education in China: A Study in the Light of Comparative Education*, Shanghai: The Commercial Press, 1933, P.9.
② Chu You kuang, *Some Problems of a National System of Education in China: A Study in the Light of Comparative Education*, Shanghai: The Commercial Press, 1933, P.185.
③ 中央教育科学研究所编:《中国现代教育大事记》,教育科学出版社1988年版,第150页。
④ Chu You kuang, *Some Problems of a National System of Education in China: A Study in the Light of Comparative Education*, Shanghai: The Commercial Press, 1933, pp.198—200.

付这种暂时的混乱,防止他们仅仅成为机器的一部分"①。朱有光吸收了改造主义学派强调的批判意识和改革政治的思想,认为解决中国困境的出路"是改革社会,让学校协助改革。必须整顿政治世界,使政治成为那些合格的、把公众利益放在心上的人的诚实职业"②。在教法上,他提出的"问题解决法",这也是改造主义学派一直强调的教法。在教育管理上,他为了避免教育中狭隘的专业观点,保障教育的大众利益,主张教育人士与社会人士的合作,"没有什么比使学校成为社会重建的中心更能引起人们对教育的兴趣了"③,如提出引入家长教师协会,组织地方学校委员会,由校外委员会保管教育经费,教育行政人员与政府其他人员合作。他还提出行政管理效率的评价标准,"任何教育机构的效率高低,都应该完全以它们对人民和民族生活的再创造的贡献来判断……我们不应该关心它们在学术上是否达到外国同类学校的标准"④。在教师培训上,他提出对现有的师范学校进行改革,选择典型社区组建新型小学,师范学校的课程根据学校在社区中发挥的作用进行制定,然后围绕这些小学重组正式学校。他还主张借鉴墨西哥"文化使命"模式,组建一个专家组,以乡村社区为实验区,以乡村小学为实验中心,培训乡村在职教师并逐期推广,促进学校成为社会重建的中心。可见,无论是从教育目的、性质,还是从教育手段、教育管理方法,无论是公费教育、职业教育,还是教师职责的构建、教师培训,朱有光都利用了改造主义思想进行问题的切入和研究体系的架构。

朱有光对中国国家教育制度的比较研究,其理论来源并非是单一的,而是多元借鉴融合。在课程设计上,他还吸收克伯屈的课程设计思想,重视课程与有目的的活动保持一致,满足社会需求和个人需求。在对教育管理制度的影响因素分析中,他借鉴了孟禄的教育史的研究方法,从历史、经济、社会文化、环境等因素来探寻问题的所在。当然,他充分运用了社会改造主义理论,强调以学校为中心,教育要积极参与社会,教师要走进社会生活。朱有光提出的一些很有远见卓识的教育改造思想和建议,如引入"家长教师协

---

① Chu You kuang, *Some Problems of a National System of Education in China: A Study in the Light of Comparative Education*, Shanghai: The Commercial Press, 1933, pp.180−181.

② Chu You kuang, *Some Problems of a National System of Education in China: A Study in the Light of Comparative Education*, Shanghai: The Commercial Press, 1933, P.124.

③ Chu You kuang, *Some Problems of a National System of Education in China: A Study in the Light of Comparative Education*, Shanghai: The Commercial Press, 1933, P.290.

④ Chu You kuang, *Some Problems of a National System of Education in China: A Study in the Light of Comparative Education*, Shanghai: The Commercial Press, 1933, P.146.

会""组织地方学校委员会""让学校协助改革,必须整顿政治世界"的创见,即便在今天看来,也具有参考价值,留下了历史回响。

本章小结

本章从教育思想及教育史等理论类博士论文大类考察了郭秉文的《中国教育制度沿革史》、蒋梦麟的《中国教育原理》、钟鲁斋的《中国近代民治教育发达史》、朱有光的《中国教育制度之研究》四个具体个案,分析了四人博士论文的学缘派分与知识谱系、治学思想与研究范式、内容结构与思想理论观点、话语体系与学科领域开辟。

郭秉文师出教育行政与统计专家施菊野、佛林顿,哥伦比亚大学师范学院的孟禄、希莱加斯、夏德等人也给予了指导。其学源派分与师承脉络,表现出芝加哥大学社会学思想与史学考察视角以及测量统计量化的科学化路径两条主线。论文从社会与制度变迁的角度,运用进化的教育史观进行结构体系架构,并以比较法来分析中外教育的异同,梳理中国教育思想的本土资源,探讨现代中国教育的出路。在对教育自身内部问题及与外部关系问题进行的考察上,则表现出杜威的实用主义教育思想色彩。论文提出了一些新颖的学术观点,引介了一些新的学术概念,如"公共教育制度"概念等,为中国教育制度史研究打下了初步的基础,是中国第一部具有通史性质的教育制度史。

蒋梦麟的指导老师有哥伦比亚大学师范学院的施菊野、杜威、克伯屈、孟禄,施菊野给予了写作灵感与选题指导,孟禄则进行了全程写作指导,杜威与克伯屈提出了写作建议。蒋梦麟大量吸收了教育学、哲学、历史学及社会学经典英文著作的思想,在架构上借鉴了西方经典教科书的形式,并运用"中国材料—西式方法—研究中国问题"的研究范式,对中国教育思想原理进行了系统整理。论文呈现出从文化哲学和历史主义的角度来考量中国教育的色彩,具有孟禄历史主义的思想特色,而其基调是用杜威的实用主义哲学调和东西方文化,其价值取向则是斯宾塞的社会达尔文主义,其道德教育观思想是依天性、个性导善,并强调儿童中心主义和个性主义,是一项有关中国教育原理的拓荒研究。

钟鲁斋的《中国近代民治教育发达史》是以教育专题研究的形式探讨中国现代教育的发展变化与趋势,引入了教育"民主化"(democratization),或曰"民主趋势"(democratic tendencies)概念,从政治的民主、经济的民主、教育管理的民主、教学的民主、教育观念的民主、教育机会的民主来构建其理论话语体系,而教育科学方法也被纳入民主的范畴,并针对中国现实教育问题和国情提出了改革创见。论文将历史考察与结构分析、整体关注与个案研究紧密结合起来,带有观照现实的突出特点。

朱有光师出哥伦比亚大学师范学院比较教育学家康德尔,进步主义教育学家克伯屈、改造主义教育学家康茨、教育史家孟禄也给予了论文写作建议。朱有光以比较的研究法,系统地总结了中国国家教育制度的历史与现实问题,从教育重建的总体原则、教育目的、教育机会平等、教育制度组织结构、教育管理和师资训练等方面,提出了对中国国家教育制度的建议和构想,它关注的核心问题是教育管理的效率与科学性。论文的理论特点表现为以国别为主线的比较研究法,以及基于社会改造主义的教育理论。

以上四人的博士论文,师承于美国新潮的教育学家,将融会的教育理论用于中国教育研究与话语建构,提出了一些具有特色的新颖观点,构建了别具一格的中国教育研究范式,开辟了教育学术研究新域。

第五章　教育实践类博士论文的个案考察

如果说郭秉文、蒋梦麟、钟鲁斋、朱有光等人论文的教育理论类研究（包括教育史研究），是对中国教育思想、理论建构以及历史规律深层次初步探索的话，那么傅葆琛、朱君毅、庄泽宣、陈友松等人论文的教育实践类研究，则是对中国教育改革、教育实验等实践活动提出的具体方案研究，侧重于对中国教育现实的关怀。这无疑丰富了留美博士教育学术研究关怀的另一面相，体现了教育研究理论与实践相结合的特点，为中国教育学术发展做出了贡献。

第一节　傅葆琛的乡村教育重建方案

一、论文的基本要义

傅葆琛的博士论文为《以满足中国乡村需要为目的的中国乡村小学课程重建》，于1924年6月提交给康奈尔大学研究生院，以满足获得哲学博士学位的要求。1925年6月5日，论文捐赠给哈佛大学图书馆[1]。论文的指导老师有美国乡村教育家乔治·A. 沃克斯教授[2]、费里斯教授和布任（一译布里姆）教授[3]。归国以后，傅葆琛曾将论文在《中国社会与政治科学评论》

---

[1] Paul C. Fugh, Reconstruction of the Chinese Rural Elementary School Curriculum to Meet Rural Needs in China, abstract of a thesis, N. Y. : Cornell University, 1924.

[2] 乔治·A. 沃克斯，美国乡村教育家，哈佛大学教育学博士。曾在明尼苏达大学担任农村教育学助理教授，后在康奈尔大学创办教育系并任系主任。以乡村教育、教育管理研究、教育调查研究著称。参见周亚《美国图书馆学教育思想研究(1887—1955)》，学林出版社2018年版，第224—225页。

[3] 布任，美国教育社会学的鼓吹者，著有《乡村教育》《乡村教育实施之通则》（四川省立教育学院乡村系出版），其中，《乡村教育》曾被浙江大学列入农村社会系农业教育课的参考书目。

(The Chinese Social and Political Science Review)上以四期连载的形式发表。

　　傅葆琛早年丰富的平民教育实践和华工教育经验,为他从事乡村教育研究打下了基础。在赴美留学前,傅葆琛曾担任清华附设的贫民学校及校工夜校总监督。赴美留学后,应基督教国际青年会的聘请于1918年转赴法国,其间与晏阳初共同致力于在欧华工的识字教育和宣传工作,编辑出版《华工周刊》。返美后不久,傅葆琛转入康奈尔大学农业研究院乡村教育系,在美国导师的悉心指导下,学习先进的乡村教育理论,从事乡村教育研究。

　　傅葆琛将中国乡村小学教育选作博士论文的研究课题,首先,源自他的教育实践活动的自我认知与教育使命感的刺激。傅葆琛在欧两年零三个月的华工教育经历,使他认识到普及教育和发展乡村教育的重要性,"从与华工相处,而认识我国国民教育的缺乏,从办华工教育,而确信民众教育的需要……我本来在美国学习森林,自旅法后,因见华工多半来自乡间,遂舍森林而研究乡村教育与社会教育"[1]。发展教育"我们认为最根本的办法是必须从扫除文盲入手,使全国人民都能受到最低限度的教育"[2]。这些教育实践经验和体验,既为傅葆琛博士论文的选题提供了动力,也为论文的研究提供了丰富的素材。其次,乡村教育是中国当时亟须完成的重要任务,而傅葆琛发现中国的乡村教育存在诸多问题,它既不能满足国家建设和民众生活的需要,又没有考虑到城乡的实际情况与需求的差别,而在推进中国教育的现代化过程中,中国的教育管理者和领导者又缺乏专业素养,"似乎很少理解课程制定的基本原则。少有人知道乡村小学课程的本质特征"[3]。"在过去的几年里,中国的乡村教育是鲜为人知的。中国的教育者从来没有想过城市教育和乡村教育之间应该有任何区别","中国的小学教育是失败的,因为它脱离了生活。中国小学的课程设置没有考虑到人民的需要"。"中国乡村教育已经成为一个热门话题。但是,乡村小学教育课程的建设仍然是一个亟待解决的问题。"[4]基于上述问题的思考,傅葆琛认为有必要对中国乡村小

---

[1] 傅葆琛:《华工教育的追忆》,陈侠、傅启群编《傅葆琛教育论著选》,人民教育出版社1994年版,第416—417页。

[2] 傅葆琛:《我与平教会》,陈侠、傅启群编《傅葆琛教育论著选》,人民教育出版社1994年版,第418页。

[3] Paul C. Fugh, Reconstruction of the Chinese Rural Elementary School Curriculum to Meet Rural Needs in China, *The Chinese Social and Political Science Review*, 1925, Ⅸ, No.1, P.2.

[4] Paul C. Fugh, Reconstruction of the Chinese Rural Elementary School Curriculum to Meet Rural Needs in China, *The Chinese Social and Political Science Review*, 1925, Ⅸ, No.1, pp.2—3.

学的课程进行研究和重建。为此,论文的研究目的是"通过对中国小学课程的研究,了解其存在的不足和缺陷,并提出相应的改进措施和方法,使之适合乡村的实际情况和需要"[①]。

傅葆琛博士论文的主要内容共分为三个部分,每部分设有四章,总计十二章。第一部分为中国小学课程的历史与现状,主要从社会变迁的角度,梳理并考察了中国现代小学教育及课程的发展历史和现状,指出了学校制度形成的趋势和运动。傅葆琛从中国整个教育现代化的历史进程来考察中国现代小学教育的发展,并将其分为四个时期,分别为中国现代小学教育的开端、帝国统治下的小学课程的改进、民国政府对小学课程的改革、重建小学课程的最近运动。第二部分是对中国乡村小学课程设置的指导原则的探讨,主要论述了中国乡村小学的教育目标、建立课程评价的初步准则,以及对时兴课程的评估、批评和一些改进建议。第三部分为中国乡村小学的卫生教育(health education),主要分析了中国当时存在的健康卫生问题,提出了卫生教学的原则,并对课程建设提出了具体建议。

二、论文提出的主要研究问题

傅葆琛从四个方面,提出了中国乡村小学课程构建的主要议题。首先,从历史源头与当前教育现状出发,剖析了中国小学教育存在的问题。傅葆琛认为中国现代教育是移植于西方的一种全新体验,"它不是中国本土的,尽管某些现代教育理论也许与植根于中国古代文明的某些教学原则是一致的"[②]。"为了理解中国小学从旧教育向新教育的过渡以及中国小学现代课程的逐步发展,我们有必要了解教学方法和所谓的基础学科,如阅读、写作和算术,是如何引进中国小学的。"[③]他从历史上的中西教育思想共性与中国现代教育的引介源头,分析中国现代小学教育的发展脉络,进而寻求中国小学教育的症结。

傅葆琛认为早期传教士引介的新学法和教法,不同于传统的单纯阅读和死记硬背的方法,它改变了国人的教育观念,促进了现代学校制度的建立。帝国统治下的小学课程虽然进行了革新,但存在的主要问题表现在,

---

① Paul C. Fugh, Reconstruction of the Chinese Rural Elementary School Curriculum to Meet Rural Needs in China, *The Chinese Social and Political Science Review*, 1925, Ⅸ, No.1, P.3.

② Paul C. Fugh, Reconstruction of the Chinese Rural Elementary School Curriculum to Meet Rural Needs in China *The Chinese Social and Political Science Review*, 1925, Ⅸ, No.1, P.5.

③ Paul C. Fugh, Reconstruction of the Chinese Rural Elementary School Curriculum to Meet Rural Needs in China, *The Chinese Social and Political Science Review*, 1925, Ⅸ, No.1, P.7.

"古代经典的影响主导着教学。很显然,从旧的教育体系到新的教育体系的过渡还没有完成,至少在受教育的人所理解的理想上还没有完成"[1]。民国时期,政府在共和制度下对小学教育积极改革,表现出两个主要趋势:"一是对经典的重视程度越来越低;二是课程中引入的现代学科越来越多地与学生的生活和环境相联系。"[2]但他指出,1911年至1921年间,中国小学教育存在的主要问题为:"我们看到旧式学习方法的衰落,这是与传统教学方法的显著偏离。但是,我们也看到了新式学说无法普遍建立的现状。这种情况,再加上师资力量的不足和学校行政管理的低效,造成了一种教育进步的'空档期'。"[3]中国现代教育的当前重建活动,滞后于中国社会发展和民众的实际需要。

在考察了"回归经典运动""职业教育运动""国语运动""拼写运动"以及"1922年新学制"等教育重建活动后,傅葆琛指出,这些运动在推动中国小学教育现代化的进程中产生了积极作用,中国正处于一个"文艺复兴精神激发和激荡的变革时期",但也存在着一些缺陷和问题。就教育重建的整体发展和模式而言,"有一种改变太快的趋势。今天的中国教育者似乎有一种采用西方方法的强烈诱惑,很明显有全盘模仿或盲目追随的危险"[4]。就重建学校课程的具体任务而言,其问题在于"过去的教育只面向城市居民,很少考虑到乡村学校的改善,也没有对乡村儿童教育进行区分。事实上,中国的乡村教育被忽视了,乡村学校在现代教学方法上被抛在了后面"[5]。中国教育当前的主要任务是普及教育,而小学是中国乡村儿童普及教育的主要机构,"中国乡村学校的改善将是未来几年所有教育努力的重点;其中,最重要的

---

[1] Paul C. Fugh, Reconstruction of the Chinese Rural Elementary School Curriculum to Meet Rural Needs in China, *The Chinese Social and Political Science Review*, 1925, Ⅸ, No.1, P.29.

[2] Paul C. Fugh, Reconstruction of the Chinese Rural Elementary School Curriculum to Meet Rural Needs in China, *The Chinese Social and Political Science Review*, 1925, Ⅸ, No.1, P.50.

[3] Paul C. Fugh, Reconstruction of the Chinese Rural Elementary School Curriculum to Meet Rural Needs in China, *The Chinese Social and Political Science Review*, 1925, Ⅸ, No.2, P.282.

[4] Paul C. Fugh, Reconstruction of the Chinese Rural Elementary School Curriculum to Meet Rural Needs in China, *The Chinese Social and Political Science Review*, 1925, Ⅸ, No.2, pp.301—302.

[5] Paul C. Fugh, Reconstruction of the Chinese Rural Elementary School Curriculum to Meet Rural Needs in China, *The Chinese Social and Political Science Review*, 1925, Ⅸ, No.2, P.302.

问题是乡村小学课程的重建"①。

其次,傅葆琛从课程设置的指导原则出发,探究了当时中国小学教育存在的主要问题。一是中国小学教育存在总体目标单一无差异和具体目标忽视个体需求、不实用的问题。小学教育的总体目标没有考虑到城乡差异、地区差异和个体差异,在各地的目标都是一样的,"中国的小学教育与其他国家的小学教育一样,对城市学校和农村学校设置的目标没有任何区别"②,且过于强调从国家需求出发,忽视了个体需求。在具体目标上,既不够实用,也没有符合乡村需要和教学教育的基本原则,"单一的教育目标过于笼统,不符合实际运用"③。傅葆琛认为,当时的中国政府制定的小学教育目标既不适合一般小学,也不适合乡村小学。无论从建设共和国家来说,还是从满足乡村个体需要来说,都存在相当大的问题,仍是以文化和道德培养为主,"中国的教育目标过于偏重于国家的福利,而不是偏重于作为国家组成单位的个人的福祉。中国的小学教育以及中国教育的其他部门都体现了社会福利高于个人最高利益的观念……当今中国的农村人民正遭受着巨大的贫困,但教育并没有把他们从贫困中解救出来。中国教育家们对小学教育目的的陈旧观念,是目前教育未能取得良好效果的原因"④。同时,国民学校的教学目标基本是关于学校课程建设的,既不妥当,也不符合逻辑。二是在小学教育的课程范围确定和教育平等上,没有关注小学教育的城乡差异,忽视了中国乡村儿童教育机会的平等。这些问题主要表现在,"中国的教育工作一直集中在城市地区。普及教育还没有实现……教育设施还没有完全扩展到中国的农业中心。今天的中国乡村儿童没有享受到与城市儿童同样的教

---

① Paul C. Fugh, Reconstruction of the Chinese Rural Elementary School Curriculum to Meet Rural Needs in China, *The Chinese Social and Political Science Review*, 1925, IX, No.2, P.304.

② Paul C. Fugh, Reconstruction of the Chinese Rural Elementary School Curriculum to Meet Rural Needs in China, *The Chinese Social and Political Science Review*, 1925, IX, No.2, P.305.

③ Paul C. Fugh, Reconstruction of the Chinese Rural Elementary School Curriculum to Meet Rural Needs in China, *The Chinese Social and Political Science Review*, 1925, IX, No.2, P.312.

④ Paul C. Fugh, Reconstruction of the Chinese Rural Elementary School Curriculum to Meet Rural Needs in China, *The Chinese Social and Political Science Review*, 1925, IX, No.2, P.328.

育机会"①。课程范围也是用城市小学的视角来进行确定的,"中国的小学课程并没有做出这样的区分,而是从城市的角度来构建,几乎没有考虑到乡村儿童的情况。乡村学校的情况也完全被忽视了"②,造成了小学课程范围单一且片面的问题。三是在小学教育课程构建程序和制定人员构成上,缺乏必要的步骤和丰富的人员构成,存在不合理的问题。"在课程制定中,仍然没有一个包含所有必要步骤在内的明确程序;即使在今天,中国的课程制定基本上仍是一种碰运气的游戏。由'教育专家'们制定的课程,无一例外都是随意猜测或纯粹的学术推测,课程内容与儿童的活动之间有很大的差距。"③课程制定人员构成近来虽有改观,但仍缺乏丰富性、科学性,因而造成了小学课程构建不适应社会需要和个体需要的后果。四是在小学教育课程内容负担和安排上,存在负担过重、内容片面、结构不合理、教育效度低下的问题。在小学教育上,"中国教育者的传统做法是让小学课程的学习超负荷。努力太多,而完成的太少。中国的课程一般都是过于拥挤……这种过度拥挤的课程很少能带来最好的效果。由于需要教授的科目众多,很难分配有限的时间"④。尤其在经济发展水平较低的乡村,儿童尚需帮助家庭工作,难以保证全时出勤,课程负担和安排并没有考虑到个体和地区的需要,造成了教育与生活的冲突,"负担过重的课程是一种浪费"。乡村小学教育还存在内容片面和预设的问题,"各地乡村学校的一个通病是把自己局限于农业的兴趣,而忽视了其他职业的兴趣,并且忽视了许多非职业的兴趣","中国的教育者在强调农业实践训练的同时,必须注意乡村小学教育不要滑向片面的职业学校"⑤。在农业之外,还应培养他们对其他职业的兴趣。五是在乡

---

① Paul C. Fugh, Reconstruction of the Chinese Rural Elementary School Curriculum to Meet Rural Needs in China, *The Chinese Social and Political Science Review*, 1925, Ⅸ, No.3, P.447.

② Paul C. Fugh, Reconstruction of the Chinese Rural Elementary School Curriculum to Meet Rural Needs in China, *The Chinese Social and Political Science Review*, 1925, Ⅸ, No.3, P.448.

③ Paul C. Fugh, Reconstruction of the Chinese Rural Elementary School Curriculum to Meet Rural Needs in China, *The Chinese Social and Political Science Review*, 1925, Ⅸ, No.3, P.453.

④ Paul C. Fugh, Reconstruction of the Chinese Rural Elementary School Curriculum to Meet Rural Needs in China, *The Chinese Social and Political Science Review*, 1925, Ⅸ, No.3, P.459.

⑤ Paul C. Fugh, Reconstruction of the Chinese Rural Elementary School Curriculum to Meet Rural Needs in China, *The Chinese Social and Political Science Review*, 1925, Ⅸ, No.3, P.466.

村小学课程的组织和教法上,中国乡村小学课程存在过于依赖教科书,内容教授上侧重片面的阅读记忆,缺乏从儿童的经验和日常活动来组织教学内容等问题。因此,"中国乡村小学的课程内容应按照心理学顺序而不是按照逻辑顺序来组织。它应该根据中国乡村儿童的经验来安排。教师应通过学生的日常活动和他们自身的经验来引导学生达到预期目标"[1]。

再者,傅葆琛还从课程设置的评价标准出发,提出了确定中国乡村小学课程与科目课程的评价标准的具体指标问题。他指出"传统的课程是根据学科而不是根据学习者的需要和经验来制定的,其目的是让儿童适应内容,而不是让内容适应孩子"[2]。因此,从现代课程构建的要求出发,在科学研究和实际探究、实验的基础上,根据儿童能力和活动来构建中国乡村小学课程的评价标准,已成为一种迫切的需要。他从"课程"(curriculum)与"科目课"(course of study)的区别着眼,分别提出了相应的具体评价标准,主要指标包含整体评价、目标评价、内容评价、方法评价、设置评价以及组织评价。

最后,卫生问题是当时面临的重要问题,它关系到中国的现代化发展进程。傅葆琛认为卫生问题成为中国过重的负担,"严重阻碍了物质生活和精神生活高平均水平的实现"[3],加强中国乡村小学卫生教育(health education)已成为构建乡村小学课程的应有之义和重要任务。

当时中国的卫生问题主要表现在,民众的健康卫生知识和拥有的现代医生都比较缺乏,流行性疾病也比较严重,与其他国家相比,人口死亡率与婴儿死亡率都居高不下,饮食不健康、饮用水污染、不良习俗和个人习惯还导致了一些突出的健康卫生问题。如在控制疾病传播和保护身体健康方面,缺乏科学的认知;食物简单,营养差,导致了身体虚弱和疾病;饮用水井未得到保护,劳作的农民时常饮用受污染的溪水;存在一些不良生活习惯和

---

[1] Paul C. Fugh, Reconstruction of the Chinese Rural Elementary School Curriculum to Meet Rural Needs in China, *The Chinese Social and Political Science Review*, 1925, Ⅸ, No.3, P.469.

[2] Paul C. Fugh, Reconstruction of the Chinese Rural Elementary School Curriculum to Meet Rural Needs in China, *The Chinese Social and Political Science Review*, 1925, Ⅸ, No.3, P.471.

[3] Paul C. Fugh, Reconstruction of the Chinese Rural Elementary School Curriculum to Meet Rural Needs in China, *The Chinese Social and Political Science Review*, 1925, Ⅸ, No.4, P.733.

习俗,"其中最主要的是缠足、吸烟、喝烈酒等"①。在儿童健康卫生上,虽然中国父母比较关爱儿童,但"非常忽视正确的呵护儿童的健康","由于缺乏对暴饮暴食,以及食用不净和不当食物的防范,自然让中国儿童的肠胃和牙齿处于危险之中","至于中国儿童的视力,情况同样严重","损害儿童健康的另一个弊端是儿童的劳动义务",且儿童在学校缺乏"娱乐和游戏活动"②。这些问题,在中国的乡村地区表现得尤为突出。总之,在卫生问题上,中国当时的基本情况和事实是:"中国人虽然习惯了某些良好的卫生习惯,但却没有遵守许多常见的生活卫生规则。巨大的死亡率,主要是由于环境不卫生、贫穷、无知以及过劳与营养不良的身体虚弱,而最重要的是缺乏受过现代训练的医生。"③

造成中国近代乡村小学教育上述问题的原因是多方面的,主要在于经济、制度与管理、人员、教育、认知以及科学方法的忽视等。在分析了上述问题和原因后,傅葆琛有针对性地提出了中国乡村小学课程现代重建的方案与实现途径。

三、论文提出的乡村小学课程方案

20世纪20年代中国乡村小学课程问题在于"乡村的条件从来没有被认识到","它始终是一门'城市化'课程;因此,它不适合乡村学校和满足乡村需要"④。鉴于中国乡村小学教育因不适应需求而造成的持续低效和停滞不前,傅葆琛利用实证研究,从"中国乡村教育新的精神需求;专业领导的要求;中国乡村教师的训练;更好的乡村学校管理和监督需要;重要的社会和

---

① Paul C. Fugh, Reconstruction of the Chinese Rural Elementary School Curriculum to Meet Rural Needs in China, *The Chinese Social and Political Science Review*, 1925, Ⅸ, No.4, P.750.

② Paul C. Fugh, Reconstruction of the Chinese Rural Elementary School Curriculum to Meet Rural Needs in China, *The Chinese Social and Political Science Review*, 1925, Ⅸ, No.4, pp.757—761.

③ Paul C. Fugh, Reconstruction of the Chinese Rural Elementary School Curriculum to Meet Rural Needs in China, *The Chinese Social and Political Science Review*, 1925, Ⅸ, No.4, P.763.

④ Paul C. Fugh, Reconstruction of the Chinese Rural Elementary School Curriculum to Meet Rural Needs in China, *The Chinese Social and Political Science Review*, 1925, Ⅸ, No.1, P.2.

学校调查"等方面①,进行课程的重建方案设计。

(一) 关于中国乡村小学课程目标的重建

傅葆琛认为,在制定中国乡村教育的目标时,应注意目标适用的地区差异、城乡差异、个性差异。目标的有效性、全面性、相对性、发展性以及层次性,也是制定目标时需要关注的问题。课程目标的制定还应基于学生的个性,应当是"实用的""有用的",应关注"中国乡村人的当前需求","重点是根据不断变化的条件和需求改变目标"②。

傅葆琛以美国中等教育家亚历山大·J.英格利斯③的"社会公民目标""经济职业目标""个人修养目标"三个教育基本目标为理论源泉,并借鉴布任、厄内斯特·霍恩、邦瑟、富兰克林·博比特等学者的教育目标分类思想,构建了中国乡村小学教育的初步目标,内容涵括六大部分,主要为"促进中国乡村儿童的健康和体能——体能效率;为他们提供一个实用、有效的教育,并引导他们掌握最佳的谋生方法——职业效率;使他们具备掌握作为有效参与社会生活的手段的'基本过程'——社会效率;培养他们在民主社会中成为有效的公民,包括与他人合作的同情心——公民道德效率;培养他们通过正确利用闲暇时间,提高他们的幸福感,丰富他们的生活——修养效率;培养他们发现和促进其潜在的智力和本能——心理效率"④。傅葆琛上述构建的小学课程目标,既设计全面,又突出了目标的层次性、适用性,符合乡村教育的需求。即便在今天看来,这些目标也具有借鉴意义。但它是一般性的暂时目标,而非长远目标,它应随着中国乡村需求和条件的变化而变化。

在教学方法的构建上,傅葆琛提倡科学的教学方法,反对以往片面强调记忆、阅读式的死记硬背,主张从实践活动和儿童经验中进行教育,号召"注重观察和实验,精心选择合适的教材,用实验法进行教学,以培养学生的发

---

① Paul C. Fugh, Reconstruction of the Chinese Rural Elementary School Curriculum to Meet Rural Needs in China, abstract of a thesis, N. Y.: Cornell University, 1924, P.8.

② Paul C. Fugh, Reconstruction of the Chinese Rural Elementary School Curriculum to Meet Rural Needs in China, *The Chinese Social and Political Science Review*, 1925, Ⅸ, No.2, P.327.

③ 亚历山大·J.英格利斯(1879—1924),美国中等教育学家,进步主义教育思想家的代表人物,在20世纪早期从一个致力于拉丁教学法的传统主义学者转变为一个有影响力的进步实验主义者和综合高中的倡导者,著有《中等教育原理》。

④ Paul C. Fugh, Reconstruction of the Chinese Rural Elementary School Curriculum to Meet Rural Needs in China, *The Chinese Social and Political Science Review*, 1925, Ⅸ, No.2, pp.331—332.

明和创造精神",为提高教学质量,"确保中国学校的良好教学,必须强调的一个重要问题是提供优秀的教师"[①]。傅葆琛从联系的角度,将教法的提高与师资的培训问题结合起来。

(二)关于中国乡村小学课程设置原则的重建

课程设置原则在中国乡村小学课程的重建中起着指导作用,它是课程重建首先要解决的重要问题。从20世纪20年代流行的教育思潮来看,实用主义教育哲学大行其道,坚持实用、有效是多数教育者提倡的重要原则。从实用、有效的思想出发,傅葆琛构建起了中国乡村小学课程制定原则,包括适应教育的环境与条件、满足当地乡村需求和个性发展需求、促进城乡关系发展、利于提高效率等内容。傅葆琛提出了11条具体指导建议,分别为"中国的课程制定者应该完全熟悉当地的条件、资源和需求","小学的真正目标是为社会成员和丰富而持续的个人成长奠定基础","应该寻找乡村儿童生活的优势和不足,构建的课程必须扬长避短","必须努力促进城乡居民之间的关系,鼓励他们互相尊重、理解,必须教会他们互相体谅彼此的问题和需要","应选择对农村儿童具有最大社会价值和利益的内容作为中国农村小学课程的内容","应以有利于乡村学校教育效率的方式进行组织中国乡村小学课程的教材。课程必须足够灵活,以便教师根据当地的情况进行调整","应在乡村小学的课程中提供丰富的建议,以帮助教师解决实际的课堂问题,并促进最被认可的教学方法的使用","应特别强调某些科目,如卫生、园艺、阅读等,这些科目是目前中国乡村条件下特别需要的","应认识到中国乡村小学特有的行政管理问题和缺陷。应提出对学生进行交替组合并将学生分成小组而不是年级的建议。还应指出各学科之间相互关联的可能性","在编写乡村小学课程时,不仅要处理好教师工作的专业问题,还要在课时分配安排、学校组织与管理的问题上给予帮助","应该知道课程建设的必要步骤是什么。他还必须知道由谁来构建课程,以及他们的职能和责任是什么。他必须为课程的进一步修订和改进做出适当的准备"[②]。

从傅葆琛乡村小学课程设置原则的11条指导建议可以看出,该方案从

[①] Paul C. Fugh, Reconstruction of the Chinese Rural Elementary School Curriculum to Meet Rural Needs in China, *The Chinese Social and Political Science Review*, 1925, Ⅸ, No.2, P.299.

[②] Paul C. Fugh, Reconstruction of the Chinese Rural Elementary School Curriculum to Meet Rural Needs in China, *The Chinese Social and Political Science Review*, 1925, Ⅸ, No.3, pp.450—452.

课程设置的具体环境和条件出发,依据课程设置的教育学规律,对课程的目标、价值、方向、内容进行综合架构。既关注到了城乡差异、个体差异,又考虑到了国家需求、个体需求,并将长远需求与近期需求、基本需求与特殊需求结合起来,注重课程效率,具有创新性。

(三)关于中国乡村小学课程重建过程的建议

中国乡村小学课程重建涉及的因素众多,除了课程目标、设置原则等要素外,课程重建过程中的步骤、制定者、内容、组织方法、评价标准等因素,也大大影响了课程重建的有效性。因此,傅葆琛对这些相关因素进行了探讨,并提出了一些有效建议。

有别于以往"教育专家"们出于"随意猜测或纯粹的学术推测"而制定的课程,傅葆琛主张要用科学的方法和精神,运用合理的程序步骤进行中国乡村小学课程的设计。为此,他提出了课程重建的六大步骤,"广泛的研究,包括对当地所需、社会要求和物质要求进行测量调查,这是成功课程必须满足的;主要目标的确定应以调查研究的结果为依据;应努力寻找适当的课程,以服务于已确定的目标;对作为任何特定课程或对象内容的教材,在重要性和可取性上进行批判性评价;应按学科、年级甚至课时来组织和安排所选教材,包括根据儿童的成长经历和兴趣,按适当的教学顺序对教材进行分级;应提供在课堂进行测试的计划和设备,以确定课程的可操作性和有效性"[①]。这些课程重建步骤,体现了傅葆琛实证的科学精神,提高了课程重建的信度和效度。

在中国乡村小学课程重建的制定者构成问题上,傅葆琛借鉴美国经验和依据中国乡村实际,主张打破以往过重依靠政府官员的局面,要求从专业性、科学性出发,丰富和完善课程制定人员的组成结构。他认为中国乡村小学课程的制定者主体应包括"教育专家——包括学科专家、政府研究人员、高校教授、教育方面的归国留学生等","课堂教师和督导员","学校行政管理人员——包括省级专员;县、区、市级督导员;国家和省级督学、校长等","有智慧的普通公民"[②]。其中,应以教育专家为主,扩大制定者的人员构成,

---

① Paul C. Fugh, Reconstruction of the Chinese Rural Elementary School Curriculum to Meet Rural Needs in China, *The Chinese Social and Political Science Review*, 1925, Ⅸ, No.3, P.453.

② Paul C. Fugh, Reconstruction of the Chinese Rural Elementary School Curriculum to Meet Rural Needs in China, *The Chinese Social and Political Science Review*, 1925, Ⅸ, No.3, P.456.

并对制定者的专业技能、能力素养提出了较高要求。

在中国乡村小学课程重建的内容上,傅葆琛主张课程内容应符合当地条件和需求,"从不同个体的生活活动中选取其内容",在课程内容的获取方法上,"可以对中国乡村成人和儿童的活动进行分析和再分析,直到获得课程中所有必要科目的可行单元"[1]。要充分利用当地资源,获取课程材料。在学科功能和课程内容的价值取向上,应注重实用,在设有基础课的同时,培养对其他职业的兴趣和国家公民意识,"中国乡村小学的课程必须包含每一个正常儿童都应该具备的基础学科知识。此外,它还必须包括那些能提供有用信息和培养儿童农业生活所需的良好习惯、态度和技能的科目"[2]。

对于中国乡村小学课程的组织与方法的重建,傅葆琛提出乡村小学课程内容应根据中国乡村儿童的经验来安排,"教师应通过学生的日常活动和他们自身的经验来引导学生达到预期目标。'问题解决'是目前公认有效的一种教学方法。在乡村学校中,学校项目和家庭项目教学尤为有效"[3]。这种"问题解决"式和项目教学法,其目的是通过活动参与,培养学生主动性、胆量和坚持不懈的品质,锻炼学生实际处理问题的能力,进而检验所学知识,从而避免过度依赖教科书,这是一种全新而有效的教法。在组织上,傅葆琛指出中国乡村小学课程应注意灵活性,应依据乡村条件和儿童成长经验,对教法和内容进行特别调整。

傅葆琛还分别从课程评价标准与科目课评价标准两个系统出发,对中国乡村小学课程的目标、内容、方法、设置等方面进行了具体评价指标的设计。从内涵上考析,这些评价标准指标主要涉及了课程的有效性(效度、信度)、差异性(城乡差异、个体差异)、科学性(合理、适应)、灵活性(因时、因地、因人)以及功能价值取向等方面。

傅葆琛通过对"北京女子师范学院附属小学提出的中国新学制六年小学新课程"和"江苏南京新学制课程标准委员会提出的中国新六年制小学新

---

[1] Paul C. Fugh, Reconstruction of the Chinese Rural Elementary School Curriculum to Meet Rural Needs in China, *The Chinese Social and Political Science Review*, 1925, Ⅸ, No.3, pp.457-458.

[2] Paul C. Fugh, Reconstruction of the Chinese Rural Elementary School Curriculum to Meet Rural Needs in China, *The Chinese Social and Political Science Review*, 1925, Ⅸ, No.3, P.468.

[3] Paul C. Fugh, Reconstruction of the Chinese Rural Elementary School Curriculum to Meet Rural Needs in China, *The Chinese Social and Political Science Review*, 1925, Ⅸ, No.3, P.469.

课程"进行对比分析后,在满足中国乡村需求和个人需求的基础上,依据中国儿童的生活经验和中国乡村条件,提出了构建中国乡村小学课程体系的13条建议,具体如下:

  1. 应该对农村社会教育条件和资源进行调查。
  2. 根据调查的结果,应组织一个委员会来制定出乡村小学的课程。
  3. 由于当地部门缺乏专业经验,委员会应由教育界广大的学者、专家和领导组成。
  4. 应进行更多的研究和调查,并应在拟定暂定课程之前举行委员会的连续会议。
  5. 所制定的课程,应在全国各地广泛分布并代表各种农村学校条件的一些志愿学校中试用。
  6. 经过相当长的时间后,应收集结果和反馈,以进行改良和改进。
  7. 委员会应在几年期间内继续开展工作和活动。
  8. 应该明白,在制定暂定课程之前,应确定课程的主要目标,并通过对当地条件和需求的分析,确定出各学科的具体目标。
  9. 在乡村小学课程建设中,应该允许更多的灵活性,要慎重考虑课程的组合和交替。
  10. 在选择科目时,每一个都应该有意义。材料不应该像大杂烩一样拼凑在一起。应根据它们的相对价值,根据学生的个体兴趣,认真地进行分级、关联和分配使用。
  11. 在乡村小学课程设置中,课堂作业应得到特别重视。
  12. 由于师资、设备和资金的不足,城市小学开设的某些科目可能无法在乡村小学开设。乡村小学的教学,应强调经济和实际需要。
  13. 由于乡村的健康状况不佳,卫生和体育教育应在课程中受到特别重视。[①]

上述构建中国乡村小学课程体系的13条建议,是傅葆琛实证研究和教育实践的结晶。他依据进步主义理论与实用主义教育哲学的指导,对中国乡村小学课程体系构建的方法、程序、人员、内容、目标、价值导向等内容,提出了自

[①] Paul C. Fugh, Reconstruction of the Chinese Rural Elementary School Curriculum to Meet Rural Needs in China, *The Chinese Social and Political Science Review*, 1925, IX, No.3, pp.486—487.

己的独到见解。建议的课程体系无论在深度上,还是在广度上,都得到了进一步拓展,也较大程度地适应了中国当时乡村小学教育的情况和需求。

(四)关于乡村小学卫生教育的重建方案

通过对乡村小学课程重建的探讨和在欧华工教育的实践,傅葆琛认识到中国乡村普遍存在严重的卫生健康问题。在如何解决乡村卫生健康问题上,傅葆琛基于分析,从经济因素、民众认知和学校教育的角度,提出了有关中国乡村小学卫生教育的重建方案。

在造成当时中国乡村卫生健康问题的诸多原因中,傅葆琛认为贫困是主要原因。"在持续贫困的压力下,很多人被逼着过上了一种原始、不卫生的生活"。他指出"要想改善中国的公众健康,就应该充分考虑到经济阶段的问题"①。为此,要发展经济,为解决卫生问题创造良好条件,并提供更多的受过现代训练的医生。

普及民众的卫生健康知识,提高民众的科学认知和培养良好的健康习惯,能够起到预防的作用,而这要利用教育手段进行。可以说,"如果在中国人中普及必要的医学常识,并且在中国的小学生中促进和培养基本的健康习惯,那么这个死亡人数的百分比是可以避免的,中国的死亡率也可以降低"②。最重要也是最有效的解决中国乡村卫生健康问题的方案,是在小学教育中,尤其是在公立学校中将卫生教育列入主要课程,普及卫生健康知识。通过教育预防的形式,能大大解决中国乡村的卫生问题,"如果要使中国人民,无论是大人还是儿童,都能更健康、更快乐地生活,就必须唤起全国人民,以个人和集体的方式,对我们前面提到的各种健康之害进行持久的斗争。而在处理这个问题时,没有什么比预防更有效,因为预防总比治疗好。为了预防,我们必须进行教育"③。

---

① Paul C. Fugh, Reconstruction of the Chinese Rural Elementary School Curriculum to Meet Rural Needs in China, *The Chinese Social and Political Science Review*, 1925, IX, No.4, pp.756—757.

② Paul C. Fugh, Reconstruction of the Chinese Rural Elementary School Curriculum to Meet Rural Needs in China, *The Chinese Social and Political Science Review*, 1925, IX, No.4, P.765.

③ Paul C. Fugh, Reconstruction of the Chinese Rural Elementary School Curriculum to Meet Rural Needs in China, *The Chinese Social and Political Science Review*, 1925, IX, No.4, P.765.

四、论文的研究特点与意义

傅葆琛既有丰富的平民教育经验,又吸收了美国先进的乡村教育理念,其博士论文是对中国乡村小学教育的创新性研究,也是他的实践经验总结。傅葆琛博士论文的研究特色主要表现在将问题研究法与比较研究法相结合,以实用主义哲学为思想底色,并基于进步主义理论构建小学教育的核心理念,对中国乡村小学教育进行实证研究。

(一) 问题研究与比较研究相结合的方法架构

傅葆琛对中国乡村小学教育的研究,始终带着问题意识,他以系列问题构建自己的思考逻辑和研究体系。这些研究问题,首先客观展示了中国当时乡村小学教育的历史与现实困境,又包含了傅葆琛自己对中国乡村教育的困惑和发展出路的思考。

在对中国乡村小学教育历史与现状问题分析的基础上,傅葆琛认识到以往中国乡村小学教育存在着诸多问题,如教育目标单一、城乡小学教育无差异、课程无法满足需求、教育内容与现实脱节、教法落后、新教育发展停滞不前、管理低效、卫生水平低下等,展现了中国乡村小学教育的客观症结。

在对中国乡村小学教育历史与现状进行梳理后,傅葆琛提出了自己对中国乡村小学教育的十条困惑。"中国是否有乡村小学课程?为中国乡村小学制定的课程任务范围是什么?中国乡村小学课程与中国城市小学课程应有何不同?中国乡村小学课程制定的原则应是什么?制定该课程的正确程序应该是什么?由谁来制定这样的课程?这样的课程内容应该是什么?这样的课程内容应该如何选择?选定的教材应如何组织?怎样才能发挥课程的优势?"[1]傅葆琛的分析深入到中国乡村小学教育问题的内在机理,也促进了他对中国乡村小学教育研究的深度思考。沿着"现状与历史分析—教育问题设置—解决方案架构"的逻辑思路,傅葆琛对中国乡村小学课程的重建提出了有针对性的设计方案,内容包括教育目标设计、课程设置原则设计、课程过程诸因素设计、课程评价标准设计、卫生教育设计。

除了运用问题研究法外,在对小学教育进行历史与现状梳理、问题内容分析、方案设计时,傅葆琛还广泛运用了比较研究法,主要体现在对中国乡村小学教育研究的纵向比较和横向比较上,为透视中国乡村小学教育提供

---

[1] Paul C. Fugh, Reconstruction of the Chinese Rural Elementary School Curriculum to Meet Rural Needs in China, *The Chinese Social and Political Science Review*, 1925, Ⅸ, No.3, pp.446—447.

了有力的分析工具。

在纵向比较研究上,傅葆琛从社会变迁的视角出发,对近代以来的中国乡村小学教育的目标、教法、内容进行了古今纵向比较,如对帝国统治时期、民国政府时期以及当前教育目标的纵向比较,对传统教法与现代教法的纵向考察,对比分析了它们的进步与优劣。这种纵向比较法,也被运用到对个体不同发展阶段的差异考察上,如对中国乡村成人与儿童不同需求的比较分析,对高等教育机构与小学教育机构在课程设置时是否适宜应征询学生意见的比较分析。

横向的比较分析,也是傅葆琛比较研究法中经常采用的手段,主要体现在对环境条件、课程内容、方案设计的考察上,如对中美教育环境条件的横向比较、小学教育城乡差异比较、地区差异比较、群体差异、个体差异比较。傅葆琛充分运用横向比较法对小学教育的环境条件和适用范围进行了探讨,他认为应注意中国乡村状况与美国乡村状况存在的差异。"目前中国的中学不在县级以下的地方,中国的乡村教育以小学为主,涵盖的范围比美国乡村教育大得多。"[①]"孟子所教导的'农之子恒为农'的传统观念,在中国农村人的心目中有着不可动摇的地位……在中国乡村小学中强调与乡村社会主导产业和乡村人实际生活问题有直接关系的科目,似乎是明智之举。而且由于中国乡村地区几乎没有中学,中国的乡村小学应该暂时承担起职业农业培训的职能,而在美国主要是乡村中学的工作。"[②]在教育目标的侧重点上,中美也有各自的特点,"美国乡村小学教育可能从'经济职业目标'延伸到'社会公民'和'个人修养目标',而中国的乡村小学教育则是先努力实现'经济职业目标',然后才能充分关注其他两个目标"[③]。对中国乡村教育目标的分析可谓一语中的。就乡村小学课程制定的任务范围而言,当时美国地方政府比中国地方政府拥有更大的自主权。中美乡村在文化、经济、社会和教育发展阶段的不同特点和差异,决定了中美乡村小学教育的不同需求,

---

① Paul C. Fugh, Reconstruction of the Chinese Rural Elementary School Curriculum to Meet Rural Needs in China, *The Chinese Social and Political Science Review*, 1925, Ⅸ, No.1, P.5.

② Paul C. Fugh, Reconstruction of the Chinese Rural Elementary School Curriculum to Meet Rural Needs in China, *The Chinese Social and Political Science Review*, 1925, Ⅸ, No.2, P.318.

③ Paul C. Fugh, Reconstruction of the Chinese Rural Elementary School Curriculum to Meet Rural Needs in China, *The Chinese Social and Political Science Review*, 1925, Ⅸ, No.2, pp.325—326.

也影响了中国乡村小学课程重建的方案设计。因此,中国乡村小学课程重建要对西方模式祛魅,不能迷信,要进行实证调查研究。依据"任何儿童的教育都必须以他的经验为依据"的教育思想,傅葆琛还将横向比较法运用到对中国小学教育的城乡差异比较上。他认为中国城乡儿童的生活经验不同,教育资源存在差异,"乡村儿童的社会机会,包括其公民意识和社会参与习惯"[①]也不同。要依据城乡地区的不同环境和条件,因时、因地、因人分析中国乡村小学教育的社会需求和个体需求,进而构建符合中国实际的乡村小学课程。

傅葆琛博士论文的重要研究特色是对问题研究法与比较研究法的综合运用,也正因为这种方法组合的创新,提升了他对中国乡村小学教育研究的思考深度。

(二) 基于进步主义思想的教育理念

20世纪20年代,中国的教育现代化改革和建设不断推进。1919年国民学校课程、高等小学课程、低等小学课程等新课程相继实施,回归经典运动、职业教育运动、国语运动也开展起来,并促成了1922年新学制(壬戌学制)的建立。如何重建中国的现代小学教育以适应中国社会改革需要和民众需要,已成为当时教育学人思考的重大问题。与此同时,20世纪上半叶的美国教育学界,永恒主义、进步主义、要素主义、社会改造主义等教育理论此起彼伏,"到20世纪20年代初,传统派史学家遭遇到来自自由派或自由—民主派史学家的挑战"[②],其中进步主义是比较流行的教育理论。进步主义强调"学校应以生活,特别是民主社会为原型……学校就应该鼓励合作,发展学生解决问题和做决定的能力","课程是为了满足个人的需求和兴趣,并随着环境的改变而改变"[③],进步主义主张关注课程与管理的改革、学校卫生、开放空间,提高管理和课程效率,"'有效的'(efficient)课程应该与一系列学术类课程和职业课程不同,学生将被引向最直接有助于实现他们职业或教育目标

---

① Paul C. Fugh, Reconstruction of the Chinese Rural Elementary School Curriculum to Meet Rural Needs in China, *The Chinese Social and Political Science Review*, 1925, Ⅸ, No.3, pp.449—450.
② 〔美〕L.迪安·韦布著,陈露茜、李朝阳译,陈露茜、李朝阳、康绍芳校:《美国教育史:一场伟大的实验》,安徽教育出版社2010年版,序第5页。
③ 〔美〕L.迪安·韦布著,陈露茜、李朝阳译,陈露茜、李朝阳、康绍芳校:《美国教育史:一场伟大的实验》,安徽教育出版社2010年版,第25—26页。

的课程"①。

傅葆琛对中国乡村小学教育的研究,广泛学习了美国的进步主义教育理论,尤其吸收了富兰克林·博比特、布任等人的教育思想,并以此构建中国的乡村小学课程。博比特主张,教育的最终目的是教育每个男女公民,使之成为合格公民,培养青少年在社会中的处事能力,并使之最终成为全面发展的成年人②,他推崇泰勒主义思想,强调管理与课程的效率。傅葆琛在博士论文中指出,"为培养公民做准备,是小学教育的一个全部目标"③,而以往中国小学以文化和培养道德为主的教育目标,失之偏颇,不符合实际。他赞同亚历山大·J. 英格利斯的"社会公民目标""经济职业目标""个人修养目标"三个教育基本目标理论,但在结合中国的社会条件和需求分析后,认为中国乡村小学教育应首先实现"经济职业目标",然后才能关注其他两个目标,拓展目标理论。傅葆琛还借鉴了美国教育家威尔逊的"社会和公民效率的教育""职业效率的教育""个人效率的教育,可能包括生命和身体的效率,修养的效率"三种效率思想④,提倡教育的有效性,提出"教育目标的实现取决于学生的身体效率、心理效率、道德效率和审美效率的发展"⑤。傅葆琛因此主张,"公民、历史和地理是提高社会和公民效率所必需的"⑥,在中国乡村小学课程设置中不应该被丢弃。

经济职业、社会公民、个人修养三个目标有机组合和不同侧重,并以此提高相关教育的效率,构成了傅葆琛以进步主义思想为特征的核心教育理念,指导了他的中国乡村小学教育重建方案设计。他认为,中国乡村小学教

---

① 〔美〕L.迪安·韦布著,陈露茜、李朝阳译,陈露茜、李朝阳、康绍芳校:《美国教育史:一场伟大的实验》,安徽教育出版社2010年版,第262页。

② 〔美〕埃伦·康德利夫·拉格曼著,花海燕等译:《一门捉摸不定的科学:困扰不断的教育研究的历史》,教育科学出版社2006年版,第106页。

③ Paul C. Fugh, Reconstruction of the Chinese Rural Elementary School Curriculum to Meet Rural Needs in China, *The Chinese Social and Political Science Review*, 1925, IX, No.2, P.311.

④ Paul C. Fugh, Reconstruction of the Chinese Rural Elementary School Curriculum to Meet Rural Needs in China, *The Chinese Social and Political Science Review*, 1925, IX, No.2, P.311.

⑤ Paul C. Fugh, Reconstruction of the Chinese Rural Elementary School Curriculum to Meet Rural Needs in China, *The Chinese Social and Political Science Review*, 1925, IX, No.2, P.314.

⑥ Paul C. Fugh, Reconstruction of the Chinese Rural Elementary School Curriculum to Meet Rural Needs in China, *The Chinese Social and Political Science Review*, 1925, IX, No.3, P.462.

育的最终目标是,"应使每一个中国乡村儿童健康、快乐、聪明,不仅有可能成为一个高效的农民,而且有可能成为一个有能力的国家公民,成为一个对人类社会有帮助的人"①。

(三)实用主义教育哲学的思想底色

实用主义教育哲学在杜威的倡导下,成为20世纪上半叶美国流行的教育哲学,并被留美生普遍学习和借鉴。实用主义(pragmatism),又称经验主义(experimentalism)或工具主义(instrumentalism),它强调儿童经验,"推崇以儿童为中心的课程……问题解决法深受青睐,动机是认知过程的核心。要通过关注儿童的需要和兴趣以及天然好奇心来激发动机",最佳的教学方法是从"做中学"②,"教育的首要目标就是通过解决问题的方法或科学方法,来强调功能或经验的重要性"③。

傅葆琛充分吸收了杜威的实用主义教育哲学,并将其作为中国乡村小学课程重建的思想底色。他认为教育目标应该由社会条件和需求来决定,应满足各种需求,符合乡村儿童经验,"特别是结合中国乡村学校的条件和乡村儿童的需求,重构当前的中国小学课程"④,"课程要建立在它所要服务的儿童的经验和活动基础上。学校生活是社会为补充偶然环境所提供的经验而设置的一种经验课程"⑤,以促进儿童的个性发展。在课程内容上,鉴于中国乡村民众迫切的经济需求,他特别提出"中国乡村小学应该提供这样的训练,使乡村儿童能够过上更好的生活"⑥,"应根据学校自身能力以及环境

---

① Paul C. Fugh, Reconstruction of the Chinese Rural Elementary School Curriculum to Meet Rural Needs in China, *The Chinese Social and Political Science Review*, 1925, Ⅸ, No.3, P.468.

② 〔美〕L.迪安·韦布著,陈露茜、李朝阳译,陈露茜、李朝阳、康绍芳校:《美国教育史:一场伟大的实验》,安徽教育出版社2010年版,第265页。

③ 〔美〕L.迪安·韦布著,陈露茜、李朝阳译,陈露茜、李朝阳、康绍芳校:《美国教育史:一场伟大的实验》,安徽教育出版社2010年版,第14页。

④ Paul C. Fugh, Reconstruction of the Chinese Rural Elementary School Curriculum to Meet Rural Needs in China, *The Chinese Social and Political Science Review*, 1925, Ⅸ, No.3, P.448.

⑤ Paul C. Fugh, Reconstruction of the Chinese Rural Elementary School Curriculum to Meet Rural Needs in China, *The Chinese Social and Political Science Review*, 1925, Ⅸ, No.3, P.449.

⑥ Paul C. Fugh, Reconstruction of the Chinese Rural Elementary School Curriculum to Meet Rural Needs in China, *The Chinese Social and Political Science Review*, 1925, Ⅸ, No.3, P.463.

资源和儿童的个性需求,开设必要的分支学科"①,课程内容应是实用和有效的。在课程方法上,他还将布任教授的"最终的目的应该是让孩子在日常的体验中不断成长"的教育思想借鉴过来②,提倡"教师应通过学生的日常活动和他们自身的经验来引导学生达到预期目标"③,并极力推崇"问题解决"的教学方法。无论是傅葆琛重建的中国乡村小学教育目标,还是重建的中国乡村小学课程内容和课程方法,都展现了浓厚的实用主义教育哲学色彩。

基于中国乡村教育的现状和历史,借鉴实用主义和进步主义教育思想,从民众的当前需求出发,依据中国乡村儿童的经验,贴合中国的实际情况,进行中国乡村小学教育的课程设计,体现了傅葆琛乡村教育的研究水平。傅葆琛构建了中国乡村小学课程体系的13条建议,强调乡村小学课程重建的地方差异、城乡差别、个性差异,提出了课程改造的调查原则、教育管理的专业性、学校的灵活性、课程的系统性等创见,尤其是注意到了卫生教育与乡村教育的重要关联,对中国乡村教育改造和教育现代化建设极有参考意义。傅葆琛回国以后,积极参与乡村重建运动,参加了中华平民教育促进会,并致力于平民教育的普及,还先后在保定、直隶、定县、南通、新都、川南等地进行调查,创建华西大学社会教育实施区、乡村建设系,将自己所学用于中国乡村改造,验证了他在博士论文中提出的中国乡村小学课程重建思想,推动了中国乡村教育的发展。

第二节 朱君毅的留美教育测量调查研究

20世纪上半叶美国的教育科学化运动方兴未艾,教育测验、教育统计科学逐步发展起来,中国留美生也深受影响,多人选此作为自己的志业方向,并力图使教育研究走上专业化、科学化之路。朱君毅1922年以论文《中国

---

① Paul C. Fugh, Reconstruction of the Chinese Rural Elementary School Curriculum to Meet Rural Needs in China, *The Chinese Social and Political Science Review*, 1925, Ⅸ, No.3, P.468.

② Paul C. Fugh, Reconstruction of the Chinese Rural Elementary School Curriculum to Meet Rural Needs in China, *The Chinese Social and Political Science Review*, 1925, Ⅸ, No.2, P.322.

③ Paul C. Fugh, Reconstruction of the Chinese Rural Elementary School Curriculum to Meet Rural Needs in China, *The Chinese Social and Political Science Review*, 1925, Ⅸ, No.3, P.469.

留美生:与其成功相关的质量》取得博士学位,同年取得学位的还有刘湛恩、陆麟书、庄泽宣等校友。留美期间,朱君毅曾受教于桑代克等名师,专攻教育统计及教育行政,还被选为美国全国教育名誉学会会员。朱君毅在美留学经历和早期的学术训练,为其此后的教育学术研究打下了坚实的基础。归国后,他不仅开设了教育心理学、教育统计等课程,还出版了《教育统计学》《教育心理学大纲》《教育测验与统计》《统计学概要》等多部论著,还主持过国民政府时期的调查统计工作。朱君毅在教育心理学、教育统计学、统计学等领域做出了突出贡献,其教育统计学思想多导源自他的博士论文。

一、论文的内容框架

朱君毅的博士论文《中国留美生:与其成功相关的质量》,1922年由哥伦比亚大学师范学院出版,被列入"教育贡献丛书"第127号,全文仅55页,与其他留美生的论文相比篇幅较小。[1]在研究对象上,朱君毅直接以中国留美生作为自己学位论文的研究对象,既可以方便进行材料的调查统计与获取,又可为国家留学政策的制定和留学群体提供建议和科学依据,极有现实意义。在方法理论上,他借鉴了心理学、统计学以及教育实验学等学科理论,进行个案与群体的开拓性实验研究。参与指导的老师有桑代克、凯利[2]、特拉比、康德尔等人,尤其是桑代克和凯利教授,他们在统计方法上给予了很多的指导。[3]

博士论文共有八个章节,分别为问题的陈述、实验材料、相关评价、用高中成绩的对比评价、用大学成绩的对比评价、用个人档案的对比评价、作为一个因素的留美时间以及结论与建议,后附有相关的测量表格。全文对中国在美37所大学和学院中的664位留学生进行了调查研究,以探讨留美生成功的学问、领导力、中文知识和英文知识等质量因素及其相关性,是一篇典型的研究相关性的教育统计测量论文,其研究目的是得出"什么应是预备

---

[1] Jennings Pinkwei Chu, Chinese Students in America: Qualities Associated with Their Success, New York: T. C. Columbia University, 1922.

[2] 凯利:美国教育测量专家,1923年,凯利、鲁奇和推孟合编第一个成套成就测验——"斯坦福成就测验"。该测验的显著特点是能够对不同学科的测验成绩进行比较。成就测验不仅用于教育领域,而且被广泛应用于企事业单位的人员选拔任用上。

[3] Jennings Pinkwei Chu, Chinese Students in America: Qualities Associated with Their Success, New York: T. C. Columbia University, 1922, acknowledgments.

并选拔这些有希望的留美生的合适的方法"①。

朱君毅开篇对研究缘起和研究问题进行了说明,问题意识极强。他指出,因过去五十年中国派遣留美生的实践活动而引起诸多心理问题,这些问题不仅重要且未被解决或明确规划,因此,"一个有关它们的方案,在改进预备和选拔这些学生的方法上会有很大的帮助"。同时,随着留美人数的增长和对留美教育的重视,这些心理问题迫切需要逻辑的说明和科学的解决。心理测量科学的进步和发展则为解决这些问题提供了条件,他认为"这门心理测量科学在美国最近已取得很大的进步,可直接将它用于解决这些问题并且间接地为教育实验在中国开辟新的领域,这对目前的调查来说会是一个开始"。围绕着这些主题,朱君毅设置了"什么应当被认为是一位留美生的成功?一些与之相关的质量是什么?它们是怎么与成功相连的?它们之间是怎么相连的?根据我们关于它的与相关质量关系的知识,怎么来确保成功最适宜的量?什么应是预备并选拔这些有希望的留美生的合适的方法?"等六大问题。②

第二章对实验材料进行了说明,包括实验主体和数据。实验调查的主体为中国在美大学和学院求学的664名本科生和研究生,不包括高中生和预科生。为考察这些留美生的学问、领导力、英语知识和中文知识的相关性,朱君毅搜集了留美生的个人档案、英语测验、国内高中成绩和在美大学成绩等资料,运用"相关评价"理论进行建模和数据调查。第三章为"相关评价",内容分为"排入西格玛位置的变化""英语评价与英语测验分数的对照:英语知识评价的有效性""评价的可靠性:自身相关""原始相关""修正相关减弱""最后综合的相关"和"结果的阐释"。在这一章节中,朱君毅运用了"相关评价"的科学理论,对所得数据进行信度和效度的分析,并进行数据的修正和综合分析。

随后三章采用对比分析,分别对留美生的国内高中成绩、在美大学成绩和个人成就进行了研究,考察了总平均值与质量的相关性以及相关评价的有效性。留美时间作为评价留美生成功的一个因素,自然十分重要,第七章即考察了留美时间与学问、领导力、英语知识和中文知识之间的相关性。

通过对留美生学问、领导力、英语知识、中文知识和留美时间的相关评价

---

① Jennings Pinkwei Chu, Chinese Students in America: Qualities Associated with Their Success, New York: T. C. Columbia University, 1922, P. 1.

② Jennings Pinkwei Chu, Chinese Students in America: Qualities Associated with Their Success, New York: T. C. Columbia University, 1922, P. 1.

研究,朱君毅在最后一章得出了四个质量的相关系数和结论[1],他指出:"学问与领导力的关联是相当高的(r=.592)","英语知识与学问(r=.719)和领导力(r=.679)的关联都是相当高的","中文知识与学问(r=.389)和领导力(r=.309)的关联都是相当低的","英语知识与中文知识有一个非常弱的负相关性,或几乎无相关性,或相互间独立(r=−0.24)"。而留美时间与其他质量之间相关性的结论为:"学问、领导力和英语知识与留美时间的长短都是有低相关(分别是r=.119;r=.218;r=.205)","中文知识与在美时间长短几乎没有相关(r=−090)","在中国花费在学英语的初始时间与在美花费的额外时间同英语知识都同样地有低相关(分别为r=.382,r=.378)"。[2]随后,根据结论,朱君毅给出了相应的留学教育建议。

总体来看,论文的架构可以说是采用"提出问题并构建相关要素的模型—调查测量材料—阐释说明问题—解决问题"的形式,富有实证色彩。篇幅虽小,却有很高的学术意义,理论应用很强。对于中国留学政策的调整也有建设性意见,颇具实践意义,是一部中国教育统计学著作的初步探索。

二、教育统计学引介与教育关怀

教育统计学"是运用统计学中的一般原理和数理方法研究教育问题的一门应用科学"[3],其发展得益于近代统计学的进步。统计学大体可分为应用统计学和数理统计学两大分支[4],就统计的形式和内容来看,有描述统计、推断统计和实验统计。在教育研究中,最早采用描述统计进行教育现象的调查统计与研究,如分类整理、绘制统计图表、计算相关系数等。随后推断统计也被应用到教育研究中,如教育研究中采用的抽样调查、随机样本统计、假设检验等形式。数理统计的误差理论的引入,则为教育研究的个体差异测量提供了理论基础。而英国心理学家斯皮尔曼(C.E.Spearman)[5]将因素分析理论应用到教育和心理研究,并完善了相关系数概念,为教育统计学

---

[1] 相关系数,表示变量之间现行相关程度的数量指标,在−1至1之间,分正相关、零相关和负相关,符号为r。

[2] Jennings Pinkwei Chu, Chinese Students in America: Qualities Associated with Their Success, New York: T. C. Columbia University, 1922, P. 51.

[3] 王孝玲编著:《教育统计学》,华东师范大学出版社1986年版,第1—2页。

[4] 应用统计学是各学科以基本范畴现象、研究对象及其规律性进行专门的量化研究分析,教育统计学即属此类。数理统计学是运用概率论来解释统计数据数量关系的模式,研究的是抽象数量关系。

[5] 斯皮尔曼,20世纪前半叶英国著名的心理学家、统计学家,以创建因素分析理论引领潮流,其因素分析理论即基于相关分析和相关系数,其研究主要关注人的能力和智力研究。

的确立做出了突出贡献。美国的教育统计学研究也异军突起,"美国之研究统计学,而应用其方法于教育问题之上者,当首推桑代克自氏于二十六年前(1904)著《智力与社会的测量》一书(Mental and Social Measurements)后,美国始渐有研究教育统计之人,如Kelley, Rugg, Otis, 等人,皆各有著述"①,其后风行欧美并传入中国。

近代中国教育统计学深受欧日影响,早期多由留日学生引介,以德国社会统计学派理论为主,如钮永建翻译的日本衡山雅男的《统计讲义录》、孟森翻译的横山雅男的《统计通论》。民国早期,数理统计也逐步传入中国,如美国密尔斯的《统计方法》、英国鲍莱的《统计学原理》皆被译成中文,数理统计学渐成主流。随后,薛鸿志翻译出版了麦柯尔的《教育实验法》、朱君毅翻译了塞斯顿的《教育统计学纲要》以及葛雷德的《心理与教育之统计法》,介绍了常态曲线、可靠性、相关分析与多倍相关等理论知识。与此同时,教育测验也随之发展,俞子夷在1918年设计了小学生国文毛笔书法量表,1920年廖世承和陈鹤琴在南京高师用心理测验量表测量学生,并开设测验课程,"这算是我国正式开始应用科学心理测验"②。1922年中华教育改进社还邀请美国教育测量专家麦柯尔、推士来华参加教育测验调查,教育测验运动方兴未艾,推动了中国教育统计学的发展,"教育统计得到较大规模的普及和应用,高等和中等师范学校还把教育统计学作为学生的必修课"③。至新中国成立前,还有多部教育统计学论著问世,如周调阳的《教育统计学》、薛鸿志的《教育统计法》、朱君毅的《教育统计学》和《教育测验与统计》、艾伟的《高级统计学》、沈有乾的《教育统计学讲话》、王书林的《教育测验与统计》等。其中,朱君毅的《教育统计学》至1933年已出版6版,影响颇大,其教育统计学理论与其博士论文的思想多有承继。

朱君毅的《中国留美生:与其成功相关的质量》是20世纪20年代留美学人从事教育统计学研究的初步尝试,为教育统计学的引介和教育测量学的发展做出了贡献。

第一,就学理来说,初步引介了英国心理学家、统计学家斯皮尔曼的相关分析理论④,运用相关评价模式考察了留美生的学问、领导力、英文知识和中文知识四个质量之间以及与成功之间的相关性。

---

① 朱君毅:《教育统计学》,商务印书馆1933年版,第2页。
② 王小丁:《中美教育关系研究(1840—1927)》,四川大学出版社2009年版,第391页。
③ 杨宗义、肖海主编:《教育统计学》,科学技术文献出版社1990年版,第9页。
④ 相关分析是通过绘制散点图计算相关系数,对于变量之间的共变关系进行统计分析的方法,以分析变量之间相关程度为目的。

朱君毅将调查统计的664名留美生以4~24人为区间,分成64组,然后按照四个质量的变化,将涵盖了超过2000个这样的变化排入西格玛位置①,"根据它在不同大小分组中的位置,一个特殊表格展示了每个数字不同的可比值"②。最后再用给出的每一个考察主体的四个质量中平均西格玛值得出任一相关性。同时,朱君毅关注评价的有效性(效度)和可靠性(信度),"用这四个质量的排列或评价同相同质量的其他一些独立标准作比较"来建立有效性③,并使用了四套桑代克英语测验进行英语知识的有效性评价,以斯皮尔曼预料公式(自身相关公式)和拟合理论曲线来建立四个质量评价的可靠性。④为排除测量中的误差,确保每一质量评价的可靠与接近理想状态,朱君毅在研究中还引介使用了数理统计学中的误差理论,如运用斯皮尔曼改正相关减弱公式进行统计分析。⑤

可以见得,虽然朱君毅的研究指导老师为桑代克,且在分析中借鉴了桑代克的一些方法,如《心理与社会测量》中的西格玛位置量表、四套桑代克英语测验,但其整体理论和模型设计还是架构于斯皮尔曼的描述统计学和数理统计学知识基础之上,尤其是相关分析法。

第二,就方法论来说,朱君毅以实证的分析方法力图展现教育研究的科学性,运用了调查统计、图表法、问卷法、对比评价等方法。

他指出"一项关于在美国学院和大学中国留学生的学问、领导力、英语知识与中文知识相关的研究,是建立在非常客观的数据基础之上的"⑥。为此,他调查统计了有关中国留美生学问、领导力、英语知识和中文知识的2000多个排列值。为确保排列的精确和意义,他确立了4~24人的分组标准。在个人档案中还设置了问卷表,内容包含姓名住址、就读学校与主修、获得学位等12项内容。英语测验则包含简单的阅读测验和词汇测验,对国

---

① 排入西格玛位置的方法可参考桑代克的《智力与社会测量》。
② Jennings Pinkwei Chu, Chinese Students in America: Qualities Associated with Their Success, New York: T. C. Columbia University, 1922, P. 12.
③ Jennings Pinkwei Chu, Chinese Students in America: Qualities Associated with Their Success, New York: T. C. Columbia University, 1922, P. 14.
④ 斯皮尔曼预料公式,是根据已测验次数和总共测验次数,求出已知测验次数的平均自身相关系数的公式。拟合曲线,指用特定的数学曲线描述一组观测值的变化规律的方法,实际观测值与该曲线的理论值越接近,则该曲线的代表性越好。
⑤ 斯皮尔曼改正相关减弱公式,是为修正测量中的误差,依据质量A、B两类事实的两系列的测量值而求得的理想上最精确的相关系数的公式。
⑥ Jennings Pinkwei Chu, Chinese Students in America: Qualities Associated with Their Success, New York: T. C. Columbia University, 1922, P. 3.

内高中成绩的调查则包含84种学科,涵盖四年高中的总平均分、英语分数、中文分数。考虑到误差影响,为校正四个质量相关分析的准确可靠性,朱君毅还运用统计学的修正相关减弱公式。以桑代克为代表的心理学家"由于不承认测度随机误差的系统影响,没有能够找到一个一般因素。斯皮尔曼论证了相关系数的衰减误差效应"[①],在方法论上朱君毅认同斯皮尔曼的研究理论。通过相关分析和误差修正,他试图探求中国留美生成功的一般因素和特殊因素。对留美生成功因素的相关分析,除了横向的学问、领导力、英文知识和中文知识四质量外,作为纵向的留美时间也被考虑进来。同时,比较的分析法,也尤为朱君毅看重,他采用了用高中成绩的对比评价、大学成绩的对比评价、个人档案的对比评价以及时间维度的比较评价研究。

以上建模分析形式和方法运用,体现出朱君毅教育统计研究的实证色彩与科学精神。这些方法的运用和教育统计测量的前卫探索,为20世纪前半叶中国教育统计学的发展注入了活力,为中国教育研究的现代化转型做出了贡献。

第三,朱君毅的研究极具教育关怀。

朱君毅以中国留美生的身份研究留美生,既是一种自我体认的思索,又是对留美生群体的现实观照,而于中国政府来说,对日益庞大的留美生在挑选和管理上需要进行重新审视,朱君毅的这项研究正符合这样的社会需求。他认为,这项研究对解决派遣留美生带来的心理问题、开辟教育实验在中国的新领域以及调整留学政策都具有意义。

基于对中国留美生成功的相关分析,朱君毅提出了"可以用于管理预备和挑选赴美留学生的政策考虑上"的几点建议,"如果期望这些学生在美国于学问与领导力上取得成功的话,很显然在预备赴美学生上,英语知识应置于更多强调的位置而中文知识应更少的强调",并且"今后值得我们如此明智地尽最大的努力去教授这两种语言以致改善一个将会关联起来","一项建议就是在学生学校生活的早期建立一个中文学习的合理的牢固基础",同时也要"以一种相当系统的方式来培养英语学习",以获得良好的英语读说能力。[②] 在留美期限上,他建议设立合理的留美年限并限制留美资格,"为在一个短时期内获得高深知识,因此建议三到四年,几乎势在必行的是仅遣派那些在中国取得学士学位的学生或已有过训练的学生,这将使他们能取

---

① 龚鉴尧:《世界统计名人传记》,中国统计出版社2000年版,第264页。

② Jennings Pinkwei Chu, Chinese Students in America: Qualities Associated with Their Success, New York: T. C. Columbia University, 1922, pp. 51—52.

得进入美国研究院的资格"①。他认为能带来节省教育费用、避免学生与祖国疏离的危险、"能吸引那些能更好地评价西方文明的最合适的学生并因而能对哪些是可取的做出更好的选择""更易感受到他们的影响且他们的工作更富有成效"等好处。朱君毅的这些建议,是建立于调查统计实证研究基础之上的,又紧贴留学问题的实际,观照了社会需求。

三、学术回响

朱君毅博士论文的研究成果,在国内外获得了较大的学术反响和社会关注。论文一经完成,就由哥伦比亚大学师范学院列入"教育贡献丛书"出版。1923年分别被芝加哥大学出版社的《小学学报》(The Elementary School Journal)、《学校评论》(The School Review)列入"当前出版物:普通教育方法、历史、理论和实践"书目。②同年,《教务杂志》也将其列入新书介绍,认为这项有关中国留美生成败的科学研究,"它满书表格,甚至有时沉浸在数学公式中"③。圣约翰大学教师、美国新闻记者宓亨利(H. F. MacNair)在《远东评论周报》(后改称《密勒氏评论报》)对其评价为:"对当前心理测量系统感兴趣的中国教育者,对国外教育在中国学生身上的价值并不总能达成一致的中国心理学学生、政府管理者以及教会学校,还有那些对这个话题可能缺少信息而坚定地指责这些归国学生的人——所有这些人将会对朱博士关于数百个在美大学求学同胞的调查感兴趣。"他极为认同朱君毅提出的缩短留美年限和提高留美资格的建议,指出"将能愉快地读到多数西方顾问的在华经历并且极为认同作者这个值得研究的结论式观察";在研究方式上,他认为这项研究既科学又简洁,"通过表格和公式安排的科学统计的方法,一部专著获得了值得赞扬的简洁"④。

朱君毅的博士论文尚有一些问题需要商榷和继续讨论,比如未将留美生的家庭背景、经济条件等因素纳入考察范围。同时,对于留美生的智力考

---

① Jennings Pinkwei Chu, Chinese Students in America: Qualities Associated with Their Success, New York: T. C. Columbia University, 1922, P. 53.
② 分别为 The Elementary School Journal, Vol. 23, No. 8(Apr., 1923); The School Review, Vol. 31, No. 5(May, 1923)。
③ The Chinese Recorder (1912—1938), Apr. 1, 1923, P.237.
④ H. F. MacNair, New Books and Publications: Chinese Students in America, The Weekly Review(1922—1923), 1922(18).

察,他承认:"遗憾的是在这项研究中不能得出这些学生的智力。"[1]此外,对于留美生成功因素的分析尚需时间检验,其研究多是一种统计测量推断。当然,站在后学者的立场对其研究成果的过高期许,则是一种苛求。

总体来看,朱君毅的留美教育测量调查研究在开拓中国教育统计学研究新领域,做出了不朽成绩,其研究成果也对政府留学政策的制定产生了影响。而留美生归国后在政治、文教领域的成功,也确实验证了他的研究成果。

第三节 庄泽宣的中国现代教育改革设计

"与常导之、钟鲁斋并称为中国早期的三大比较教育专家"的庄泽宣[2],为擘画中国教育现代转型做出了重要贡献,提出了"新教育中国化"的教育思想。以往研究者对庄泽宣教育思想的探讨多关注其归国后的著述和教育活动[3],对其留美时的学习生活和学术研究活动鲜有深入探讨。为丰富和深化对庄泽宣教育思想多重面相的考察,应追本溯源,加强对反映其早期教育思想源头和学术走向的留美学业与博士论文的考察。

一、教育经历与学术兴趣

庄泽宣原名泽寓,字达臣,后改名泽宣,浙江嘉兴人,1895年生于湖北武昌。早年"大约一则因为《教育杂志》的主编人陆费伯鸿、庄伯俞先生等都是

---

[1] Jennings Pinkwei Chu, Chinese Students in America: Qualities Associated with Their Success, New York: T. C. Columbia University, 1922, P. 51.

[2] 陈伟、郑文:《新教育中国化:论庄泽宣的比较教育思想》,《学术研究》2012年第4期。

[3] 相关研究主要有周兴樑、胡耿的《中国教育科学研究与人才培养的开拓者——国立中山大学教育研究所(1927—1949)探析》(《中山大学学报(社会科学版)》2009年第2期),谢长法的《庄泽宣与近代职业指导运动》(《职业技术教育》2009年第31期),李运昌、李文英的《庄泽宣比较教育思想探析》(河北大学学报(哲学社会科学版)2009年第5期),牛金成的《庄泽宣职业教育思想及其启示》(《职业技术教育》2012年第31期),此外尚有周辉的《庄泽宣"新教育中国化"思想研究》、周莉的《民国时期比较教育思想研究——以庄泽宣、常道直、钟鲁斋为例》等硕士论文。陈竞蓉的《教育交流与社会变迁——哥伦比亚大学与现代中国教育》(华中科技大学出版社2011年版)则考察了庄泽宣的实用主义教育思想。以上研究要么以庄泽宣归国后的著作为依据,要么从其教育实践活动出发,探讨他的教育思想脉象及教育贡献,而对最能反映他早期教育思想的博士论文却少有关注。

我家里的世交,二则因为亡兄受之先生是很喜欢研究教育的"[1],使得庄泽宣对教育表现出极大的兴趣。他先后在南昌大同学校、顺天高等师范学堂、上海南洋中学就读。1914年入交通部工业专门学校电机工程科,后"终于觉得与我的性格不合,乃于毕业前一年转入清华,决意改学教育"[2]。1917年,"泽宣在毕业时考取'庚款'公费留学,赴美国迈阿密大学,获教育学学士"[3]。

受国内教育思潮的影响,钻研职业教育是其早就立下的志向,"职业教育却打动了我的心弦,于是我初到美国两三年,除了基本功课,便向职业教育方面下研究工夫"[4]。其后庄泽宣在哥伦比亚大学深造,并在教育心理学实验室做助手。留美期间,与朱斌魁、徐志摩、任鸿隽等人交好。1922年,以博士论文《中国教育民治的趋势》获哥伦比亚大学哲学博士学位,并由上海商务印书馆出版。这一论著的出版,可谓是其留美学业的一大总结。事后庄泽宣回忆道:"当我把这个研究当作博士论文提出的时候,有些问题,考我的人不敢追问,有些问题大得他们赞同";1922年博士考试完毕,取得学位后庄泽宣尚有一年官费时间,计划"先在普令斯顿大学选习语文学梵文等科,后到密歇根大学选习实验语音学"[5],主攻言文问题。适时清华学校改为清华大学,庄泽宣被电召回国参加建设。

从庄泽宣早期留美教育经历来看,其关注点在职业教育、比较教育和言文(国语)问题三个方面,基本奠定了他今后的教育思想路线,尤其是"感到美国的办法虽好,但自有其背景,不能依样画葫芦地搬到中国来"[6],注重教育研究实践的生活经济背景,以比较的眼光来考察中外教育的异同。

二、论文内容与教育改革创见

庄泽宣博士论文的指导老师为哥伦比亚大学师范学院教授康德尔、巴格莱和赖泽,梅尔文也给予了建议和帮助。康德尔为美国比较教育学家,他继承了英国比较教育家萨德勒关于"校外的事比校内的事更重要"的思想,他认为"比较教育研究应以现行的实况为基础而不是以理论为基础……比较教育研究是教育史研究的继续,具有跨学科的性质。采用历史学的研究

---

[1] 庄泽宣:《我的教育思想》,中华书局1934年版,代序第1页。
[2] 庄泽宣:《我的教育思想》,中华书局1934年版,代序第3页。
[3] 庄孔韶:《中国大教育家庄泽宣先生行止——故居、学术与大族传承》,《当代教育与文化》2014年第1期。
[4] 庄泽宣:《我的教育思想》,中华书局1934年版,代序。
[5] 庄泽宣:《我的教育思想》,中华书局1934年版,代序。
[6] 庄泽宣:《我的教育思想》,中华书局1934年版,代序。

法(也称因素分析法),详细阐述了各国教育制度与国家文化历史背景的关系,认为形成各国教育不同性格的最有力因素是民族主义"①。庄泽宣则继承了业师的治学理念,在博士论文中一直强调教育研究中社会背景分析的重要性,并在教育比较中探讨了国民性问题。巴格莱教授是美国要素主义教育的代表,他批判实用主义教育者和进步主义教育者忽视学习的系统性和稳定性,降低了教育质量,"其终生为之奋斗的事业是通过改善教师的培训以改善公立学校的教育";他认为"人类文化遗产里有永恒不变的、共同的要素,是所有人都应当学习的","教育过程中的主动权在教师而不在学生","强调学习的系统性","教育的最高目的在于训练人的智慧,使教育成为稳定现存秩序的一种方法"②。这种基于学习系统性和师资培训强调的教育理念,引起了庄泽宣的重视,为此他在论文中专设一章重点讨论师资预备问题。

  庄泽宣的博士论文共分前言、传记、介绍和正文四部分,后附参考文献,其正文包括整体背景、中国现代教育及其影响、成人教育、儿童教育、师资的预备、生活相关的教育、解决言文问题和结论八个章节。第一章从阻碍中国进步的因素、中华文明中教育的角色、变动中国的政治、变动中国的社会与经济等四个方面,提供了中国教育变革的整体图景。③比较教育的思想不仅在于阐释国家历史文化的背景,而且在于对中国教育变迁的纵向历时性分析。在中国现代教育及其影响一章中,庄泽宣对革命前后的现代教育系统、管理、目标、政策、内容和方法进行对比,进而统计分析教育的进步指数,包括教育的增长、管理、会议活动、人们增长的兴趣,最后论述现代教育运动趋势及成果。④在成人教育和儿童教育两章中,他皆先从其内涵和概览入手,分层阐释。在成人教育的研究上,主要分析了公共演讲、图书馆与阅报处、扫盲学校、农商部、通俗教育会等机构设施,并以山西成人教育作为个案考察对象,进而提出教育建议。⑤对儿童教育的研究则提供了南通、北京两地

---

① 滕星主编:《中外教育名人辞典》,中央民族学院出版社1988年版,第153—154页。
② 冯克诚主编:《西方近代教育思想与论著选读》(下),人民武警出版社2011年版,第159—160页。
③ Chai-Hsuan Chuang, *Tendencies toward a Democratic System of Education in China*, Shanghai: The Commercial Press, 1922, pp.1—21.
④ Chai-Hsuan Chuang, *Tendencies toward a Democratic System of Education in China*, Shanghai: The Commercial Press, 1922, pp. 22—43.
⑤ Chai-Hsuan Chuang, *Tendencies toward a Democratic System of Education in China*, Shanghai: The Commercial Press, 1922, pp. 44—67.

的教育实践案例和吉林、山西、江苏三省份及教育部的方案,从师资训练、调查统计、计划方案、成效与建议等方面展望小学教育建设。①浓墨重彩的是第五章师资的预备,内容涉及小学教师的地位、资质、专业化培训、管理和培训目标,梳理了新旧时期的变化。其后,以师范学校和高等师范学院两类为分析对象,以安徽省第二师范学校、南京高等师范学院为相应个案,探讨了各自师资预备的定位、目标、管理、课程、人员、活动等。②第六章生活相关的教育,从学科的变化、教法的变化和学生生活的变化三方面来分析,在考察过程中引入指数分析法和新旧比较法,并提出了相应的改革建议。③言文问题是教育的重要问题,他随后在研究中分析了新语词创作、文体简化与文学革命、语音问题、口语标准及国语统一运动。④最后一章则作出结论。

对中国蓬勃开展的新式教育改革,庄泽宣不乏真知灼见。他认为人口压力、现代交通滞后、行政组织涣散、经费缺乏、预备不足、师资训练薄弱、背诵教法的缺陷以及语言问题是阻碍教育普及和发展的重要因素。为此,就大环境而言,他指出"当组织起一个更加稳定的中央政府且省政府建立在拥有更多自治权和确切职责的健全基础上时,将能成功克服这些困难";同时,改进交通重组财政体系,以解决经费问题;就小环境而言,他提出改革教学内容与方法,"将教育与生活环境相联",将能发挥所学知识,唤醒学习愿望,获得自我改进之法,"这可能比获得背诵的有限的知识更为重要";他提倡要开展学生活动,因为"学生将会是共和国的未来公民,他们需要通过在校社会活动和班级内外的合作来预备智能的民主资格";为减少学生在学习工具中花费的时间,庄泽宣认为要简化教学语言,其方法是"通过简化书面语的形式,介绍标准说法,并联系语音符号的特点";在普及教育成人教育上,他号召发展业余教育,建议学校开放傍晚和夜间课程,农校、实验站与志愿组织通力合作,以最简单的语言传授最基础的知识;就乡村教育而言,他主张发展综合有演讲大厅、图书馆和博物馆的乡村公共活动空间——"社区中心",培养村民集体精神、创造国民意识和进步思想。他满怀期待地写道:

---

① Chai-Hsuan Chuang, *Tendencies toward a Democratic System of Education in China*, Shanghai: The Commercial Press, 1922, pp. 68—90.
② Chai-Hsuan Chuang, *Tendencies toward a Democratic System of Education in China*, Shanghai: The Commercial Press, 1922, pp. 91—131.
③ Chai-Hsuan Chuang, *Tendencies toward a Democratic System of Education in China*, Shanghai: The Commercial Press, 1922, pp. 132—147.
④ Chai-Hsuan Chuang, *Tendencies toward a Democratic System of Education in China*, Shanghai: The Commercial Press, 1922, pp. 148—164.

"当教育彻底民主化,我们希望一个真正的、政治的、社会的和经济的民主国家能在古老中国大地上建立。"[1]其思想不仅很有见地,而且多为后来教育工作者所实践。

从庄泽宣博士论文的内容架构来看,他特别重视从社会、文化、政治及经济背景出发,探讨教育的发展轨迹并提出相应建议和方案,充分体现了因素分析法的研究思路,也即历史学的研究法。为此,不惜笔墨设置一章分析中国教育的整体背景。同时,在比较中指出东西方文明的差异,如中国的宗族组织、儒学对教育的影响,认为教育变革需因应变化。在对教育案例的新旧对比、区域对比中,他引入了进步指数的分析路径,充分发挥统计学的方法来考察教育发展并进行评估。他与专攻教育统计学的校友朱君毅交好,且在同年获博士学位,在论文序言中也曾感谢朱君毅的帮助和建议,极有可能受其指点。庄泽宣对师资预备较为注重,分析了多个地方个案,并进行系统化的整理和方案构建,可以看出要素主义有巴格莱的思想影子。他还提倡生活教育,并关注言文问题,其早期教育思想是多元的。

三、论文中西方文化知识渊源

考察庄泽宣早期教育思想渊源,除了分析论文内容和架构外,其论文注释和参考文献也是重要的知识脉络线索,能够体现出他的早期教育思想来源和特点。经统计,庄泽宣博士论文共有131个注释,具体情况见表5.1。

表5.1　庄泽宣博士论文注释统计

类别	次数	主要征引文献
著作类	12	Hirth, F., *The Ancient History of China : to the end of the Chou Dynasty*(2)
报纸杂志类	66	*Millard's Review*(11), *La Jeunesse*(10), *The China Times*(10), *Asia*(7), *The Far Eastern Republic*(7), *The Peking Leader*(5)
统计汇编类	40	*The China Mission Year in China*(4), *U. S. Bureau of Education Bulletin*(4), *Monthly Bulletin of the Ministry*(8), *Educational Laws and Regulations*(4)
学位论文	11	Kuo, P. W., *The Chinese System of Public Education*(9)

---

[1] Chai-Hsuan Chuang, *Tendencies toward a Democratic System of Education in China*, Shanghai: The Commercial Press, 1922, pp. 165—168.

续表

类别	次数	主要征引文献
信件	2	来自私人信件

资料来源:Chai-Hsuan Chuang, *Tendencies toward a Democratic System of Education in China*, Shanghai: The Commercial Press, 1922。"主要征引文献"一列,前为文献名,后括号数字为征引次数。据考,著作类为德国汉学家夏德的《周朝以前的中国古代史》,报纸杂志类依次为《密勒氏评论报》《新青年》《时事新报》《亚细亚》《远东共和》《北京导报》,统计汇编类依次为《中国传教年鉴》《美国教育局公报》《教育部月报》《教育法规》,学位论文为郭秉文的博士论文《中国教育制度沿革史》。

从表5.1可以看出,报纸杂志类引用次数最多,为66次,占50.4%。其次为统计汇编类占30.5%,著作类占9.2%,学位论文占8.4%,信件占1.5%。可以看出,大量的报纸杂志成为庄泽宣对社会分析以及时局看法的重要知识来源,而丰富的统计汇编类资料的运用,展现了他在研究教育问题时对统计资料和统计方法的重视。其中,《密勒氏评论报》《新青年》《时事新报》《亚细亚》《远东共和》是他依据的主要报刊和知识来源,尤其是《密勒氏评论报》比重最大。这些报刊多为面向外籍人员、华侨及海外的英文报刊,以时评性文章著称,提供了对当时中美社会状况、文化及教育的最新观察,这也符合庄泽宣从社会背景出发思考的治学理念。如《密勒氏评论报》为1917年美国人密勒氏在沪创办的英文周报,主编为鲍威尔,该报面向知识分子、中国外侨及海外,主要介绍中国状况及远东局势,涉及社会、政治、经济、文化及国际关系问题。《亚细亚》为美国外交官1917年创办的在纽约出版的英文月刊,撰稿人多为欧美人士,其注重亚洲人的"本土信息提供者",向美国公众介绍亚洲状况。《远东共和》为1919年侨美学商组织"中国国民幸福会"在旧金山创办发行的英文月刊,"其宗旨为以关于中国事之中国舆论贡献外人"[①]。《新共和国》为1914年美国学者、政论家创办的政论性周刊,以自由主义方针著称,对美国现实政策、社会政治、民族问题、文化教育、社会福利及国际问题进行评论,在美舆论界影响巨大。若就个人而言,引用杜威的文章次数最多,达11次,但也多是有关中国社情的评论。[②]而对学位论文的引用,多参看郭秉文的硕、博论文。郭秉文的《中国教育制度沿革史》是教育史研究方面开拓性的博士论文,体现了庄泽宣对这位哥大学长的知识联络与借鉴。

---

① 《时论介绍:最近之公布事业》,《东方杂志》1920年第17卷第6号。
② 引用文章分别为 What Holds China Back, Chinese National Sentiment, Transforming the Mind of China, The Student Revolt in China, The Sequel of the Students' Revolt。

论文附录的参考文献共列有109部,其中文参考文献有88部,英文参考文献有21部,文献运用着实丰富。具体情况见表5.2、表5.3。

表5.2　庄泽宣博士论文中文参考文献

类别	数量	主要文献
著作类	8	国音浅说、饮冰室丛著、国语学讲义、黄炎培考察教育笔记
统计资料汇编类	56	江苏教育历年统计比较表、山西用民政治述略、全国师范学校一览表、安徽省立第二师范概况、南京高师一览、教育部文牍汇编、小学校职业科教授要目草案
报纸杂志类	19	教育与职业、新青年、教育杂志、中华教育界、留美学生季报、建设、民心周报、新教育、太平洋、改造、时事新报、时报
辞书类	5	日用百科全书、国音字典、康熙字典、新字典、人民须知

资料来源:Chai-Hsuan Chuang, *Tendencies toward a Democratic System of Education in China*, Shanghai: The Commercial Press, 1922.

从表5.2分析得出,统计汇编类文献是中文参考文献的大头,约占全部中文参考文献的63.6%,论文的资料功底尤其扎实。这些统计汇编类文献内含法律法规、概览以及学会团体、地方省份、院校、全国的教育统计,内容丰富翔实,是庄泽宣对调查统计法的实际运用。而这种研究方法,也影响了庄泽宣归国后创办国立中山大学教育学研究所的初衷,其对职业教育的研究首重调查,这也是他一直秉持的教育研究理念。对外而言,这些文献资料与研究展现了中国教育的发展沿革与现状,成为西方世界了解中国教育的信息来源,是"中学西传"另一种形式的体现。报纸杂志类参考文献则以时评类、教育类期刊为主,是其对中国教育背景考察的另一知识来源。此外,论文还参考了辞书类文献,而庄泽宣后期学成归国不久即编纂了《心理学名词汉译》《教育学小词典》辞书。

表5.3　庄泽宣博士论文英文参考文献

类别	作者	文献	简介
著作 历史文化类 10部	安立德,美国驻华外交官	中国商务指南(*The Commercial Handbook of China*)	反映中国概况及商务状况的书
	柏赐福,美国美以美会主教,教育家	我所看到的中国(*China , "an Interpretation"*)	"这是一本由一个传教士的发言人和货真价实的观察家所写的,对今日中国范围广泛的考察"

续表

类别		作者	文献	简介
著作	历史文化类10部	程锡庚,留学英、法,经济学博士,政府官员	现代中国政治研究(Modern China)	"总体观点愤世嫉俗,问题简洁有力",指出"中国的改革者和现代化者应尽可能地建立中国的基础"
		狄更生,英国知识教育界领袖,热爱中国文化	论印度、中国、日本文明(An Essay on the Civilization of India, China, and Japan)	1914年的考察报告,比对中、印、日文明差异,并"以中国思想的智慧,针砭西方的野蛮"
		库寿龄,英国浸礼会传教士,汉学家	中国百科全书(Encyclopedia Sinic)	被世界汉学家广泛使用的百科全书,获法国儒莲汉学家纪念奖
		翟理斯,英国汉学家、翻译家,以中学西传著称	中国的文化(The Civilization of China)	列入费希尔编著的Home University Library of Modern Knowledge
		夏德,德国汉学家,美国哥伦比亚大学教授	周朝以前的中国古代史(The Ancient History of China: to the end of the Chou Dynasty)	"这是一本关于中国古代历史的最好的著作"
		Hsu, C. H.	中国妇女的社会地(Social Status of Women in China)	硕士论文
		芮恩施,美国驻华外交官,远东事务专家	远东的知识和政治潮流(Intellectual and Political Currents in the Far East)	"这是一本由美国的前任部长所作的立论公允的探讨性著作"
		罗斯,美国社会心理学家	变化的中国人:东西方文化冲突在中国(The Changing Chinese)	以社会学眼光研究中国,记述并向西方展现了中国过去十年间的变化
	教育类3部	郭秉文,留美博士,东南大学校长	现代中国的师资(Teachers for Modern Schools in China)	硕士论文
			中国教育制度沿革史(The Chinese System of Public Education)	博士论文,"这是一本对中国教育的历史和如今存在问题的概述性书籍"

续表

类别		作者	文献	简介
著作	教育类3部	卢爱德,美国传教士路义思之女,女传教士	中国女子教育论(The Education of Girls in China)	阐述传统中国女子教育、现代教育运动、女子教育形势及调查方法,总结中国女子教育情况并提出建议
	语言类5部	艾约瑟,英国传教士汉学家、语言学家,其著作被视为了解中国文化必读书	官话口语语法(A Grammar of the Chinese Colloquial Language)	汉语官话口语语法书,书中将官话与古文体作比较,探究起源,分析词类句法
			中国在语言学方面的成就(China's Place in Philology)	建构汉语为中心语言分类体系,梳理不同语言间的关系,将其与文明发展、民族性格特征关联,提出语言同源可能性
			汉语的发展(Evolution of the Chinese Language)	探讨了汉语的发展演化
		马士曼,英国浸礼会传教士汉学家	汉字及其发音研究(Dissertation on the Characters and Sounds of the Chinese Language)	有关汉字及语音研究的论文
			中国言法(Elements of Chinese Grammar and Colloquial Median of the Chinese)	系统研究汉语语法的著作,探讨语言与民族、口语、书面语的关系,认为汉语有独立性,所举中国古文范例多附有文化语境
期刊3部		刁敏谦,留英博士,《北京导报》主笔	1918年的中国(China in 1918)	《北京导报》专栏文章
		胡适,留美博士,学者	1919年的中国知识分子(China in 1919)	《北京导报》专栏文章

续表

类别	作者	文献	简介
期刊3部	经熙仪,美国传教士,汇文大学文学院院长	中国近代教育体制的重建(Educational System of China as Recently Reconstructed)	《美国教育部公报》1911年第15期

资料来源：1. Chai-Hsuan Chuang, *Tendencies toward a Democratic System of Education in China*, The Commercial Press, 1922；2.《棕榈之岛：清末民初美国传教士看海南》《中国近现代人名大辞典》《中国翻译词典》《中华民国外交史辞典》《欧洲早期汉学史：中西文化交流与西方汉学的兴起》等整理而成。

从表5.3可以看出，英文参考文献分为著作和期刊两大类，著作类又可具体分为历史文化类、语言类、教育类三种，其中历史文化类所占英文参考文献比例最高，为47.6%；其次语言类占23.8%，教育类仅占14.3%，并不突出。由此可见，对社会历史文化背景的关注以及语言问题的思考是庄泽宣教育学术研究的重要路径方向。据考察，这些英文参考文献的著者，多数为欧美汉学家、驻外使馆人员或留学生，如英国汉学家儒莲奖的获得者库寿龄、翻译汉学家翟理斯、语言汉学家艾约瑟和马士曼，德国汉学家夏德，驻华使馆的中国通芮恩施、安立德等人。他们有曾到访中国或有长期在华生活经历，对中国社会、文化及教育情状较为熟知，且精研中国文化，一定程度能够客观地反映中国社会状况。而中国留学生，如程锡庚、郭秉文等人，更是熟知母国文化，在中外文化交流中扮演着重要角色。在博士论文中，庄泽宣通过对关涉中国历史文化知识和教育思想的参引，加深了中外文化交流与沟通，深化了西方世界对中国的认知，展示了中国形象。

通过文本的梳理考察，可以看出庄泽宣基本承袭了业师康德尔"应从历史的观点出发，去探索决定世界各国教育制度的政治、文化、经济、社会等各种因素和力量"的思想精髓[①]，在分析中国教育的社会、政治、经济和文化背景上用力，不仅参酌大量欧美汉学家的历史文化类著述和时评性文章，且在论文架构上也强化相关内容的分析。对中国社会状况和文化有一定了解，方能全面深入地探知中国教育的内涵特征，由此牵衍出对中国社会状况、教育情状要有一番调查统计的思想。庄泽宣对调查统计方法也极为看重，从其参引的大量统计汇编类资料及对地方教育个案的对比分析即可略窥一二，说明了他对因素分析法的拓展，也体现着实证主义精神。

---

① 陈元晖主编：《教育与心理辞典》，福建教育出版社1988年版，第298页。

综合来看，经过对庄泽宣博士论文的钩稽爬梳，可基本梳理出其早期的教育思想脉络及特点，可以说是取径于西法，运用中国材料，展望中国教育新趋势，其教育理论深受康德尔和巴格莱的影响，架构于因素分析法、要素主义理论和教育统计学三条线索，并将宏观阐释与个案研究结合起来，注重教育比较与调查统计分析。但其参考的教育书目却不多，主要有郭秉文的《中国教育制度沿革史》、卢爱德的《中国女子教育论》、克伯莱的《教育史纲》。克伯莱是美国进步主义教育史学家，被誉为"教育管理之父"[1]，其著作《教育史纲》"在把一部教育史，看作整个的人类文化中的一部分……注重教育本身的实施、组织与进步……但以教育为改良种族、解放个人的工具的观点，来组织实施，来贯通事实"，主张比较地研究教育的起源和历史背景。[2]庄泽宣博士论文的思路也受其影响。

庄泽宣博士论文资料扎实，使用了大量的调查统计汇编类资料，展现了中国教育趋势的不同面相。论文格式相当规范，框架结构比较严谨，运用了比较前卫和流行的比较教育理论、生活教育理论以及要素主义理论，在60余篇研究中国教育的留美生博士论文中相当出色。东南大学校长郭秉文对其评价为："庄先生的这部书，是讨论这门学科的特殊阶段，适当增补了我的这项早期研究"，"与西方国家相比，关于我们的教育既在于更好地认识自己的问题，也在于在解决它们时引起的批评和帮助，中国教育者则远离了这些系统化的事实描述。庄先生这部提供信息和阐释的书，可以满足这方面需要。"[3]而其提出的教育方案也极具现实意义。

因此，重新审视庄泽宣的论文，不仅有益于全面梳理他的教育思想脉络，而且有助于考察民国时期的教育改革，并能对今后的教育建设提供一定的借鉴。

庄泽宣的这些教育经历和学术旨趣，也内化为他回国后服务教育事业的基本路径，其归国后从事的第一项工作就是发起清华学校职业指导活动，拟定《清华学校对于各学科与各职业兴趣的统计》报告。1928年创办国立中山大学教育学研究所时，庄泽宣满怀激情地谈到其工作路线："决定研究所工作先从三方面下手：一、从经济、社会、政治方面研究中国新教育之背景；二、从分析千字课厘定词汇等重新估定民众教育材料；三、对于国文教学问

---

[1] 《教育大辞典》编纂委员主编：《教育大辞典》（第11卷），上海教育出版社1991年版，第395页。

[2] 古柏莱著，詹文浒译：《世界教育史纲》，世界书局1935年版，例言第1页。

[3] Chai-Hsuan Chuang, *Tendencies toward a Democratic System of Education in China*, Shanghai: The Commerical Press, 1922, IX.

题作一有系统的研究",这种对社会经济政治背景的关注和比较教育的思想,进而引发了他对国民性的思索,如其所述"留美五年更觉到国民性与教育关系之大"[①]。留美教育学习生活对其归国后教育实践活动的导向作用,其影响着实明显。

第四节　陈友松的中国教育财政整顿构想

陈友松为中国著名的教育家、翻译家,湖北京山人,早年留学菲律宾,归国后任职于广州市立师范学校、武昌华中师范学校、商务印书馆、浙江省立图书馆。1929年以湖北省官费的形式留美,先后入加州大学、斯坦福大学、哥伦比亚大学。1935年以博士论文《中国教育财政之改进——关于其重建中主要问题的事实分析》获得博士学位,论文的指导老师为教育行政与统计专家施菊野,保罗·R.莫特、诺顿教授也给予了建议,罗伯特·M.海格教授给予了公共财政的训练,N.L.恩格尔哈特和卡特·亚历山大教授给予了学校财政和商业管理的训练,哈罗德·拉格和H.F.克拉克教授给予了学校财务经济和社会基础的解释,统计学和比较教育的专家们以及中文部的古德里奇教授则提供了帮助。[②]论文出版后受到学术界的赞赏,开拓了中国教育财政学研究[③],中央大学教育学院院长邰爽秋为之作序:"祝贺陈博士在此领域做出了非常重要的贡献。它是这方面的首次综合的研究",并获得了杜威、孟禄的赞赏。[④]归国后,先后在大夏大学、厦门大学、勷勤大学、湖北教育学院、西南联大、北京大学、北京师范大学等大学教育系任教。

---

① 庄泽宣:《我的教育思想》,中华书局1934年版,代序第6—7页。
② Ronald Yu Soong Cheng, *The Financing of Public Education in China: A Factual Analysis of Its Major Problems of Reconstruction*, Shanghai: The Commercial Press, 1935, acknowledgments.
③ 教育财政学是教育经济学、管理学与财政科学交叉的一个研究领域,主要研究教育活动中的财政问题,研究对象是教育经费及其管理过程中的筹措、分配和使用问题,以公共决策为重点,具有问题导向性。教育经济学以人力资本为特征,强调教育投资的经济意义,广泛论证了教育在现代社会与经济的紧密联系,研究内容涉及教育投资决策、资源配置、人才预测、教育规划、教育财政、教育经济效益等。在研究对象和范围上,教育财政学相比教育经济学都要狭窄而具体。
④ Ronald Yu Soong Cheng, *The Financing of Public Education in China: A Factual Analysis of Its Major Problems of Reconstruction*, Shanghai: The Commercial Press, 1935, Introduction.

一、论文的内容框架

陈友松的博士论文采用实证的研究形式,完成于1934年[①],次年由商务印书馆出版英文本,其后被选译收录在《陈友松教育文集》,译为《中国教育财政之改进——关于其重建中主要问题的事实分析》。

该论文运用了公共财政学、统计学的理论知识和比较研究方法,以扎实的资料进行实证研究,将整体研究与个案考察结合起来,尤其关注了湖北省的教育经费问题,对中国教育财政问题进行了系统整理并提出了相应的解决方案,在学术上则开拓了教育财政学研究的新领域。论文共分十章,分别为导言、中国的教育方案、教育方案的费用、教育经费状况的进一步分析、教育经费与其他政府经费之比较、现行教育计划的财政支持现状(一、二部分)、新教育政策的财政含义、中国支持教育的能力(一、二部分),另附有附录和参考书目。[②]

第一章导言部分,主要阐述了研究的缘起、数据、方法和程序,他从问题的提出和中西文化思想差异的对比上指出研究中国教育财政的必要性,并设置了"关于现行教育方案的经费现状,事实上是怎样的?""一个合理可行的普及教育方案所需的经费,可能是多少?""现行教育方案是如何维持的?"等五大问题,"目的是为解决保证公共教育获得充足、稳定的财政支持这一问题,提供一些启示"[③]。基于中国教育学者很少给出实证的研究、文士传统中忽视财政研究、儒释道教"轻言利"思想的影响、文士传统厌烦数字和统计以及"不在其位,不谋其政"思想的原因,他认为有必要进行中国教育财政研究,这也契合中国当时教育财政独立运动和教育整顿改革的需要。论文使用的数据来源丰富,包括教育报告、公告、预算、年鉴、问卷、通信采访以及报刊资料,在研究过程中运用了统计分析、事实评估、抽样调查、索引法、等值货币换算法、表述法以及采访调查的方法。整体研究程序采用了制定阅读计划、编制研究大纲、搜集整理分析材料、系统综合文件研究的形式,最后进行现状和前景的实证分析。

第二章主要梳理了中国现行教育方案的行政结构、组织系统,在中外比较视野里,对中国各级教育的现状和教育机会问题进行了探讨。第三章则

---

① 勒希斌主编:《人力资本学说与教育经济学新进展》,教育科学出版社2010年版,第248页。
② 陈友松:《中国教育财政之改进——关于其重建中主要问题的事实分析》,方辉盛、何光荣主编《陈友松教育文集》,社会科学文献出版社2009年版,第9—10页。
③ 陈友松:《中国教育财政之改进——关于其重建中主要问题的事实分析》,方辉盛、何光荣主编《陈友松教育文集》,社会科学文献出版社2009年版,第10—11页。

对现行教育方案的费用进行了考察,内容涉及教育的经常费用、三级政府管理下的公立教育费用和比例、总务管理费用,并以1930年至1931年度全国教育系统费用为例进行估算,还对学校费用增加的原因、资本费用、地方政府负担费用的差别进行了研究。第四章按照教育经费的使用性质、生均和人均分类,对教育费用的数据进行了考察,并纳入中外比较的研究视角。第五章是对教育实际经费、预算与其他政府经费的比较研究,内容涉及中央、省级、县级三级政府,并对中国教育经费支出与军费开支以及其他国家进行了对比。第六章和第七章则关注了现行教育计划的财政支持现状,内容包含财政管理、教育收入的税收来源和非税收来源,并以湖北省教育收入的县级来源作为案例研究。第八章为新教育政策的财政含义,对教育方案的扩大、计划的财政含义、概算的不足及财政含义以及生产教育的财政含义进行了论述。第九章、第十章则对中国支持教育的能力进行了考察,首先对中国当前的经济状况和条件、国家财富和人均财富以及收入进行了评估,进而推断中国支持教育的能力。其次对中国的财政基础、中央以及地方政府的财政状况、债务情况和税制进行了考察,进而提出对教育支持的影响以及调整的建议。附录部分则是对湖北省支持办学的条件和改造所面临问题的个案研究。

二、研究结论与建议

陈友松经过考察和实证研究,得出几点重要结论。其中既有整体现状的研究梳理,也有个案的具体分析。

(1)对中国教育现状的结论。1930—1931年度全国学校和机构招收的青少年学生(包括留学生)有12611942人,其中私立学校的学生约占总数的四分之一,全国在校学生约占总人口的2.67%,与国外36个国家相比,比例最低。学龄儿童(6—12岁)的入学率约有22.07%,而男童入学率远大于女童。就增长趋势来看,1907—1937年间学生注册人数增长率高低顺序依次为中学、小学、高等教育。(2)对中国教育经费的结论。1930—1931年度全国公私立教育(含行政与间接开支)总费用约为217877611元,公私比例分别为71.16%与28.84%,公立教育经常费用约为155042788元,中央、各省市、县级地方负担比分别为10.41%、26.96%、62.63%,而私立学校教育费用除去政府补贴后约为62834823元。中国公立学校及教育机构的经常费用(不含行政与间接开支)与私立学校之间的费用比约为2:1,就内部构成来看,小学、中学、高等教育、社会教育的费用分别占48.1%、26.2%、18.1%、7.6%。在增长趋势上,1914—1930年,所有教育支出增长不及学生注册数增长,而大学教育支出增长远超学生注册数增长。在生均教育经费与人均教育经费上,按1913年币值计算,1930—1931年间中国所有小学人均费用为8.17元,中学为94.66元,高校为655元。与国外11个国家的教育支出人均负担3.29~62.51元相比,中国教育支出人均负担为0.446元,公共人均教育费用仅0.317元①,相差巨大。(3)对教育经费预算支出方面的结论。中央政府的教育预算自1911年以来,无论是预算还是实际支出,教育支出皆未超过总支出的3.27%,且实际支出往往要比预算比例缩水,如1930年预算比例为2.36%,而实际支出仅占1.48%。在中央政府教育预算占全国预算比例上,中国为2.81%,与国外十国3.5%~20.6%的间值和均值的10.3%相比,排名最低。在省级政府的教育投入预算比例上,1931年中国的中位值为10.7%,而美、日、德、瑞四国的比例范围为18%~37.6%。在县级地方政府的教育预算比例上,中国须增加1倍才能达到美国的水平。(4)对中国教育经费来源的结论。维持教育经费的方法有拨款法、分派法和独立法,独立法虽佳,但现状以拨款法为普遍事实,并占50%以上,其余有学费、捐款、校产收入、基金收入等。1933年中央教育经费预算85%来自税收的拨款,各省政府收入来自田赋、营业税、契税、中央补助、杂税等,教育经费独立的省份极少。从县级政府的抽样看,教育收入的50%以上来自田赋,而负担的一半以上由农民和消费者承担。(5)对教育任务的结论。据1930年第二次全国教育会议的方案,普及全国近4000万未入学学龄儿童教育和2.9亿人扫盲教育,除目前教育费用不计外,未来20年需费用总额约56.6亿元,每年约2.825亿元,中央、省级和县级地方政府之间的投入比应为43%、11%和46%。②(6)在中国支持教育的经济能力和财政能力上,1926年中国的国家财富"合国币1263.6亿元……中国每人平均的财富为301元"③,1928年的国民收入为125.25亿元,人均29元,1930年中国教育费为2.18亿元,与1928年的国民收入相较占1.77%,而美国为4.15%。虽然民穷国弱,但在教育上中国"不患寡而患不均","不患穷而患不用",第二次全国教育大会拟定现行教育方案与此后20年改进教育方案每年共需投入3.85亿元,占国民收入的3.04%,陈友松希望教育支出能达到国民收入的2.6%,是能负担得起且合

---

① 按1929—1930年度汇兑平价,单位为墨西哥鹰洋。
② 陈友松:《中国教育财政之改进——关于其重建中主要问题的事实分析》,方辉盛、何光荣主编《陈友松教育文集》,社会科学文献出版社2009年版,第80—81页。
③ 丁洪范:《新著介绍:中国教育财政之改进(英文本)》,《教育杂志》1937年第3期。

理的。①在财政上,三级政府常年财政赤字,而军事开支和非生产性事务支出占了绝大部分,未来教育经费寄希望于田价税和营业税、房产税。(7)对湖北省的个案分析,他发现湖北省各县经济状况与教育经费负担存有不均和不平等现象。

在事实的分析和研究的基础上,陈友松对中国教育提出了建议。他认为"中国至少将各级政府综合预算的25％用于教育"②,增加教育经费一倍的财力,并指出短时期普及教育的两个方法:"一是努力将财政制度或租税制度按财政专家的提议实行改造,教育经费独立不过是过渡时代的必需办法;二是采用教育专家所提倡的最经济、最简单的教育方法。"③从制度、管理、政策和税源上来保障教育经费,开源节流,提高经费的利用效率。

在制度和管理上,主张实行统一的国家财政政策、财税管理制度和在政府财政部门领导下的地方预算的集中监督,也就是实行财税制度的统一化和教育财政的职业化、专门化,各级政府要实行严格的预算制度。同时,要建立公平良好的赋税制度,要考虑到各级政府教育财政分配的公平性、教育经费负担的合理性。在教育税源上,支持整理田赋、契税、营业税等,实行地价税,开办所得税和遗产税,废除苛捐杂税,如厘金等。此外,官荒土地、庙产、庚款退赔尚可提供教育经费,以及实业界、工业、交通和建设部门可提供生产或职业教育经费。苏联政府经济建设计划中的教育预算政策也引起了陈友松的注意,他认为值得中国政府借鉴。而打击贪污腐败、缩减军费开支和举债办教育也可为教育经费的扩大创造良好条件。在个案研究上,针对湖北省教育财政的现状,他主张应实行中央补助和省政府补助的形式以推进教育发展。

陈友松对中国教育财政和经费的实证研究,为20世纪二三十年代中国教育财政学的发展建设做出了贡献,其提出的建议对此后的教育财政独立运动与财政整顿改革极具实践意义。

三、对教育财政学的贡献

陈友松博士论文的研究运用了教育行政学、统计学与教育财政学的理

---

① 陈友松:《中国教育财政之改进——关于其重建中主要问题的事实分析》,方辉盛、何光荣主编《陈友松教育文集》,社会科学文献出版社2009年版,第85页。
② 陈友松:《中国教育财政之改进——关于其重建中主要问题的事实分析》,方辉盛、何光荣主编《陈友松教育文集》,社会科学文献出版社2009年版,第77页。
③ 勒希斌主编:《从滞后到超前——20世纪人力资本学说·教育经济学》,山东教育出版社1995年版,第327—328页。

论知识,以实证分析的方法来考察中国教育财政与教育经费问题,成为中国早期教育财政学的主要探索者之一,对20世纪初处于前学科时期的中国教育财政学的发展多有贡献。

其一,在教育财政学的分析框架、研究方法和学术概念上,陈友松进行了开拓性的探索,并形成了中国教育财政学研究的新范式,而此种范式即采用从结构分析到功能探索的实证性研究。陈友松从行政制度、教育结构、教育组织系统和教育财政之间关系的角度来建立分析框架,以事实的数据来梳理中国教育的现状、经费及其来源问题,形成了由组织系统的结构分析到探讨教育经费功能实现的思考路径,从而为中国教育经费的整顿提供切实合理的建议和方案,这不同于以往学者仅从教育行政来分析教育经费问题的研究形式。

在具体研究方法上,运用了量化分析、宏观分析、微观分析和结构分析(中观)相结合的方法。量化分析既有财政总量、教育经费总量的分析,又有人均的分析,历史的分析和中外比较分析的形式常被运用于对教育财政制度、收支的考察。陈友松对教育整体经费和各层级经费总量、来源渠道进行了宏观考察,常采用教育经费占国民生产总值比重的形式,而在微观分析方面,则在现行教育体制下,从管理的角度考察了教育财政政策、制度对教育参与者的成本—收益的意义,具体分析教育经费收支来源的现实性和合理性。他还从国际比较、国家层次、地区差异以及教育系统内部层级差异方面,探讨教育经费的支出负担、收入来源和分配比例的公平性、合理性以及效率问题,而这正是中观分析方法的运用。陈友松还将分类分析法用于教育经费的研究上,如将教育经费收入分为赋税收入和非赋税收入,以便厘清各级教育的收入来源。

在论文中,他将其他学科的一些概念和分析方法引入教育财政学研究领域,并确立了中国教育财政学的一些基本学术概念。如将统计学中的集中趋势、变率、中位值、标准差、概差、分配均值等概念和理论,应用于教育经费的数量和结构的分析,探讨中国教育发展概况和中国教育运行成本,力图揭示中国教育财政的内在规律性特点。他首度将"财政"与"教育"联结起来,形成"教育财政"这一基本学术概念,并使用"应计经济费用"(accrued economic charge,指学校设施折旧消耗的金额)来分析教育的经常费用[①],在经费分析上他还将经济学中的"批发物价指数"和购买力用于衡量计算币值

[①] 陈友松:《中国教育财政之改进——关于其重建中主要问题的事实分析》,方辉盛、何光荣主编《陈友松教育文集》,社会科学文献出版社2009年版,第30页。

的变化，以便客观准确地反映教育经费状况。这对处于发展中的中国教育财政学来说，既耳目一新，又颇具科学性，为此后教育财政学的发展奠定了基础。

其二，在论文的写作和研究过程中，陈友松逐步形成了自己的一套教育财政学的研究程序。他将论文的研究程序概括为制定阅读计划、编制研究大纲、搜集整理分析材料、系统综合文件研究和进行当前现状及未来前景的实证分析。[①]1936年他还专门撰文总结教育财政学的研究方法，设计了读书计划、选修基础学科、"调整并充分准备读书的机械技术"、运用统计机器、印刷问卷以及访问工作等程序，而读书计划就富含问题意识，内容包括搜集中国教育财政相关的实际问题及统计数字和事实、探讨中外学者和各国解决教育财政问题的方法、"厘定一个历史的与社会经济的观点寻找现代教育行政的动向"和改造中国教育财政的基本原则、对改造中国教育财政和湖北省的教育财政制度进行具体研究、提出尚待解决问题的方法途径[②]，这为中国教育财政学研究提供了一种模式。

其三，提出了一些新颖的教育财政观点，为此后的教育整顿和改革提供建设性意见。如指出生产教育的财政含义，"仅靠人的体力、旧的生产方式是无法使中国成为一个富裕国家的，科学技术才是必备的前提"，他认同特维斯关于"如何通过资助中国所有学校的科学教学，才能达到生产教育的目的"[③]的意见，提出中小学教育应符合地方需求，培养学生谋生的技能；社会教育应发展职业教育和建立职业专门学校，大学教育应注重自然和应用科学，这与中国教育的改革方向不谋而合。他还以美国为例，支持举债办教育，赞同教育是值得经济投资的观点[④]，并介绍了第一次全国教育会议提出的以海关吨位税和庚款作保的借款兴教举措。对于教育经费的使用效率问题和分配问题，陈友松也有所关注，指出中国教育"不患寡而患不均"，"不患穷而患不用"，教育经费的负担和分配要考虑到地区经济差异、群体负担差异，要体现出公平合理。苏联经济建设计划中的教育计划体系，是值得借鉴的，"即无论是从苏联的经验还是从中国的现实需要来看，都绝对需要由经

---

① 陈友松：《中国教育财政之改进——关于其重建中主要问题的事实分析》，方辉盛、何光荣主编《陈友松教育文集》，社会科学文献出版社2009年版，第14页。
② 陈友松：《研究教育财政学的方法》，《教育研究通讯》1936年第4期。
③ 陈友松：《中国教育财政之改进——关于其重建中主要问题的事实分析》，方辉盛、何光荣主编《陈友松教育文集》，社会科学文献出版社2009年版，第84页。
④ 陈友松：《中国教育财政之改进——关于其重建中主要问题的事实分析》，方辉盛、何光荣主编《陈友松教育文集》，社会科学文献出版社2009年版，第102页。

济计划预算为具体的生产教育提供财政支持"①。1932年国民政府成立的国家经济理事会就设立了教育技术委员会,而这走的正是一条"社会经济计划"之路。

其四,通过教育财政的研究,陈友松力主教育经费独立,符合中国教育发展的客观实际需要。教育经费的控制方法有拨款法、分派法和独立法,普及教育要有稳固的教育经费。拨款法、分派法皆为临时性措置,而独立法最能为教育经费提供保障,也最稳妥。陈友松主张从现行行政制度、收支来源来确保教育经费的独立,其主要内容有统一财税制度、清偿教育经费积欠、提高教育经费比例、划定教育专项税源和辅助税源等。

置于历史的宏观背景来看,陈友松这些建议符合中国教育发展的社会现实需要,也与民国时期教育独立运动相暗合。五四运动前后,由于北洋政府拖欠、克扣、挪用教育经费和教职员薪资的现象突出,各地普遍掀起了作为教育独立运动重要一环的教育经费独立斗争,要求政府切实保障教育经费。1919—1921年间,北京大学、北京高等师范学校、北京女子高等师范学校等八所专门以上学校爆发了催索欠薪和争取教育经费独立的运动,以"'指定确实款项作为教育经费'及'清还积欠'二项案"为斗争目标②,最后争取到"以盐余作抵"的教育经费。③1920年上海召开的第六届全国教育会联合会通过了《教育经费独立案》,提出"自应由中央先行划清教育经费,并令行各省区长官督饬财政教育主管机关妥筹办法。统计每年该省区教育费共需若干,于最短期内妥为区处,专款存储,按时发放。无论遇何紧要事件发生,均不准挪用,以示限制"④。1922年北京学生成立的"全国教育独立运动会"提出了"教育经费应急谋独立、教育基金应急谋指定、教育制度应急谋独立三项主张"⑤。蔡元培在1922年发表了《教育独立议》,主张教育经费专款独立以及教育行政、思想和内容的独立,并进一步提出教育应脱离宗教而独立的主张。⑥其他各省,如湖南、四川、云南、山东等也兴起了教育经费独立

---

① 陈友松:《中国教育财政之改进——关于其重建中主要问题的事实分析》,方辉盛、何光荣主编《陈友松教育文集》,社会科学文献出版社2009年版,第101页。
② 《北京国立学校"教育经费独立运动"纪》,舒新城编《近代中国教育史料》(第3册),中华书局1928年版,第148页。
③ 王学珍主编:《北京高等教育史》(上卷),中国广播电视出版社2010年版,第385页。
④ 《第六届全国教育联合会决议案》,邱爽秋等编《教育参考资料选辑》(第2集),教育编译馆1934年版,第6页。
⑤ 金林祥:《蔡元培教育思想研究》,辽宁教育出版社1994年版,第221页。
⑥ 陈学恂主编:《中国教育史研究》(现代分卷),华东师范大学出版社2009年版,第70页。

运动。1921年湖南省政府将湘岸盐税附加税划为教育定费,并成立专门的教育经费保管委员会。[1]1927年四川爆发了第二次争取教育经费独立的运动,迫使省政府和各防区"交出肉税"作为教育经费的定款。[2]风起云涌的教育经费独立运动催生了对中国教育财政经费进行整理研究的实践需要,而陈友松这项实证性研究恰恰回应了这些社会需要,提供了支持和建议。

  总体观之,陈友松的研究既有理论应用和学术新域探索的深度,也有社会现实的深切观照和实践意义。在近代教育救国思潮的推动下,普及教育得自政府、民间的普遍支持。教育的普及需要有物质经济基础,而教育经费、教育财政和教育成本研究自然成为20世纪二三十年代中国教育财政学研究关注的重心,以便为教育发展献计献策。作为与教育经济学高度交叉重叠的学科,陈友松的中国教育财政学研究,丰富了中国教育经济学的研究内容,"代表了萌芽期内中国教育经济学当时研究的最高水平"[3],同时期的研究代表还有邰爽秋的《教育经费问题》、古楳的《中国教育之经济观》。[4]在中国教育的贡献上,陈友松的研究被时人评价为"鼓吹教育经费的重要,供给关于教育经费的材料,指示研究教育经费方法,贡献解决教育经费问题的意见"[5],足见其重要的价值和地位。

  归国以后,陈友松继续从事教育财政学研究和教育实践,在大学开设了一些相关课程,培养教育人才,如在大夏大学任社会教育系主任时开设了"教育经费"课程、在西南联大师范学院开设了"教育财政学"课程。他还翻译出版了一些教育财政学著作,宣介教育财政学理论,如翻译了美国内务部教育署全国教育财政调查团的《教育财政学原论》。在对教育财政学相关实际问题的探讨上,发表了一系列的演讲和文章,如《教育与国民经济建设》《今后二年调整全国教育经费的研究计划》《战后中国教育经费问题》《研究教育财政学的方法》等,其内容多与社会现实相关,涉及教育与经济建设问题、教育经费计划、教育财政发展途径、战后教育经费和教育财政学研究方

---

[1] 何文辉:《历史拐点处的记忆:1920年代湖南的立宪自治运动》,湖南人民出版社2008年版,第199页。
[2] 涂文涛主编:《四川教育史》(上册),四川教育出版社2007年版,第398—399页。
[3] 勒希斌主编:《人力资本学说与教育经济学新进展》,教育科学出版社2010年版,第250页。
[4] 邰爽秋是对教育经费的筹措、行政及其经费独立进行系统的研究,提出了教育经费独立的方案。古楳主要关注教育与经济的关系、教育成本、教育的经济效率和学生个人所需教育费用。
[5] 钟鲁斋:《读物介绍:介绍陈著〈中国教育财政之改进〉(英文本)》,《商务印书馆出版周刊》1935年新154号。

法等,为中国国内教育改革提供诸多建议。

本章小结

教育实践类博士论文是留美博士生实际运用融会的西式教育理论对中国教育改革、教育实验提出的具体方案研究,属于应用性的实证研究,是中国教育研究博士论文的主体,展现了留美博士生对中国教育的现实关怀。本章以傅葆琛的《以满足中国乡村需要为目的的中国乡村小学课程重建》(Reconstruction of the Chinese Rural Elementary School Curriculum to Meet Rural Needs in China)、朱君毅的《中国留美生:与其成功相关的质量》(Chinese students in America: Qualities Associated with Their Success)、庄泽宣的《中国教育民治的趋势》、陈友松的《中国教育财政之改进》作为典型个案,分析了教育实践类博士论文的问题探讨与内容架构、研究范式与思想理路、教育方案设计与研究方法,评析其实践意义。

傅葆琛在博士论文中,通过调查分析,运用问题研究与比较研究法,从中国乡村小学教育的历史与现状、课程设置指导原则、课程设置评价标准以及乡村卫生诸问题出发,提出了对中国乡村小学课程的目标、教学方法、课程设置原则以及课程设置步骤、制定者、内容、组织方法、评价标准的系统化重建,进而形成了一整套中国乡村小学课程重建方案。傅葆琛的中国乡村小学课程重建研究是基于进步主义思想的教育理念,充分吸收了杜威实用主义教育哲学,主张中国乡村小学课程重建应满足各种需求,符合乡村儿童经验,具有重要的实践价值。朱君毅的博士论文则是对中国在美大学留学的本科生和研究生进行的调查测量研究,运用斯皮尔曼相关分析及相关系数理论,对留美生的成功与学问、领导力、英文知识和中文知识四个质量的相关性进行了考察,采用"提出问题—设立模型要素—调查测量材料—阐释说明—解决问题"的研究范式,是一项关于留美生成功相关性的量化研究,为政府决策和国人留学提供了建议。庄泽宣的博士论文充分吸收了中西文化教育资源,重视从社会、文化、政治及经济因素出发,对不同时期的中国教育系统、管理、目标、政策、内容和方法进行比较,梳理中国新式教育的发展趋势,进而分析教育的进步指数,结合当时国内教育改革案例,对成人教育、儿童教育、师资预备、生活教育以及言文问题提出了具有实践意义的改革方案。庄泽宣的研究充分体现了因素分析法的研究思路,其教育理论深受康德尔和巴格莱的影响。陈友松的博士论文是中国教育财政学实证研究的经典之作，该论文运用了公共财政学、统计学的理论知识和比较研究法，以扎实的资料进行实证研究，考察了中国教育经费的现状及问题，将整体研究与个案考察结合起来，尤其关注了湖北省的教育经费问题，从加强中国教育财政的职业化、专门化、统一化的角度，提出了从制度、管理、政策和税源上保障教育经费，提高经费利用效率，实行统一的国家财政政策、财税管理制度和地方财政预算制度等一整套改革方案，开拓了中国教育财政学实践性研究的新领域。

以上四篇教育实践类博士论文，实证性研究特征显著，通常以中国社会现实教育为逻辑起点，进而进行历史、社会、政治、经济等诸原因要素的分析，并据此提出相关的解决方案，在方法上善于运用调查测量法、逻辑分析法和比较分析法，其提出的中国教育改革方案也极有现实意义。

第六章　研究中国教育的博士论文评价

　　研究中国教育的博士论文,既是留学精英们的学业总结,又是他们对中国教育学术的早期探索。这批诞生于美国教育学术场域中的学术成果,同海内外的研究相比,既有共同的研究取向,又有自己独特的问题关怀。论文出版后,在国内外学术界也产生了重要影响,众多教育名家为其作序引介,一些学术期刊也刊文推荐,有不少论文由著名出版社连续再版,如郭秉文、朱君毅、钟鲁斋、刘湛恩的博士论文,展现了持久的学术魅力。虽然一些研究还较为粗糙,但对促进中美文化交流、开拓学术新域、保存学术研究资料、观照社会问题等做出了贡献,这是他们教育学术研究自立的一种展现,在中国现代教育研究学术史上占有一席之地。

第一节　留美生博士论文的社会价值

　　留美生博士论文发表后,受到了国内外教育学者、远东问题专家的关注,很多人为之作序。如郭秉文的论文有黄炎培和孟禄的序文推荐,钟鲁斋的博士论文得到了美国进步主义教育家克伯莱的介绍。陈友松的博士论文不仅受到了导师杜威的称赞,还得到了马寅初、邰爽秋的肯定。来会理[①]为蒋梦麟的论文撰写了书评,刊登在《教务杂志》(The Chinese Recorder, Sep. 1, 1926)上。郭秉文的博士论文也被《教务杂志》(The Chinese Recorder, Feb. 1, 1918)专文介绍。远东问题专家宓亨利则在《密勒氏评论报》(The Weekly Review, Nov. 18, 1922)上对朱君毅的博士论文进行了评价。一些博士论文还被列入参考书目,刊登在面向外籍人士的学术期刊上,扩大了国际影响力。如陈友松、钟鲁斋的博士论文被《小学杂志》(The Elementary

---

① 来会理,美国长老会在华传教士,曾中国基督教青年会首任总干事,致力于在华推广新式体育运动、医学事业。

School Journal, Vol. 36, No. 10, Jun., 1936)列入"选择的有关外国教育的参考书"。《比较教育评论》(Comparative Education Review)、《教育研究评论》(Review of Educational Research)则刊登了一些引用这些博士论文观点的文章。国内的一些中文期刊也对博士论文进行了介绍,如陈友松的博士论文被《教育杂志》推荐。凡此种种,彰显了这些博士论文的学术价值。经过钩稽爬梳,从海内外教育学界的评价来看,这些博士论文的学术内涵和社会价值主要表现在两个方面。

一、促进中美文化交流的双重面相

(一) 介绍中国基本状况

留美博士生的中国教育研究,运用西方学理梳理中国教育状况,其首要任务是介绍中国教育的历史及现状。这既能重估并挖掘中国教育文化的内在价值,又可以窥探中国现实教育存在的难点,以便为国内如火如荼的教育改革提供建议。

郭秉文的博士论文即立足于此,"欲寻求吾国操何治术,俾政体巩固,与夫人民得安居乐业,则不得不读此沿革史"[1]。他的博士论文被美国一些大学选作教材使用,成为西方世界认知中国教育的一个窗口,孟禄认为"它为西方了解东方状况做出了非常重要的贡献"[2],并被《密勒氏评论报》列入"传教士应读的关于中国的主要书籍目录"[3],足以看出它在介绍中国教育方面的价值。

钟鲁斋的博士论文被美国教育家克伯莱评价为"是一篇令我非常感兴趣的论文。从中,我学到了许多关于这个古老而新生大陆教育发展至今我还不了解的知识,并且我发现钟博士的故事以一种非常有趣且引人入胜的方式写作而成";教育史家奥尔马克则认为,"首先我们可以从中一览古老中国伟大的智慧和文化,占有一席之地而强大的文明","对于新旧世界的人们而言,钟博士的书将带来一种对中国的目的以及摆在它面前巨大的任务的理解",并指出"这种理解不但能促进良好的意愿,不但能活跃自由之火的其他性质,并且是自由之风的每次推动力,尽管它们始于世界的另一边"[4],对

---

[1] 郭秉文:《中国教育制度沿革史》,福建教育出版社2007年版,绪言。
[2] R., "Review", *The Chinese Recorder(1912—1938)*, Feb., 1918.
[3] 《传教士应读的关于中国的主要书籍目录》,美国长老会海南岛传教团著,王翔译《棕榈之岛:清末民初美国传教士看海南》,南海出版公司2001年版,第140页。
[4] Djung Lu-Dzai, *A History of Democratic Education in Modern*, Shanghai: The Commerical Press, 1934, preface, XII.

博士论文的文化交流功能,寄予厚望。

霍恩指出"西方必须计划同东方生活在同一个世界。我们重大的社会问题,如和平、进步和合作,才有世界意义并需要世界的解决方法",而西方世界的现代教育通史普遍忽略东方教育的记述不利于西方文化的发展,萧恩承的论文为西方读者了解中国做出了贡献,"通过阅读这篇文章,西方人能够进一步明晓现代中国教育潮流中的许多重要趋势","在对当代中国教育突出事实提供的此类可读的形式上,萧博士为所有英文读者提供了一项伟大服务"[1]。对于国内人来说,"中国复杂的近来变化使得世界迷惑了。不仅其他人不能清晰地解释它的因果,而且对大多数中国人来说也是这样"[2]。中国教育研究的博士论文,正可借助西方学理以拨开中国教育的"迷雾",为人们提供一种观察视角,发挥宣介中国教育文化的作用。

博士论文还使用了大量的中英文资料,尤其是教育史类论文。丰富翔实的资料,一方面展现了留美博士生教育研究的扎实功底,另一方面使用的中文资料发挥了传播中国文化的社会功用。

如王凤岗运用了大量的中、英、日文资料来考察近代的中日教育关系,"这项调查主要是建立在对中、日、英文原始材料研究之上的。在随后的每一章节的脚注中给出了特殊的参考文献,并且在这篇博士论文的最后提供了一个有关原材料及涉及著作的足够的参考文献"[3]。王凤岗使用的研究资料总计83部,其中有《近代教育史料》《奏定学堂章程》等中文政府文件14部,有英文政府报告3部,报刊7种,英文著作44部,中文著作15部。论文还借鉴了日本人的教育著作,如中岛半次郎的《中外教育史》、藤原喜代藏的《明治教育思想史》。王凤岗对这些资料进行分析整理,裁剪使用,有东学西传的功用。从史料意义来讲,中文资料的大量使用,起到了保存教育史料的作用,也对传播中国教育文化起到了助推作用。

对中国传统文化典籍的引介使用,突出地表现在蒋梦麟的博士论文里。他在《中国教育原理》中共使用41部中文文献,其中绝大部分为中国传统文化典籍,甚至还有日本人的汉学研究,如日本汉学家桂五十郎著述的《汉籍

---

[1] Theodore E. Hsiao, *The History of Modern Education in China*, Peiping: Peking University Press, 1932, introduction, Ⅶ-Ⅸ.

[2] Tso Chung Tseng, Nationalism and Pragmatism in Modern-Education with Special Application to Post-Revolutionary Chinese Conditions, abstract of thesis, ProQuest Dissertations Publishing, 1932, P.3.

[3] Feng-Gang Wang, *Japanese Influence on Educational Reform in China from 1895 to 1911*, Peiping: Authors Book Store, 1933, introduction, Ⅱ.

解题》。蒋梦麟把传统典籍中有关教育的资料译成英文,并加以分析整理,推动了中国教育文化的海外传播,也保存了中国教育研究素材。其他,如庄泽宣在博士论文中使用的109部中英文参考书目中,有中文资料88部,也较偏重中文文献典籍。

总之,论文使用的大量中文材料,一方面保存了教育研究的史料,另一方面为中国教育文化的传播做出了贡献。特别是那些被翻译成英文的中文资料,成为西方世界了解中国教育的信息窗口,客观上起到了中学西传的作用。

(二) 发出中国声音

作为一种对中国教育的"自我研究",留美生博士论文有着自身内在的学术与社会价值追求。他们的一些学术观点、分析方法及结论,被引用讨论,在国际学界发出了中国声音,体现着自身内在的价值追求。

学者詹姆斯·F. 阿贝尔曾撰《远东的教育史》(History of Education in the Far East)一文,对郭秉文、钟鲁斋、曾昭森的博士论文都作出过评价。他指出,"郭秉文早就提及,在更早的大批赴美留学的学生中有从事于教育研究工作。他书中最优的贡献在1842年至大约1914年这个时期";同时,他认为钟鲁斋的论文,"记述了一位留美生并展现了他周围环境的影响。他精心追踪了1900年至1933年间中国教育的变化";关于对中国教育民族主义的考察,阿贝尔则对比了皮克与曾昭森的研究,援引了曾昭森关于中国"为生活而文化,而非为文化而生活……很少盲目徘徊于时被称为民族精神的传统上"的观点,指出皮克的观点"或许夸大了情况"[1]。

在华人华侨的教育研究上,张敷荣的论文就带有争夺话语权的意味,提出"好像华人只是默默等待更加激进的日本人于1906年去打响反对教育领域种族歧视的第一仗,这是真的吗?"[2]他以事实的实证研究,揭开了美国华人华侨教育的本来面目。张敷荣的论文被学者评价为"该论文以23点确切史料,有力地驳斥了两名教育学院研究生吹捧美国公立学校隔离华裔儿童的政策,驳斥了他们认为的中国侨民对隔离政策和措施的'默认'和'欢迎'",表现了张敷荣"揭露美国教育的历史性遗憾和维护华人受教育权利的

---

[1] James F. Abel, History of Education in the Far East, *Review of Educational Research*, Vol. 9, No. 4, Oct., 1939, pp. 385—387.

[2] 张敷荣:《张敷荣博士论文》,靳玉乐、沈小碚编《张敷荣教育文集》,江苏教育出版社2010年版,第131页。

巨大勇气和不屈不挠的斗争精神"①。韦杰曾高度评价张彭春的论文,认为它别具特色,有别于西方学者的价值判断,"作为一个尝试融合古代文明和高度传统化文明的教育计划的有趣解释,这本书对于一般读者将是有价值的,它发展出一个完全不同的社会、经济和哲学背景"②。

萧恩承也为中国教育学术发声,其研究成果获得了学界的认可,被评价为"这是一项中国现代教育的研究,在此研究中人们可能会很好的获得一个更符合逻辑发展的主题",不过其不足之处是,书中分离了国家教育现代化过程中各种思潮的影响,"结果使人们获得不了关于建立当今教育制度的19世纪力量的统一景象"③,而对基督教在重塑现代中国教育中的积极作用,书中也有所忽略。

在对留学教育研究上,朱君毅的心理测量研究获得了远东问题专家宓亨利的肯定,他读了朱君毅的论文后,认为:"将能愉快地读到多数西方顾问的在华经历并且极为认同作者这个值得研究的结论式观点:'与遣派留美生相关的一个未解决的问题就是他们的留美年限……因此建议留美3或4年,很有必要只派遣那些在中国获得学士学位的学生或者那些为具备进入美国研究所资格而接受过训练的人。'"④这些研究成果对中国政府的留学政策和国人出国留学,具有指导意义。

留美生的博士论文成果,直到现代还受到关注。殷芝龄的研究成果在美国的《比较教育评论》上被引用,如他的民主教育的观点,"民主的公立学校不仅仅训练人们知识的某些事实和对国家的忠诚,而且为他们提供个人表达和成长的方式以及社会服务的责任感"⑤。这表明了留美生论文成果持久的学术价值。

一些博士论文还被同时代的美国学者列为参考书。如曾昭森的论文在美国学术期刊《小学杂志》上被列入"选择的有关外国教育的参考书",陈友松、钟鲁斋的论文也被列入。郭秉文、钟鲁斋、曾昭森的论文则在《教育研究

---

① 张敷荣:《张敷荣博士论文》,靳玉乐、沈小碚编《张敷荣教育文集》,江苏教育出版社2010年版,第276—277页。

② R. E. Wager, Educational Reform in China, *The Elementary School Journal*, Vol. 25, No. 1, Sep., 1924), pp. 68—70.

③ F. N. R., New Books of Interest in the Far East: The Progress of Education in China, *The China Weekly Review(1923—1950)*, Jul. 6, 1935, P. 206.

④ H. F. MacNair, New Books and Publications: Chinese Students in America, *The Weekly Review (1922—1923)*, 1922(18).

⑤ Nancy F. Sizer, John Dewey's Ideas in China 1919 to 1921, *Comparative Education Review*, Vol. 10, No. 3, Oct., 1966, P.392.

评论》上被列入教育史和比较教育的参考书。陈矜赐博士论文的摘要,于1942年发表在《宗教教育》(Religious Education)上,扩大了国际影响力。

尽管留美生的这些研究是初步探索,但其研究成果和学术观点获得了一些美国学者的关注与认可,或被推荐,或被撰写书评,或被引用,或被列为参考书目,在国际上发出了中国声音,展现了应有的学术价值与社会意义。

二、学术研究的现实关怀

中国教育研究的博士论文,另一价值面相就是具有现实关怀的功用,尤其是教育改革实践类论文,其研究的出发点即设定于解决中国社会现实教育问题,或为教育改革献计献策,或为教育重建制定规划。庄泽宣的论文是对中国教育制度和变迁趋向的研究,"它源自具体的事实和方案的补充","它对那些指导变化的当政者来说是有帮助的"[1]。再如陈友松的研究,也是建立于对社会现实关怀的基础上,他所提出的"教育财政独立"思想与中国国内兴起的教育经费独立运动两相暗合,"他也为所有人提供了对材料更加清晰生动的描述,并为机械实施的教育扩展与发展20年计划提供了积极建议"[2]。

教育测验类论文也注重对社会现实问题的关照,如朱君毅立足于解决中国留学问题,进行中国留美教育成败的心理测量研究,因为"随着近年来留美生人数的稳定增长以及他们的留美教育价值不断强调的重视,这些心理问题变得越来越紧迫。关于它们中的一些逻辑说明的需要以及解决它们的科学尝试是明显而紧迫的","一个有关它们的方案,在改进预备和选拔这些学生的方法上会有很大的帮助"[3]。通过对美国高校里中国留学生的统计测量研究,他得出要缩短留美年限为3年或4年、完善留美标准等研究成果,"对当前心理测量系统感兴趣的中国教育者,对国外教育在中国学生身上的价值并不总能达成一致的中国心理学学生、政府管理者以及教会学校……所有这些人将会对朱博士关于数百个在美大学求学同胞的调查感兴趣"[4]。这为政府政策的制定和个人留学提供了参考。刘湛恩的教育测量研究,则

---

[1] Chai-Hsuan Chuang, *Tendencies toward a Democratic System of Education in China*, Shanghai: The Commerical Press, 1922, preface, V.

[2] G. W. H., Review Article, *The Chinese Recorder (1912—1938)*, Jul.1, 1936, P.436.

[3] Jennings Pinkwei Chu, Chinese Students in America: Qualities Associated with Their Success, New York: T. C. Columbia University, 1922, P. 1.

[4] H. F. MacNair, New Books and Publications: Chinese Students in America, *The Weekly Review (1922—1923)*, 1922(18).

是为了回应美式智力测验系统在中国水土不服的问题,他结合中国国情并借鉴美国非语言智力测验系统,力图建立一套可应用于中国的非语言智力测验系统,也是从现实出发。

在实用主义教育思想和社会改造主义思想的影响下,贴近生活,关注社会,似乎成为教育课程类改革研究的主色调,而中国国内兴起的乡村建设运动,更要求教育关注社会现实。傅葆琛对乡村小学教育课程的研究,其出发点为:"它不是要与城市课程相同,而是应建立在根据乡村需要和乡村人活动的基础之上。"[1]中国的新文化运动和收回教育权的"非基运动",使得教育中的民族主义思想日益高涨。这些社会热点问题,同样引起了司徒丘、曾作忠、曾昭森等人的关注,他们考察的主题即是教育与民族主义的关系问题。对社会现实的关怀,使得留美博士生的教育研究并不脱离实际,与实用主义教育哲学宣扬的价值内核十分契合,这也是教育学自身学科属性的题中之义。

第二节 留美生博士论文的学术意义

一、学术新域的开拓与深化

20世纪上半叶是中国知识饥荒的时代,这些在美国"取经"的留美博士,以学术研究的形式为中国教育带来了新风。他们拓展了教育研究领域,发展了中国教育研究分支学科。

郭秉文是首位取得哥伦比亚大学师范学院教育哲学博士学位的留美生,其博士论文是研究中国教育制度史的力作。郭秉文对中国近代教育研究多有创见,提出了一些开创性的观点。如提出中国近代教育的起点是京师同文馆的创立,"实为吾国近世教育制度之先道",指出中国的"阳明先生之哲学,精微而切实用,有功于吾国之学术非浅。其所主张之教育宗旨,大类裴斯泰洛齐派,深信教育为发达个人能力之温和主动物。故欲贯彻此温和启导主义,当与儿童以多量之自由",认为"学校之课程为学生将来解决日常生活问题之一物,是一进步也",号召要"注重实用教育"[2]。这种整理参合中西文化的态度,以及借鉴美国实用主义的教育思想,值得肯定。一些现代

---

[1] Paul C. Fugh, Reconstruction of the Chinese Rural Elementary School Curriculum to Meet Rural Needs in China, abstract of a thesis, N. Y.: Cornell University, 1924, P.3.

[2] 郭秉文:《中国教育制度沿革史》,福建教育出版社2007年版,第34、29、102页。

学者也高度肯定了郭秉文的开拓作用,指出"这部著作,标志着中国教育史研究由引进日本人编写的材料向中国人自己的研究这一历史性的转变,也预示着中国教育界美国的影响超过日本这一交替时代的到来"[1],认为它"是一部中国教育制度简史,也是中国第一部具有通史性质的教育制度史"[2]。

同样,陈友松的论文《中国教育财政之改进》,无论是对丰富美国的中国教育研究,还是对中国自身的教育分支学科——教育财政学的发展上,都起到了开辟研究新领域的作用。陈友松以扎实的数据和事实为依据,运用教育行政学、公共财政经济学以及其他相关理论,对中国教育经费的筹措、分配和使用进行开创性的实证化研究,深入而全面地探讨了中国教育财政的实际问题,并获得了学界的普遍认可和高度评价。马寅初在序文里指出,"在中国,这一问题至今还是教育科学和所谓沉闷的财经科学之间的一片尚未探索的边缘领域……陈友松博士把一件开拓性的工作完成得如此杰出,实在令人惊叹不已"[3]。教育家邰爽秋评价道,"陈博士在此领域做出了非常重要的贡献。它是这方面的首次综合的研究",施菊野教授写道,"这项研究不仅对中国教育管理者是一种挑战,而且是世界教育家们承认的一个重要贡献。麦柯尔教授指出,这是在哥伦比亚大学师范学院曾创作的最重要的博士论文之一并且它以一种才华横溢的方式答辩"[4]。《出版周刊》《年华》等杂志还专门刊文推荐,指出这项研究在中国教育学术上做出了四大贡献,主要为"鼓吹教育经费的重要","供给关于教育经费的材料","指示研究教育经费方法","贡献解决教育经费问题的意见"[5]。当代研究者也充分肯定了陈友松的开拓功绩,"陈先生是对中国教育财政与教育经费进行整体实证性研究的最早的一位学者,其研究结果具有重要的理论与实践价值,达到了国际同期教育经济学研究的先进水平……邰爽秋的《教育经费问题》、古楳的《中国教育之经济观》、陈友松的《中国教育财政改造》,代表了萌芽期内中国

---

[1] 蔡振生:《中国教育史研究的历史回顾与反思》,北京师范大学教育科学研究所《北京师范大学教育科学研究所(1987—1988)论文选集》,北京师范大学教育科学研究所1988年版,第75页。

[2] 杜成宪等著:《中国教育史学九十年》,华东师范大学出版社1998年版,第12页。

[3] 陈友松:《中国教育财政之改进——关于其重建中主要问题的事实分析》,方辉盛、何光荣主编《陈友松教育文集》,社会科学文献出版社2009年版,第8—9页。

[4] Ronald Yu Soong Cheng, *The Financing of Public Education in China: A Factual Analysis of Its Major Problems of Reconstruction*, Shanghai: The Commercial Press, 1935, Introduction.

[5] 《读物介绍:介绍陈著〈中国教育财政之改进〉(英文本)》,《商务印书馆出版周刊》1935年新154号。

教育经济学当时研究的最高水平"①。

同期毕业于哥伦比亚大学师范学院的刘湛恩、朱君毅,则在中国教育测量领域取得了突出成绩。不过,一个侧重于中国的非语言智力测验研究,一个侧重于留美生的心理测验研究。虽然中国早已应用和引介心理测验研究,但受制于各地方言的差异和学制的限制,缺乏一种通用智力测验系统。而刘湛恩的《非语言智力测验在中国的应用》,就是运用心理测验的相关理论,借鉴美国非语言智力测验的系统量表与方法,开发出一套中国独立的通用智力测验系统,"对中国受过现代科学方法训练的年轻学人来说,这是一个很大的未开发的工作领域"②。朱君毅的《中国留美生:与其成功相关的质量》,则运用了心理测量统计法,对留美生的学问与领导能力、英语知识及中文知识的相关性进行测量。他们拓展了教育学的研究范围,并初步进行了本土化的实证研究,对中国教育学术研究做出了重要贡献。

其他,如蒋梦麟对教育原理的研究,也起到了开风气的作用。他的《中国教育原理》是博士论文里为数不多的探讨教育原理的著作,是"一项有关中国教育原理的拓荒研究"。他运用西方现代的教育理论方法,系统地整理了中国古代的教育思想,主张以比较的眼光和哲学的态度参合中西教育资源,提倡教育的生活化、科学化,推动了中国教育原理的研究。

二、中国教育研究话语的构建

民国时期,海外中国学研究勃兴,留学生的学术自立意识也逐渐觉醒。美国的中国研究,初由裨治文等传教士带动下的介绍式考察,逐步走向了20世纪20年代后以太平洋关系学会和哈佛燕京学社为代表的专业化研究。在民国时期的国际学术舞台上,中国学成为研究者争相竞逐的领域。日益兴起的海外中国学研究,展现了它的巨大优势,时人指出"科学实证法之采用","辅助学科之发达","特殊资料之保存搜集","冷僻资料之注意","公开合作之精神","研究机构之确立","印刷出版之便利"③。就中国教育研究的情况而言,其优点则突出地表现在科学实证法的采用,如杜威倡导的实用主义教育思想,麦柯尔主张的教育调查测量的思想,给中国的教育学术研究带来了新的理论方法与视角。海外中国学在研究和阐释中国问题取得巨大成

---

① 靳希斌主编:《从滞后到超前——20世纪人力资本学说·教育经济学》,山东教育出版社1995年版,第328页。
② 刘湛恩:《非语言智力测验在中国的应用》,上海理工大学档案馆编《刘湛恩文集》,上海交通大学出版社2011年版,第212页。
③ 梁盛志:《外国汉学研究之检讨》,《再建旬刊》1940年第8期。

绩的同时，也有其缺陷与挂漏之处。留德生王光祈指正一些国际汉学界的西方研究者们，"利用中国助手以解释例证，代寻引证，及解决语言困难问题之办法；在东亚居留之西人，固常用之。即在欧洲方面之汉学家，亦尝为之"①。因是"他山之石"的取巧之嫌，难免有隔靴搔痒之弊。何况美国的中国研究在对中国文化内理的认识上，掣肘于重现实轻语言典籍的学术研究路径。对此种情况，美国的中国问题研究的代表人物拉铁摩尔就颇为清醒地指出："在欧洲和美国职业汉学家中流行的姿态是，声称或者有时假装自己的汉字写得如此之好，以致他们亲自做全部的工作。事实上，他们大多数人依靠懂英语或法语的中国人来承担为其搜集材料的主要工作，自己只是将其润色一下。"②流露出某种不满。美国人的中国教育研究亦不排除上述的研究之憾。陈训慈认为"而浅率西人，至有置之原始文化至西方文化之过渡，吾国迂曲学者，又自谓灿烂莫备"，"孟罗教育史，论中国教育谬误甚多，而其视东方文化为过渡为尤甚"③。缪凤林也指出，"如蒙罗之教育史（Paul Menroe: A Textbook in the History of Education），第二章东方之教育，即专论中国教育以示例"，有关中国古代教育的教材（四书五经）、中国考试制度、中国教育目的等方面的话语阐释，存有诸多谬误和偏颇，他批评道"蒙氏书全章仅三十余页，就余所知，类此之谬误，已不下数十"，认为"其出之盲目而不自知，亦以在彼土无正确之史料"，进而对留学生提出批评"即此若干之留学生，平素以沟通中西文化自任，既不能介绍吾中国正确之历史，又不能正其谬而匡其失，故乃窃其谬论，奉为圭臬，且以自诩渊博也"④。

外国研究者大量占领中国学术研究领地并进行话语阐释的局面，冲击了中国学人和留美生，引起了他们的民族情怀与忧患意识。中国学人普遍表示要积极进行中国学术的话语构建，承担起学术自立的责任。蔡元培指出："西方学者极想东来研究中国文明，我们对于这等现象，应予注意。我们应该赶快整理固有的文明，供献于外人；要是让外人先来开拓，那实在是件可耻的事。"⑤潘光旦也发现，"一是外国研究中国文物的人一天多似一天，而且研究的成绩一天精似一天；同时中国人自己做这种研究的人并不见得加

---

① 王光祈：《近五十年来德国之汉学》，《新中华》1933年第17期。
② 〔日〕矶野富士子整理，吴心伯译：《蒋介石的美国顾问——欧文·拉铁摩尔回忆录》，复旦大学出版社1996年版，第41—42页。
③ 陈训慈：《组织中国史学会问题》，《史地学报》1922年第2期。
④ 缪凤林：《中国史之宣传》，《史地学报》1922年第2期。
⑤ 吴文祺：《重新估定国故学之价值》，许啸天编《国故学讨论集》（上），上海书店出版社1927年版，第31页。

多,并且精到的程度未见得能超过外国人,有时竟不如他们",并指出,"将来我们若完全不求振作,不想做考古的学问则已,否则怎样能不就教于外国的'支那通'先生们呢?"①表现出了种种隐忧。曾留学美国的教育家孟宪承在1934年无锡国学专修学校的讲话上,更是站在知识分子学术担当的立场上,大声疾呼"为什么我国的学术要外国人来代我们研究? 为什么我们要外国人寻出路来我们去跟着它走? 耻辱,这是我们极大的耻辱!"②

正是在这一环境背景下,留美博士生的中国教育研究,在吸收西方科学新颖的理论方法后,力图以自身文化优势,通过丰富多样的研究题材和阐释话语,尝试构建中国教育研究的话语体系。

福柯指出,"'话语'意味着一个社会团体依据某些成规将其意义传播于社会之中,以此确立其社会地位,并为其他团体所认识的过程"③。教育话语的构成,按照谢弗勒(Scheffeler)的观点,"主要由三种形式构成:(1)教育术语;(2)教育口号;(3)教育隐喻"④。而福柯又进一步指出,"权力和知识是直接相互连带的;不相应地建构一种知识领域就不可能有权力关系,不同时预设和建构权力关系就不会有任何知识"⑤。郑杭生认为,学术话语权"就是在学术领域中,说话权利和说话权力的统一,话语资格和话语权威的统一,也就是'权'的主体方面与客体方面的统一"⑥。作为权利的学术话语权,主要包括意义赋予权和学术自主权,而作为权力的学术话语权则主要有指引导向权、鉴定评判权和行动支配权。教育研究话语权,即教育研究主体在一定的时空范围和学术场域中,通过包含有价值观念、论证逻辑和理论范式等要素的话语表达和交流,以社会实践活动的形式,建构起来的具有支配性、主导性的影响力,是权利与权力的统一体,体现一种现实权力与社会关系。对于留美博士生的中国教育研究来说,虽然远谈不上在美国形成支配性、主导性的影响力,但已有了在容受美国教育理论方法后为中国学术发声的努力,争取构建中国教育研究的话语和权利,包括意义赋予和学术自主的权利、指引导向的权利、选择研究议题的权利、容受教育术语并规范的权利。

---

① 潘光旦:《中国人与国故学》,潘光旦《读书问题》,新月书店1931年版,第55—56页。
② 孟宪承讲,虞斌麟记:《欧洲之汉学》,《国学界》1937年第1期。
③ 王治河:《福柯》,湖南教育出版社1999年版,第159页。
④ 但昭彬:《话语权与教育宗旨之共变》,华中师范大学2005年博士论文,第23页。
⑤ 〔法〕米歇尔·福柯著,刘北成、杨远婴译:《规训与惩罚:监狱的诞生》,生活·读书·新知三联书店1999年版,第29页。
⑥ 郑杭生:《把握学术话语权是学术话语体系建设的关键》,《中国社会科学报》2014年1月17日。

其一,留美生博士论文的中国教育研究,以自身文化优势,借鉴西方学理与话语进行梳理,把脉中国教育,积极争取中国教育研究的话语意义赋予与阐释。郭秉文的《中国教育制度沿革史》,试图"能够提出一项在中国教育制度的长期发展中有关它的相关解释,给出一个历朝历代有关古代和传统教育制度兴衰的透彻看法","它代表了向英语世界的公众梳理中国教育复杂历史的首次认真的尝试"[1],郭秉文的论文被美国教育史家孟禄评价为"它为西方了解东方状况做出了非常重要的贡献"[2]。蒋梦麟则利用西式教育话语的论证逻辑与理论范式,尤其是系统化的教育研究法整理中国教育材料,初步建立起中国教育原理的话语阐释和意义赋予,"是对中国教育原理的一项开拓性研究,也是首次尝试明确阐述那些散落于众多中国思想家浩瀚著作中的教育思想,旨在以更清晰的语言去解读这多多少少含糊的表述,并将这些零散的观点整合成一个相关整体"[3]。改编自钟鲁斋博士论文的《中国近代民治教育发达史》,是对"关于近年来在中国混乱的政治社会环境下趋向民主化的教育运动"[4],给予一番综合的阐释,被美国教育学家克伯莱评价为:从中"学到了许多关于这个古老而新生大陆教育发展至今我还不了解的知识";教育史家奥尔马克评价为:"首先我们可以从中一览古老中国伟大的智慧和文化,占有一席之地而强大的文明。"[5]庄泽宣选择中国教育民治的趋势作为研究主题,"这是因为很少西方人完全成功地理解中国的事实,也因为很少的中国人成功地将中国介绍给他的西方朋友的这样事实"[6]。可以说,这些留美博士生有关中国教育不同论题的研究,在西方世界面前初步呈现了中国教育研究的话语阐释和意义赋予。诚如留美生叶崇高所指,"中国研究生应体会到在美国代表中国的责任,并向美国阐明中国的理念与

---

[1] Ping Wen Kuo, The Chinese System of Public Education, T. C. Columbia University, 1914, preface, Ⅴ.

[2] R., "Review", *The Chinese Recorder (1912—1938)*, Feb. 1, 1918.

[3] Monlin Chiang, *(A) Study in Chinese Principles of Education*, Shanghai: The Commercial Press, 1924, Ⅲ.

[4] Lu-Dzai Djung, *A History of Democratic Education in Modern China*, Shanghai: The Commercial Press, 1934, author's preface, ⅩⅢ—ⅩⅣ.

[5] Lu-Dzai Djung, *A History of Democratic Education in Modern China*, preface, Shanghai: Commercial Press, 1934, preface, Ⅻ.

[6] Chai-Hsuan Chuang. *Tendencies toward a Democratic System of Education in China*. Shanghai: The Commercial Press, 1922, Ⅲ—Ⅳ.

其二,尽管处于西方人主导的美国教育学界之中,留美生却在博士论文的研究中积极地与他们进行学术对话,争取对中国教育研究的指引导向与鉴定评判。留美博士生试图拨正中国教育研究被"发明"的言说,探讨被遮蔽的问题,改变西方世界对中国的偏见。如在华人华侨的教育研究上,张敷荣就积极争取华人华侨教育研究的指引导向权和鉴定评判权,发出中国的声音,他以实证研究证明了华人在反对教育领域种族歧视和争取公平权利的斗争中的重要作用,"有力地驳斥了两名教育学院研究生吹捧美国公立学校隔离华裔儿童的政策,驳斥了他们认为的中国侨民对隔离政策和措施的'默认'和'欢迎'"[2],曾昭森也试图打破西方世界的学术话语霸权,对被西方曲解的20世纪初中国学校教育的民族主义问题进行拨乱反正,他指出由于西方世界错误的信息、毫无根据的阐释,"中国学校教育被构建为不良的民族主义和盲目爱国"[3],他根据整体分析以及中国同日本外交关系的经验做出判断,认为西方世界的论断是值得怀疑的,起到了正本清源的作用。曾昭森对中国学校教育中的民族主义的研究,获得了学者阿贝尔的认同,阿贝尔在研读了曾昭森的博士论文后,认为皮克的观点"或许夸大了情况"[4]。

其三,研究论题决定了话语的边界范围,也反映了话语触及的领域与重要程度,留美生博士论文对中国教育研究话语的构建,离不开对中国教育研究论题的积极参与和选取。留美生的博士论文选题尤其关注社会热点问题,社会改造类和方案类的论文十分流行,以"重组"(reorganization)、"重建"(reconstruction)、"改进"(improvement)、"建议"(suggestion)、"计划/方案"(plan/program/proposed)、"现代化"(modernization)等为题目核心词汇的博士论文比较常见,共有26篇之多。这一则与国内不断进行的教育改革遥相呼应,一则受美国学术场域的牵引。如傅葆琛为呼应国内乡村教育改革的需要,选择中国乡村小学课程重建作为论文的研究主题,他提出"它不

---

[1] Tsung-Kao Yieh, The Adjustment Problems of Chinese Graduate Students in American Universities, private edition, 1934, P.122.

[2] 张敷荣:《张敷荣生平大事记》,靳玉乐、沈小碚编《张敷荣教育文集》,江苏教育出版社2010年版,第276—277页。

[3] Chiu-Sam Tsang, *Nationalism in School Education in China since the Opening of the Twentieth Century*, Hong Kong: Printed by the South China Morning Post, ltd., 1933, foreword.

[4] James F. Abel, History of Education in the Far East, *Review of Educational Research*, Vol. 9, No. 4, Oct., 1939, P.387.

是要与城市课程相同,而是应建立在根据乡村需要和乡村人活动的基础之上。这样的任务为现今中国教育者提出了一项重大的挑战"[1]。留美博士生在论文选题上,已经萌发了学术研究的独立意识,开辟了诸多研究新论题。如陈维纶因为"在他们的历史与世界的联系的相关民众问题,或以社会目的与成人教育功能的相关民众问题,却很少或没有"[2],选择了成人教育作为研究议题。

其四,在博士论文中,留美生还通过对教育术语的规范和构建,进一步丰富中国教育研究的话语建设,如提出了"民主化""民主趋势""公共教育制度""政治伦理""公共教育财政"等核心概念。钟鲁斋在研究中以教育"民主化"(democratization)、"民主趋势"(democratictendencies)为核心概念,用政治的民主、经济的民主、教育管理的民主、教学的民主、教育观念的民主、教育机会的民主以及教育科学方法来构建其学术研究的话语体系。在他看来,自新学制以来,中国教育民主的趋势显现在"更加民主的管理和组织制度的发展中,义务教育、民众教育、职业教育及女子教育的发展中,以及教会教育的革新中"[3],"真正的教育是进步的,一个面向真实和美好的运动。民主、科学和教育都是共同的"[4]。张汇兰则提出民主教育的基本原则为:"教育必须认识到个体需要;教育必须认识到个体差异;教育必须认识到永恒的社会变革;教育必须认识到个体的整体人格的融合;教育必须认识到经验的连续性与相互作用;教育必须认识到个体对其环境的关系"[5]。不过在傅葆琛看来,若从教育机会平等角度来看,"作为一种民主,中国需要的教育不仅要通用,而且要行之有效并实用"[6]。以上论者皆从不同研究视角,发挥并界定了教育"民主化"的学术概念。留美博士生在中国教育的研究过程中,还提出了其他一些教育术语,进一步完善教育研究的话语建设。蒋梦麟在研

---

[1] Paul C. Fugh, Reconstruction of the Chinese Rural Elementary School Curriculum to Meet Rural Needs in China, abstract of a thesis, N. Y.: Cornell University, 1924, P.3.

[2] Wei-Lun Chen, A Sociological Foundation of Adult Education in China, photocopy of typescript, Ann Arbor: University Microfilms International, 1980, preface.

[3] Lu-Dzai Djung, *A History of Democratic Education in Modern China*, Shanghai: The Commercial Press, 1934, P. 11.

[4] Lu-Dzai Djung, *A History of Democratic Education in Modern China*, Shanghai: The Commerical Press, 1934, preface.

[5] Hwei Lan Chang, A Colligation of Facts and Principles Basic to Sound Curriculum Construction for Physical Education in China, Iowa: State University of Iowa, 1944, P.3.

[6] Paul C. Fugh, Reconstruction of the Chinese Rural Elementary School Curriculum to Meet Rural Needs in China, abstract of a thesis, N. Y.: Cornell University, 1924, P.3.

究中国古代教育文化思想特点时,提出了"政治伦理"(politico-ethical)这一概念,他指出,"儒家学派的中心问题可称为政治伦理问题",进而建议"我们不必让政治伦理问题占据所有的知识领域。必须唤起对自然的强烈热情,必须引介调查研究的系统方法。我们必须融进科学的精神"[1]。在教育财政学领域,陈友松首度将"财政"与"教育"联结起来,形成"公共教育财政"(the financing of public education)这一基本学术概念,并使用"应计经济费用"(accrued economic charge)[2]来分析教育的经常费用。这些核心教育术语的运用及其规范,以及以此为中心形成的研究话语体系,维护并强化了留美博士生对中国教育研究的话语构建。

民国时期留美生在其博士论文中进行中国教育研究话语的构建,是中国留学生学术自立的一种表现。梁启超认为,"凡一独立国家,其学问皆有独立之可能与必要",而学问成绩主要在于"发明新原则","应用已发明之原则以研究前人未经研究之现象"[3]。"学术独立不仅仅指研究对象由域外转向本土,或者是以本国材料来填充外来体系或框架,真正意义上的学术独立,是要能够立足本土历史与现状在学术理论和研究方法上有所创见与发明。"[4]

留美生在博士论文中通过对中国教育的研究,逐步构建和形塑中国教育研究的话语体系,展现了学术独立意识,并做出了突出贡献。从留美博士生中国教育研究话语构建的实践活动可以得出:第一,在构建中国学术话语时,要以知识分子的学术担当为己任,保有开放的学术心态与广阔的学术视野,重视各个研究论题的积极参与,尽管在国际学术舞台上整体看来有时声音是微弱的,但亦要在场;第二,构建中国学术话语时,要有着学术独立的主动自省意识;第三,对学术基本术语的阐释、规范,是构建中国学术话语时需要特别关注的问题。

其五,构建中国学术话语理应从中国背景和中国需求出发,顾及中国固有哲学和民族特性,"对中国背景的清楚认知是有效满足中国当前需求的要点","中国教育的现代化不能简单地停留在传递一大堆西方题材和方法上,

---

[1] Monlin Chiang, *(A) Study in Chinese Principles of Education*, Shanghai: The Commercial Press, 1924, pp.75—77.
[2] 是指学校设施折旧消耗的金额。
[3] 梁启超:《言论:学问独立与清华第二期事业》,《清华周刊》1925年第1期。
[4] 桑兵、关晓红主编:《先因后创与不破不立——近代中国学术流派研究》,北京:生活·读书·新知三联书店2007年版,第481页。

这将是两者的结合"①。

其六,为建立学术与社会之间关系的桥梁,有必要将学术研究与社会实际问题有机地结合起来,而这将有效地增强中国话语的分量。

当然也应注意到,留美生博士论文在构建中国教育研究话语的过程中,所面对的一个重要问题是如何对待中国传统的教育资源。他们在考量中国传统的教育资源时,往往通过类推的形式来建立其合法性,亦即在中国传统的教育资源中寻求与西方教育思想相应的思想或历史依据。如郭秉文认为孔子"举一反三"的教育法"颇合于自动主义";孔孟之教特别注意开发人的心性,"深合近世所谓自然教育法"②。周代教育的长处在于"为重实验而与当时生活相接近";"阳明先生之哲学,精微而切实用",其教育宗旨类似裴斯泰洛齐派。③蒋梦麟指出朱熹格物寻理体系的态度最接近现代科学方法,他赞同陆象山的思想:"东海有圣人出焉,此心同也,此理同也;西海有圣人出焉,此心同也,此理同也;千百世之上有圣人出焉,此心同也,此理同也;千百世之下有圣人出焉,此心同也,此理同也。"④这种类推的方法,有利于贯通整合中外教育思想资源,但应对其背后的文化心态保持清醒。留美生往往出于形塑中国形象和中国文化优越性的便利考虑,以重塑中国文化自信为目的,进而构建中国教育学术的话语。然而这种类推的方法,难免存在强行"调适"的风险。此外,强烈的民族性色彩,也是留美博士生在构建中国教育研究话语时所表现出来的主要特点。而民族性往往是把双刃剑,它在推动中国教育研究话语构建的同时,也会将留美博士生带入"为民族而民族"的研究视野困境。

三、容受海外理论与本土化意识

美国教育学界在20世纪初期流行采用历史取向的方法研究教育,密歇根大学的佩恩"曾指望依靠历史学和哲学来提供理论……教育史应该'与教育科学有同等的地位,并成为后者的证明'"⑤。教育史家孟禄则在《教育史教程》一书中"描述了教育理论与过去和目前教育实践之间的关系,而不是

---

① R., "Review", *The Chinese Recorder (1912—1938)*, Feb. 1, 1918.
② 郭秉文:《中国教育制度沿革史》,福建教育出版社2007年版,第9、15页。
③ 郭秉文:《中国教育制度沿革史》,福建教育出版社2007年版,第16、29页。
④ Monlin Chiang, *(A)Study in Chinese Principles of Education*, Shanghai: The Commercial Press, 1924, pp.59—60.
⑤ 〔美〕埃伦·康德利夫·拉格曼著,花海燕等译:《一门捉摸不定的科学:困扰不断的教育研究的历史》,教育科学出版社2006年版,第72页。

求助于'历史事实'进行空泛笼统的推论"[1]，从历史与教育实践的关系中寻找解决现实问题的借鉴。进步主义教育家克伯莱则倡导"冲突—进步"的教育史发展观，主张在教育与社会的互动发展中进行教育研究。在对中国教育的研究中，留美博士生对他们的思想多有借鉴。

蒋梦麟的《中国教育原理》研究，通过引进西方的教育研究理论方法，对中国古代教育原理进行系统化整理研究，他认识到"多数中国古代教育思想无疑是现代的，并且在那个时期作为先进思想的教育理论，依旧无疑展现出不断发展和进步的迹象"，蒋梦麟也"总准备对不同学派思想和中西思想做一个比较的研究"，且将对教育思想的考察置于"思想的总体趋势"[2]，采用了选择材料并按历史时序整理分析的具体研究形式。郭秉文的《中国教育制度沿革史》，则吸收了孟禄的教育史思想，尝试阐释中国教育制度的长期发展与兴衰，并展现共和制度下中国现代教育的重建。萧恩承的教育史研究，尤其关注中国教育体系最近的演进，"这本书试图展示的是中国教育体系在最后几十年间如何演进的，而这种演进仍处于变动的进程中"[3]。其思想理论同克伯莱的教育史进步发展观存在共鸣。

实用主义教育思想在20世纪上半叶的美国掀起热潮，这也是留美生教育研究的另一个主要理论来源。杜威的实用主义教育思想，更多的是一种哲学取向，"与其说是位改革家，不如说他是位被左派和右派既歌颂又批判的文化偶像更为确切"[4]。杜威的工具主义给了留美生很多启发，他们多数借鉴实用主义教育哲学思想，将教育与社会和生活相结合，进行方案的设计、问题的调查、统计和实验。

随着美国教育科学化运动的兴起，留美生普遍将体现科学性质的方法应用于中国教育探究，进行实证主义式的考察，包括采用调查法、统计法、测量法、实验法等。哥伦比亚大学师范学院新派教育家桑代克，主张对教育进行定量研究，采用智力测量和标准化的教育测验，"比起那些只空谈教育研

---

[1] 〔美〕埃伦·康德利夫·拉格曼著，花海燕等译：《一门捉摸不定的科学：困扰不断的教育研究的历史》，教育科学出版社2006年版，第73页。

[2] Monlin Chiang, *(A) Study in Chinese Principles of Education*, Shanghai: The Commerical Press, 1924, preface, III—IV.

[3] Theodore E. Hsiao, *The History of Modern Education in China*, Shanghai: The Commerical Press, 1924, preface, XI—XII.

[4] 〔美〕埃伦·康德利夫·拉格曼著，花海燕等译：《一门捉摸不定的科学：困扰不断的教育研究的历史》，教育科学出版社2006年版，第42页。

究科学化的人来,要更扎实和现实得多"①,吸引了像刘湛恩、朱君毅这样的留美生。刘湛恩的论文就是借鉴迈尔斯心智测量、普莱西系统、品特纳非语言测验、迪尔伯恩组群智力测验(系列Ⅰ,Ⅱ,Ⅲ)等测验量表系统,进行非语言智力测验在中国应用的实验设计,力图进行中国教育心理测量的本土化,并获得了国外学者的高度评价,"综合美国已肯定的非语言测验最有用的元素,他集合了数个可替代方式的非语言组测验的最初标准。在中国将建立标准且最终的标准化也将产生"②。

王凤岗的博士论文虽是中日教育交流史研究,但"试图极其小心将自己从情绪主义、宣传性用语和喜爱偏好中解放出来。他用中英文献来科学地检验事实,然后用他的结论作为检验的结果来明确地叙述它们"③,进行历史的考察,实证的分析。陈友松的《中国教育财政之改进》引进吸收了教育行政学、公共财政经济学的原理,以考察得来的数据和具体事实为依据,对中国教育财政进行实证化考察。沈亦珍的《中国初等中学天才儿童比较教育计划》则吸收了导师浩林渥斯的思想,运用了文献综述、调查分析、同类组比较和心理测量等方法,进行特殊儿童智力的实验比较研究。

留美博士生主要从历史主义取向、实用主义教育哲学以及教育研究的实证化方法进行中国教育问题的探讨,在具体方法上则吸收了历史法、比较法、调查法、问卷法、统计法、实验法、心理测量、智力测量法,推动了教育研究的科学性和本土化探讨。

第三节 与近代中美学人中国教育研究的比较分析

近代中国教育研究是在救亡图存、社会文化启蒙的时代大背景下,牵衍出的学术关怀与社会命题。为深入考察留美生博士学位论文的价值,应置于比较的视野,对中国教育的中美研究状况作一简要比较。

一、与国内中国教育研究的比较分析

国内学人对中国教育的论述,可谓卷帙浩繁,考察起来是一项十分浩大

---

① 王坤庆:《教育学史论纲》,湖北教育出版社2000年版,第190页。

② Douglas Fryer, Book Reviews: Contributions to Mental Measurements, *Social Forces*, Vol. 5, No. 2, Doc., 1926, P. 337.

③ Feng-Gang Wang, *Japanese Influence on Educational Reform in China from 1895 to 1911*, Peiping:Authors Book Store,1933, Ⅶ.

的工作,但可以从邰爽秋编纂的《重要教育问题论文索引》略窥一二。①《重要教育问题论文索引》统计了民国初年至1928年间国内期刊发表的相关文章,共计有1965篇。其中有关职业教育387篇、民众教育233篇、青年问题及青年教育172篇、儿童问题及幼稚教育151篇、测验及统计142篇、教育权及教会教育问题129篇、妇女问题及女子教育87篇、乡村教育74篇、图书馆教育73篇、汉字改革及国语问题58篇、国民教育56篇、留学问题56篇、体育53篇、华侨教育50篇、两性教育42篇、学潮问题22篇、党义教育40篇、公民教育35篇、艺术教育35篇、军事教育28篇、国际教育14篇、科学教育11篇、私立学校问题10篇、内蒙古教育3篇、新闻教育2篇、音乐教育1篇、医学教育1篇。从统计整理可以看出,在研究关注的内容上,南京国民政府建立之前,国内对中国教育的研究,主要集中于职业教育、民众教育、青年教育、儿童教育、教育测验统计、教会教育、妇女教育、乡村教育等方面。其中有关职业教育的文章有387篇之多,占总数的19.7%,足见他们对与民众生计关系最为紧密的职业教育的重视。有关民众教育与乡村教育的研究文章紧随其后。国内对中国教育的研究有"眼光向下的"趋势。国内学人也紧随世界潮流,从事新兴的教育测验统计研究,此类研究文章的数量也位居前列。青年教育、妇女教育、教学改革研究也引起了国内学人足够的重视,儿童教育、国民教育、公民教育都属于基础教育范畴,这也是国内论文重点讨论的对象。整体来看,在南京国民政府成立前,国内学人对中国教育的讨论,侧重基础教育、教会教育以及新兴的教育测验统计研究。

留美生博士论文的中国教育研究同国内研究相比,二者共同之处在于皆重视民众与乡村教育、教会教育、教育测验统计以及课程教学改革的研究,这些主题都是社会热点问题。不同之处在于留美生的博士论文还侧重于高等教育研究,呈现出精英教育意识,对于初等教育、基础教育研究不如国内看重。此外,博士论文对职业教育的研究虽多有涉及,但专题性论文并不多见,这与国内职业教育研究的繁荣景象迥异。在研究风格上,国内比较注重宏观论述与政策阐释,虽然教育测验统计研究占有较大比重,但从事这些研究的人员多有留学背景。陈友松曾对国内的教育研究提出批评,他指出"中国教育行政学领域的学者,只通过阐述原理与政策以及描述实际状况来探讨财政这一主题,而很少给出充分的实际数据"②。而留美生的博士论

---

① 邰爽秋等编:《重要教育问题论文索引》,国立中山大学教育研究所1929年版。
② 陈友松:《中国教育财政之改进——关于其重建中主要问题的事实分析》,方辉盛、何光荣主编《陈友松教育文集》,社会科学文献出版社2009年版,第11页。

文大多是窄而深的研究,具有十足的实证主义风格。

二、与美国中国教育研究的比较分析

早期美国学者对中国教育的研究并不十分看重,这是中国教育发展程度、国际地位使然。其研究多散见于来华传教士、远东问题专家的撰述,以普及性的介绍为主,严格来说还谈不上真正的教育学术研究。随着中国新教育改革的深入,中美教育交流的增进,以及美国中国学的兴起,中国教育也越来越多地被美国教育学者纳入研究视野。其中,以杜威、孟禄、麦柯尔为代表的美国教育学者,曾在20世纪二三十年代多次来华考察访学,发表对中国教育的看法,观点独到。

杜威在民国时期的中美教育交流中占有重要地位,其对中国教育的影响可谓深远。"1919年4月30日,杜威应北京大学、南京高等师范学校和江苏省教育会等学校和教育社团的邀请,抵达上海"[1],受到昔日弟子胡适、蒋梦麟、陶行知等人的迎接,直至1921年8月转道日本归国。前后历时两年多,辗转中国10余省的70多个城市,共进行了大大小小的200多场演讲[2],其中以北京的五大系列讲演和南京的三大讲演为著。杜威来华讲学期间,广泛播布他的实用主义思想,发表对中国教育的看法,影响遍布整个中国学界。

杜威对中国教育的考察,主要以宣介实用主义和平民主义教育思想为主,侧重理论思想的指导,不同于教育史家孟禄倡导的调查统计的分析路径。胡适将杜威教育学说的要旨总结为,"教育即生活""教育即是继续不断地重新组织经验""教育乃是社会进化和改良的根本方法""学校自身须是一种社会的生活"[3]。可以说,杜威的教育哲学是一种经验主义哲学,而经验的归宿是为了个体应对环境的适应,他强调思想理论的工具性质,而教育是社会进化和改良的方法。对于中国教育,他主张教育要与生活相联,学校与社会相联,强调学生的自主性,提倡平民教育。他指出平民主义教育的两个要素为,"发展个性的知能","养成协作的习惯","实施平民教育的方法是要使学校生活真正是社会生活"[4]。据《杜威来华讲演一览表》统计,杜威发表的230多场演讲中[5],其演讲篇目多以"平民主义""民治""自治""社会进化"、

---

[1] 田正平主编:《中外教育交流史》,广东教育出版社2004年版,第523页。
[2] 元青:《杜威与中国》,人民出版社2001年版,第227页。
[3] 元青:《杜威与中国》,人民出版社2001年版,第225页。
[4] 《教育大辞典》编纂委员编:《教育大辞典》(第10卷),上海教育出版社1991年版,第405页。
[5] 田正平主编:《中外教育交流史》,广东教育出版社2004年版,第523—531页。

"教育哲学"为主题词,突出地反映了他对教育普及、个体自由、教育民主、社会进化的重视,而这正是实用主义教育思想的主要内容。留美生与杜威都大力主张民主教育、平民教育,在他们看来,中国的民主教育在于面向民众,进行普及教育,创造教育机会平等,也在于政治民主化,教育的科学化、专业化。

美国教育史专家孟禄也与中国教育研究结下了不解之缘。孟禄对中国教育的早期研究,主要体现在1905年出版的《教育史教科书》,此书被美国多所大学定为教育史参考资料,具有代表性。书中第二章专论中国古代教育的目的、教材、组织、教法、考试制度以及家庭教育等方面,"名为'东方教育,复演式教育,中国为代表'(Ouiental Education, Education as Recapitulation. The Chinese as a Type),未谙中国文字之欧美人士论中国教育时多以本章为依据"①。孟禄虽对中国古代教育的特点作了独到总结,但相对简单,处于"隔雾看花"阶段。由于不明了中国的历史文化和古籍内容,"无论从历史方面,或从理论方面而说,孟氏的结论以为中国教育为复演式教育的代表,当是管蠡之见,未窥得事实的全貌"②。"该章内容多取材于教会人士的报告与著述,其评论难免肤浅,带有较强的主观色彩,引证的史料值得推敲。"③

孟禄于1913年访华,随后在1921年至1937年又多次来华调查讲学,前后共有10余次④,其对中国教育的看法和研究也不断深入。其中,以1921年至1922年的来华讲学最具典型意义。此次来华调查讲学,是应中国实际教育调查社之邀,前后历时4个月,先后考察了北京、天津、开封、南京、上海、杭州、厦门、广州等14个城市。在考察预备会上,孟禄参与制定了教育考察的主题,分别为组织、课程、教法、行政、教员之养成、特别教育、职业教育⑤,以诊断中国的教育弱点,为教育改革提供建议。孟禄对中国教育的看法与建议可以归纳为五点:"一为科学之重要与中学教授法之不良,亟应改革。二为教师兼任数校,视同传舍,破坏教师职业之精神。……三为视学制度之不

---

① 《孟禄博士对于中国教育批评的我见》,郭齐家选编《陈景磐教育论文选》,北京师范大学出版社2004年版,第279页。
② 《孟禄博士对于中国教育批评的我见》,郭齐家选编《陈景磐教育论文选》,北京师范大学出版社2004年版,第284页。
③ 王小丁:《中美教育关系研究(1840—1927)》,四川大学出版社2009年版,第286页。
④ 周洪宇、陈竞蓉:《孟禄在华活动年表(1913年5月—1937年6月)》,《华东师范大学学报(教育科学版)》2003年第3期。
⑤ 《报告孟禄博士在华活动》,陶行知《陶行知全集》(第11卷 补遗1卷),四川教育出版社2005年版,第47页。

良。视学须匡辅教师之不逮;并非徒作学校之侦探。美国学校辅助员,多系专家,分工极细。吾国视学……其视察犹学政之观风,是亦亟宜改良。……四为行政上之各种标准,实为行政之要,是应由专家调查制定。五为人民对于私塾之信仰,如何能移之于新学校。"[1]孟禄主要分析了中国教育存在的公平问题、行政效率问题、设施建设问题、经费筹措问题、师资培养问题、教法问题。这些问题具体而实际,反映了当时中国教育面临的现实困境。其提出的改良方法和建议科学而先进,别有特色,如专家治校与决策、学龄儿童入学机会平等、教育经费应由地方负担。再如,他主张教育的标准化建设,包括建立教育设施卫生标准、课程标准、学生进步标准、行政效率标准、教师职业标准等。在教法上,主张"要应用'学由于做'的原理……而且要与社会发生关系"[2],也颇具实用主义色彩。

留美生博士论文的中国教育研究同孟禄的研究相比,二者共同侧重教育行政制度建设、教育测验统计研究。教育的公平与效率问题、城乡差距和地区差异问题,以及教育的财政问题、师资问题,也是他们共同关注的重要论题。如傅葆琛出于教育机会均等的考虑而关注乡村小学课程重建。陈友松则提倡对中国教育财政制度进行科学化、专业化改革,主张提高现有条件下教育经费的使用效率,采用教育专家提倡的最经济、简单的教育方法,颇有专家决策的色彩。钟鲁斋建议吸收美国学校委员会的做法,组织教育学者进行研究、设计和规划教育政策,并加强法制建设,以促进教育的民主管理。欧阳湘、魏永清、李抱忱等人,则集中进行师资问题的专题研究。在研究方法上,他们共同倡导测量法、调查统计法,讲究实证主义。这些方法不仅留美生广为提倡,而且也受到国内教育学者的普遍重视,"近来教育学者对于教育调查的论文甚多,其性质有系普遍的,有系片面的;有系已经发表的,有系尚未公布的"[3]。

留美博士虽师承于这些美国教育学者,但其对中国教育的研究,也有自己思考的独到之处。如他们从中国的教育历史和现状出发,尤其强调制度统一与环境稳定对中国教育改革的特殊意义。庄泽宣主张组织更加稳定的中央政府,"省政府建立在拥有更多自治权和确切职责的健全基础上",将有助于克服教育改革的诸多苦难;钟鲁斋则希望建立和平的政治环境,"教育

---

[1]《孟禄博士与各省代表讨论教育之大要》,陶行知著,方明主编《陶行知全集》(第1卷),四川教育出版社2005年版,第337页。

[2]《孟禄博士与各省代表讨论教育之大要》,陶行知著,方明主编《陶行知全集》(第1卷),四川教育出版社2005年版,第332页。

[3] 程其保编:《学务调查》,商务印书馆1930年版,序言。

资源将能大大地增长";范崇德在中国乡村课程改编中,也意识到中国统一的重要意义。在教学上,他们则提倡国语统一以及教材的标准化。当然,他们也看到了政府过度控制带来的教育行政化危害,为此建议要明确教育机构权责,加强教育专业化建设。在对待中国传统教育资源上,留美生并非如美国教育学者一样,对其过度批判。郭秉文、蒋梦麟、杨亮功等人曾指出背诵记忆法的积极意义,在多年以后的回忆中还流露出对中国传统教育的感激之情。在研究中国教育的过程中,留美博士还面临着中国学术独立和教育转型问题,这是美国教育学者所不曾面临的课题。他们多主张对传统教育资源进行整合,编写适合中国教育实际的教材,推进中国教育的现代转型。

留美生博士论文的中国教育研究,以其共同的问题关怀和独特的价值追求,丰富了中国教育研究的内涵。论文发表后,也获得了海内外学界的肯定。

本章小结

留美生中国教育研究的博士论文,因其独特的选题视角,翔实的内容分析,扎实丰富的资料依据,科学的研究方法,严谨的论证研究,以及联系现实的人文关怀,在国内外学界产生了重要影响。虽然部分研究还较粗糙,但这批诞生于美国教育研究学术场域中的留美生学术成果,同海内外的研究相比,既有共同的研究取向,又有自己独特的问题关怀。留美博士生将融会吸收的美国新式教育理论方法,用于中国教育研究,彰显了学术功力与家国情怀。

研究中国教育的博士论文,因其高质量的研究价值,在国内外众多出版社出版,一些专业期刊予以介绍,一些学者还撰写书评予以肯定,受到了国内外教育学者、远东问题专家的关注。这是一种重要的知识生产,它的重要社会价值在于向西方世界介绍中国教育基本情况并发出中国声音,促进了中美文化交流。同时,博士论文还展现了浓厚的现实关怀,论文关注国内的教育改革、社会改革,其进行的问题研究、提出的教育改革设计为中国教育现代化提供了参考方案。在学术上,这些论文成为中国教育研究学术新域开拓与深化的重要成果,如在中国教育制度史、中国教育财政学、中国教育测量学、中国乡村教育改革等方面。同时,留美生还通过博士论文以自身的母语文化优势,借鉴西方学理与话语进行梳理、把脉中国教育,积极争取中国教育研究的话语意义赋予与阐释,争取对中国教育研究的指引导向与鉴定评判,参与并选取中国教育研究的重要讨论议题,初步构建并丰富了中国教育研究话语体系,在此过程中留美生的中国教育学术本土化意识也逐渐觉醒。

第七章　留美博士归国后的学术移植与实践播演

留美博士经过在美大学专门的学术训练和美国导师的系统指导，采用容受的西式研究理论与方法，搜集整理中国教育材料，从事中国教育研究，在海外开花结果，在域内移植新生，既开辟了新的教育研究学术新域，又服务了近代中国国家社会需求，展现了交流成长型的中国式教育现代化学术研究的重要作用。因留美生博士论文中国教育研究成果关涉领域广，涵盖议题多，又受到留美生归国后个人职业际遇、国内思潮和时局的影响，其归国后的中国教育研究除延续了博士论文的研究脉络、理论方法外，在内容上还有很大拓展，并同中国近代教育改革活动密切相关，表现出多样的演变样态。留美博士学成归国以后，多数人从事教育领域的职业并成为中坚力量，他们继续探讨和关注中国教育，而在博士论文成果基础上的中国教育研究也得以在国内生根发芽。

第一节　留美博士的中国教育思想演变与学术移植

一、留美博士的中国教育思想演变

留美博士的中国教育研究勃兴于近代中国"教育救国"思潮，也受到美国当时教育学术研究动态走向的影响，"因基于美国人寻求了解中国现状的急切需求"，美国的中国研究"不再局限于文史语文为主的范围"[1]。尽管在时人看来，存在着"拿中国的题材到欧美大学来做博士论文，这的确是轻易讨巧的办法"[2]的问题，也有一些留学生导师"利用中国助手，以解释例证，代

---

[1] 许倬云:《北美中国历史研究的历史和走向》，朱政惠、崔丕主编《北美中国学的历史与现状》，上海辞书出版社2013年版，第74页。
[2] 秉祥:《从留学讲到救国》，《再生杂志》1932年第9期。

寻引证,及解决语言困难问题之办法"[1]等现象,但是从留美博士的求学经历、学术贡献与归国后的社会影响来看,他们所从事的中国教育研究更多的是他们的志业学习与中国现实社会改革的一种契合与共振。

以研究中国乡村教育的傅葆琛、张伯谨、李美筠、朱炳乾、范崇德等人为例,他们的博士论文展现了深厚的学术功底与素养,基本奠定了他们今后的中国乡村教育研究走向。在学成归国后,他们多数继续从事与之相关的教育研究工作,如研究四川彭川县乡村教育改进的李美筠,归国后历任金陵大学、私立金陵女子文理学院、南京师范学院教授,"长期从事营养、卫生学的教学和研究工作"[2],著有《儿童营养学》,继承了博士论文中有关乡村儿童卫生、营养学的研究思想,继续从事儿童营养、卫生的专题研究。

研究中国乡村教育制度行政重组问题的张伯谨,于1935年取得康奈尔大学教育哲学博士学位,1936年学成归国后主要从事于教育行政领域的工作,历任燕京大学教授、中国国民党中央政治委员会教育专门委员、国民参政会参政员、国防最高委员会教育专门委员、湖北省教育厅厅长、北平市副市长、河北省教育厅厅长等职[3],著有《美俄德意之青年组织与训练》《东南亚洲之现在与将来》《湖北省政府三十年度教育中心工作》等书,并在《教育杂志》《教育改造》《教育通讯》《中国青年》《新湖北教育》《湖北青年》等诸多期刊上发表了大量有关中国教育讨论和研究的文章。

张伯谨的中国教育研究思想发展演变脉络表现为在20世纪30年代延续了博士论文有关中国乡村教育研究主题的探讨。1935年10月,张伯谨在哥伦比亚大学教育研究院写成《乡村教育上亟待解决的两个问题》一文,并发表于《教育杂志》,而早在同年6月张伯谨就已经完成并提交给康奈尔大学博士论文《中国乡村教育制度的行政重组——基于正定县的分析》。《乡村教育上亟待解决的两个问题》一文的核心内容,基本上是张伯谨博士论文的思想结晶,同时也是回应国内乡村教育建设运动的社会需求。20世纪30年代,中国农村出现了严重的危机,广大农村地区经济发展趋于停滞,社会贫富分化现象严重,地区发展差距也逐渐加大,呈现出"农村破产"的现象。为应对农村危机,社会上发起了"救济乡村"复兴农村经济的运动,在教育领域表现为乡村教育建设运动的兴起。张伯谨结合自己博士论文的研究成果,

---

[1] 王光祈:《近五十年来德国之汉学》,《新中华》1933年第17期。
[2] 《江苏省高等学校教授录》编委会编:《江苏省高等学校教授录》,南京大学出版社1989年版,第337页。
[3] 刘国铭主编:《中国国民党百年人物全书》(上册),团结出版社2005年版,第1209页。

也投入到对乡村教育建设的讨论中来,并提出了自己的认识,他对构建"政教合一"和村有村学、乡有乡学的乡村建设模式持保留态度。他提出了乡村教育制度或组织的改良要走一条"调查研究—发现问题—分析原因—依据原理与经验试拟方法"的技术路线,"第一要先研究实际的情形,想法发现问题或难点之所在……还要根究并分析所以成问题之原因;再本着固有的原理,和已经行而有效的经验,才能试拟一个临时救正的方法"①。这种对中国乡村教育的科学研究方法,同其留美时的学术训练和博士论文的研究方法一脉相承,显现出经验实证的特征。张伯谨倡导的中国乡村教育行政改革的前置条件,是要注意中国固有的传统习俗,并考虑到实际国情。中国乡村教育亟待解决教育行政单位和经费两大问题,前者源于中国当前地方教育行政单位在村不在县,县教育局局长无实际事权,"行政单位的面积过小,不但经费多耗,效率减少,并且在教育机会均等和教育经费的负担平均上,也是一件不易作通的事"②,解决之法在于建立以县为中心的地方教育行政单位,统一事权;后者在于当时中国乡村小学经费的支持以村自行筹措为主,县级教育局支援不力又迫令各村设校,穷富各村负担不公,经济状况较差乡村反而负担较重,农民反而比富户商人负担重,解决之法在于以县为单位"扩大征收学捐单位并划一税率","扩大征收学捐的对象",学捐不应以农民为对象而应扩大到全县所有群体阶层,"征收遗产税及烟酒或其他奢侈品税"③。文中这些有关中国乡村教育行政改革的问题分析、思想方法和研究路径,正是张伯谨"调查河北几县的教育情形时发现的",也是基于其博士论文的研究成果,而其理论思想则源自美国进步主义教育史家克伯莱、研究墨西哥民众教育的顾芬丽以及宾夕法尼亚大学教育学院院长葛瑞夫斯诸人对乡村教育以县为中心统一管理、扩大事权的思想,如克伯莱提出的"乡村教育在管理及组织方面须要统一,在区域方面须要扩大,在目的及课程方面须要不同",宜以县作为地方教育基本行政单位;葛瑞夫斯提出的"比较有效而经济的改造乡村教育的方法,是以县为地方行政单位"④,以便增加乡村儿童受教育的机会,提升教育效率。

留美归国以后,张伯谨继续对中国乡村教育进行研究和探讨,并关注美、日两国的乡村教育情况。在1936年至1937年间,先后在《教育杂志》上

---

① 张伯谨:《乡村教育上亟待解决的两个问题》,《教育杂志》1936年第3期。
② 张伯谨:《乡村教育上亟待解决的两个问题》,《教育杂志》1936年第3期。
③ 张伯谨:《乡村教育上亟待解决的两个问题》,《教育杂志》1936年第3期。
④ 张伯谨:《乡村教育上亟待解决的两个问题》,《教育杂志》1936年第3期。

发表了《美国对于农民生活之推广教育》《乡村师范学校的课程问题》《日本都市与农村之关系》等文。乡村教育建设运动的展开需要人才,人才的培养亟须师资的养成,张伯谨极为关注乡村师范学校的课程问题。在理论上,他继承了博士论文的研究思想,主张乡村师范学校课程要能改造当前的乡村生活,要同社会相连接;在方法上,继续倡导调查式的实证研究,从问题分析的研究路径探讨乡村师范学校的课程设置。张伯谨对乡村师范学校的课程设置有着实证精神和深刻的问题意识,从乡村师范学校的培养目的、教员的实际任务与困难、乡村课程的自身教育规律以及教育行政职能权责的角度,系统地提出了乡村师范学校课程设置的原则、依据标准、内容和方案。他认为,"乡村师范学校的目的,是在造就小学教员,换言之便是适合教导儿童的人员","乡村师范学校的目的,既然有主副之分……当然要侧重在教师训练的课程而次及于乡村建设等科目"[1],进而提出"乡村师范学校的课程,除了必修的科目以外,应当添授乡村教育、乡村社会、乡村经济、农业卫生及各种合作的科目","在时间的分配上,应当有多少之别,至多以不超过全时间之三分之一为限","在教授的目的上,应当有主、副之分,而主要的目的还是造就好小学教员","乡村教育和乡村小学实习管理等是不可或缺的","要使他们在时间精力许可的范围内,去作民众教育的工作,在困难期间,尤应注重于国家观念的养成,民族意识的唤起和体格锻炼之重要"[2]的方案,主张宜在县政府教育行政系统下设置专门人员负全责办理乡村教育建设事宜。张伯谨对乡村师范学校课程设置的研究路径、方案,直到今天看来也是极有借鉴意义的,如课程的设置应依据培养目的和主次任务确定,应"详查实际",应考虑到教员实际任务和困难,而不是凭空构造或盲目添加任务,否则矫枉过正,影响乡村教育的效度。

在全面抗日战争爆发前后,张伯谨将教育研究的内容和主题转向了满足国内抗战需求的探讨,将关注的目光聚焦于介绍日本教育思想与现状。在此期间,他在《教育杂志》专栏上集中发表了十几篇译介文章[3],介绍了日

---

[1] 张伯谨:《乡村师范学校的课程问题》,《教育杂志》1937年第1期。
[2] 张伯谨:《乡村师范学校的课程问题》,《教育杂志》1937年第1期。
[3] 1936—1937年间,张伯谨在《教育杂志》"世界著名教育杂志摘要"专栏连续译介发表了《日本精神之解释及其研究法》《最近日本青年和少年的心理倾向》《儿童的交友关系及其指导法》《都市儿童的生活和经济观念》《儿童的人生观》《教育方法学上的研讨》《教育革新之秋》《日本都市与农村之关系》《现时学校中道德教育之缺点》《实科教育与人格陶冶》《国民主义与国民教育》《教师的力量和儿童的力量》等12篇文章,内容全是日本教育学者的论著。

本教育家井上哲次郎、小川正行、入泽宗寿、佐佐木秀一、稻富荣次郎、塚原政次、松田友吉、津田信良、泽田五郎、本田正信诸人的教育思想,主要涉及日本儿童教育、国民教育、实科教育、道德教育、教育理论等方面的成果。张伯谨对日本教育思想界和教育现状的关注,为国内进一步认识日本国情提供了途径,显现出教育服务社会的作用。全面抗日战争爆发后,张伯谨将其研究转向了战时教育,服务于抗战建国政策,先后发表了《卑而不高的战时教育论》《抗战以来所得到的两种认识》等文章,提倡改进战时教育,加强民众训练,坚定抗战必胜信心。他总结抗战经验认为"第一是敌人之诡诈残暴,第二是敌人之不足畏惧","这两种认识,不但给抗战前途摁下必胜的种子,并且给将来建国,也立下很深的基础"[①]。

1940年以后,张伯谨应陈诚之邀任职湖北省政府委员兼任湖北省教育厅厅长,主持湖北省的教育建设,并先后发表了《湖北之施行计划教育》《湖北初等教育概述》《本省国民教育实施计划及其问题》《计划教育之三个步骤》《两年来的新湖北教育》《新湖北建设中之教育文化问题》《计划教育之实施》等文章,宣传并推行计划教育,计划教育的目的在于"即实现三民主义",方法上"即适合国家地方和个人的需要",首要在于确立中心思想"三民主义"[②],将教育纳入国民政府的整体控制轨道,主张以县为中心对湖北基础教育进行整顿,思想上加强所谓的"三民主义"思想教育。另一方面,张伯谨主张加强对青年的思想教育控制以及干部训练的关注。

整体上,在20世纪40年代,张伯谨的中国教育研究思想由早期注重公平效率和战时服务的乡村教育思想转向为推行国民党"三民主义"的教育思想,服务于国民党的"党化教育",以强化国民党政府对思想教育的控制,而其博士论文里提出的以县为中心的地方教育行政单位统一事权的思想,同国民党政府加强基层政权控制的"新县制改革"产生了共鸣。因此,张伯谨此时的乡村教育改造思想具有浓厚的行政推行的特征。张伯谨博士论文的一些改革思想,如"县应是学校系统的行政和税收单位""建立9个高等小学和中心小学""将小型学校集中为综合学校"[③],也为国民党政府"新县制改革"所吸收。

博士论文同样研究中国乡村教育的傅葆琛,1924年冬归国后,参加了中

---

① 张伯谨:《抗战以来所得到的两种认识》,《广播周报》1939年第181期。
② 张伯谨:《计划教育之三个步骤》,《新湖北教育》1941年第1期。
③ Pe Chin Chang, The Administrative Reorganization of the Educational System of a County in China Based on the Analysis of Cheng Ting Hsien, An Abstract of a Thesis, N. Y.: Cornell University, 1935, pp.6—8.

华平民教育促进总会的工作,在乡村教育领域继续深耕并推动中国乡村教育改造,逐步成长为中国乡村教育研究领域颇有影响的教育家。傅葆琛留美时不仅在俄勒冈州农科大学森林学院、耶鲁大学森林学院、康奈尔大学农业研究院乡村教育系等校学习农类专业,而且提交给康奈尔大学的博士论文 Reconstruction of the Chinese Rural Elementary School Curriculum to Meet Rural Needs in China(《以满足中国乡村需要为目的的中国乡村小学课程重建》)[1]专题研究中国乡村教育改革,是留美博士生将志业学习与救国情怀相结合的代表。

傅葆琛归国后受晏阳初的邀请参加中华平民教育促进会的乡村教育工作,将早年在法国从事的华工识字教育理念融入早期的乡村教育,认为"最根本的办法是必须从扫除文盲入手,使全国人民都能受到最低限度的教育,他们才能抬起头来,伸直腰杆,努力生产,讲求卫生,团结互助,消除自私自利的缺点,把中国变成一个富强的国家"[2],傅葆琛主张从教育入手改造中国乡村的思想,源于晏阳初为代表的"平教派"系统,他们理论的中心是"认定社会的病象,以教育为主体,进而建设乡村,再造民族"[3]。傅葆琛将中国乡村教育的研究重点置于乡村调查、乡村课程设置、师资培养与乡村扫盲识字教育上,不仅继承了博士论文有关乡村教育课程改革的思想,提出了普及乡村教育的构想,而且将博士论文采用的调查研究法发扬光大。他先后发表了《中国乡村教育的前途》《乡村平民教育实施方法的商榷》《中国乡村小学课程概论》《乡村平民教育大意》《乡村卫生问题之分析及促进乡村卫生方法之商榷》等文章,系统地阐述了他归国后的中国乡村教育改革思想。首先,从理论上探讨中国乡村教育的必要性,分析中国乡村教育的问题,从而回答了中国需要什么样的乡村教育,并进一步展开中国乡村教育的内容和方案的探讨。他认为中国积贫积弱的主要原因在于"国民大多数没有受教育",而农村人口占绝大多数,中国当时的乡村教育不仅内容陈旧,规模上又远不及城市教育,为此他主张培养师资,改进课程内容,应用平民教育的精神来办乡村教育。[4]因此"乡村平民教育,是对待城市平民教育而言,就是在乡下

---

[1] 一译《中国乡村小学课程之改造》,参见《傅葆琛先生生平和著作年表》,陈侠、傅启群编《傅葆琛教育论著选》,人民教育出版社1994年版。
[2] 傅葆琛:《我与平教会》,陈侠、傅启群编《傅葆琛教育论著选》,人民教育出版社1994年版,第418—419页。
[3] 桑兵、关晓红主编:《先因后创与不破不立:近代中国学术流派研究》,生活·读书·新知三联书店2007年版,第389页。
[4] 傅葆琛:《中国乡村教育的前途》,《清华周刊》1925年第349期。

办的平民教育……就是为乡村失学的青年和成人(年岁在学龄以上而未入学校的)办的各种相当的教育",同义务教育相比又有所区别,"乡村义务教育是指普通乡村的初小教育而言,就是为一般学龄儿童办的教育"①,"乡村平民教育为平民教育一部分之工作……即在乡村举办之平民教育;换言之,即为乡村人民所办之平民教育也",其狭义目的"是使乡村失学之青年、成人在最短期内受中华民国国民必不可少之教育",包括"文字教育""生计教育""公民教育"②,而这些思想同傅葆琛博士论文所主张的中国乡村小学的经济职业、社会公民、个人修养三个有机组合的教育目标基本一致,"应使每一个中国乡村儿童健康、快乐、聪明,不仅有可能成为一个高效的农民,而且有可能成为一个有能力的国家公民,成为一个对人类社会有帮助的人"③。从中可以看出,傅葆琛归国后早期的中国乡村教育思想,以"乡村平民教育"为指称,带有浓厚的普及教育色彩,但又同义务教育的施教对象有所不同,在范畴上同城市平民教育是一对概念,可看作是从国情出发的乡村教育的"平教化",当然这种思想特征同傅葆琛早年在法国从事的华工教育有着思想渊源。傅葆琛又认为,"教育既是根据社会的情形,以适应人民的需要,故必须按照人民的生活习惯、环境经验,去预备教材和教授法",那么中国乡村平民教育的实施"必须根据乡村社会情形去办,而不能仿效城市平民教育的办法"④,诚如其博士论文所论,研究中国乡村教育应认识到城市教育与乡村教育的差别,应考虑人民的需求,设置中国乡村小学课程"使之适合乡村的实际情况和需要"⑤。

在理论上指导中国乡村教育应在考虑城乡差异、国情以及人民需求的前提下,如何来实现这些目标,那么实地访求、科学调查和问题式探究应是题中之义,这也与傅葆琛博士论文倡导的科学研究法相符。傅葆琛归国后尤其推崇调查研究法,大到中国整体乡村教育状况的调查,小到具体教学对象、课程设计的研究。在主持中华平民教育促进总会乡村教育部工作时,傅

---

① 傅葆琛:《乡村平民教育实施方法的商榷》,《教育杂志》1926年第10期。
② 傅葆琛:《乡村平民教育大意:何谓乡村平民教育》,《教育杂志》1927年第9期。
③ Paul C. Fugh, Reconstruction of the Chinese Rural Elementary School Curriculum to Meet Rural Needs in China, *The Chinese Social and Political Science Review*, 1925, Ⅸ, No.3, P.468.
④ 傅葆琛:《乡村平民教育实施方法的商榷》,《教育杂志》1926年第10期。
⑤ Paul C. Fugh, Reconstruction of the Chinese Rural Elementary School Curriculum to Meet Rural Needs in China, *The Chinese Social and Political Science Review*, 1925, Ⅸ, No.1, P.3.

葆琛即参与到定县的教育调查,此后曾到保定以及河北南部各县进行乡村教育调查,在《新教育评论》《晨报副刊》《农民》等期刊上发表了《保定乡村平民学校第一次调查》《直隶南部各县乡村平民教育的状况及最近旅行观察所得的感想》《视察保定乡村平民教育的报告》《定县乡村平民教育普及的计划和进行的情形》等文章,报告华北地区乡村教育调查状况,研讨中国乡村教育,引起社会的重视,进而从整体层面架构和展望中国乡村教育的未来规划。在乡村小学课程的设计上,傅葆琛提倡调查研究法,主张要注意调查城乡环境、人事、个体、行为的差异,"调查乡村社会情状,分析乡村儿童通性……定为具体的目标"[1]。

在开展中国乡村教育的内容和途径上,傅葆琛归国早期将乡村教育研究的重点放在乡村小学课程编制、师资训练、乡村卫生教育以及扫盲识字教育上,他提出的乡村教育改革方案为"中国宜多设师范教习所……宜极力注重乡村教育","训练乡村教师的课程","乡村教师的薪水不宜太低","中国的乡村教育,应该与该乡村行政机关合作",应用平民教育的精神来办乡村教育。[2]傅葆琛在博士论文里不仅详细讨论了师资培训的方法、经费、原则,而且归国以后还发表了《乡村领袖人才训练计划的商榷》《乡村人才质量的研究与乡村教育的责任》《乡村小学的地位与乡小教师的使命》等文,多次强调乡村教育建设人才培养问题,涉及培养原则、方法、途径、经费和内容等方面。傅葆琛归国后也很重视乡村小学的课程编制,1927年发表的《中国乡村小学课程概论》,其主要的理论思想、编制原则、步骤和内容架构基本派出于博士论文《以满足中国乡村需要为目的的中国乡村小学课程重建》,但也有些变化,如在编制步骤上将博士论文中的六大步骤扩增为八大步骤,增加了首项"用巴氏的归纳法,将乡村儿童之活动归纳于五项大活动中",反馈步骤则由原有的"应提供在课堂进行测试的计划和设备,以确定课程的可操作性和有效性"[3],细化为"测验乡村儿童智能将科目及应有的教材,分配于各学年中""课程实施之后,须根据所得之成绩,时时修正"两个步骤[4],课程的具体内容也有了细化修改。傅葆琛归国后,早期曾倡导识字扫盲教育,编辑有《农民千字课》《平民千字课的教学法》等书,1930年任职江苏省立教育学院

---

[1] 傅葆琛:《中国乡村小学课程概论》,《山东教育月刊》1927年第8—9号。
[2] 傅葆琛:《中国乡村教育的前途》,《清华周刊》1925年第349期。
[3] Paul C. Fugh, Reconstruction of the Chinese Rural Elementary School Curriculum to Meet Rural Needs in China, *The Chinese Social and Political Science Review*, 1925, Ⅸ, No.3, P.453.
[4] 傅葆琛:《中国乡村小学课程概论》,《山东教育月刊》1927年第8—9号。

以后,更是大力宣扬识字教育并整理识字材料,在整个20世纪30年代集中发表了有关识字教育和乡村教育人才培养的大量文章、讲演,如《乡村领袖人才训练计划的商榷》《文盲与非文盲的研究》《普及识字教育声中几个先决问题》《汉字'基本字'研究的初步》《民众识字教育与民众基本字》《民众识字教科书编辑原则的商榷》,识字教育是傅葆琛一直以来关注的乡村教育研究议题,直至20世纪40年代还有一些相关文章发表,如《对于汉字改革的两个建议》。在对中国乡村教育内容的改革上,傅葆琛还将博士论文有关中国乡村小学卫生教育的内容继续展开讨论,于1929年发表了《乡村卫生问题之分析及促进乡村卫生方法之商榷》,从衣、食、住三方面探讨乡村卫生问题,提出"卫生及医学机关团体,应实行'到乡间去'的政策","教育机关团体应促进乡村卫生教育,并提倡各种乡村卫生活动"[①],将平民学校的培养、社会的宣传、机构的建立、习惯的改良和体育的倡导结合起来。不过从实践条件来看,显然卫生及医学机关团体"到乡间去"的动力不足。

20世纪30年代,傅葆琛的中国乡村教育思想脉络表现出两条主线,除了用力于扫盲识字教育外,还表现出"民众教育"的话语转换这一条主线,高频使用"民众教育"一词,并发表了大量有关民众教育的文章、讲演词、著作,如《教育的真义与其他教育的关系》《提倡民众教育的人应注意的几个问题》《地方民众教育的几个普通问题》《地方民众教育问题讨论》《农村社会的改造与民众教育的实验》《民众教育分类的研究和商榷》《民众教育与乡村教育》《和民众教育家讨论民众教育的意义》《民众教育理论纲要》《民众教育与地方自治及社会生产力的关系》。由早期"乡村平民教育"的倡导者到20世纪30年代"民众教育"的号召者,体现了傅葆琛此时对乡村教育研究对象、范围、内容的转换与拓展,以及研究旨趣的变化,这是傅葆琛职业际遇、学术兴趣、国内时局以及乡村教育实践活动深化与角力的结果。1930年夏,傅葆琛应江苏省立教育学院之邀前去讲学,其后在那任职并主持研究实验部,同时主编在教育界颇有分量的期刊《教育与民众》。江苏省立教育学院前身是江苏省立民众教育学院,乃秉承孙中山"唤起民众"而设,是民众教育派的大本营,"以培养民众教育高级专门人才,以在下层建立'大众化的民主政治'为使命和特点",主张通过教育的途径推进乡村政治、经济、文化建设,组织民众,倡导政教合一。[②]同江苏省立教育学院职业上的学术交流,以及"以教

---

① 傅葆琛:《乡村卫生问题之分析及促进乡村卫生方法之商榷》,《医学周刊集》1929年第2卷。
② 桑兵、关晓红主编:《先因后创与不破不立:近代中国学术流派研究》,生活·读书·新知三联书店2007年版,第389、391页。

育入手推进乡村建设"的学术旨趣共识,为傅葆琛在20世纪30年代"民众教育"的话语转换提供了条件。不过无论是对民众教育派的"政教合一",还是对村治派以学校为中心的"政教合一",傅葆琛都颇不以为意,他曾指出中国乡村教育"到民间去"失败的三大原因之一即是"以乡村小学做改良社会唯一的中心"[1]。这一时期,傅葆琛对民众教育的概念、内涵、对象、范围、途径和方案进行了系统阐释和设计,并大力倡导之,他认为"民众教育,是为全国民众办的教育,就是全国国民的教育"[2],其施教对象包括失学者、非失学者、青年、儿童、无产者、有产者等,相比"乃是一种阶级的教育"的平民教育要广得多,其目的在于"唤起民众"。随着时局的变动,傅葆琛的中国乡村教育思想也有所调整,如在全面抗战爆发前后,傅葆琛将乡村教育关注重点置于农民的生计生产、青年训练和地方自治,还结合四川地方调查探讨非常时期的乡村教育,发表了《从乡村人口的生产率与死亡率说到乡村教育的出路》《四川的病根究竟在哪里?》《四川农村的现状说到四川农民的解放》《非常时期农民教育的商榷》《加紧青年的训练》《我们的农民教育实施方案》等文章,提倡发展民力,配合抗战建国政策。在20世纪30年代中期,乡村教育建设运动诸派"在自发联系过程中,如果说30年代初平教派是重心的话,那么进入中前期,雷沛鸿的国民基础教育派异军突起"[3]。平教派似乎感受到了危机,开始吸收国民教育的部分思想。至20世纪40年代,因受到国民党政府推行"新县制改革"运动的影响,国民教育成为当时社会讨论的热点,傅葆琛结合乡村平民教育的思想也加入讨论,发表了《抗战期中我们对于国民教育应有的认识与希望》《怎样解决我国民众的休闲生活》等文,提倡平民教育视角下的国民教育。

张伯苓、傅葆琛归国后的中国乡村教育研究思想演变,是留美博士归国后中国教育研究思想演变的两类代表,前者代表行政型中国乡村教育建设的发展脉络,后者代表社会团体型中国乡村教育建设的发展脉络。尽管因个人职业际遇、社会时局变迁以及学术兴趣转移的影响,留美博士归国后中国教育研究思想的外部表征有所差异,但内部机理整体上呈现出一体多面的特征。既继承了博士论文研究成果的主要思想、理论方法、学术旨趣,又随着国内教育实践的展开,对中国教育的研究范围、研究对象、研究内容、主

---

[1] 傅葆琛:《教育零话:在教育方面,乡村教育我以为是最要紧的》,《教育杂志》1929年第9期。
[2] 傅葆琛:《民众教育的真义与其他教育的关系》,《教育与民众》1930年第9期。
[3] 桑兵、关晓红主编:《先因后创与不破不立:近代中国学术流派研究》,生活·读书·新知三联书店2007年版,第401页。

题范围以及研究方法有所改进和拓展,表现出多面的特色。

二、留美博士与教育学术共同体

现代的学术交流与移植,离不开教育学术期刊、教育社团的参与。教育学术期刊与教育社团是教育学术群体展现教育学术研究价值、宣传教育思想、推介教育实践成果的公共空间与舞台,是学术研究群体营造学术共同体的重要场域。留美博士生群体早在留学时期就广泛地参与国际交流,创办期刊,发表教育研讨文章,参加海外有影响力的社团,联络教育界人士,进行教育交流并积极参与教育实践,这也是他们留美时所接受的现代学术训练的一种外在表现形式。如陈友松曾任世界教育联合会扫盲干事、全美教育学会名誉联谊会会员。晏阳初、傅葆琛留美时曾应基督教国际青年会之聘前往法国华工青年会工作,晏阳初在华工队担任青年会干事、《华工周报》编辑等职,后来傅葆琛继任《华工周报》编辑,他们在一战前后热心于华工识字教育,这也为他们后来从事中国平民教育研究和平民教育实践活动打下了基础。

研究中国教育的留美博士在学成归国以后,更是热心组织教育学术团体,创办学术期刊,他们将西方现代的教育学术交流模式引入中国并本土化,为中国式教育学术现代化贡献新生力量。通过这些教育公共空间,他们互通声气,研讨中国教育问题,加强交流。如1918年郭秉文、蒋梦麟参与发起成立了中华新教育社(次年改为中华新教育共进社),其宗旨为"直接输入东西洋学术,使吾国固有文化,受新潮之刺激而加速其进化率"[1]。其机关刊物为《新教育》杂志,蒋梦麟为主编,周围聚集了一大批教育界名流撰稿人,如郭秉文、陶行知、陈鹤琴、黄炎培、汪懋祖、韦悫、刘思成、俞子夷、陆志韦、张士一等。他们宣介教育新思想,鼓吹教育研究,探讨教育问题和教育改革。

庄泽宣亦注重专业性教育学术期刊的建设,创办了《教育研究》(广州),刊登"含有研究的性质或是可供研究的材料"的文章,"足蹈实地地做工夫"[2],以促进教育发展,移植新知。在浙江大学担任教育系主任期间,庄泽宣还与沈有乾、俞子夷等教育学人重新改订教育系课程,编印学系近况消息,建设教育研究会及指导学生进行教育专题研究,对浙江大学教育学系的发展起到举足轻重的作用。陈友松在主持湖北省立教育学院期间,鼓励学

---

[1] 转引自田正平:《留学生与中国教育近代化》,广东教育出版社1996年版,第391页。
[2]《告阅者》,《教育研究》(广州)1928年第1期。

生创办刊物,成立学术团体,培养了良好学风。傅葆琛在担任中华平民教育促进总会乡村教育部主任期间,编辑了《农民识字课本》,出版了《农民报》,它们虽非专业性的教育学术研究期刊,却对普及乡村平民教育卓有成效。

1947年的中国教育学会,其会员有郭秉文、蒋梦麟、庄泽宣、陈友松、阮康成、朱炳乾、方同源、朱君毅、朱有光、沈亦珍、宋恪、孙怀瑾、袁伯樵、胡毅、张伯谨、张敷荣、陈维纶、郭锡恩、许桂英、曾昭森、杨亮功、赵冕、程其保、曾作忠、钟鲁斋、欧阳湘、缪秋笙、檀仁梅等28位从事中国教育研究的留美博士[①],阵容可谓极其庞大,成为推动中国教育建设和改革的中坚力量,也是中国教育学术研究的重要生力军。

三、留美博士与学术规范建设

教育学术的移植,还离不开对现代教育学发展的规范与教育名词的厘定。1933年成立于上海的中国教育学会则关注了教育名词的审定,"教育名词审查,关系教育学术前途之进展至巨,本会成立不久,即注意此事,后经第四届理事会第二次会议决议与国立编译馆合作"[②],庄泽宣、刘湛恩、杨亮功在学会成立之初就分别加入并成为理事,参与审定教育名词的工作。在国立编译馆"编订学术译名"的工作中,庄泽宣、傅葆琛、胡毅、程其保等人成为39人规模的教育学名词审查委员会成员,庄泽宣、蒋梦麟、欧阳湘、朱君毅、程其保则作为第一批初审专家,胡毅、杨亮功、傅葆琛成为第二批初审专家,他们对教育名词进行审查整理,最终于1941年出版了《教育学名词》。檀仁梅、庄泽宣、朱君毅还分别编纂了一些教育类辞书,如檀仁梅与陈义祝合编的《教育学心理学辞典》(协和大学出版社1915年)、庄泽宣编的《教育学小词典(英汉对照)》(民智书局1930年)、朱君毅编的《统计与测验名词英汉对照表》(中华书局1933年)。这些教育类辞书的编撰与教育名词的审定,对中国现代教育学科的规范发展起到了不容忽视的重要作用。

留美博士还特别重视规范具体的教育学术研究实践活动,他们以新式学理和方法为指导,在研究程序、方法、内容等方面,对职业教育、两性教育、乡村平民教育进行规范的调查研究。庄泽宣在清华学校任教期间,首重实践,进行学科与职业兴趣的调查。傅葆琛开展了对中国北部乡村平民教育、四川各县教育的调查,钟鲁斋则进行两性学习差异的考察。1921年郭秉文

---

① 《中国教育学会会员题名录》,《教育通讯》1947年复刊第9期。
② 转引自张礼永:《民国时期审订教育名词的经过——官方学术机关与民间学术团体之间的合作》,《自然辩证法通讯》2012年第4期。

与黄炎培、范源廉发起成立实际教育调查社,邀请孟禄来华参与教育调查,扩大了国际交流。在20世纪30年代前后,随着民众教育运动的兴起,他们一些人更把研究心得和规范的研究程序与方法应用于对平民教育、民众教育的研究中,将学术与社会相联,进行教育的普及活动。傅葆琛归国后参加中华平民教育促进会,编纂平民识字读物,先后在保定、直隶、定县、南通、新都、川南等地进行调查,并开展乡村平民教育研究,还创建华西大学社会教育实施区、乡村建设系,"为中国储备乡建人才,研究乡建学术,实验乡建方法,提倡乡建事业,推动乡建工作,编刊乡建读物,供给乡建教材"[1],其乡建思想及对乡村教育研究的规范程序和方法,即源自博士论文的学术训练。庄泽宣则将博士论文的学术训练应用于国内教育学术实践,在中山大学任教时他提出用"中国社会的科学分析""适应社会的教育实验"来改造中国教育[2],创办花县乡村教育实验区、龙眼洞乡村教育实验区等,开展乡村教育实验。[3]瞿世英则在定县参与平民教育实验活动。赵冕在出国留学前,一边在江苏省立教育学院任教,一边在北夏民众教育实验区进行民众教育实验,民众教育实践经验极其丰富,留美时则进行了系统的学术训练,归国后无论是理论层次还是实践层次都得到了提升。

总之,他们普遍将研究成果应用于教育学术实践活动,规范学科发展,不遗余力地进行中国教育的学科建设、制度建设以及教育学术公共空间建设、发展规范建设,发挥学术研究指导教育实践的功能。同时又以教育实践来深化学术认知,形成比较成熟的教育理念,彰显着他们的中国教育建设实践经验与理论贡献。民国时期,留美博士生通过志业与研究的结合,在教育学术与教育实践之间建立了有机联系,推动了中国教育的整体发展。

第二节　留美博士与中国教育制度建设

从事中国教育研究的留美博士,在学成归国以后集中从事文教事业,多数人在大学、中学领有教职,其中有不下于42人担任过大学校长、教务长、系主任,而担任过教育系主任的至少有18人。可以说,他们在20世纪上半

---

[1] 傅葆琛:《华西大学乡村建设系概况》,陈侠、傅启群编《傅葆琛教育论著选》,人民教育出版社1994年版,第423页。
[2] 庄泽宣:《改造中国教育之路》,中华书局1946年版,自序第1页。
[3] 肖朗、王有春:《近代中国国立大学教育研究机构综论》,《高等教育研究》2012年第8期。

叶中国现代教育学的发展中占有特殊地位。在教育制度和实践层面,他们利用所学新知和自己早年的教育研究成果,从专业角度和中国教育的实际问题出发,在国内建设教育系科,开设相关课程,创办教育刊物,组建教研团队,进行教育实验、调查,不遗余力地推动中国教育的制度建设、学科建设,初步形成了中国教育的现代学科体系和发展机制,可谓专学专用,促进了中国教育的发展。当然他们很多人亦学亦政,并有担任过教育部长、厅长等教育要职者,广泛利用人脉和学缘关系,从政学两界共谋中国教育发展。他们归国后的教育实践活动,可以说是学以致用的最直观体现。

一、留美博士与教育系科建设

留美博士归国后的教育活动,除了开设教育课程以外,还重点从事教育院系、制度的建设,将吸收的新知和教育理论外化为具体的教育实践行动。如郭秉文回国后历任南京高师、东南大学校长,其擘画东南大学的办学思想为"四个平衡、三育并举、学术并重、民主治校、服务社会",在教育科系方面,他积极延揽人才,聘请了陶行知、陈鹤琴、朱君毅、程其保、郑晓沧等校友,建立了教育专修科,推动教育研究。

蒋梦麟则对北京大学学校建设、教育学科发展起到了重大推动作用。1924年北京大学教育学系成立后,蒋梦麟任教授会主任,聘请了李建勋、李蒸、朱君毅、瞿世英等留美学人,开设教育行政、乡村教育、教育统计、教育哲学等课程,培育教育人才。[1]在掌管北京大学后,提出"教授治学,学生求学,职员治事,校长治校"的治校方针,践行"本位主义""平民主义""实用主义""科学主义"的教育理念[2],而这与他的学科背景和接受的教育理念不无关系。在蒋梦麟及其教育同仁的共同努力下,北京大学教育学科建设得到快速发展,建立了必修科与选修科相结合的培养制度,开设了主科和副科两种课程,必修科有教育哲学、教育学、教育史、教育测验及统计等16门课程,选修科则有教育社会学、各科教学法、教育思潮等10余门课程,课程内容比较完备。

庄泽宣归国后在清华学校担任专门科主任,与朱君毅、孟宪承、张彭春、陈福田、戴志骞等学人筹设教育组,计划分成两门,一为培养教育行政人员,课程"注重于教育原理、教育行政一类",一为训练师资,课程"注重于教授方

---

[1] 王学珍、郭建荣主编:《北京大学史料》(第2卷),北京大学出版社2000年版,第1755页。
[2] 常河:《科学之精神、社会之自觉——不该被忽视的北大校长蒋梦麟》,《江淮文史》2013年第3期。

法,并与其他各门合作研究教材"①,推动了清华学校教育学科建设。在中山大学任教期间,为给研究生提供学术训练和修业的场所,庄泽宣仿照美国研究生培养模式创办了国立中山大学教育学研究所,确定了研究中国新教育背景、厘定字汇重估民众教育材料、研究国文教学问题的工作思路②,其目的在于"为谋中国教育问题之研究与解决"③,防止"国内的教育太外国化而不合于国情"④,成为"我国近代第一个专门的教育科学研究机构"⑤,而这得益于他的博士论文的历史研究法和言文问题的研究思路。中山大学教育学系则在庄泽宣和其他教育学人的共同努力下获得了迅速发展,至1930年开设了教育概论、民众教育、社会概论、西洋教育史、教育心理学等24门专业课程⑥,建立了完善的课程体系。

其他,如杨亮功、傅葆琛、陈友松、檀仁梅、朱有光等人,亦将学术与教育实践结合起来,在教育院系、学科、制度建设方面做出了突出的贡献。杨亮功在河南大学担任教育系主任期间,其主要作为是建立了毕业生外出参观制度。与杨亮功同在河南大学教育系任职的王凤岗,则与教育专家李廉方共同办理小学教育实验指导部,筹划教育学科建设。傅葆琛先后任中华平民教育促进总会乡村教育部主任、齐鲁大学教育系主任、江苏省立教育学院教授兼研究实验部主任,将其博士论文的乡村教育思想践行于中国乡村教育与平民教育事业。陈友松的博士论文虽然从事的是教育财政研究,但论文主要从教育制度建设的视角进行财政制度的统一整顿,划清权责,而这种以制度整顿为主的思想被他应用于湖北省立教育学院的建设工作。在1942年至1943年主持湖北省立教育学院工作期间,面对教育设施落后、师资缺乏、办学条件差的困境,陈友松主要从办学方针、学生培养、师资配备、设施仪器建设等方面入手,极力进行整顿。他积极修建校舍,解决学术教学实习场所;同时,搞好与其他学院的关系,加强联络,互通有无,开创了新局面。檀仁梅任职于福建协和大学期间,鉴于农业的重要与教育改革的需要,将教育系改为农业教育系并担任系主任,他认为农业建设首要在于师资,针对中学学校师资缺乏的现状,循着"培养农业师资""训练推广人才""研究农业教

---

① 《学校新闻:教育组》,《清华周刊》1925年第10期。
② 庄泽宣:《我的教育思想》,中华书局1934年版,代序。
③ 国立中山大学研究院教育研究所编:《本所研究事业十年》,编者刊1937年版,第1页。
④ 庄泽宣:《中大教育研究所一览》,国立中山大学教育研究所编印1930年版,引言第1页。
⑤ 周兴樑、胡耿:《中国教育科学研究与人才培养的开拓者——国立中山大学教育研究所(1927—1949)探析》,《中山大学学报(社会科学版)》2009年第2期。
⑥ 庄泽宣:《国立中山大学一览》,国立中山大学教育研究所编印1930年版,第47—58页。

育"三条思路来进行系科建设。①而檀仁梅博士论文的研究领域就是中等教育,他将博士论文的研究成果与国内的教育实践建立了联系。朱有光在担任私立岭南大学文理学院教育学系主任期间,学习美国的研究生培养制度,指导了多位学生的学士论文,而这些论文都是有关教育调查与测量实验的研究,如余如凤的《广州市初中学生个人卫生常识与习惯之关系》、马信英的《广州市女子中等学校学生职业兴趣及消遣兴趣之调查》、杨丽贞的《广州市小学五年级与初中二年级学生音乐特能测验成绩之分析的研究》。②这些调查统计,借鉴了新式理论方法,促进了教育研究的科学化。

这批留美博士归国后,还从事国外的教育著作、教科书、演讲的译介。如曾作忠、赵廷为译的《道尔顿制教育》(帕克赫斯特著,商务印书馆1924年)、程其保译的《中学教学法研究》(密利斯著,商务印书馆1928年)、瞿菊农译的《社会哲学史》(艾尔伍德著,商务印书馆1946年)、朱君毅译的《心理与教育之统计法》(葛雷德著,商务印书馆1935年)、朱君毅与杜佐周合译的《成人的学习》(桑代克著,商务印书馆1933年)、朱有光译的《卫生科教学法大纲》(V.B.Apploton著,伊文思图书公司1925年)、庄泽宣译的《近三世纪西洋大教育家》(格莱夫斯著,商务印书馆1925年)、庄泽宣译的《应用心理学》(霍林沃斯等著,商务印书馆1924年)、陈友松译的《教育财政学原论》(美国内务部教育署全国教育财政调查团著,商务印书馆1936年)、蒋梦麟译的《平民主义的教育》(1919年5月3—4日,杜威在华演讲)、郭秉文译的《平民主义之精义》(1920年5月16日,杜威在华演讲)、瞿菊农编的《克伯屈讲演录》(北京文化学社1927年),等等。通过对教育著述、教科书和一些来华教育家演讲的翻译,系统地宣传了西方教育新思想,移植了新式学理,加强了教育文化交流,将中国教育学科的建设置于全球教育交流的视野之下。

二、留美博士与教育课程设置

"取经"后的留美博士对教育学术的移植和实践,不仅体现在他们在高校进行的教育系科建设活动中,而且表现在开设了大量的教育专业课程,以其专业素养在教育学领域大展身手。其开设课程的情况可见表7.1。

---

① 檀仁梅:《本校农业教育系的展望》,《协大农报》1943年第1期。
② 程焕文、吴滔主编:《民国时期社会调查丛编(三编)·岭南大学与中山大学卷》,福建教育出版社2014年版,第196、225、362页。

表7.1　留美博士归国后开设的部分课程

姓名	开设课程	所属院系
陈友松	教育经费、教育电影	大夏大学教育系
	教育哲学	湖北省立教育学院
	教育行政	北京大学教育系
	公民训育、教育学	西南联合大学师范学院教育学系
	教育行政、训育	中山大学教育学系
程其保	学务调查	东南大学教育专修科
傅葆琛	乡村民众教育	江苏省立教育学院社会教育暑期学校
	乡村教育、乡村建设、英语	华西协和大学乡村建设系
胡毅	教育心理学	武昌华中大学教育学院心理学系
蒋梦麟	教育学、教育学史	北京大学哲学系
刘湛恩	教育学	沪江大学
瞿世英	教育哲学	北京大学哲学系
阮康成	教育概论、教育研究法、教育行政	厦门大学文学院教育学系
檀仁梅	教育统计、训育原理与实施	福建协和大学教育系
王凤岗	训育原理及实施、英文；办理小学教育实验指导部	河南大学文学院教育系
萧恩承	教育学	厦门大学文学院教育学系
	西洋教育制度史、英文教育书选读、儿童心理学、课程编制	北京大学教育系
许桂英	职业指导、小学教育、妇女问题	河南大学文学院教育系
叶崇高	教育心理学	武昌华中大学教育学院心理学系
杨亮功	教育原理,确立实施毕业生外出参观制度	河南大学文学院教育系
	职业指导原理	清华学校大学部普通科
朱君毅	教育统计	北京大学哲学系
	教育心理学、教育测验及统计	厦门大学教育学院
朱有光	学习心理学(进修班)、苏联教育	岭南大学文学院教育学系
庄泽宣	民众读物问题	国立社会教育学院社教研究部
	教育心理学	厦门大学文学院教育学系
	教育概论、教育调查	中山大学教育学系
	中国近世史	岭南大学历史政治学系
	教育原理、中国教育改造问题	岭南大学教育学系
曾作忠	教育统计学、教育测验	河南大学文学院教育系
	教育统计、教育调查、比较教育、中等教育	岭南大学文学院教育学系
	实习导师	西南联合大学师范学院教育学系、公民训育学系
曾昭森	普通教学法	岭南大学文学院教育学系
	论理学	岭南大学文学院哲学系

续表

姓名	开设课程	所属院系
钟鲁斋	试验教育、学务调查	厦门大学教育学院
张彭春	中学课程问题、中学训育问题、教育、中学课程、英文、现代戏剧,设置"社会视察"课程	南开大学大学部、中学部
	中学课程改造之研究	清华学校与北京师范大学合组的中学课程研究班
张敷荣	专业外语、教育科学研究方法、教学论研究	西南师范大学
	教育原理、教育专题研究、课程编制、教育学、学务调查、小学自然教学法	四川大学教育学系

资料来源:《国立西南联合大学史料4·教职员卷》,云南教育出版社1998年版;《北京大学史料》(第2卷),北京大学出版社2000年版;《厦大校史资料》第2辑,厦门大学出版社1988年版;《傅葆琛先生华阳"乡村教育"实践记事》,参见《双流县文史资料选辑(第5辑)》,内部资料1986年版;《1924—1937:早年之河南大学教育系》,参见《教苑随想录》,河南大学出版社2005年版;《学术与人生——张敷荣教育学术思想研究》,西南师范大学出版社2004年版;《陈友松教育文集》,社会科学文献出版社2009年版;《刘湛恩纪念集》,上海交通大学出版社2011年版;《张彭春论教育与戏剧艺术》,南开大学出版社2003年版;《乡村民众教育概论》,江苏省立教育学院研究实验部1930年版;《暨南校刊》1935年第142期;台湾《国立中山大学校报》1928年第27期;《协大周刊》1943年第20卷第2期;《私立岭南大学校报》1940年第79期;《厦大周刊》1932年第11卷第17期;《清华周刊》1925年第24卷第10期;《北京大学日刊》1930年第2474期、1931年第2682期。

通过表7.1分析得出,这批留美博士归国后在高校开设的课程呈现出以下几个特点。第一,开设课程与其所学专业及博士论文的研究方向,有极强的关联性,基本延续了他们早期的治学思路。如陈友松开设了与其博士论文研究领域相关的教育经费课,张彭春开设了与其博士论文研究主题相关的中学课程问题、中学课程改造之研究课,傅葆琛则开设了乡村民众教育、乡村建设课,庄泽宣开设了民众读物问题、中国教育改造问题课,朱君毅开设了教育测验及统计课,蒋梦麟开设了教育学课程。这些课程基本处于他们的博士论文研究的主题范围内,可谓学有所长,学有所用,延续了学脉。第二,他们还从中国现代教育学处于创生阶段的发展现状出发,普遍开设了教育学基础课程,如教育原理、教育概论、教育统计、教学论等,走学生培养的专业化发展之路。第三,留美博士开设的课程并不仅仅局限于教育学类课程,其他学科的一些课程也被纳入他们开设的课程范围,如庄泽宣开设了中国近世史课程,傅葆琛、张彭春、张敷荣开设了英文课程。这些人文社会学科的基本课程的开设,既拓展了学生的视野,又为学生的发展打下了更为广泛的基础。此外,留美博士还将注重实证的学风以及将研究与实践相结合的方法发扬光大,对调查类课程极为重视,开设了一些教育调查、教育测量统计的课程。张彭春还设置了社会观察课程,杨亮功确立实施毕业生外出参观制度,曾作忠则担任学生的实习导师,这些开设的课程与建立的制度,完善了学生的培养机制,推动了国内教育学科的整体发展水平。同时,留美博士在中国多所著名高校先后担任教职,人员流动频繁的特点突出,客观上促进了中国现代教育学科的开枝散叶,如庄泽宣先后任教于清华学校、厦门大学、中山大学、岭南大学、广西大学等,朱君毅先后流转于东南大学、清华大学、北京师范大学、厦门大学等多所高校,蒋梦麟先后任教于北京大学、浙江大学、西南联合大学等,傅葆琛也先后在燕京大学、齐鲁大学、江苏省立教育学院、北京大学、清华大学、北平师范大学、辅仁大学、华西协和大学等多所高校担任教职。这一则说明民国时期的人才流动比较开放自由,二则说明这批留美博士确实学有专长,社会和高校对其青睐有加。

第三节　留美博士中国教育研究的实践播演

一、留美博士归国后的职业实践与中国教育改革

教育救国是近代中国启蒙与救亡发展主线下的重要表现之一,也是主要手段之一。教育既能发挥启蒙的作用,又能达到救亡图存的目的,留美博士生选题研究中国教育,其主要的选题缘由也在于此。尽管有学人批评他们有"讨巧"的嫌疑,但从留美生中国教育研究博士论文的研究质量、学术评价、社会影响以及论文成果与留美博士归国后职业实践的互动效果来看,则丰富地诠释了留美博士的教育救国情怀与贡献。研究中国教育的留美博士生,在学成以后绝大多数都能如期归国服务,参加国内教育改革和建设,多数从事于所学专业的相关行业,任职于文教、政治领域并成为中坚力量,还有一些人组织社团,参加教育改革,服务社会,如任职于高校的蒋梦麟、庄泽宣、朱君毅、刘湛恩、张敷荣、陈友松、杨亮功诸人,推动乡村教育建设事业的傅葆琛、赵冕、张伯谨等人。

除信息不详与未归者外,研究中国教育的留美博士共有52人学成归国,占总数的82.5%,无一例外都从事过教育职业,广泛分布于高等教育、乡村教育、平民教育、中等教育、初等教育等诸多领域,充分说明这批研究中国问题的留美博士具有强烈的爱国精神与服务意识,是学术志业与家国情怀的直观写照。在归国时间上,除信息不详与未归者外,20世纪20年代归国者有14人,30年代归国者有17人,40年代归国者有15人,其中20世纪30年

代人数最多,占归国总数的32.7%,呈现出同20世纪30年代中国教育改革运动热潮、抗战建国迫切需求相共振的特点。这种特点也延续至抗战胜利前后留美博士生集中归国的表现上,展现了他们为抗战胜利后国内建设需求而服务。在从事职业上,其中任职过大学校长者至少有17人,院长、系主任有25人,中学校长有8人,教育厅长、副厅长有4人,官员有29人,研究中国教育的留美博士都能从事自己所学专业领域的工作,学有所用,用能所专。他们也能将留美期间的中国教育研究成果与融合吸收的新知用于国内的教育改革,从中国国情和民众需求出发积极参与社会改造,建设中国式的教育现代化,并将博士论文的中国教育研究成果通过教育实践活动在中国落地生根,实现学术研究与教育实践之间的有机互动。

留美博士下乡,以平教会为平台从事中国乡村教育改革。傅葆琛、瞿世英、魏永清、赵冕诸人在博士毕业归国后,并未安于都市的舒适生活,而是下乡实践,他们都曾任职于平教会,进行中国乡村教育的改革和平民教育的推广,改进农民生活,改造中国乡村社会。傅葆琛于1924年夏博士毕业,同年冬即受晏阳初之邀归国参加中华平民教育促进会总会工作,任平教会乡村教育部主任、《农民》报总编辑,兼任北京师范大学教授,曾参与调查保定地区各项乡村平民教育情况,编辑《农民千字课》,推广识字扫盲教育,其识字教育活动遍及长沙、烟台、杭州,"晏阳初、傅葆琛等人在长沙、烟台、杭州等地开展大规模的识字运动,推广平民学校"[1]。在傅葆琛加入平教会两年后,瞿世英也在博士毕业后放弃北京高校优渥的教职加入平教会,担任平民文学科干事、平教会总务处主任,参加乡村教育事业。作为平教会的主要领导之一,瞿世英还主持制定了平教会的"六年计划大纲"[2],筹划平教会的发展及其日常管理,随后与平教会同仁一起在河北定县开展乡村教育改革。

在这些受过新式学术训练的留美博士看来,要想顺利开展乡村教育建设,首先要进行必不可少的科学调查。随后在李景汉、瞿世英等人的具体筹划下,平教会开展了对定县的社会调查,发布了《定县社会概况调查》报告。瞿世英早年在燕京大学哲学系读书时就比较重视社会调查,他认为"要想创造新社会必定先要明白旧社会的情形"[3],曾同冰心一块参与由甘博主持的北京社会调查项目,并发布"北京社会的调查"启事,广泛搜集材料。傅葆琛

---

[1] 周慧梅:《民国社会教育研究》,湖南教育出版社2018年版,第185—186页。
[2] 晏阳初:《在全体职工会议上的讲话》,宋恩荣主编《晏阳初全集》(一),湖南教育出版社1989年版,第217页。
[3] 《瞿世英启事》,《新社会》1920年第12期。

在他的博士论文里也提出,构建中国乡村小学更好的课程体系"应该对农村社会教育条件和资源进行调查","根据调查的结果,应组织一个委员会来制定乡村小学的课程"①。定县社会调查实践活动的开展,正是留美博士教育科学研究思想在中国落地生根的最佳写照。在对定县进行社会调查后,定县实验区的乡村教育改革实践随后展开,主要运用学校式、社会式、家庭式三大形式实施文艺教育、生计教育、卫生教育,"学校式有初级、高级平民学校及巡回生计训练学校三种形式","社会式教育内容的取材,完全根据'四大教育'研究出来的方案,而利用各种工具对一般农民作普通的讲演式指导","家庭式教育是联合各个家庭中地位相同的分子施以相当的训练"②,建立起一种立体式的全图景乡村教育改革模式。定县的乡村教育改革取得了良好的成效,但随着日寇的全面入侵和平教会的南迁而被打断。在1928年以后,傅葆琛进入职位变动频繁期,先后任职燕京大学教育系教授、齐鲁大学教育系主任。1930年夏,傅葆琛应江苏省立教育学院之邀讲学,随后在江苏省立教育学院任职并主持研究实验部一年,其间傅葆琛从乡村平民教育的视角发表了大量文章,提倡民众教育,并指导实验部开展乡村教育改革。1931年至1936年,傅葆琛在北京大学、清华大学、北平师范大学、燕京大学、辅仁大学等高校任职,讲授乡村教育、民众教育课程,可见他同中国乡村教育结下了不解之缘,自称"农迷"。③傅葆琛曾发文将自己十几年来的中国乡村教育改造之路总结为归国初期依靠平民教育促进会在华北一带办理乡村教育,"近年来,一面仍继续推进农民教育事业,一面研究与农民教育关系之学科,如农村社会学、农村经济、农村自治、农业推广等。我现时最注意的问题,就是怎样可以替我国大多数的农民找一条好的出路"④,从中可以发现此时傅葆琛中国乡村教育思想的微妙变动,由此前注意乡村普及教育转为重点关注乡村生计教育。1936年至1937年间,作为平教会干事,傅葆琛参加了平教会同四川省政府合作开展的新都实验区的县政改革,被聘为四川省设计委员会委员兼任教育专门委员会常委,在随后成立的四川省政府调查团中,傅葆琛担任调查团第二组长,先后主持了1936年对四川新都县的集

---

① Paul C. Fugh, Reconstruction of the Chinese Rural Elementary School Curriculum to Meet Rural Needs in China, *The Chinese Social and Political Science Review*, 1925, Ⅸ, No.3, P. 487.
② 熊明安、周洪宇主编:《中国近现代教育实验史》,山东教育出版社2001年版,第459—460页。
③ 傅葆琛:《教授生涯:我的"迷"》,《清华副刊》1935年第3期。
④ 傅葆琛:《教授生涯:我的"迷"》,《清华副刊》1935年第3期。

中教育调查、1937年对四川26县(市)的抽样教育调查。在主持调查的过程中,傅葆琛充分运用其博士论文所训练的科学调查法进行乡村教育的调查,无论是调查程序的设计,还是调查问题的选取,都极为科学严谨。调查为新都县教育改革规划提供了科学依据,也为新都县开展乡村教育改革设计提供了标准。后因多种原因"爆发了以反对实验县为口号的新都围城事件"①,导致新都实验县被撤,1938年12月实验措施基本终止,新都实验"只开展了整顿治安、清丈土地、调整乡保学校区划、施行卫生保健与农产品种改良等几项工作"②。在全面抗日战争爆发后,因时局紧张,傅葆琛转往大后方高校任教,先后任职于四川大学、华西协和大学、华西大学乡村教育系,其间还曾在华西大学社教实施区创办乐育国民实验学校。

瞿世英一直是晏阳初在平教会开展平民教育实验的主要助手,"1930年至1933年,在中华平民教育促进会负责编辑《扫除文盲教育》及《民间文艺研究》",此后,与梁漱溟、晏阳初等人合作专门从事乡村建设和乡村教育工作。在平教会迁到长沙期间,瞿世英"1935年至1937年任湖南大学文学院院长"③。1938年,瞿世英随着被迫南迁贵州定番(今惠水县)的平教会在定番继续开展乡村教育和乡村建设,其间担任华北农村建设协进会乡政学院第三任院长④,一方面改进教学工作,另一方面推进农业技术改良,并加强学生农业实践。1939年平教会迁到重庆北碚时,瞿世英(后改名菊农)担任平教会成立的研究实验部主任,继续开展乡村建设的研究实验,乡村建设育才院成立后,瞿世英还承担了教研工作。在晏阳初赴美时,瞿世英在1942年至1946年间代理乡村建设研究院院长,主持一切院务工作。1946年华西实验区成立后,秘书处的工作"由处长瞿菊农,副处长赵水澄处理一切会务。下设农田水利科、成人教育科、社会事务科等"⑤。1947年瞿世英前往平教会南京办事处工作。魏永清在1944年博士毕业归国后,曾任燕京大学训导长、重庆实验救济院院长,后加入平教会参加晏阳初领导的乡村建设实验工

---

① 谢健:《多维张力下的融合与碰撞——从新都实验解读民国乡村建设运动》,《安徽史学》2019年第3期。
② 熊明安、周洪宇主编:《中国近现代教育实验史》,山东教育出版社2001年版,第629页。
③ 《中国文学辞典》编委会编:《中国文学家辞典》(现代卷第2分册),文化资料供应社1980年版,第801页。
④ 李寿生:《华北农村建设协进会乡政学院在定番》,贵州省惠水县政协文史资料研究委员会编《惠水文史资料选辑》(第5辑),自刊1987年,第75页。
⑤ 刘长荣:《忆中华平民教育促进会华西实验区简况》,中国人民政治协商会议四川省绵阳市委员会文史资料研究委员会编《绵阳市文史资料选刊》(第3辑),自刊1987年,第119页。

作,1948年任中国乡村建设研究院院长。赵冕的职业实践经历比较丰富,早年在南京高等师范学校毕业后,任教河南省立第二中学、宁波浙江省立第四中学、南京第四中山大学教育系(后改为江苏省立教育学院)、江苏省立教育学院兼北夏普及民众教育实验区总干事,同时大力提倡并推动民众教育,受到俞庆棠的赏识。1937年受梁漱溟之邀,赴山东济宁参加乡村建设实验。后协助晏阳初任重庆北碚乡村建设育才院教授兼教务主任,积极开展乡村建设实验,因表现突出,1941年被派往美国深造,1947年博士毕业归国后任中央大学教授兼教育研究所主任。

这些以平教会社团作为平台参与中国乡村教育改革的下乡留美博士,有的归国后即用所学参与平教会的乡村教育改革实验,有的属于留美前就已有了丰富的乡村教育实践经历,留美深造后又以所学反哺乡村教育改革实验,他们深度参与到中国的乡村教育改革,以实际行动践行平教会"到民间去"的口号。

博士论文研究中国乡村教育制度行政问题的张伯谨,其教育学术思想与实践活动融合之路具有政治主导型的特点,同以平教会为平台的留美博士显然不同。1936年张伯谨留美归国后,主要从事于教育行政领域的工作,历任燕京大学教授、中国国民党中央政治委员会教育专门委员、国民参政会参政员、国防最高委员会教育专门委员、湖北省教育厅厅长、北平市副市长、河北省教育厅厅长等职。在张伯谨的职业生涯中,由其具体主持的20世纪40年代"新湖北建设计划"的教育改革占有重要地位。1940年,张伯谨转任湖北省政府委员,兼任湖北省教育厅厅长。张伯谨对湖北的教育改革,主要体现在推行计划教育,他主张计划教育的目的在于"实现三民主义",方法上"适合国家地方和个人的需要",首要在于确立中心思想"三民主义"[①]。在主要措施上,一是在思想上加强国民党所谓的"三民主义"思想教育的控制;二是在调查研究的基础上对湖北教育进行整体规划与行政整顿,发布一系列的规章制度,进行制度调整,强化行政事权与教育制度的统一,提高教育行政效率,保障经费;三是建立以县为中心的小学教育体系,推广国民教育和强制教育;四是延聘人才,推进高等教育发展,以便为计划教育培养师资。张伯谨结合湖北省情,将博士论文对河北正定县个案研究提出的以县为中心进行乡村教育制度行政重组的思想,具体地运用到湖北的计划教育改革中,具有加强国民党政府思想和教育控制的主观目的。对此,张伯谨在哥伦比亚大学学习时的同学陈友松深有感触。1942年,陈友松曾在张伯谨的力

[①] 张伯谨:《计划教育之三个步骤》,《新湖北教育》1941年第1期。

邀下主持湖北省立教育学院,因不满于"湖北省主席陈诚经常派人来调查学生,学院的三青团工作由教育厅长张伯谨直接领导,我不能插手过问。最令人难以容忍的是,国民党教育部直接派来的训导长吴学信,他是实行思想统治的铁杆人物"①,加上怀念西南联大自由的学习氛围,一年后离鄂而去。整体而言,张伯谨的湖北教育改革,在提高办学效率、推进教育普及方面还是起到了客观作用,但终因以加强国民党政府思想控制为目的,以行政力量去推动教育改革而产生的教育与行政之间的张力与局限,以及人事纠葛问题,而造成教育改革的最终破产。

留美博士对学术志业与实践活动的互动融合之路,具有丰富的多个面相,除了以平教会作为平台的社团型模式外,还有一些留美博士采用高校教研型模式、多元融合型模式。如蒋梦麟曾在北京大学、浙江大学、西南联合大学等高校任职,运用留美所学的教育思想主持了北大等高校的教育改革;郭秉文主持东南大学时,在人才引进、系科建设、教务管理、学术教研方面也进行了大刀阔斧的改革,推动了东南大学的繁荣发展;陈友松主政安徽大学时,依据其博士论文的高校管理理论推动安徽大学的校务改革与治理。在东南大学、清华大学、北京师范大学、厦门大学等多所高校任教的朱君毅,在清华学校、厦门大学、中山大学、岭南大学、广西大学任教的庄泽宣,在南开大学、清华学堂、西南联大任教并筹建中华教育改进社的张彭春,归国后利用所学的教育专业知识和理论方法,推动了高等教育、中等教育、社会教育领域的教研改革。

无论是博士下乡式的社团型融合之路,还是高校教研型模式、多元融合型模式,留美博士在归国后的职业实践中学有所成、用有所长,将学术志业扎根到中国教育现代化和社会改革的历史进程中。

二、留美博士与教育调查测量演练

20世纪20年代随着美国教育测量运动的兴起,中国教育界受其影响。1922年中华教育改进社邀请美国教育测量专家麦柯尔、推士来华参加教育测验和调查,"教育统计得到较大规模的普及和应用,高等和中等师范学校还把教育统计学作为学生的必修课程"②。教育调查统计、实验测量的方法

---

① 陈友松:《忆五峰山湖北省立教育学院》,中国人民政治协商会议湖北省委员会文史资料研究委员会编《湖北文史资料》(第2辑),中国人民政治协商会议湖北省委员会文史资料研究委员会1986年版,第86页。

② 杨宗义、肖海主编:《教育统计学》,科学技术文献出版社1990年版,第9页。

带来了教育研究和实践的科学性,大受当时中国教育学界的欢迎,而在美国高校深造并耳濡目染多年的留美博士学成归国后,更是积极地将其用于中国的教育调查、测量实验等活动,大力倡导这种体现科学性的教育研究实践方法。他们普遍认为,对中国教育进行改革和建设,首先需要对中国教育情况有一番了解,而调查统计、实验测量就显得尤为重要。在这场提倡教育研究的科学化潮流中,留美博士傅葆琛、庄泽宣、赵冕、缪秋笙等人是教育调查测量实践的积极倡导者和实践者。傅葆琛先后主导了1926年对河北南部各县的乡村平民学校的调查、1936年对四川新都县的集中教育调查、1937年对四川26县(市)的抽样教育调查。在清华学校任教的庄泽宣,则在1924年与学生侯厚培进行了清华学校的职业调查活动。在中山大学教育研究所任教时,庄泽宣还与同学郭景希进行了南洋华侨教育的调查研究,由暨南大学教育系毕业生林之光、朱化雨二人所整理。在厦门大学教育学院任教的钟鲁斋进行了《两性学习差异的调查与研究》,并指导教育学院学生陈庆辉进行了《中学男女学生心理倾向差异的调查与研究》。在江苏省立教育学院任教的赵冕,则与教育学院同仁进行了农村民众教育馆的调查研究。留美博士归国后通过主持或参与各种教育调查测量活动,推动了教育研究和教育实践的科学性,促进了中国教育的现代化转型。

  傅葆琛博士毕业后,由晏阳初电召回国参加平民教育建设,1924年担任平教会总会的乡村教育部主任。在担任主任期间,他提倡用科学方法研究乡村平民教育,于1926年主导了平教会对河北南部各县的乡村平民学校教育调查活动。该项调查,采用了邮寄问卷表格的形式,调查的事项主要分为校数、人数、校址、主办机关、经费、教员职业资格及年龄、学生年龄及职业、上课时间、采用课本的种类、千字课外之科目、旷课之人数、旷课之原因等12项内容,共调查统计了散布于饶阳、定县、无极、高阳、安平等10个县的102处乡村平民学校,寄出了200余份调查表格,收到102份回信。通过调查,他们得出了中国北部乡村平民教育的概况和主要问题为"男校多于女校,男生多于女生……所以男女的教育更显得有一种畸形的现象。要使乡村男女教育平等,非先开通风气不可";乡村平民学校可借用的公共机关很少,而多借用民房,乡村不乏热心教育的人,"只要提倡办理得法,乡村平民教育自然容易发达起来";乡村平民教育所用经费低廉,可以大力提倡,"教员年壮者多,年长者少","足见得乡村有志青年热心服务的人不少";乡村平民教育较注意10岁至20岁之间的失学者,而对待10岁以下的儿童应当变通,"这些儿童愿意求学,若是不许他们入平民学校,他们便无处上学了。过几年,他们又成了失学的青年了";城市平民学校可以一年四季开办,"乡村平民学校除冬季外,别的时候便不容易办了",农民冬季虽有闲暇,但因家庭生计责任常常旷课,因此"或者将单班式的学校教育打破,变为个别教授的家庭教育,教员改为走授"①。通过调查,他们科学地总结出了中国北方乡村平民教育的一些问题,并提出了一些相对症的教育改革措施。调查所依据的教育思想,很多源于他的博士论文有关乡村小学课程重建的研究成果,如调查中依据的男女教育平等思想,主张改变中国乡村女子教育畸形的情况,"非先开通风气不可";调查对城市平民学校与乡村平民学校不同教学设计的建议,也与他在博士论文提出的乡村小学课程重建应不同于城市小学,应满足乡村人需求和符合乡村环境的思想不谋而合。

随着局势的紧张,1936年平教会迁往长沙,并继续在湖南、四川推行平民教育。1936年四川省政府成立设计委员会,晏阳初担任副委员长主持实际工作,并聘请傅葆琛为委员协助开展工作。四川省设计委员会将全省的社会调查作为首要工作,组成了四川省政府调查团,聘请傅葆琛担任调查团第二组长,负责教育调查。民族的希望和国家社会建设需要靠教育的功能来实现,已被很多教育界人士所认同,而四川省的发展建设需要教育的改进,教育的改进需要先分析自身问题再寻求出路。傅葆琛指出,"四川的教育必须切实检讨自身的工作,探究其症结之所在,而后始知如何改进,方能适应四川人民的需要,使能准备接受与参加一切新的建设","必须从调查入手"②,由此开始了他在四川主持的教育调查活动。傅葆琛带领四川省政府调查团第二组,于1936年11月初至12月底进行了为期2个月的新都县集中教育调查,于1937年1月中旬至4月上旬进行了为期3个月的四川各县抽样教育调查,调查的范围涉及上川南、下川南、上川东、下川东、川北、川西等26个县(市),并制作了"县(市)教育行政概况调查表""学校教育概况调查表""社会教育概况调查表""小学概况调查表"等16种调查表。调查的主要内容,分为教育行政、学校教育、社会教育、教育的社会背景。在具体调查方法上,主要采用亲身调查和委托调查两种,前者主要利用访问、谈话、参观、探听、考察的方式搜集材料,信度较高,后者主要是调查人委托当地政府或教育机关代为调查,也不失为了解全川教育情况的补充。

傅葆琛带领下的四川省政府调查团第二组在调查各县教育情况后,发

---

① 傅葆琛:《一点儿旧的调查统计材料与中国北部乡村平民教育概况的推断》,陈侠、傅启群编《傅葆琛教育论著选》,人民教育出版社1994年版,第171—174页。
② 傅葆琛:《四川各县教育调查的经过与调查后发现之问题》,陈侠、傅启群编《傅葆琛教育论著选》,人民教育出版社1994年版,第341页。

现了诸多问题。教育行政方面,主要表现在"机构不健全""人事欠调整""经费不充实""学校教育成绩不佳""社会教育推行不力""义务教育收效甚鲜"[①]等方面。学校教育方面的问题主要有"行政效率低微""教职员之待遇尚未改善""教职员之位置无保障""教职员缺少进修机会""学舍不合需要""设备太感空虚""课程不切实用""教学方法不良""训育实施未经注重""卫生管理不得法""体育运动敷衍了事""课外活动未收效果"[②]。社会教育方面,则存在着"太重形式,不重实际","未能与学校教育机关密切联络","未能利用知识分子及社会原有之教育组织与力量","待遇太低无法聘请专门人才","在职人员多未受专业训练或补习训练"等问题;而关于社教机关的民众教育馆、图书馆、体育馆,分别存在着"组织复杂,缺乏中心工作","设备简陋,且不通俗化","或场地小,或设备缺乏,或指导无人"[③]等问题。具有教育作用的戏剧、儿童游戏、格言、评述、清音等社会教育形式,主要存在着内容陈旧、不适合时代需要和人们需求,实施者教育文化程度低等问题,需要进行改良。从四川农村民众生活程度考察教育需求来看,"四川农民的物质享受太差","四川农民精神生活太贫乏","农民妇女知识程度太低"[④]。

当时教育界对四川省的教育状况自我感觉良好,认为即使没有质的提高,也应有量的扩展。但通过傅葆琛主导下的四川各县教育调查来看,情况却不容乐观。令四川各界人士瞠目的是,四川各县教育数量的发展处于缓慢状态,更何况教育质量,而且教育问题丛生。傅葆琛带领的教育调查团的调查,使得四川省政府各界人士了解了四川各县教育的条件和环境,真实认识到了各县教育发展的现状和问题,为下一步对症下药解决四川教育问题奠定了基础。在新都县的集中教育调查和四川各县抽样教育调查中,调查团总结的主要改进措施体现在提高教育管理效率、重组教育组织、改进课程教学、改良社会教育、充实师资培训、保障教育经费、提高教职员薪金待遇、加强卫生教育等方面,为四川省教育的重建指明了方向。为此,四川省政府采取了"调整乡村学校区划,建立卫生保健制度"的改革措施,"1940年国民

---

① 傅葆琛:《四川各县教育调查的经过与调查后发现之问题》,陈侠、傅启群编《傅葆琛教育论著选》,人民教育出版社1994年版,第343—345页。
② 傅葆琛:《四川各县教育调查的经过与调查后发现之问题》,陈侠、傅启群编《傅葆琛教育论著选》,人民教育出版社1994年版,第346—348页。
③ 傅葆琛:《四川各县教育调查的经过与调查后发现之问题》,陈侠、傅启群编《傅葆琛教育论著选》,人民教育出版社1994年版,第350页。
④ 傅葆琛:《四川各县教育调查的经过与调查后发现之问题》,陈侠、傅启群编《傅葆琛教育论著选》,人民教育出版社1994年版,第352—353页。

政府颁布的《县各级组织纲要》中亦采用了新都的以乡保为学区单位的创制。乡村卫生保健制度改革与华西大学医学院合作，创设卫生院，分设卫生所，各保设卫生员","其他如学校卫生、家庭卫生、预防注射、水井改良等都按定县先例推行"[1]。傅葆琛带领的四川省教育调查团的教育调查活动，彰显了教育调查在推动教育发展的重要作用。

分析傅葆琛指导下的四川省教育调查团的调查活动，还能够发现调查团对傅葆琛博士论文的教育改革思想多有承继。如调查中指出"学舍不合需要""课程不切实用""教学方法不良"，社会教育存在"太重形式，不重实际"等问题，表现出了对教育目标要符合实际和个人需求的思想，这与傅葆琛博士论文所强调的"中国乡村教育新的精神需求；专业领导的要求；中国乡村教师的训练；更好的乡村学校管理和监督需要；重要的社会和学校调查"[2]等意见，以及课程目标的制定"重点是根据不断变化的条件和需求改变目标"[3]的思想，都是一脉相承的。再如，调查对乡村卫生教育问题的重视，以及此后依据调查意见着重实施的学校卫生、家庭卫生、预防注射、水井改良、创设卫生院、增设卫生员等改良措施，基本上也是傅葆琛博士论文中讨论的核心问题。傅葆琛在博士论文中的第三部分就专门探讨了中国乡村小学的卫生教育建设，足见他的远见卓识。

庄泽宣也热衷于将所学的教育知识用于国内的教育调查实践。1924年在清华学校任教时，庄泽宣与学生侯厚培采用统计等级法，依据清华学校职业指导部给予的学生"择业表格"，对清华学校的学生进行各学科与各职业兴趣的调查。通过调查研究发现，清华学校学生择业的理由"我们可以说为社会与为自己的心几乎相等"[4]，清华学生学科选择多以实科为主。对职业指导和调查的重视，也是受庄泽宣博士论文思想的影响。庄泽宣"在厦门大学任教的时候，即感到华侨教育材料的缺乏与调查的必要，当时曾发出调查表一次"[5]，但因多种原因未能继续。其后他前往中山大学任教，创办中山大

---

[1] 熊贤君：《晏阳初画传》，山东教育出版社2014年版，第208页。

[2] Paul C. Fugh, Reconstruction of the Chinese Rural Elementary School Curriculum to Meet Rural Needs in China, abstract of a thesis, N. Y. : Cornell University, 1924, P.8.

[3] Paul C. Fugh, Reconstruction of the Chinese Rural Elementary School Curriculum to Meet Rural Needs in China, *The Chinese Scoial and Political Science Review*, 1925, IX, No.2, P.327.

[4] 庄泽宣、侯厚培：《清华学生对于各学科与各职业兴趣的统计》，《清华学报》1924年第2期。

[5] 林之光、朱化雨：《南洋华侨教育调查研究》，李文海主编《民国时期社会调查丛编（二编）·华侨卷》，福建教育出版社2014年版，第539页。

学教育研究所并任所长,1932年庄泽宣从欧洲取道南洋返国,"乃于同年冬末,即约同学郭景希君制定一调查表格,廿二年分别寄至南洋各地学校,请为详细填写寄回"①,收到南洋英属海峡殖民地、马来属地、马来联邦、婆罗洲及缅甸、暹罗、菲律宾、安南各地学校寄回的172份表格,先后由朱化雨、林之光成书《南洋华侨教育调查研究》。在调查研究中,庄泽宣提出了筹划定款、与各国政府交涉以保障侨教、希望政府聘请教育专家编订适合华侨社会的各项教材等三项主要改进措施。庄泽宣用留美所学的教育学知识,对国内和海外华侨教育的调查实践活动进行指导,促进了教育实践活动的科学性,也推动了华侨教育的发展。

1928年前后,缪秋笙对华东教会中学进行了教育调查,调查对象为东吴大学第一中学、晏成中学、沪江大学附属中学等25所学校,调查的内容有宗教事业与学生、宗教事业与教职员、课程、集会、课外活动、日常生活、宗教事业指导者、实施选修制后对于宗教生活之影响与问题等项目,其调查的目的在于"第一,在谋得各校之真况,以资互相参证,俾各能知一己优劣之点;第二,在促进各校宗教事业之改善,以符合选修之原理,而增加教育上之效能"②。

在厦门大学教育学院任教的钟鲁斋,则在1932年前后对厦门大学附属实验小学的学生进行了"两性学习差异的调查与研究"③,内容涉及两性在智力、择业、品行、课外活动、各科目学习及成绩等方面的差异调查。其后,钟鲁斋又指导学生陈庆辉进行了"中学男女学生心理倾向差异的调查与研究",在调查中运用了美国教育家桑代克的个性差异理论、美国教育心理学家斯坦利·霍尔的问卷法,其目的有三,一是"要使选读'教育之科学研究法'一科的学生,有机会去实习,以符教学做合一的教育原理",二是"教育学现正趋入自然科学的领域,当然也要注重实验的工作,以便促进教育学成为一种自然科学",三是"中国既采取男女同学的制度,如果中学男女学生心理倾向有种种差异,此种制度是否合乎教育原理?"④1933年前后,在江苏省立教育学院任教的赵冕,则对民众教育馆包括农民教育馆和实验区,进行了教育调查,目的是"一方面可作创设师资训练机关时的参考,一方面可作支配经

---

① 林之光、朱化雨:《南洋华侨教育调查研究》,李文海主编《民国时期社会调查丛编(二编)·华侨卷》,福建教育出版社2014年版,崔序第538页。
② 缪秋笙:《华东各中学最近宗教事业实施概况(附图表)》,《中华基督教教育季刊》1928年第2期。
③ 钟鲁斋:《两性学习差异的调查与研究》,《厦门大学学报》1932年第2期。
④ 钟鲁斋:《中学男女学生心理倾向差异的调查与研究》,李文海主编《民国时期社会调查丛编(二编)·文教事业卷》,福建教育出版社2014年版,第570页。

费的依据"①。

留美博士生归国后,积极性进行教育调查测量实践活动。一方面是从教育研究和建设的科学性出发,出于分析中国教育现状和人们教育需求的考虑。另一方面,则是留美博士生理论联系实际治学精神的体现。他们将在美国容受的教育思想方法以及博士论文的研究成果,用于中国的教育调查和实践改造,并进行了发挥,形成了别有特色的教育思想,推动了中国教育建设和教育学发展。他们还通过指导学生进行教育调查,为中国教育学科的发展培养了新生力量,这批教育学留美博士,对中国现代教育的发展做出了突出的贡献,发挥着特殊的作用,其留下的宝贵的教育遗产,值得深入研究和重新评估。

本章小结

研究中国教育的留美博士生,在学成以后绝大多数都能如期归国服务,参加国内教育改革和建设,多数服务于文教、政治领域并成为中坚力量。他们运用所学,从事教育学术移植、学科建设、制度建设以及教育学术公共空间建设、完善学术规范建设,发挥学术研究指导教育实践的功能。同时又以教育实践来深化学术认知,形成比较成熟的教育理念,彰显着他们的中国教育建设实践经验与理论贡献。

在学术上,他们发展了中国教育研究思想。既继承了博士论文研究成果的主要思想、理论方法、学术旨趣,又随着国内教育实践的展开,在对中国教育的研究范围、研究对象、研究内容以及研究方法上有所改进和拓展。同时,他们又积极组织教育学术研究团体,创办学术期刊,形成学术共同体,发展教育学术研究的公共空间,他们将西方现代的教育学术交流模式引入中国并进行本土化,为中国式教育学术现代化贡献新生力量。如郭秉文、蒋梦麟发起成立了中华新教育社、中华新教育共进社,还成立了机关报《新教育》。中华平民教育促进会、乡村教育同志会、生活教育社、中国教育学会等专业教育社团多有他们的身影,《教育研究》《教育与民众》《农民报》《新湖北教育》等期刊多有他们的参与,在学术上他们互通声气,互相交流,互相支持,推动中国教育学术的发展。在对教育学术的移植上,留美博士还积极地对中国教育学进行知识规范建设,主持并参加了教育名词厘定工作,如中国教育学会教育名词审定、国立编译馆的学术译名编订,还编纂了《教育学名词》《教育学小词典》《教育学心

---

① 赵冕:《农村民众教育馆人员问题之研究》,《教育与民众》1933年第2期。

理学辞典》等诸多教育辞书。

在教育制度和实践层面,他们利用所学新知和自己早年的教育研究成果,从专业角度和中国教育的实际问题出发,在国内建设教育系科,开设相关课程,创办教育专业学术刊物,组建教研团队,编译教育论著、教科书以引介新知,邀约国际教育学者来华讲学,加强交流,不遗余力地推动中国教育的制度建设、学科建设,初步形成中国教育的现代学科体系和发展机制。同时,以丰富的职业实践,通过社团推动型、行政主导型、高校教研型、多元融合型等多种实践样态,积极地参与中国教育改革,实现"博士下乡"、博士"到民间去",使中国教育研究真正的落地生根。留美博士还积极地从事多种教育调查测量实践活动,如平民调查、县级社会调查、学生职业调查、南洋华侨教育调查、学习调查等,为教育研究和中国教育改革提供科学依据,并培养新生研究力量。

民国时期,从事于中国教育研究的留美博士,在学成归国以后,通过志业与研究的结合,在教育学术与教育实践之间建立了有机联系,使融合吸收的新式教育思想与国内教育实践活动互动并落地生根,促进中国新式教育发展的本土化和中国教育的整体发展,在推动中国式教育现代化的道路中贡献了留美博士的力量。

结　论

这批留美生以博士论文的研究文本，运用西式学理考析中国教育变迁，以研究的形式呈现中国教育的内部特征与发展规律。归国以后，他们一边移植新式教育学理，一边将研究成果应用于国内教育实践，进而探索中国教育的新生之路。他们无论对中国教育学术的发展、国内教育建设事业，还是对教育学科发展，都做出了突出贡献。重新审视他们的博士论文及其研究成果、教育实践活动，可以得出以下几点启示：

第一，教育学术研究要具有问题意识与实证精神。问题意识是教育学术研究的逻辑起点，有了问题意识，教育学术研究方可谈起，方能有所依据，它是教育学术研究的价值所在。问题意识可以是理论层面、方法层面、具体方案层面，而问题可大可小，可以是内部问题，也可以是外部问题。提出的问题应当是能体现教育发展规律与内部特征并符合中国情况与人们需求的真问题，而问题的提出与解决体现了研究者对中国教育研究的体认与理解，彰显了学术研究的价值。留美博士在博士论文的研究目的中设置了诸多研究的问题，具有极强的问题意识，如叶崇高在论文中设置了4个大问题和17个小问题，王凤岗在近代中日教育关系的考察上，则设置了14个问题，而他们也提出了一些可行性的解决方案。但问题的提出，并非最终要追求一个解决方案，问题的提出其实本身就已显现出了研究者的识见。如钟鲁斋对教会教育提出了"四问"，涉及教会学校与政府关系问题、课改问题、学校管理机构的中国化以及与基督教的关系问题，虽然没有提出具体解决方案，但却引起了人们的关注。就方法而言，留美博士的中国教育研究，尤其具有实证精神，有史实的钩稽爬梳，也有实践的调查统计，还有教育的实验研究，这些教育研究中的实证精神是揭示中国教育发展规律和客观性的有力手段。

第二，教育学术研究与现实社会紧密相联的思路。教育研究离不开对现实社会的观照，对现实社会充分观照的教育学术研究方能引起社会的回应，体现教育研究的真义。留美生博士论文的中国教育研究，普遍具有将教育研究与现实社会相联、关注社会热点的特色,他们的教育学术研究建构于对现实社会的思考,而且多是对中国教育改革的方案性设计研究。况且,留美博士的问题式研究方法与思路,也决定了他们将教育研究与现实相联的内在特点。这批留美博士将教育研究与现实社会相联,还体现在他们归国后的教育实践上,他们在教育学术与教育实践之间建立了双向互动的有机联系,以教育研究指导教育实践,并以教育实践深化思想认识。

第三,教育学术研究的拿来主义精神与思想的自我解放。民国时期留美博士在对中国教育的研究中,具有拿来主义精神,他们对自己的思想实行自我解放,引介了西方教育学理和科学研究方法,以借鉴与创新并用的精神,尝试对中国教育进行系统化整理与解读,以建构新的理性认知,开拓了中国教育研究的新领域。他们宣介的学理和科学的研究方法,提出的教育改革方案,推动了中国教育改革的发展和教育的现代化进程,是一笔值得珍视的学术财富。思想的自我解放,并不仅指对外来思想的引介,还包括对本土教育资源和思想的整理与科学审视。留美博士还展现了对中国传统教育思想与资源的整理和吸收,将古今中外合理的教育思想融会贯通,如蒋梦麟认为"东海""西海"有圣人出,"此心同也,此理同也",主张对中西教育思想进行融会贯通。

第四,教育学术研究的中国化意识。民国时期,国人面临着救亡与启蒙的双重任务。对于经过"五四"洗礼的学人来说,重要的是如何以中国的方式去实现科学和民主,进而彰显自我独特性。中国研究则是呈现自我独特性的良好方式,"在这里,以中国的方式创造性地解决中国的问题,成了问题的重心和压倒一切的首要任务"[①]。而身处美国学术环境的教育学留美博士,更面临着这样的任务。尽管他们的学术选择受着导师指导、个人旨趣和外部环境的影响,但以中国教育作为研究的主题和归宿,是他们自我独特性和学术独立的内在要求。何况随着五四运动以后民族主义情绪日益高涨,"教育话语中对于依附的批判和对于独立的提倡,首先指向中国与西方特别是中国与美国的教育、学术关系"[②]。他们的中国教育研究,主要遵循着这样一条内在逻辑,即"系统学习—内化理解—应用实践—自我反思"。通过认知西方的教育理论思想,进而将学习的理论方法应用于中国教育分析,最终归宿于中国教育实践,将他山之石进行域内化育。当然,教育研究的中国化意识,也包含对中国传统教育资源的合理成分进行吸收,不要沦为美式理论

---

① 王炳照主编:《中国教育史专题研究》,北京师范大学出版社2009年版,第427页。
② 王炳照主编:《中国教育史专题研究》,北京师范大学出版社2009年版,第426页。

的奴隶。

庄泽宣在研究中指出,美式的方法虽好,但"不能依样画葫芦地搬到中国来",因为他们有其生长背景,庄泽宣意识到了教育研究的适应性和中国化问题,而这种思想得益于其博士论文注重生活经济背景考察的心得,也正因为这种意识,使得他在归国后的教育实践中系统地提出了"新教育中国化"的思想。他指出新教育中国化要有四个条件,分别为"合于中国的国民经济力","合于中国的社会状况","能发扬中华民族的优点","能改良中国人的恶根性"[①],其思想极有见地。

傅葆琛在博士论文中认为,中国需要的教育要"行之有效并实用",乡村小学课程改革"应建立在根据乡村需要和乡村人活动的基础之上"。归国以后,他将这种乡村教育思想继续深化,并发展出一套新的中国本土化的乡村教育理念。他指出改造农村的主张有从"文字出发""生计出发""卫生出发""政治出发""娱乐出发",改造机关则有主张"以农村改进会作中心机关""以农村小学作中心""以平民学校或民众学校作中心""以合作社作中心""以农民教育馆作中心""以茶园或图书馆作中心",改造的方法有"强迫式""劝导式""利诱式""感化式""示范式",但无论哪种出发点、改造机关、改造方法都各有利弊,他主张应依据"施教者的心理""受教者的心理""地方的特殊需要""出发的时期"这四点核心原则进行选择。同时,他指出改进农村社会,进行乡村建设并有成效,必须使农民具备两个条件,"他们必须有相当的教育程度","他们必须有相当的经济能力",改造农村的机关必须是"彻底的研究","抱有坚决的意愿,贯彻他们的主张","必须互相联络,交换意见"[②]。

朱君毅则以斯皮尔曼相关分析及相关系数理论对留美生成功的质量进行分析,采用"提出问题—设立模型要素—调查测量材料—阐释说明—解决问题"的研究程序,是一项关于留美生成功的科学研究,为国民政府决策和国人留学提供建议,并在回国以后形成"超然统计学"理论,进行统计学中国本土化的探索。刘湛恩在博士论文中力图进行中国非语言智力测验系统的本土化,这种中国化意识与思想影响了他后来对沪江大学的改造。在主持沪江大学校务时,他把宗教课由必修改为选修,选拔学者来校任教,主张发扬沪江大家庭精神,在发展沪江大学的五年计划中,提出"我们把'更基督化,更中国化和更有效率'作为整个计划的总的口号",他还强调学生要养成

---

① 庄泽宣:《如何使新教育中国化》,民智书局1929年版,第23—24页。
② 傅葆琛:《农村社会的改造与民众教育的实验》,《教育与民众》1930年第3期。

独立思考的能力。①

然而,留美生在利用他山之石进行域内化育的过程中,还存在一些值得审视的问题,如团派主义问题、研究的工具主义倾向问题,这也引起了一些学者的批评。舒新城曾撰文指出,"故近来教育界有所谓美国的T.C.派(即哥伦比亚大学师范院派),教授遍布各大学"②,批评他们大半只知道抄录教师研究结果的材料,缺乏教师的研究精神。1928年周谷城也援引蔡元培在全国教育会议的言论批评道:"教育界或因某校同学之关系而联为一系,相与竞争……教育界之党派,近来殆已复杂至不可名言。就留学生之归国服务教育界者言,有所谓东洋派、西洋派,等等。西洋派中,又有所谓英国派、美国派、法国派,等等。就国内学校毕业之教育界人士言,有所谓北京派、南京派,等等。就教育人士出身之母校言,又有所谓某某大学派,某某高师派,等等,凡教育界,无不有党,无不有派。"③那么,由此产生的弊端是教育界"党派纷歧",导致欺隐、排挤和恶性竞争,教育和学术越来越政治化,他认为其出路在于要建立强有力的廉洁政府,扩充知识分子的谋生出路,使知识分子各尽其才、各尽所用。廉洁政府的建立、出路的扩充,固然可以为学界的健康发展提供庇护,但学术政治化的侵袭则是造成教育界派别纷争的主要原因,学界也缺乏一个良性互动与发展的成长机制。

20世纪30年代的归国留美生在教育研究中,还普遍存在盲从和西方理论引介过滥的问题,并引起了国内学人的大讨论。1932年傅斯年在《独立评论》上发表《教育崩溃之原因》一文,曾激烈批评归国的哥伦比亚大学师范学院留美生,认为他们将教育"说得五花八门,弄得乱七八糟"。教育学者赵廷为虽不赞同将教育崩溃的原因全部怪罪于他们,但也指出他们"最大的弱点,就是一味地学时髦"。齐思和认为,"到外国去求学,仅能学得空泛的理论和方法,以为整理中国材料,解决中国问题的预备"④。这些对留学生近乎苛责的看法,更多的是学人对他们寄予厚望后的失望。在中国人文社会学科发展初期,"而西洋学术日新月异,令人目不暇接,于是在追新慕异与固本开新的两难选择中,学人多趋向前者"⑤,教育学科亦是受到这样的发展环境的影响。而留美生身上的西方学术话语与中国学术自立的内在张力,造成

---

① 章华明编:《刘湛恩纪念集》,上海交通大学出版社2011年版,第96页。
② 怡怡:《留学生问题》,《中华教育界》1923年第10期。
③ 周谷城:《教育界之党派观》,《教育杂志》1928年第7期。
④ 齐思和:《选派国外留学生问题》,《独立评论》1937年第244号。
⑤ 桑兵、关晓红主编:《先因后创与不破不立——近代中国学术流派研究》,生活·读书·新知三联书店2007年版,第473页。

了"以'科学''方法'或'知识'的形式认可他者,实际上是把存在于西方的现代价值定位于自主创造的工具地位,即便它们是最具有普适意义的现代价值"[①]。

民国时期的教育学界确实存在着上述一些乱象,但在留美博士身上并非如此明显。相对来说,在进行中国教育之路的探索中,留美博士有着更加务实的态度和更高的志业追求。事实上,他们进行的中国教育研究,其中不乏追求学术独立与本土化的初步努力。归国以后,经过检选与改造,他们将知识与应用建立起密切的联系,在制度、学术、思想及建立新式团体诸方面,推动着中国教育的现代转型。

概言之,民国时期留美博士有关中国教育的研究,深受美国学术场域中教育研究走向的影响,他们借鉴并吸收了美国教育研究的理论方法,以紧随世界教育研究潮流和学以致用的现实观照为特点,以问题意识为导向,展现出历史取向、实用主义教育哲学取向、教育测验实证化研究的发展路径以及"西方理论—中国主题—中国材料—研究中国问题"的研究范式。其研究也获得了国际教育学界的回应,产生了重要的国际学术影响力。具体看来,这批研究成果在加强中美文化交流,展示中国教育情状,促进教育学术对话,开辟中国教育研究学术新域以及移植西式学理等方面,做出了突出贡献。这批研究成果和心得还被留美博士应用于国内教育的制度建设、学科发展和教育实践进行开枝散叶,推动着中国教育的现代转型,由此形成了从学术吸收、思想输入,到制度创制、人才培养,再到学术创生、教改实践的中国现代教育的发展机制,彰显着学以致用的学术理念,体现了他们教育救国和学术报国的旨趣,在中国教育学术史上理应占有一席之地。

由于中国现代教育尚处于新式学理的输入、传播、消化阶段的局限,这批研究成果有不少属于"梳理"和"应用"的形式,在理论和概念上的原创性贡献尚不足,并带有工具主义的倾向。但是,这批留美博士可以说是现代意义上的中国教育的首批研究者,重新审视和挖掘他们博士论文的价值以及对中国教育研究的路径,对考察中国教育学术的历史发展路径、特点以及中国教育的现代转型具有重要意义。

对民国时期留美博士生的博士论文及中国教育研究的历史考察,目前还有一些领域值得展望。第一,从社会生活史的角度,进一步拓展留美博士生的思想形成机制研究。文中固然考察了留美博士在美的学业生活与日常生活,但研究的深度和广度还远远不够,一些相关资料还有待挖掘,如他们

[①] 王炳照主编:《中国教育史专题研究》,北京师范大学出版社2009年版,第428页。

在美修习课程情况、成绩情况、所用教材讲义、阅读书目、社团活动及学术交往情况。第二,比较的研究还不够全面深入。要进一步深化留美博士的中国教育研究与美国学人及国内学人的中国教育研究之间的比较分析,探讨二者的特点与异同,以及二者与中国现实教育之间的关系。第三,对留美博士归国后的思想变迁情况,还有待进一步进行全面系统的纵向与横向的考察。留美博士归国后,其思想出现了哪些变化,哪些是与博士论文思想相承继的,哪些又是他们重新进行审视的,值得进行全面探讨。第四,关于国内外学人对留美生博士论文的评价资料还需要进一步整理。以上问题,有待今后的研究进一步深化完善。

附录　民国时期教育学留美博士小传

1. 郭秉文（KUO PING-WEN），1880—1969

近现代教育家，江苏江浦县（今浦口区）人，字鸿声，生于1880年，基督徒世家，1896年毕业于上海清心书院，并留校任教一年，其后在海关、邮务及浙东厘金局任职。1906年自费赴美留学，1908年入乌斯特大学读理科，并获理学士学位。后入哥伦比亚大学师范学院，1912年获教育学硕士学位，随后师从杜威、孟禄深造，1914年获哲学博士学位。留美期间，任留美学生会会长、中国基督教学生会总书记以及《留美学生月报》、乌斯特校刊编辑。在学期间入选费倍太迦巴及费廸太迦巴荣誉学会会员，并获李温司东教育奖学金。1914年归国任商务印书馆编辑，其后任南京高等师范学校教务长并代理校务、清新书院及浙江高等学校校长、南京高等师范学校校长、中国东部教育会副会长。1921年筹办东南大学并任校长，兼任上海商科大学校长。1923年连续三次当选世界教育联合会副会长。1924年至1926年先后任中华教育文化基金会董事会董事长、中华教育促进社会长、华美协进社会长。1958年创办中美文化协会。后长期留居美国，1969年逝世。著论有《中国教育制度沿革史》《学校管理法》《民国十年之教育：十年度之高等教育》《万国教育会之我见》《中国现今教育问题之一：职业之引导》等。

2. 蒋梦麟（CHIANG MONLIN），1886—1964

近现代教育家，原名梦熊，字兆贤，号孟邻，笔名唯心，1886年生于浙江余姚。早年就读于绍兴中西学堂，曾受业于蔡元培，又入学上海教会学堂。1901年入浙江省立高等学堂，1903年考中秀才，1904年入读南洋公学。1908年自费留美，先入伯克利加州大学农学院，后转入社会科学院主攻教育。1912年获教育学士学位，旋入哥伦比亚大学深造，1917年获哲学博士学位。求学期间为同盟会《大同日报》撰稿，宣传革命思想。1917年回国后任商务印书馆编辑，兼任江苏省教育会理事，主编《新教育》月刊，期间帮助校阅孙中山的《实业计划》原稿。1919年继任蔡元培代理北大校务。1927年任国立第三中山大学校长（不久改为浙江大学）、浙江省政府委员兼教育厅厅长、国民党中央政治会议浙江分会秘书长。1928年继任蔡元培为大学院院长,大学院改教育部后任教育部部长,1930年再任北大校长,1937年任西南联合大学校务委员会委员。抗战期间还曾任中国红十字会会长、行政院秘书长。1949年到台,先后任石门水库建设委员会主任委员、农复会主委。1964年病逝于台湾。论著有《中国教育原理研究》《西潮》《新潮》《孟邻文存》《过渡时代之思想与教育》《文化的交流与思想的演进》《孔子学说与中国文化》《基督教与中国文化》《个人之价值与教育之关系》等。

3. 朱君毅(CHU JENNINGS PINKWEI),1895—1962

近现代教育统计学家,原名斌魁,浙江省江山县(今江山市)人,其父为清末秀才。早年就学于长台家塾、江山县中学堂、衢州府中学堂。1911年入清华学堂留美预备科,后升入高等科。1916年留美入霍布金斯大学,1918年获教育心理学学士学位并入哥伦比亚大学,1920年获硕士学位。随后在哥伦比亚大学继续进修,兼任纽约大学商学院中国语言课讲师,1922年获哲学博士学位。留美期间,曾任清华留美毕业同学会会长、哥伦比亚奖学金研究员、美国全国教育荣誉学会会员。1922年受郭秉文之邀入盟东南大学,先后任教育统计学教授兼教育科副主任及教务主任,南京女子师范学校教务主任、清华大学教育心理系主任兼教授、北京师范大学教授、厦门大学秘书长及教育心理系主任。1932年任国民政府立法院编译处处长,翌年任国民政府主计处主计官兼统计局副局长。1947年任统计局局长,并任中央政治学校计政学院教授。中华人民共和国成立后,先后在重庆正阳学院、浙江杭州之江大学、上海财经学院统计系任教,1963年逝于上海。在学术社团上,为中国统计学社理事长以及中国科学社、中国教育学会、中国经济学社、美国统计学会、国际统计学会的成员,提出"超然统计制度"的主张。论著有《统计学概要》《统计与测验名词英汉对照表》《统计学名词汉译》等,译著有《统计学入门》《统计方法大纲》《统计学词典》等,晚年还着手编著《中国统计史》。

4. 庄泽宣(CHUANG CHAI-HSUAN),1895—1976

近现代教育家,原名庄泽寯,浙江嘉兴人。早年入学北京工业专科学校习机电工程,后考入清华大学学习教育,并加入职教社。1917年,以庚款赴美留学,入俄亥俄州州立大学,获学士学位,继入哥伦比亚大学,攻读教育学,获教育学硕士学位。1921年入普林斯顿大学、牛津大学进修一年。1922年获哥伦比亚大学哲学博士学位。1922年归国,执教于清华大学,并任该校职业指导部主任、大学专科筹备部主任。1925年任厦门大学教授,次年转任中山大学教授,筹创教育研究所兼任主任。曾参与筹创中国教育学会并任理事。1934年转任浙江大学教育学、心理学教授兼任系主任。抗战后，先后任岭南大学文学院院长、广西大学法商学院院长、国立社会教育学院教授。1948年任联合国教科文组织复兴部研究组主任。后移居香港，并赴马来西亚、新加坡从事文化教育事业，晚年定居美国，致力于中美文化交流，1976年病逝。论著有《职业教育通论》《教育概论》《各国教育比较论》《西洋教育的演进及其背景》《如何使新教育中国化》《乡村建设与乡村教育》《基本字汇》《教育与人生》《改造中国教育之路》《民族性与教育》《我的教育思想》《教育学小词典》《新中华教育概论》等。

5. 傅葆琛（Fugh Paul Chen），1893—1984

近现代乡村教育家，四川华阳县永安乡人，生于1893年，进士翰林家庭。1906年入陕西西安府学堂，三年后转入南开中学堂，1914年考入清华学堂高等科。1916年被派赴留美，1918年毕业于俄勒冈州农科大学森林学院，获森林学士学位。一战期间，曾在欧从事华工教育，编辑《华工周刊》。1921年返美，初在耶鲁大学森林学院，后由森林专业转向平民教育，并转入康奈尔大学农业研究院研究乡村教育，1924年获教育博士学位。受晏阳初之邀归国任中华平民教育促进会乡村教育部主任，并负责《农民报》。1928年以后，在燕京大学教育系、济南齐鲁大学教育系、江苏省立教育学院任教。1931年至1936年，先后在北平大学、北京大学、清华大学、北平师范大学、燕京大学及辅仁大学任教，为中国教育学会会员。解放战争时期，任华西大学文学院院长并创办乐育中学。中华人民共和国成立后，先后在西南师范学院、成都军区陆军总医院、中国科学院成都分院任教。1984年因事故逝世。论著有《为什么要办乡村平民教育》《乡村平民教育实施方法的商榷》《中国乡村小学课程概念》《平民千字课的教学法》《民众教育学》《乡村民众教育概论》《华工教育的追忆》《民众教育与乡村教育》《乡建运动总检讨》《我与平教会》等。

6. 杨亮功（YANG LIANG-KUNG），1895—1992

近现代教育家，原名保铭，字亮功，笔名量工，安徽巢县人，生于1895年，其父为清末秀才。早年先后就读于养正小学、巢县高等小学堂、庐州中学堂。1915年入北大预科，两年后考入本科中国文学系。1920年任安庆省立第一中学校长。曾为少年中国学会、中华学艺社会员。1922年赴美留学，两年后获斯坦福大学教育硕士学位，转入纽约大学攻读，1928年获哲学博士学位。归国后，先后任国立第五中山大学教授兼文科主任、吴淞中国公学副校长、暨南大学教授、安徽大学校长、北京大学教育系教授。曾发起组织中国教育学会并任理事。在政治职务上，曾任高等考试监试委员、皖赣监察使、闽浙监察使、闽台监察使等职。后飞赴台湾,历任文教、政治要职,为蒋介石预立遗嘱的七位见证的政界要人之一,1992年病逝于台湾。论著有《西洋教育史》《中西教育思想之演进与交流》《教育学之研究》《中国家族制度与儒家伦理思想》《先秦文化之发展》《孔学四论》《早期三十年的教学生活·五四》《中山先生教育述要》等。

7. 钟鲁斋(DIUNG LU-DZAI),1899—1956

近现代教育家,广东梅县三乡区客家人。1923年毕业于沪江大学教育系,后任梅县广益中学教务主任,协办嘉应大学。1926年入沪江大学研究院,获文学硕士学位。1928年入读斯坦福大学教育学专业,两年后获教育学博士学位。归国后,先后任沪江大学国文系教授兼主任、清华大学文学院院长、厦门大学教授、勷勤大学教育学院教授、中山大学研究所教授,中国教育学会会员。1938年在港创办南华学院并任院长。后移居香港,任九龙南华中学校长、香港崇基学院中文系教授兼主任。1956年病逝于香港。论著有《教育之科学研究法》《比较教育》《现代心理学与教育》《中学各科教学法》《教育研究法及其原理》《战时教育问题》《华侨教育之改进》《世界各国教育改进之趋势》《客家来源》等。

8. 陈友松(CHENG RONALD YU-SOONG),1899—1992

近现代教育财政学家,原名豹,字敦伟,1899年生于湖北京山县北乡宋河镇。1915年入武昌博文学院,毕业后得澳籍牧师贾伯明资助留学菲律宾。1929年官费留美,先后入加州大学、斯坦福大学获学士、硕士学位。随后入哥伦比亚大学,师从孟禄、杜威、康德尔等,1935年获博士学位。曾任世界教育联合会扫盲干事、全美教育学会名誉联谊会会员。归国后,先后任大夏大学社会教育系主任,厦门大学、勷勤大学教授,贵州惠水乡政学院实验教育主任,西南联大、北京大学教育系教授,开办湖北教育学院并任院长。在社团上,任中国教育学会理事兼北平分会负责人、电影教育协会理事、中华图书馆协会理事。中华人民共和国成立后,任北京师范大学教育系副主任,1992年逝于北京。论著有《中国教育财政之改进》《苏联的教育》《中国教育经费问题》《教育财政学原论》《当代西方教育哲学》《杜威批判》《教育学》《美国师范教育》《论杜威教育学》等。

9. 赵冕(CHAO PU-HSIA FREDERICK),1903—1965

近现代乡村教育家,字步霞,浙江嘉兴人,早年就读于嘉兴浙江省立第二中学。1925年于南京高等师范学校获文学、教育学士学位。毕业后任教于河南省立第二中学、浙江省立第四中学、第四中山大学教育系、江苏省立教育学院,兼任北夏普及民众教育实验区总干事。参与筹建中国社会教育社,为中国教育学会会员。1937年任平教会研究员,参加乡村建设实验。后协助晏阳初,任北碚巴县乡村建设育才院教授兼教务主任。1941年赴美入芝加哥大学,翌年获硕士学位,后入哥伦比亚大学,1946年获教育博士学位,并受聘怀俄明大学任教。1947年回国,任中央大学教授兼教育研究所主任。中华人民共和国成立后,任教育部参事、浙江师范学院教育系及杭州大学外语系教授,1965年逝世。论著有《社会教育行政》《乡村教育及民众教育》《民众教育》《世界教育史纲》《英汉翻译理论与实践》。

10. 朱有光(CHU YOU-KUANG),1902—1975

近现代教育家,籍贯广东,生于1902年,毕业于岭南大学并留校任教,后留学哥伦比亚大学师范学院,1933年获哲学博士学位。归国后,任私立岭南大学副教授兼教育系主任、教务长,燕京大学及河南大学教授,美国教育学奖学会,中国教育学会会员。论著有《基督的生平和教训》,译著有《卫生科教学法大纲》等。

参考文献

一、英文文献

（一）留美生博士论文、手稿及同名著作

[1] Chen, Wei-Cheng, The Educational Work of Missionaries in China, Ann Arbor: University of Michigan, 1910.

[2] Ping Wen Kuo, The Chinese System of Public Education, New York: T. C. Columbia University, 1914.

[3] Monlin Chiang, (A) Study in Chinese Principles of Education, Shanghai: The Commercial Press, 1924.

[4] Chai-Hsuan Chuang, Tendencies toward a Democratic System of Education in China, Shanghai: The Commercial Press, 1922.

[5] Jennings Pinkwei Chu, Chinese Students in America: Qualities Associated with Their Success, New York: T. C. Columbia University, 1922.

[6] Chu-Son Miao, The Value of Confucianism for Religious Education China, ProQuest Dissertations Publishing, 1923.

[7] Chiling Yin, Reconstruction of Modern Educational Organizations in China, Shanghai: The Commercial Press, 1924.

[8] Paul C. Fugh, Reconstruction of the Chinese Rural Elementary School Curriculum to Meet Rural Needs in China, abstract of a thesis, N.Y.: Cornell University, 1924.

[9] Shu-Tang Li, Coeducation in American Colleges and Universities: A Historical Psychological and Sociological Study with Some Applications to China, typescript, Ann Arbor: Xerox University Microfilms, 1928.

[10] Theodore E. Hsiao, The History of Modern Education in China, Peiping: Peking University Press, 1932.

[11] Tso Chung Tseng, Nationalism and Pragmatism in Modern-Education with Special Application to Pos-Revolutionary Chinese Conditions, abstract of a thesis, ProQuest Dissertations Publishing, 1932.

[12] Chiu-Sam Tsang, *Nationalism in School Education in China since the Opening of the Twentieth Century*, Hong Kong: Printed by the South China Morning Post, ltd., 1933.

[13] Feng – Gang Wang, *Japanese Influence on Educational Reform in China from 1895 to 1911*, Peiping: Authors Book Store, 1933.

[14] You Kuang Chu, *Some Problems of a National System of Education in China: A Study in the Light of Comparative Education*, Shanghai: The Commercial Press, 1933.

[15] Lu-Dzai Djung, *A History of Democratic Education in Modern China*, Shanghai: The Commercial Press, 1934.

[16] Tsung-Kao Yieh, The Adjustment Problems of Chinese Graduate Students in American Universities, Private Edition, 1934.

[17] Wei Wilson Shih–Seng, The History of Educational Philosophy in China, Ann Arbor: Xerox University Microfilms, 1934.

[18] Ronald Yu Soong Cheng, *The Financing of Public Education in China: A Factual Analysis of Its Major Problems of Reconstruction*, Shanghai: The Commercial Press, 1935.

[19] Ye Shen, A Proposed Program for a Chinese Junior High School in Respect to the Education of Gifted Children as Compared with other Children, thesis manuscript, New York: T. C. Columbia University, 1936.

[20] O'Yang Siang, Reconstruction of Teacher Training in China on the Elementary Level, Reprinted from Abstract of Doctoral Dissertations, No.18, the Ohio State University, 1936.

[21] Wai-king Taai, Adolescent Education in China, Ann Arbor: Xerox University Microfilms, 1940.

[22] Kao Siu-Wen Yu, A Guidance Program for Chinese Youth in the Chinese Christian Center, New York: Columbia University, 1940.

[23] Chan Kai-Ping, A Proposed Program of Religious Education for Lingnan University in China, typescript, New York: Columbia University, 1940.

[24] Han Ch'ing-Lien, A Comparative Study of Administration of Publicly

Supported Higher Education in the United States and China, microfilm (negative) of typescript, Minneapolis: University of Minnesota, 1941.

[25] Chen Ching-Szu, The Significance for Religious Education of Modern Educational Trends in China, *Religious Education*, Jan.1, 1942.

[26] Yung-Ching Wei, A Plan for the Preparation of Secondary School Teachers in Hopei Province China, typescript, New York: T. C. Columbia University, 1943.

[27] Hwei Lan Chang, A Colligation of Facts and Principles Basic to Sound Curriculum Construction for Physical Education in China, Iowa: State University of Iowa, 1944.

[28] Kwoh Edwin Sih-ung, Chinese Students in American, the preface of thesis, New York: Columbia University, 1946.

[29] Ping-Chien Chu, A Proposed Administrative Pattern of the Hsien (Country) School System in China, microfilm of typescript, New York: Columbia University, 1947.

[30] Pao-Chen Lee, A Proposed Plan for the Education of Music Teachers at Peip'ing National Teachers College, typescript, New York: T. C. Columbia University, 1948.

[31] Zen Wei-Ts, The Role of Education in Postwar China, essential portion of thesis, Philadelphia: University of Philadelphia, 1948.

[32] Chang-Ho Jiugow Hu, A General Outline on the Reorganization of Chinese Educational System, photocopy of typescript, Ann Arbor: University Microfilms International, 1978.

[33] Chung-Teh Fan, Curriculum Reorganization in Rural China, microfilm of typescript. New York: Columbia University Libraries, 1978.

[34] Wei-Lun Chen, A Sociological Foundation of Adult Education in China, photocopy of typescript. Ann Arbor: University Microfilms International, 1980.

[35] Theodore Encheng Hsiao, A History of Modern Education in China, photocopy of typescript, Ann Arbor: University Microfilms International, 1980.

[36] Yau S. Seto, The Problem of Missionary Education in China Historical and Critical, photocopy of typescript, Ann Arbor: University Microfilms International, 1980.

[37] Yang Liang-Kung, A Study of the Organization, Functions and Duties of Boards of Control of State Universities in the United States, and the Applications of Such Study to Similar Institutions in China, photocopy of typescript, Ann Arbor: University Microfilms International, 1980.

[38] Poon-Kan Mok, The History and Development of the Teaching of English in China, Ann Arbor: University Microfilms International, 1980.

(二)博士论文相关书评

[1] R., Review Article: The Chinese System of Public Education, *The Chinese Recorder (1912—1938)*, Feb. 1, 1918.

[2] Review Article: Chinese Students in America Qualities Associated with their Success, *The Chinese Recorder (1912—1938)*, Apr. 1, 1923.

[3] D. Willard Lyon, Review Article: A Study in Chinese Principles of Education, *The Chinese Recorder (1912—1938)*, Sep. 1, 1926.

[4] G. W. H., Review Article: The Financing of Public Education in China, *The Chinese Recorder (1912—1938)*, Jul. 1, 1936.

[5] Current Publications Received, *The Elementary School Journal*, Vol. 23, No. 8, Apr., 1923.

[6] R. E. Wager, Educational Reform in China, *The Elementary School Journal*, Vol. 25, No. 1, Sep., 1924.

[7] James F. Abel, Selected References on Foreign Education, *The Elementary School Journal*, Vol. 34, No. 10, Jun., 1934.

[8] H. F. MacNair, New Books and Publications, *The Weekly Review (1922—1923)*, 1922(18).

[9] F. N. R., New Books of Interest in the Far East: The Progress of Education in China, *the China Weekly Review (1923—1950)*, Jul. 6, 1935.

[10] Current Publications Received, *The School Review*, Vol. 31, No. 5, May, 1923.

[11] Douglas Fryer, Book Reviews: Contributions to Mental Measurements, *Social Forces*, Vol. 5, No. 2, Dec., 1926.

[12] James F. Abel, History of Education in the Far East, *Review of Educational Research*, Vol. 9, No. 4, Oct., 1939.

（三）汇编资料

[1] *Who's who in China*, Shanghai: The Chinese Weekly Review, 1925/1936.

[2] Yi-Chi Mei & Chi-Pao Cheng, *A Survey of Chinese Students in American Universities and Colleges in the Past One Hundred Years*, New York: *China Institute in America*, 1954.

[3] Tung-Li Yuan, *A Guide to Doctoral Dissertations by Chinese Students in America 1905—1960*, Washington: The Sino-American Cultural Society, 1961.

二、中文文献

（一）汇编史料

[1] 北京大学国际政治系编：《中国现代史统计资料选编》，河南人民出版社1985年版。

[2] 陈学恂、田正平编：《中国近代教育史资料汇编·留学教育》，上海教育出版社2007年版。

[3] 程焕文、吴滔主编：《民国时期社会调查丛编（三编）·岭南大学与中山大学卷》（中），福建教育出版社2014年版。

[4] 敷文社编：《最近官绅履历汇编》，文海出版社1970年版。

[5] 顾明远总主编：《中国教育大系》，湖北教育出版社1994年版。

[6] 教育部编：《第一次中国教育年鉴》，开明书店1934年版。

[7]《教育年鉴》编纂委员会：《第二次中国教育年鉴》，文海出版社1986年版。

[8] 刘真主编，王焕琛编著：《留学教育——中国留学教育史料》，国立编译馆1980年版。

[9] 美国长老会海南岛传教团著，王翔译：《棕榈之岛：清末民初美国传教士看海南》，南海出版公司2001年版。

[10] 潘懋元、刘海峰编：《中国近代教育史资料汇编·高等教育》，上海教育出版社2007年版。

[11] 璩鑫圭、唐良炎编：《中国近代教育史资料汇编·学制演变》，上海教育出版社2007年版。

[12] 清华大学校史研究室编：《清华大学史料选稿》（第1卷），清华大学出版社1991年版。

[13] 清华学校编印:《游美同学录》,1917年内部资料。
[14] 舒新城编:《近代中国教育史料》(第3册),中华书局1928年版。
[15] 宋恩荣、章咸编:《中华民国教育法规选编(1912—1949)》,江苏教育出版社1990年版。
[16] 邰爽秋等编:《教育参考资料选辑》(第2集),教育编译馆1934年版。
[17] 邰爽秋等编:《重要教育问题论文索引》,国立中山大学教育研究所1929年版。
[18] 王学珍、郭建荣主编:《北京大学史料》(第2卷),北京大学出版社2000年版。
[19] 中华民国教育部编:《专科以上学校教员名册》(第1、2册),教育部1942、1944年版。
[20] 朱有瓛、高时良主编:《中国近代学制史料》(第4辑),华东师范大学出版社1993年版。

(二)报刊史料

[1]《商务印书馆出版周刊》1935年新154号。
[2]《东方杂志》1920年第17卷第6号、1933年第30卷第2号。
[3]《独立评论》1932年第9号、1937年第244号。
[4]《高等教育季刊》1941年第1期、1941年第3期。
[5]《观察》1946第5期、1947年第7期。
[6]《公教学校》1935年第1期。
[7]《国闻周报》1927年第38期。
[8]《环球》1917年第1期。
[9]《海王》1947年第10期。
[10]《教育杂志》1916年第6期、1928年第7期、1935年第10期、1937年第3期、1947年第2期。
[11]《教育丛刊》1920年第1卷。
[12]《教育研究通讯》1936年第4期。
[13]《教育研究》(广州)1928年创刊号。
[14]《教育通讯》(汉口)1948年复刊第3期。
[15]《科学》1915年第9期。
[16]《留美学生季报》1914年第1期、1915年第2期、1918年第2期、1919年第3期、1926年第1期。
[17]《妙中月刊》1933年第2期。

[18]《南大教育》1948年复刊第2期。

[19]《清华周刊》1926年第16期。

[20]《生活周刊》1930年第34期。

[21]《生活》1931年第17期。

[22]《文化建设》1936年第9期。

[23]《学生杂志》1921年第12期。

[24]《再生杂志》1932年第9期。

[25]《中华教育界》1923年第10期。

(三)时人论著、文集

[1] 陈启天:《最近三十年中国教育史》,上海太平洋书店1928年版。

[2] 陈东原:《中国教育史》,商务印书馆1936年版。

[3] 陈青之:《中国教育史》,东方出版社2008年版。

[4] 陈果夫:《中国教育改革之途径》,正中书局1944年版。

[5] 陈侠、傅启群编:《傅葆琛教育论著选》,人民教育出版社1994年版。

[6] 程其保编:《学务调查》,商务印书馆1930年版。

[7] 崔国良、崔红编:《张彭春论教育与戏剧艺术》,南开大学出版社2003年版。

[8] 〔美〕丁韪良著,沈弘等译:《汉学菁华:中国人的精神世界及其影响力》,世界图书出版公司2010年版。

[9] 范寿康:《教育哲学大纲》,中华学艺社1923年版。

[10] 方辉盛、何光荣主编:《陈友松教育文集》,社会科学文献出版社2009年版。

[11] 冯克诚主编:《西方近代教育思想与论著选读》(下),人民武警出版社2011年版。

[12] 古柏莱著,詹文浒译:《世界教育史纲》,世界书局1935年版。

[13] 郭秉文:《中国教育制度沿革史》,福建教育出版社2007年版。

[14] 郭齐家选编:《陈景磐教育论文选》,北京师范大学出版社2004年版。

[15] 胡毅编著:《教育统计学初步》,大东书局1933年版。

[16] 胡适:《胡适全集》(第43卷),安徽教育出版社2003年版。

[17] 蒋梦麟:《过渡时代之思想与教育》,商务印书馆1933年版。

[18] 蒋梦麟:《孟邻文存》,正中书局1954年版。

[19] 姜琦:《西洋教育史大纲》,商务印书馆1933年版。

[20] 靳玉乐、沈小碚编:《张敷荣教育文集》,江苏教育出版社2010年版。

[21] 罗运炎:《孔子社会哲学》,美以美书报部1926年版。
[22] 罗廷光:《教育科学研究大纲》,中华书局1932年版。
[23] 梁启超:《饮冰室合集》文集第五册(第四十五下),中华书局1988年版。
[24] 明立志等编:《蒋梦麟学术文化随笔》,中国青年出版社2001年版。
[25] 欧阳哲生编:《傅斯年全集》(第5卷),湖南教育出版社2003年版。
[26] 蒋径三编:《西洋教育思想史》,福建教育出版社2011年版。
[27] 舒新城:《近代中国教育思想史》,中华书局1932年版。
[28] 沈亦珍:《教育论丛》,台湾复兴书局1979年版。
[29] 上海理工大学档案馆编:《刘湛恩文集》,上海交通大学出版社2011年版。
[30] 宋恩荣主编:《晏阳初全集》,湖南教育出版社1989年版。
[31] 檀仁梅:《福建省中等教育师资问题》,私立福建协和大学教育学系1942年版。
[32] 陶行知著:《陶行知全集》(第11卷补遗1卷),四川教育出版社1998年版。
[33] 陶行知著,方明主编:《陶行知全集》(第1卷),四川教育出版社2005年版。
[34] 吴俊升:《教育哲学大纲》,商务印书馆1935年版。
[35] 萧恩承:《教育哲学》,商务印书馆1926年版。
[36] 厦门大学编译委员会编:《厦门大学演讲集》(第1—2集),厦门大学编译委员会1931年版。
[37] 夏承枫:《现代教育行政》,中华书局1932年版。
[38] 许椿生、陈侠、蔡春编:《李建勋教育论著选》,人民教育出版社1993年版。
[39] 杨亮功:《教育局长》,正中书局1935年版。
[40] 殷芝龄编:《世界教育会议之经过》,商务印书馆1923年版。
[41] 庄泽宣:《职业教育概论》,商务印书馆1926年版。
[42] 庄泽宣:《如何使新教育中国化》,民智书局1929年版。
[43] 庄泽宣:《各国学制概要》,商务印书馆1931年版。
[44] 庄泽宣编:《一个教育的书目》,民智书局1930年版。
[45] 庄泽宣:《我的教育思想》,中华书局1934年版。
[46] 庄泽宣:《西洋教育制度的演进及其背景》,中华书局1938年版。
[47] 庄泽宣:《乡村建设与乡村教育》,中华书局1939年版。
[48] 庄泽宣:《改造中国教育之路》,中华书局1946年版。
[49] 朱君毅编:《教育心理学大纲》,中华书局1931年版。

[50] 朱君毅:《教育统计学》,商务印书馆1933年版。

[51] 朱君毅编纂:《师范学校教科书甲种:教育测验与统计》,商务印书馆1935年版。

[52] 朱君毅:《民国时期的政府统计工作》,中国统计出版社1988年版。

[53] 钟鲁斋:《教育之科学研究法》,上海商务印书馆1935年版。

[54] 赵冕,翁祖善编:《乡村教育及民众教育》,中华书局1937年版。

[55] 赵冕:《社会教育行政》,商务印书馆1938年版。

[56] 曾昭森编:《菁英集》,香港进步教育出版社1967年。

[57] 中央教育科学研究所编:《陶行知教育文选》,教育科学出版社1981年版。

[58] 赵祥麟、王承绪编译:《杜威教育论著选》,华东师范大学出版社1981年版。

[59] 钟叔河编:《走向世界丛书》(第1辑),岳麓书社2008年版。

[60] 周洪宇、陈竞蓉编著:《中国最需要何种教育原则——克伯屈在华演讲录》,安徽教育出版社2013年版。

(四)回忆录、日记、书信集、志传

[1] 陈鹤琴:《我的半生》,《陈鹤琴全集》(第6卷),江苏教育出版社2008年版。

[2] 程其保:《六十年教育生涯》,《传记文学》1973年第23卷第2、3、4期。

[3] 程其保:《两任教育厅长》,《传记文学》1973年第23卷第5、6期。

[4] 国务院学位委员会办公室编:《中国社会科学家自述》,上海教育出版社1997年版。

[5] 高增德、丁东编:《世纪学人自述》(第1卷),北京十月文艺出版社2000年版。

[6] 耿云志主编:《胡适遗稿及秘藏书信》(第21册),黄山书社1994年版。

[7] 耿云志、欧阳哲生:《胡适书信集》,北京大学出版社1996年版。

[8] 胡适等:《胡适选专业:大师们的大学生活》,辽宁教育出版社2006年版。

[9] 蒋梦麟:《西潮·新潮》,岳麓书社2000年版。

[10] 梁实秋:《清华八年:梁实秋自传》,江苏文艺出版社2011年版。

[11] 罗运炎:《一个苦儿的奋斗》,华美书局版,年代不详。

[12] 西安市政协文史资料委员会编:《祖国在我身边:老留学生忆留学专辑》,1990年内部资料。

[13] 肖海涛、殷小平编:《潘懋元教育口述史》,北京师范大学出版社2006

年版。
[14] 杨亮功:《早期三十年的教学生活·五四》,黄山书社2008年版。
[15] 程俊英:《中国大教育家》,教育科学出版社2008年版。
[16] 甘肃省政协文史资料研究委员会:《邓宝珊将军》,文史资料出版社1985年版。
[17] 郭景平:《"美国社会服务志愿者协会"的华人会长郭锡恩》,政协上海静安文史海外选辑编委会编《静安文史 第11辑(海外选辑)》,1998年内部资料。
[18] 黄伟经主编:《客家名人录》,花城出版社1996年版。
[19] 侯仁之编:《燕京大学人物志》(第1、2辑),北京大学出版社2001、2002年版。
[20] 贾逸君编:《民国名人传》,岳麓书社1993年版。
[21] 刘国铭主编:《中华民国国民政府军政职官人物志》,春秋出版社1989年版。
[22] 刘国铭主编:《中国国民党百年人物全书》,团结出版社2005年版。
[23] 晋阳学刊编辑部编:《中国现代社会科学家传略》(第2辑),山西人民出版社1982年版。
[24] 冒荣:《至平至善　鸿声东南——东南大学校长郭秉文》,山东教育出版社2004年版。
[25] 秦孝仪主编:《革命人物志》第22集,台湾"中央"文物供应社1982年版。
[26] 孙善根:《走出象牙塔——蒋梦麟传》,杭州出版社2004年版。
[27] 孙文治主编:《东南大学校友业绩丛书》(第1卷),东南大学出版社2002年版。
[28] 宋霖、刘思祥编著:《台湾皖籍人物》,2001年内部资料。
[29] 沈灌群、王礼锐:《中国教育家评传》,上海教育出版社1989年版。
[30] 上海财经大学校史研究室编:《郭秉文与上海商科大学》,上海财经大学出版社2010年版。
[31] 唐孝纯:《人民教育家俞庆棠》,《江苏文史资料》编辑部1998年版。
[32] 吴相湘:《蒋梦麟振兴北大复兴农村》,《民国百人传》(第1册),传记文学出版社1982年版。
[33] 吴炳奎:《著名教育家钟鲁斋》,中国人民政治协商会议广东省梅县委员会文史资料委员会《梅县文史资料》(第9辑第2册),1993年内部资料。
[34] 谢鸿儒:《民国时期甘谷留学生简介》,中国人民政治协商会议甘谷县

委员会文史资料委员会编《甘谷文史资料》(第6辑),1991年内部资料。

[35] 周邦道:《近代教育先进传略·初集》,中国文化大学出版部1981年版。

[36] 政协江苏高邮县文史资料委员会编:《高邮文史资料》(第10辑),1990年内部资料。

[37] 中央大学校友文选编纂委员会编:《南雍骊珠——中央大学名师传略再续》,南京大学出版社2010年版。

[38] 张振江主编:《薪火集 河南大学学人传》(上),河南大学出版社2002年版。

(五)研究专著

[1] 〔美〕埃伦·康德利夫·拉格曼著,花海燕等译:《一门捉摸不定的科学:困扰不断的教育研究的历史》,教育科学出版社2006年版。

[2] 〔美〕伯纳德·贝林著,王晨等译:《教育与美国社会的形成》,安徽教育出版社2013年版。

[3] 陈学恂、田正平主编:《中国教育史研究》近代分卷,华东师范大学出版社2001年版。

[4] 陈志科:《留美生与民国时期教育学》,天津人民出版社2008年版。

[5] 陈志科:《留美生与中国教育学》,南开大学出版社2009年版。

[6] 陈竞蓉:《教育交流与社会变迁——哥伦比亚大学与现代中国教育》,华中科技大学出版社2011年版。

[7] 杜成宪:《中国教育史学九十年》,华东师范大学出版社1998年版。

[8] 杜成宪、邓明言:《教育史学》,人民教育出版社2014年版。

[9] 董宝良:《中国近现代高等教育史》,华中科技大学出版社2007年版。

[10] 郭玉贵:《美国和苏联学位制度比较研究——兼论中国学位制度》,复旦大学出版社1991年版。

[11] 高觉敷、叶浩生主编:《西方教育心理学发展史》,福建教育出版社1996年版。

[12] 何晓夏、史静寰:《教会学校与中国教育近代化》,广东教育出版社1996年版。

[13] 何文辉:《历史拐点处的记忆:1920年代湖南的立宪自治运动》,湖南人民出版社2008年版。

[14] 侯怀银:《中国教育学发展问题研究——以20世纪上半叶为中心》,山西教育出版社2008年版。

[15] 侯怀银主编:《教育研究方法》,高等教育出版社2009年版。

[16]〔美〕杰西·格·卢茨著,曾钜生译:《中国教会大学史(1850—1950)》,浙江教育出版社1987年版。
[17] 金林祥:《蔡元培教育思想研究》,辽宁教育出版社1994年版。
[18] 勒希斌主编:《从滞后到超前——20世纪人力资本学说·教育经济学》,山东教育出版社1995年版。
[19] 勒希斌主编:《人力资本学说与教育经济学新进展》,教育科学出版社2010年版。
[20] 科恩:《美国高等教育通史》,北京大学出版社2010年版。
[21] 林子勋:《中国留学教育史(1847—1975)》,华冈出版有限公司1976年版。
[22] 李喜所、刘集林等:《近代中国的留美教育》,天津古籍出版社2000年版。
[23] 李喜所:《中国留学史论稿》,中华书局2007年版。
[24] 李子江:《学术自由在美国的变迁与发展》,北京师范大学出版社2008年版。
[25] 李喜所主编,刘景泉等著:《五千年中外文化交流史》(第三卷),世界知识出版社2002年版。
[26] 刘霓、黄育馥:《国外中国女性研究:文献与数据分析》,中国社会科学出版社2009年版。
[27] 兰军:《国际教育舞台的参演》,山东教育出版社2010年版。
[28]〔美〕L.迪安·韦布著,陈露茜、李朝阳译,陈露茜、李朝阳、康绍芳校:《美国教育史:一场伟大的实验》,安徽教育出版社2010年版。
[29] 雷海宗:《国史纲要》,江苏人民出版社2014年版。
[30] 马勇:《蒋梦麟教育思想研究》,辽宁教育出版社1997年版。
[31] 毛祖桓:《教育学科体系的结构研究》,中央民族大学出版社1999年版。
[32]〔英〕诺曼·费尔克拉夫著,殷晓蓉译:《话语与社会变迁》,华夏出版社2003年版。
[33] 彭小舟:《近代留美学生与中美教育交流研究》,人民出版社2010年版。
[34] 瞿葆奎主编,瞿葆奎、沈剑平选编:《教育学文集第1卷·教育与教育学》,人民教育出版社1993年版。
[35] 桑兵:《国学与汉学——近代中外学界交往录》,浙江人民出版社1999年版。
[36] 桑兵、关晓红主编:《先因后创与不破不立——近代中国学术流派研

究》,生活·读书·新知三联书店2007年版。
[37] 石中英:《教育学的文化性格》,山西教育出版社2001年版。
[38] 苏云峰:《从清华学堂到清华大学(1911—1929)》,生活·读书·新知三联书店2001年版。
[39] 司晓宏:《教育管理学论纲》,高等教育出版社2009年版。
[40] 孙杰远主编:《教育统计学》,高等教育出版社2010年版。
[41] 〔美〕史黛西·比勒著,张艳译:《中国留美学生史》,生活·读书·新知三联书店2010年版。
[42] 沈福伟:《中西文化交流史》,上海人民出版社2014年版。
[43] 滕大春:《美国教育史》,人民教育出版社1994年版。
[44] 田正平主编:《中外教育交流史》,广东教育出版社2004年版。
[45] 涂文涛主编:《四川教育史》(上册),四川教育出版社2007年版。
[46] 王孝玲:《教育统计学》,华东师范大学出版社1986年版。
[47] 王奇生:《中国留学生的历史轨迹(1872—1949)》,湖北教育出版社1992年版。
[48] 王坤庆:《现代教育哲学》,华中师范大学出版社1996年版。
[49] 王坤庆:《教育学史论纲》,湖北教育出版社2000年版。
[50] 王承绪编:《比较教育学史》,人民教育出版社1999年版。
[51] 王炳照编著:《中国教育史专题研究》,北京师范大学出版社2009年版。
[52] 王小丁:《中美教育关系研究:1840—1927》,四川大学出版社2009年版。
[53] 王学珍主编:《北京高等教育史》(上卷),中国广播电视出版社2010年版。
[54] 王伟:《中国近代留洋法学博士考(1905—1950)》,上海人民出版社2011年版。
[55] 王珏:《中国近代教育管理学科研究》,上海教育出版社2013年版。
[56] 汪一驹著,梅寅生译:《中国知识分子与西方》,台湾久大文化股份有限公司1991年版。
[57] 吴梓明编著:《基督教大学华人校长研究》,福建教育出版社2001年版。
[58] 熊明安、周洪宇主编:《中国近现代教育实验史》,山东教育出版社2001年版。
[59] 项建英:《近代中国大学教育学科研究》,华东师范大学出版社2012

年版。
[60] 杨宗义、肖海主编:《教育统计学》,科学技术文献出版社1990年版。
[61] 元青:《杜威与中国》,人民出版社2001年版。
[62] 叶维丽:《为中国寻找现代之路:中国留学生在美国(1900—1927)》,北京大学出版社2012年版。
[63] 叶志坚:《中国近代教育学原理的知识演进——以文本为线索》,浙江大学出版社2012年版。
[64] 周谷平:《近代西方教育理论在中国的传播》,广东教育出版社1996年版。
[65] 周洪宇:《学术新域与范式转换——教育生活史研究引论》,华中科技大学出版社2011年版。
[66] 周洪宇:《学位与研究生教育史》,高等教育出版社2004年版。
[67] 周洪宇:《文化与教育的双重历史变奏——周洪宇文化教育史论》,华中科技大学出版社2011年版。
[68] 周晓虹:《理论的邂逅:社会学与社会心理学的路径》,北京大学出版社2014年版。
[69] 张斌贤:《社会转型与教育变革——美国进步主义教育运动研究》,湖南教育出版社1998年版。
[70] 张斌贤等编:《外国教育思想史》,高等教育出版社2007年版。
[71] 章开沅、余子侠主编:《中国人留学史》,社会科学文献出版社2013年版。
[72] 郑金洲、瞿葆奎:《中国教育学百年》,教育科学出版社2002年版。
[73] 郑刚:《史学转型视野中的"中国教育史"学科研究(1901—1937年)》,华中科技大学出版社2013年版。
[74] 〔日〕佐藤学,钟启泉译:《课程与教师》,教育科学出版社2003年版。
[75] 左玉河:《从四部之学到七科之学——学术分科与近代中国知识系统之创建》,上海书店出版社2004年版。
[76] 朱斐主编:《东南大学史 1902—1949》(第1卷),东南大学出版社2012年版。
[77] 北京师范大学教育科学研究所编:《北京师范大学教育科学研究所(1987—1988)论文选集》,北京师范大学教育科学研究所1988年版。
[78] 田正平、程斯辉编:《辛亥革命与中国近代教育——"第五届海峡两岸教育史论坛"论文》,浙江大学出版社2012年版。
[79] 熊月之、周武编:《陈旭麓文集》(第一卷),华东师范大学出版社1996

年版。

[80] 于述胜:《中国现代教育学术研究史论》,中国社会科学出版社2012年版。

[81] 张西平主编:《国际汉学》(第17辑),大象出版社2009年版。

[82] 朱政惠编:《美国学者论美国中国学》,上海辞书出版社2009年版。

[83] 朱政惠、催丕主编:《北美中国学的历史与现状》,上海辞书出版社2013年版。

(六)研究论文

[1] 陈业新:《民国时期民生状况研究——以皖北地区为对象》,《上海交通大学学报(哲学社会科学版)》2008年第1期。

[2] 陈育红:《战前中国教师、公务员、工人工资薪俸之比较》,《民国档案》2010年第4期。

[3] 陈伟、郑文:《新教育中国化:论庄泽宣的比较教育思想》,《学术研究》2012年第4期。

[4] 陈瑶:《美国教育研究学科化的开端》,《教育研究》2015年第5期。

[5] 常河:《科学之精神,社会之自觉——不该被忽视的北大校长蒋梦麟》,《江淮文史》2013年第3期。

[6] 丁钢:《20世纪上半叶哥伦比亚大学师范学院的中国留学生———一份博士名单的见证》,《高等教育研究》2013年第5期。

[7] 李喜所:《留美生在近代中国的文化定位》,《天津社会科学》2003年第3期。

[8] 李喜所:《留学生与中国现代学科群的构建》,《河北学刊》2003年第6期。

[9] 李长莉:《近代留学生的西方生活体验与文化认知》,《史学月刊》2005年第8期。

[10] 李福春:《美国教育学发展考析》,《大学教育科学》2010年第6期。

[11] 李运昌、李文英:《庄泽宣比较教育思想探析》,河北大学学报(哲学社会科学版)2009年第5期。

[12] 林晓雯:《1902—1928中国留美学生学位论文选题分析》,《江苏社会科学》2013年第3期。

[13] 刘蔚之:《美国哥伦比亚大学师范学院中国留学生博士论文之初步分析(1914—1959)》,《辛亥革命与中国近代教育——"第五届海峡两岸教育史论坛"论文集》,浙江大学出版社2012年版。

[14] 刘蔚之:《哥伦比亚大学师范学院中国博士生"教育基础理论"领域论文的历史意义分析》,《教育学报》2014年第5期。

[15] 聂长顺:《Education 汉译名厘定与中、西、日文化互动》,《中国地质大学学报(社会科学版)》2008年第4期。

[16] 牛金成:《庄泽宣职业教育思想及其启示》,《职业技术教育》2012年第31期。

[17] 瞿葆奎:《中国教育学百年》,《教育研究》1998年第12期。

[18] 桑兵:《近代学术的地缘与流派》,《历史研究》1999年第3期。

[19] 田正平:《论民国时期的中外人士教育考察——以1912年至1937年为中心》,《社会科学战线》2004年第3期。

[20] 孙善根,余子道:《"不中不西,亦中亦西"——蒋梦麟中西文化观评述》,《安徽史学》2004年第3期。

[21] 谢长法:《庄泽宣与近代职业指导运动》,《职业技术教育》2009年第31期。

[22] 徐铁英:《美国专业博士教育:问题、论争与改革》,《教育学术月刊》2010年第7期。

[23] 熊春文:《过渡时代的思想与教育——蒋梦麟早期教育思想的社会学解读》,《北京大学教育评论》2012年第2期。

[24] 肖朗:《近代中国国立大学教育研究机构综论》,《高等教育研究》2012年第8期。

[25] 肖朗、孙岩:《20世纪美国综合性大学教育学科的发展——以哥伦比亚大学和芝加哥大学为考察中心》,《现代大学教育》2015年第1期。

[26] 杨志康:《论中国近代体育史上的麦克乐》,《成都体院学报》1985年第3期。

[27] 杨木庆、罗斌:《南京国民政府前期官费留学经费考察(1927—1937)》,《安徽史学》2010年第4期。

[28] 元青:《民国时期留美生中国问题研究缘起——以博士论文选题为中心的考察》,《南开学报(哲学社会科学版)》2015年第5期。

[29] 元青:《民国时期留美生中国社会问题研究旨趣与影响——来自留美生社会学、人类学博士论文的考察》,《天津师范大学学报(社会科学版)》2015年第6期。

[30] 周谷平:《近代西方教育学传入的历史思考》,《教育研究》1991年第9期。

[31] 周洪宇、陈竞蓉:《留美归国教育家对中国现代本土教育理论的探索》,《中国教育学刊》2010年第8期。

[32] 周洪宇、李艳莉:《郭秉文与现代中国实用主义教育学术范式的建

立——基于〈中国教育制度沿革史〉及其相关论著的研究》,《教育学报》2014年第5期。

[33] 周兴樑、胡耿:《中国教育科学研究与人才培养的开拓者——国立中山大学教育研究所(1927－1949)探析》,《中山大学学报(社会科学版)》2009年第2期。

[34] 周慧梅:《哥伦比亚大学师范学院时期的郭秉文——社会生活史的视角》,《教育学报》2014年第5期。

[35] 张礼永:《民国时期审订教育名词的经过——官方学术机关与民间学术团体之间的合作》,《自然辩证法通讯》2012年第4期。

[36] 邹进文:《近代中国经济学的发展——来自留学生博士论文的考察》,《中国社会科学》2010年第5期。

[37] 郑刚:《留学生与20世纪二三十年代中国比较教育学科的发展》,《比较教育研究》2013年第11期。

[38] 庄孔韶:《中国大教育家庄泽宣先生行止——故居、学术与大族传承》,《当代教育与文化》2014年第6期。

[39] 陈志科:《留美生与民国时期教育学》,南开大学2008年博士论文。

[40] 胡延峰:《留美生与20世纪二三十年代的中国心理学》,南开大学2006年博士论文。

[41] 马爱民:《国际比较视野下的教育博士发展研究》,华东师范大学2013年博士论文。

[42] 李翠莲:《留美学生与中国经济学社》,南开大学2005年博士论文。

[43] 李福春:《美国教育学演进史(1832－1957)》,华东师范大学2011年博士论文。

[44] 沈岚霞:《20世纪上半叶美国对华教育传播研究——以哥伦比亚大学师范学院为例》,华东师范大学2010年博士论文。

[45] 汪楚雄:《中国新教育运动研究(1912－1930)》,华中师范大学2009年博士论文。

(七)工具书

[1] 陈学恂主编:《中国近代教育大事记》,上海教育出版社1981年版。

[2] 陈元晖主编:《教育与心理辞典》,福建教育1988年版。

[3] 何景文编:《新人名辞典》,开华书局1933年版。

[4] 樊荫南编:《当代中国四千名人录》,波文书局1978年增订版。

[5] 《教育大辞典》编纂委员会编:《教育大辞典》,上海教育出版社1990、

1991、1992年版。
[6] 蒋大椿、陈启能主编:《史学理论大辞典》,安徽教育出版社2000年版。
[7] 刘寿林等编:《民国职官年表》,中华书局1995年。
[8] 马祖圣:《历年出国/回国科技人员总览(1840—1949)》,社会科学文献出版社2007年版。
[9] 唐钺、朱经农、高觉敷编:《教育大辞书》,商务印书馆1930年版。
[10] 滕星主编:《中外教育名人辞典》,中央民族学院出版社1988年版。
[11] 徐友春主编:《民国人物大辞典》,河北人民出版社2007年版。
[12] 肖东发主编,徐建华、陈林编著:《中国宗教藏书》,贵州人民出版社2009年版。
[13] 杨鑫辉主编:《西方心理学名著提要》,江西人民出版社2001年版。
[14] 朱君毅编:《统计与测验名词汉译》,商务印书馆1923年版。
[15] 朱经农、唐钺、高觉敷主编:《教育大辞书》,商务印书馆1931年版。
[16] 朱贻庭主编:《伦理学大辞典》,海辞书出版社2011年版。
[17] 中华书局编:《中国教育辞典》,中华书局1928年版。
[18]《中国大学校长名典》编辑委员会编:《中国大学校长名典》,中国人事出版社1995年版。
[19] 庄泽宣:《教育学小词典(英汉对照)》,中华书局1938年版。
[20] 张德龙主编:《上海高等教育系统教授录》,华东师范大学出版社1988年版。
[21] 张宪文等编:《中华民国史大辞典》,江苏古籍出版社2001年版。
[22] 周棉编:《中国留学生大辞典》,南京大学出版社1999年版。